edition suhrkamp 3327

Ein guter Kenner Japans, der in Tōkyō lebende, angesehene Literatur- und Filmkritiker Donald Richie, stellte 1979 in einer Sammelrezension die nach seinem Urteil fünf besten Bücher vor, die in diesem Jahrhundert von westlichen Autoren über Japan geschrieben worden sind. An die Spitze seiner Liste setzte er Kurt Singers »überragendes Werk (das beste Buch über Japan, das ich jemals gelesen habe)«. Das hohe Lob galt *Spiegel, Schwert und Edelstein*, einer Studie, die auf Beobachtungen und Erfahrungen in Japan zwischen 1931 und 1939 basiert und von dem deutsch-jüdischen Schriftsteller und Gelehrten nach dem Ende des Zweiten Weltkriegs in Australien zum Abschluß gebracht wurde. »Brillant«, urteilte die Londoner *Times* in ihrem *Literary Supplement* und rühmte an anderer Stelle den »erstaunlichen Durchblick«, den das Buch verschaffe.
»Ein kluges, bedeutendes, verläßliches Buch, weitgefächert und von wichtigen Beobachtungen nicht nur voll, sondern auch von großartigen Einsichten.« *Ralph-Rainer Wuthenow, Frankfurter Rundschau*

Kurt Singer

Spiegel, Schwert und Edelstein

Strukturen des japanischen Lebens

Herausgegeben, aus dem Englischen übersetzt und mit einer Einführung versehen von Wolfgang Wilhelm

Suhrkamp

Titel der Originalausgabe:
Mirror, Sword and Jewel

Einmalige Sonderausgabe 1996

edition suhrkamp 3327
Erste Auflage 1991

Satz: Uhl + Massopust, Aalen
Druck: Nomos Verlagsgesellschaft, Baden-Baden
Umschlagtypographie: Willy Fleckhaus
Printed in Germany

1 2 3 – 96

Inhalt

Zur Einführung:
Kurt Singer und Japan 7

Vorwort 31

Einleitung 35

I Charakteristika

1. Frühe Beobachtungen ausländischer Besucher 41
2. Mensch und Landschaft – Eine japanische Analyse 62
3. Prägungen 70
4. Das Phänomen der Grausamkeit 88
5. Schuld und Sühne – eine japanische Version 107
6. Der Wunsch, sich zu entziehen 121

II Strukturen

1. Fortdauer 135
2. Das Gesetz des harmonischen Flusses 148
3. Das Gesetz der kleinen Zahl 164
4. Das Gesetz der virtuellen Feindschaft 183
5. Arcana Imperii 207

III Werte

1. Schöpferische und rezeptive Kräfte in der japanischen Kultur 235
2. Chinesisch-japanische Polaritäten 254
3. Der Samurai – Legende und Wirklichkeit 305

Zeittafel 331

Zur Einführung: Kurt Singer und Japan

Ein guter Kenner Japans, der in Tōkyō lebende, angesehene Literatur- und Filmkritiker Donald Richie, stellte 1979 in einer Sammelrezension die nach seinem Urteil fünf besten Bücher vor, die in diesem Jahrhundert von westlichen Autoren über Japan geschrieben worden sind. An die Spitze seiner Liste setzte er Kurt Singers »überragendes Werk (das beste Buch über Japan, das ich jemals gelesen habe)«.[1] Das hohe Lob galt *Mirror, Sword and Jewel*, einer Studie, die auf Beobachtungen und Erfahrungen in Japan zwischen 1931 und 1939 basiert und von dem deutsch-jüdischen Schriftsteller und Gelehrten nach dem Ende des Zweiten Weltkriegs in Australien zum Abschluß gebracht wurde. Erst 1973, elf Jahre nach Singers Tod, konnte das Buch in London erscheinen. Es überraschte durch die Tiefe der Einsichten und die Weite des Gesichtskreises. Mehrere Jahrzehnte, die seit dem Entstehen vergangen waren, hatten der Lebendigkeit des Werks und der Gültigkeit seiner Aussagen wenig anhaben können. »Brillant«, urteilte die Londoner *Times* in ihrem *Literary Supplement* und rühmte an anderer Stelle den »erstaunlichen Durchblick«, den das Buch verschaffe.

Wenn *Spiegel, Schwert und Edelstein* jetzt in deutscher Sprache erscheint, handelt es sich um keine übliche Übersetzung eines fremdsprachigen Werks, sondern um eine *Rück*übertragung ins Deutsche und eine späte Heimkehr. Das Werk war ursprünglich auf deutsch konzipiert und geschrieben worden, doch das Manuskript ging unglücklicherweise verloren, als Singer es in den fünfziger Jahren deutschen Verlegern vergeblich zum Druck anbot. Damals bestand nur ein geringes Interesse an der Kultur und Lebenswelt des fernöstlichen Inselreichs, das mit Deutschland in einem unseligen Krieg verbündet gewesen war. Erst in den späten sechziger Jahren, als Japans Aufstieg zu einer führenden Industrie- und Handelsmacht den Westen vor ernste wirtschaftspolitische Probleme stellte, zog das ökonomisch so erfolgreiche Land wieder verstärkte Aufmerksamkeit auf sich. Seitdem hat die Frage nach den geistigen Triebkräften, die Japan zu derart beeindruckenden

1 *The Japan Times* (Tōkyō), 26. Oktober 1979, S. 7.

Leistungen befähigten, nicht aufgehört, die Gemüter zu erregen. Man zog Bücher zu Rat, die das »Geheimnis« Japans zu entschleiern versprachen, die aber meist über die Entdeckung oberflächlicher Kausalzusammenhänge nicht weit hinauskamen. Erst in neuerer Zeit haben auf breiterer Grundlage Bemühungen eingesetzt, das fremde Land als Ganzes aus seinen geistig-seelischen Tiefenstrukturen verstehen zu lernen.[1] So scheint die Zeit reif dafür geworden zu sein, daß man im deutschen Sprachraum sein Buch *Spiegel, Schwert und Edelstein*, das »seelische Grundformen und geistige Urtendenzen« (S. 150) ans Licht hebt, als einen modernen Klassiker der europäischen Japanliteratur kennen und schätzen lernt.

Die hier vorgelegte Rückübertragung ins Deutsche geht in Umfang und Anlage über die bereits veröffentlichte englische Ausgabe, die Singers Untersuchung stark gekürzt wiedergibt, ein weites Stück hinaus. Sie stützt sich auf das vollständige englischsprachige Manuskript, das Singer 1950 in Sydney abschloß, bezieht aber vereinzelt auch Teilentwürfe und Bruchstücke des verschollenen deutschen Manuskripts mit ein, die erhalten geblieben sind. Diese runden den Text an einigen Stellen ab und gaben der gesamten Übersetzung ein sprachliches Richtmaß. Oberstes Ziel war es, eine umfassende, authentische Ausgabe von *Spiegel, Schwert und Edelstein* zu erstellen.

Das Buch ist so ungewöhnlich wie die Persönlichkeit und der Lebensweg seines Verfassers. Wer war Kurt Singer?

Als Sohn eines aus Schlesien stammenden Kaufmanns und einer englischen Mutter wurde er am 18. Mai 1886 in Magdeburg geboren. Schon in frühen Jahren ergriff ihn die Liebe zur Dichtung. Der Jüngling fühlte sich zur griechischen Literatur, Philosophie und Kunstgeschichte hingezogen. Von 1904 bis 1910 studierte Singer an den Universitäten Berlin, Freiburg, Genf und Straßburg die Fächer Philosophie, Soziologie, Literatur, Kunstgeschichte und Nationalökonomie. Georg Simmel und Heinrich Wölfflin zählte er zu seinen wichtigsten akademischen Lehrern. Über Simmels *Philosophie des Geldes* fand er Zugang zur Geldtheorie und pro-

1 Als Beispiele seien hier die Übersetzungen dreier Standardwerke genannt: Maruyama Masao, *Denken in Japan*, Frankfurt am Main 1987 (es 1398); Nakane Chie, *Die Struktur der japanischen Gesellschaft*, Frankfurt am Main 1985 (es 1204); Doi Takeo, *Amae – Freiheit in Geborgenheit. Zur Struktur japanischer Psyche*, Frankfurt am Main 1982 (es 1128).

movierte 1910 in Straßburg bei Georg Friedrich Knapp mit einer Dissertation über die indische Geldreform. Dort nahm sein Leben eine entscheidende Wendung. Der Studienfreund Ernst Robert Curtius machte ihn mit den *Blättern für die Kunst* vertraut und führte ihn in den Kreis um Stefan George ein. Der Dichter wurde Singer zum prägenden, beispielhaften Vorbild für das eigene geistige Sein. Es schien ihm, daß »alle grossen geistigen Ströme sich in diesem Menschen kreuzten und sich zur Kugel ballten«[1], wie er 1916 enthusiastisch in einem Brief an Martin Buber schrieb. Zeitlebens hielt er dem verehrten Meister als ein ergebener Jünger die Treue. Aus Georges Dichtung, apollinischem Griechentum und strenger Zeitkritik zog er die innere Kraft, unbeirrt und festen Schrittes seine Lebensbahn zu ziehen, die ihm selbst wie eine heroische Fahrt vorkam. Beruflich entschied sich Singer für die Volkswirtschaft, doch die Neigung zur Dichtung und zu den Geisteswissenschaften verließen ihn nie.

Ab 1912 war er in Hamburg tätig, zunächst als Assistent von Friedrich Bendixen, dem Direktor der dortigen Hypothekenbank, danach als Publizist auf dem Gebiet der Finanz- und Währungspolitik. Seine Beiträge zum Handels- und Finanzteil des *Hamburgischen Correspondenten* und Aufsätze für den von Max Warburg mitbegründeten *Wirtschaftsdienst* (den Singer zu einem deutschen Pendant zum Londoner *Economist* machen wollte) sollten »die fragwürdigen Ereignisse des Tages an klaren unverrückbaren Maßen des menschlichen Seins und staatlichen Handelns messen, alles einzelne Tun und Lassen aus den Kräften und Bewegungen des Gesamtgeistes deuten«.[2] Ein Jahr nach Eröffnung der Hamburger Universität habilitierte sich Singer mit seinem Buch *Das Geld als Zeichen* (Jena 1920), mit dem er für die Geldschöpfungslehre seines Lehrers Knapp eintrat, die er auch sonst voller Überzeugung verfocht. 1924 wurde er zum außerordentlichen Professor ernannt. Zu den großen Geistern, zu denen er in persönliche Beziehung trat, gehörte John Maynard Keynes, den er für eine Mitarbeit am *Wirtschaftsdienst* gewinnen konnte. Als akademischer

1 Singer an Buber am 5. Februar 1916. In: Buber, Martin, *Briefwechsel aus sieben Jahrzehnten*, Bd. I, Heidelberg 1972, S. 417.

2 Aus dem Vorwort zu Singer, Kurt, *Staat und Wirtschaft seit dem Waffenstillstand*, Jena 1924. Zitiert nach dem von Peter Pawlowsky herausgegebenen Singer-Gedenkband *The Idea of Conflict, vermehrt um Ausgewählte Schriften zu Wirtschaft und Staat*, Basel und Tübingen 1973, S. VIII. – Pawlowskys Einleitung verdankt die vorliegende Lebensdarstellung Singers wertvolle Einzelheiten.

Lehrer bestach Singer durch seine Vielseitigkeit, geistige Regsamkeit und die Weite seines Horizonts. Aus Königsberg erreichte ihn 1925 der Ruf auf einen Lehrstuhl für Volkswirtschaft, doch er lehnte ihn ab und blieb in Hamburg. Er arbeitete zu jener Zeit an dem Buch *Platon der Gründer*[1], einem seiner ausgeprägtesten Werke, das aus Georgescher Sicht an die 1914 von Heinrich Friedmann eröffnete Neudeutung Platons anknüpfte. Vor allem die mathematischen Kapitel jener Interpretation, in denen sich Singers Forschungsinteresse an Zahlenmystik und Zahlensymbolik besonders deutlich zeigt, werden noch heute von Kennern geschätzt.

1931 folgte Singer einer ehrenvollen Einladung der Kaiserlichen Universität Tōkyō, für begrenzte Zeit eine Gastprofessur für Nationalökonomie wahrzunehmen. Als der in Hamburg Beurlaubte im Frühjahr erwartungsvoll das Schiff nach Japan bestieg, konnte er nicht ahnen, daß für ihn eine Odyssee begonnen hatte, die ihn nie wieder in sein Hamburger Lehramt und nie mehr auf Dauer in die deutsche Heimat zurückführen würde. Zwar horchte er auf, als ihn im Frühsommer desselben Jahres in Tōkyō ein Brief Georges erreichte, der ihm Glück wünschte »für die lange Reise«, doch die Prophetie, die in den Worten lag, erkannte er noch nicht. Die vierwöchige Fahrt war dem damals leidenschaftlich gern Reisenden nicht sonderlich lang erschienen.

Zu Anfang fühlte er sich von der neuen Lebensumwelt tief befremdet. Das Land, zu dem er sich seit seinen Jugendtagen wie magisch hingezogen gefühlt hatte, schien es nicht mehr zu geben. Statt eines Reiches »ehrfürchtig und treu bewahrter Sitte und vogelhafter Leichtigkeit im Tun und Dulden« fand er »gewinnwillige Fortschrittsgläubige« und »denkunwillige Nationalisten« vor. Die »schleichende Unterhöhlung der alten Lebensformen« und der »Verlust kostbarsten Erbguts« bedrückten ihn so sehr, daß er einige Wochen nach seiner Ankunft einem ihm wohlgesinnten Japaner auf die Frage, was ihm in seinem Lande die größte Schwierigkeit bereite, die Antwort gab: »etwas Japanisches zu finden«.[2] Aber er hörte nicht auf, nach dem Japan zu suchen, das seine tiefe Zuneigung hervorgerufen hatte. Im Rückblick schreibt er:

»Die ersten Tage und Wochen in der Hauptstadt sind für den Gebildeten unter den Bewunderern des Landes von bedrückender Trauer. Er erwartet

1 München 1927

2 Singer, Kurt, *Bericht über die japanischen Jahre.* In: *Robert Boehringer – Eine Freundesgabe*, Tübingen 1957, S. 593.

keineswegs, das Japan Lafcadio Hearns wiederzufinden, mag es nun einmal wirklich oder legendärer Traum gewesen sein. Er ist darauf gefaßt, in dem mit fast übermenschlicher Willenskraft in ein paar Jahren bewirkten Wiederaufbau der erdbeben- und feuerverwüsteten Stadt die Spuren von Hast und Gewinnsucht vorzufinden und die erst seit zwei Generationen eingedrungenen Elemente der westlichen Zivilisation im Widerstreit mit den Resten uralter heimischer Lebensformen. Das anarchische Nebeneinander aber in Bauwesen, Tracht, Verkehrssitte und Denkform, das fast ohne Ausnahme reizlose und schlecht Begültigte des Neuen, die gnadenlose Abwesenheit jedes Hauches aus nicht-gewöhnlichen Bereichen, dies alles überfällt den Fremden wie ein Alptraum. Es bedarf vieler Monate zähen Suchens, Fragens, Wanderns, ehe dieser Druck sich mindert, die reinen Linien des japanischen Lebensstils wieder sichtbar werden, der lebendige Zusammenhang mit Vorzeit und Geschichte fühlbar wird und sich das Kaiserliche der Hauptstadt, die zauberhafte Kontinuität von Kunst und Sitte aufschließt.«[1]

Die subtilen, seelenvollen, melancholisch-ästhetischen Schilderungen des dahinschwindenden Alt-Japan aus der Feder des irisch-griechischen Schriftstellers Lafcadio Hearn (1850–1904) hatten nicht nur Hugo von Hofmannsthal und Stefan Zweig entzückt, sondern auch auf den jungen Kurt Singer einen eigentümlichen Reiz ausgeübt. Das »Netz von Silberfäden zwischen Mensch und Stein und Pflanzen«, in das sich der einzelne einst »nach dem Gesetz des Taktes« eingestellt wußte, »wie der Blütenzweig in eine Vase«[2], schien auf ewig zerrissen zu sein:

»Was in Tokio sichtbar und fühlbar wurde, war eine dichte Kruste westlicher Wirtschafts-, Gesellschafts- und Staatstechnik, mit großem Geschick und Spürsinn den örtlichen Bedingungen angepaßt, für den Europäer aber eine bloße Behelfslösung, für den Einheimischen ein Anlaß selbstbewundernder Genugtuung und Stütze des Glaubens, die Welten des Ostens und des Westens einer höheren ›Synthese‹ eingeschmolzen zu haben, und damit ein neuer Titel für den Anspruch auf Weltherrschaft. In Wirklichkeit konnte niemand, mit wenigen unvergessenen Ausnahmen, über japanische Religion und Dichtung mehr als formelhafte Antwort geben. (...) In der Kaiserlichen Universität in Tokio erinnerte außer dem einmal im Jahr zeremoniell verehrten Kaiserbild schlechthin nichts an das alte Japan, ausgenommen der Park des alten Feudalherrn, der hier einst seinen Palast hatte, mit einem schwermütigen Wasser, an dem Lafcadio Hearn gewandelt war, in dem ich aber nie einen Kollegen traf. Dinge mußten der Sphäre des

1 Ebenda, S. 591f.
2 Singer, Kurt, *Der Blütenzweig in der Vase*, in: *Neue Rundschau*, 18 (1907), I, S. 767.

›haikara‹ (*highcollar*, Stehkragen) angehören, um ernst genommen zu werden.«[1]

Das Japan der frühen dreißiger Jahre schien Singer von noch »drückenderer Sorge und ärgerer Zermürbung« heimgesucht zu sein als das eigene Land. Die politische Lage spitzte sich damals gefährlich zu. 1931 war das Jahr des japanischen Einfalls in die Mandschurei. Militarismus, Terror und blinder Patriotismus breiteten sich fast ungehindert im Lande aus. Singer erlebte in der Folgezeit, wie junge Offiziere, die in Geheimbünden organisiert waren, und andere radikale Gruppierungen den militärischen Geist verherrlichten, das Nationalgefühl anstachelten und politische Unruhe stifteten. Die Auswirkungen der Gewalttätigkeiten bekam er nicht nur von ferne zu spüren. Der japanische Finanzminister Takahashi Korekiyo[2], dessen Achtung und Vertrauen er erworben hatte, fiel einem Mordanschlag der Ultranationalisten zum Opfer, und 1935 wurde Singer Zeuge des unwürdigen Vorgehens gegen seinen Kollegen an der Kaiserlichen Universität Tōkyō, Professor Minobe Tatsukichi. Der einhämmernden Propaganda von der »göttlichen Mission« des Landes und den kriegerischen Umtrieben der Zeit versuchte er durch einen Vortrag vor japanischen Wirtschaftsführern zu begegnen, in dem er vor den Gefahren einer »überstürzten Ausdehnung und Industrialisierung« warnte und zum »Maßhalten in wirtschaftlicher Expansion und politischem Anspruch« aufrief. Doch für eine »weise Beschränkung der Mittel und Ziele« blieben die Ohren taub:

»Man sah in China nur das machtmäßige Vakuum – das doch nach fernöstlichem uraltem Glauben die unheimlich-stärkste Macht ist. Das Paradoxon der Lage war, daß die japanischen Aktivisten noch stärker durch europäische Zeittendenzen bestimmt waren als die anscheinend ganz Verwestlichten. Sie entnahmen ihre Schlagworte jahrhundertealten Traditionen ihres Landes, verwendeten sie aber im Dienst von Zielen und zur Wahl von Mitteln, die den Gedanken und Methoden der westlichen totalitären Massenstaaten entnommen waren. Während sie vorgaben, die göttliche Sendung zu vollstrecken, die ihrem Kaiserhaus, in dem der Pharaonenanspruch auf Sonnensohnschaft fortzuleben scheint, in grauer Urzeit von seiner Ahnin, Amaterasu-ō-mikami, der Göttin, die in der Sonne wohnt, aufgetragen war, erörterte eine Gruppe hoher Offiziere, wie mir aus guter

1 *Bericht über die japanischen Jahre*, a. a. O., S. 593 f.
2 Der Personenname wird hier und im folgenden nach japanischer Sitte angeführt. Der Familienname geht dem Vornamen voraus.

Quelle berichtet wurde, den Plan, die Sonnengöttin durch einen eindeutig kriegerischen Mann-Obergott zu ersetzen. Davon wurde schließlich Abstand genommen, aber ein erheblicher Teil der Garnison in Tokio hielt den Kaiser im Februar 1936 in faktischer Gefangenschaft, um ihm das Gesetz der Heeresaktivisten aufzuerlegen. Daß nach dem Zusammenbruch der Rebellion nur wenige beteiligte Offiziere ihre Tat der alten japanischen Sitte gemäß mit freiem Tod in den vorgeschriebenen Formen des seppuku gesühnt haben, mag als weiteres Zeichen wankender Traditionen gelten.«[1]

Nicht nur die zahlreichen Terrorakte beunruhigten den sorgsamen Beobachter Singer, sondern auch die Hilflosigkeit, Lähmung und Entschlußlosigkeit, mit der diese Gewalttaten von der Bevölkerung hingenommen wurden. Seine Aufzeichnungen vermerken dazu:

»Es war leicht, diesen Zustand zu erkennen, auch wenn man erst kaum ein paar Dutzend Worte der Landessprache verstand. Die Augen und die Haltung der Menschen redeten laut genug. Die Gesichter der jungen Menschen waren schlaff und oft verzerrt wie die führerlosen Seelen, die aus allem, was sie erfahren, nur Antriebe zu ärgerer Aufdröselung entnehmen. Man hatte damals die Parole Ero-guro nonsense ausgegeben, was erotisch-grotesk-sinnlos heißen sollte und für die private Lebensführung auszureichen schien, während sich bei den leidenschaftlichsten Jüngeren der Drang nach Tat in kommunistischen Geheimzirkeln zu entladen suchte, nicht selten in Hörigkeit gegen Frauen vom Schlage der frühen russischen Revolutionärinnen...«[2]

Die politisch-wirtschaftlichen Zustände empfand er als »sumpfähnlich«. Da die Parteien von Jahr zu Jahr an Einfluß und Ansehen einbüßten, schien ihm ein Aufstand der von Preissturz und Pachtlasten gedrückten Bauern immer wahrscheinlicher zu werden.

In einer solchen krisenhaften Stimmung und vor dem Hintergrund derartiger politischer Entwicklungen gestaltete sich die Lehrtätigkeit Singers sehr viel anstrengender und mühevoller, als er angenommen hatte. Seinem freien, kritischen, streitbaren Geist fiel es schwer, sich den Gepflogenheiten des japanischen akademischen Lehrbetriebs zu fügen und dessen Grenzen zu respektieren. Er war als Lehrer anspruchsvoll in seinen Forderungen und gab sich – wie er in einem Brief berichtet – nicht mit der »geometrisch richtigen Darstellung der Konsumentenrente, Elastizitäten usw.« zufrieden, sondern erwartete von seinen Studenten auch, daß sie

1 Ebenda.
2 Ebenda, S. 592.

die »soziologischen Definitionen Max Webers« beherrschten.[1] Viele seiner Schüler und Kollegen vergalten ihm seinen Einsatz mit Anerkennung, Dankbarkeit und Zuneigung. Ein äußerer Umstand begünstigte den freundlichen Umgang: Singer war für einen Europäer ungewöhnlich klein und zart von Gestalt. So hielt er sich gern unter Japanern auf und zwang niemanden, zu ihm, dem Fremden, emporzublicken.

Auch wenn Singer deutlich die Gefahren erkannte, die im »Dogma des schrankenlosen Fortschritts«, im neuen »Rückzug in Abgeschlossenheit« und im »Pendeln zwischen radikal individualistischen und radikal kollektivistischen Formen geistiger Anarchie« lagen, wirkte die japanische Umwelt stimulierend auf ihn. Sie gab ihm Anreiz zu vertieftem wirtschaftlichem Studium und bot ihm immer neue Anlässe zum Nachdenken über Mensch und Kultur in Ost und West. Er lebte, wie er selbst schreibt, zuweilen »in sonderbarer verwunschener Ruhe wie ein buddhistischer Einsiedler, vieles übersinnend, mit Geistern redend – nur dass statt der Sutren die platonischen Dialoge meditiert und ausgelegt wurden«.[2] In einer der führenden philosophischen Zeitschriften des Landes, *Shisō*, veröffentlichte er Studien über Platon, nicht nur, um auf die wahren Wurzeln der europäischen Geistestradition zurückzuverweisen, sondern auch, um der damals weitverbreiteten Meinung entgegenzuwirken, Europas Errungenschaften lägen überwiegend auf technischem Gebiet. 1935 folgte in japanischer Übersetzung eine Monographie über Platon, deren Vorwort Singer »in der klingenden Einsamkeit« seines »edlen japanischen Hauses inmitten leise rauschender Föhren an der Bucht von Kamakura« verfaßte. Dort schreibt er:

»Mit dem Eindringen in Platon beginnt für jeden Einzelnen und also auch für jedes Volk, das seine Stimme zu vernehmen fähig ist, im strengsten Sinne eine neue Epoche (›Epoche‹ aber heißt Umwendung, nicht nur Zeitabschnitt). Wird der Orient, wird, was hier gleichbedeutend ist: eine führende Schicht orientalischer Menschen bereit sein, sich an diese fremdartige Welt hinzugeben, ihre Gesetze auf sich zu nehmen und die eigene uralte und ehrwürdige Erbschaft an Überlieferung und Weisheit in den Schmelztiegel dieser ungeschützteren, gespannteren, gefährdeteren Da-

1 Aus einem Brief Singers an Eduard Rosenbaum vom 4. März 1934. Zitiert nach Pawlowsky, a. a. O., S. XI.

2 Aus einem Brief Singers an Eduard Rosenbaum vom 8. März 1933. Zitiert nach Pawlowsky, a. a. O., S. XI.

seinsweise zu werfen, um das Beste des eigenen Denkens und Fühlens gereinigt, fruchtbarer und freier zurückzuempfangen? Diese Frage bedeutet die folgenschwerste geschichtliche Entscheidung, vor die die Menschheit des Orients sich gestellt sieht, eine weit größere als der Ausgang der Kämpfe und Fehden von Ständen, Klassen und Parteien, die heute im Namen irgend eines ›ismus‹ mit so viel Lärmen ausgefochten werden. Ich widme dieses Buch der kleinen Schar japanischer Studenten, die mir in den letzten vier Jahren meiner Gastprofessur an der Kaiserlichen Universität Tokio tapfer und ausdauernd treu geblieben sind; und den mir unbekannten Scharen, die von gleicher Art sind und die meine Gedanken zu *sich selber* rufen wollen.«[1]

Singer besann sich aber nicht nur auf die Grundlagen der europäischen Geistesgeschichte zurück, sondern setzte sich auch intensiv mit der Kultur seines Gastlandes auseinander. Er begann, Japan als ein mehrfaches Palimpsest zu lesen, und stieß dabei auf überraschende Entdeckungen. Daß einige japanische Mythen eng mit griechischen verwandt sind, versetzte ihn in Erstaunen. In dem lebenskräftigen japanischen Symbol der Tomoe fand er nach langem Suchen minoische oder gar noch ältere Sinnzeichen, die zu einem Gegenbild umgeformt waren. Beim Herbstfest in Kamakura begegnete er einem Maskenzug, in dem er Vorformen oder Nachbildungen des Paares Demeter und Baubo erkannte. Über beide Phänomene schrieb er lehrreiche Abhandlungen.[2] Am liebsten hielt er sich in Nara im Kaiserlichen Schatzhaus *Shōsōin* auf und suchte nach Werken hellenistischer Herkunft oder Prägung. Vielleicht noch tiefer als die bildende Kunst sprach ihn die einheimische Dichtung an, die er als die Seele des Landes empfand. Er erlernte die Kunst, japanische Gedichte (*uta*) rezitierend zu singen, und ein Höhepunkt seiner japanischen Jahre war, als er – vermittelt durch Nitobe Inazō, den ehemaligen Generalsekretär des Völkerbundes – zum Neujahrszeremoniell einer Gedichtlesung am kaiserlichen Hof eingeladen wurde.

Daß Singer das japanische Platonbuch den Schülern widmete, die ihm in Tōkyō die Treue gehalten hatten, deutet auf einen schmerzlichen Einschnitt in seinem Leben hin. Die Rückkehr nach

1 *Bericht über die japanischen Jahre*, a. a. O., S. 602.

2 Singer, Kurt, *Über das japanische Tomoe-Symbol und seine westlichen Gegenbilder*. Transactions of the Asiatic Society of Japan, New Series, Bd. 17, Tōkyō 1938. – Ders., *Cowrie and Baubo in early Japan*. In: *Man, A Monthly Record of Anthropological Science*, Royal Anthropological Institute, London, April 1940.

Deutschland war ihm verwehrt. Die Universität Hamburg hatte ihm aufgrund seiner Abstammung die *venia legendi* entzogen. Jetzt verzichtete auch die Kaiserliche Universität Tōkyō auf seine weitere Mitarbeit und ließ ihn nur noch bis zum Auslaufen seines Vertrags (im Frühjahr 1935) im Amt. Die nationalsozialistische Politik der Judenverfolgung hatte begonnen, sich bis nach Japan hin auszuwirken. Wer in seinem eigenen Land als *persona non grata* galt, durfte nicht erwarten, daß die Japaner zu ihm hielten. Er hatte in ihren Augen sein »Gesicht« verloren.

Nach einem stellenlosen Jahr, in dem er China bereiste und in vergleichender Sicht aufschlußreiche Erkenntnisse über sein Gastland hinzugewann, fand er an der *Dai Ni Kōtōgakkō* (einer Art höheren Gymnasiums) in Sendai eine Beschäftigung als Lehrer der deutschen Sprache. Der Unterricht, den er zu erteilen hatte, bot ihm wenig Gelegenheit, seine hohe wissenschaftliche Qualifikation zur Geltung zu bringen. Kaum einer der jungen Leute, die mühsam Deutsch bei ihm erlernten, ahnte etwas von dem geistigen Rang des Mannes, der sie unterwies. Doch vielen ist bis heute der Ernst in Erinnerung geblieben, mit dem der Fremde sie ermahnte: »Denken! Denken! Denken!« Zwar lebte Singer in der rund vierhundert Kilometer nördlich von Tōkyō gelegenen Provinzialhauptstadt weitab vom politischen, wirtschaftlichen und kulturellen Zentrum des Landes, doch in der neuen Umwelt lernte er Japan voller Wißbegier von der ländlichen Seite her näher kennen und fand er mehr Ruhe zur inneren Sammlung und stillen Betrachtung. Die nationalsozialistische deutsche Lehrervereinigung in Japan hatte zu erwirken versucht, daß Singer jegliches Amt vorenthalten blieb, doch fernab von Tōkyō herrschte in Sendai eine Zeitlang noch eine gewisse Eigenständigkeit und Liberalität, die seine Anstellung möglich machte. An der angesehenen Kaiserlichen Tōhoku Universität lehrte damals der bekannte deutsch-jüdische Philosoph Karl Löwith, der Marburg hatte verlassen müssen und über Italien ins japanische Exil gegangen war. Mit ihm und seiner Frau pflegte Singer freundschaftlichen Umgang, ohne daß sich daraus eine sehr nahe Beziehung entwickelte. Der Lehrtätigkeit der beiden profilierten, wenn auch recht wesensverschiedenen Wissenschaftler war in Sendai von 1924 bis 1929 der Aufenthalt des Heidelberger Neukantianers Eugen Herrigel voraufgegangen, der sich in der »Stadt der Wälder« in die zen-buddhistische Meditationspraxis vertieft hatte, die er später in seinem heute noch vielgelesenen Buch *Zen in der Kunst des Bogenschießens* beschrieb. Singers Wirkungskreis an der *Dai Ni Kōtōgakkō* mußte zwangsläufig enger bleiben als der Herrigels und Löwiths an der Kaiserlichen Tōhoku Universität, doch auch die Lehranstalt, an der er tätig war, gehörte zu den führenden ihrer Art, und er lernte an dieser Institution vieles über Japan und die Japaner, was seine in Tōkyō gesammelten Erfahrungen vertiefte und fruchtbar ergänzte. Er nahm zu einigen Professoren der Tōhoku Universität Verbindung auf und trug an sie immer neue Fragen heran. Sie unterstützten ihn mit Rat und Tat in seinen Studien der japanischen Geistestradition und trugen viel dazu bei, daß er 1939 im renommierten Iwanami Verlag in Tōkyō die Anthologie *The Life of Ancient Japan* erscheinen lassen konnte, einen Quellenband, der parallel zur Arbeit an *Spiegel, Schwert und Edelstein* entstand.

Bald traten jedoch berufliche Spannungen auf. Singer bekam den »verengend-lähmenden Druck der offiziellen Nationalismus-Propaganda« mit zunehmender Heftigkeit zu spüren. »Japan schien im Begriff, sich gegen die Natur aus einem bezaubernden Schmetterling in eine harte häßliche Larve zurückzuverwandeln.«[1] Nach dem Inkrafttreten des deutsch-japanischen Kulturabkommens von 1938 machte sich das japanische Unterrichtsministerium die antijüdische Haltung des nationalsozialistischen Deutschland zu eigen. Singer wurde im Frühjahr unter dem Vorwand mangelnder pädagogischer Eignung entlassen. Der Vorwurf war zweifellos an den Haaren herbeigezogen und sollte – wie Singer seinen Kritikern offen entgegenhielt – die rassenpolitischen Motive verbrämen. Doch durch seine stets wache geistige Fechtbereitschaft und die allzu hohen Erwartungen, die er in seine Schüler in bezug auf die Kenntnis der heimischen Traditionen setzte, hatte er selbst es sich auch schwer gemacht. »Da ihm das Dasein mehr vom Konflikt als vom Einklang bestimmt schien, so lebte er eigentlich immer von einem Spannungsfeld umwittert, dessen Vorgänge seiner Umgebung nicht ganz so selbstverständlich schienen als ihm selbst«, erinnert sich sein Freund Eduard Rosenbaum.[2] Der persönliche Charme, der nach den Worten Rosenbaums durch die Lücken von Singers intellektuellem Panzer mit geistiger Leuchtkraft schimmerte und ihn zu einer »Fröhlichen Wissenschaft« befähigte, blieb

1 *Bericht über die japanischen Jahre*, a. a. O., S. 603.

2 Aus einer biographischen Notiz Eduard Rosenbaums. In: *Castrum Peregrini* (Amsterdam), Heft 60, S. 59.

seinen Kollegen und Schülern in Sendai zu oft verborgen. Die politischen Ereignisse aber hätten so und so sein Schicksal besiegelt. Auch Karl Löwith sah sich bald darauf genötigt, Sendai zu verlassen. Im Rückblick schreibt Singer:

»Nach drei Jahren von harter Fron und mancher Freude wurde auch diese Bastion von den Nationalisten genommen, die auf Gleichschaltung mit der deutschen Gleichschaltung bestanden. Nach Tokio zurückkehrend fand ich eine Luft vor, in der ein Europäer nicht mehr atmen konnte. Das einst so gastliche Land war nun den bösen Geistern erztauben Wahns, urblinden Mißtrauens ausgeliefert. Man schien die bloße Anwesenheit von Fremden als Befleckung des Bodens in der näherrückenden Stunde von Sieg oder Untergang zu empfinden, unfähig, zwischen wahrem Freund und Feind zu unterscheiden.«[1]

Hoffnungen auf eine Rückkehr nach Europa erfüllten sich nicht. Auch der ersehnte Lehrstuhl an der Universität Jerusalem, an der Martin Buber wirkte, blieb Singer versagt. Keynes riet davon ab, nach England umzusiedeln. So suchte Singer am Ende in Australien Zuflucht. Voller Trauer und doch innerlich ungebrochen und getragen von einer eigentümlichen Zuversicht und Seelenstärke nahm er von dem geliebten fremden Land Abschied:

»Im August 1939, nach einem an Schönem und Schwerem erntereichen Aufenthalt von neunundneunzig Monaten verließ ich Japan, in jene antipodischen Gegenden steuernd, wohin mir Wolfskehl schon vorangegangen war. Als das Schiff zum letzten Male anlegte, in Nagasaki, das zweihundert Jahre lang die einzige Brücke zwischen Japan und dem Westen gewesen war, und wo ich einst die schlichten Gedenksteine für die ersten westlichen Erforscher des Landes, die Deutschen Engelbert Kämpfer (1651–1716) und Franz Freiherr von Siebold (1796–1866) und den Schweden Peter von Thunberg dankend gegrüßt hatte, ging ich nicht mehr vom Schiff. Straßen und Tempel schienen mir in einem dunklen Bann zu liegen, einem Furchtbaren anheimgegeben, nicht mehr betretbar. Die Herrschaft der selbstvernichtungsgierigen Schwarzalben hatte auch hier begonnen.

Der Hafen aber in der weiten, schöngeformten Bucht leuchtete im Licht des sinkenden Tages in wunderbar gehaltenen dunklen, doch transparenten Farben, als sende der sagenhafte Palast in der Meerestiefe den Goldschein seiner wohlverborgenen Schätze an die Oberfläche, und das lebendige Gewimmel der Schiffe und Barken ordnete sich noch einmal in rhythmischer Bewegtheit wie einst Blütenzweige in der Vase. Rückschauend aber scheint mir heute, daß in der entrückenden Stunde jenes Abschieds ein langvergessenes Früheres heraufdrang: die Siebente Einsamkeit der großen

1 *Bericht über die japanischen Jahre*, S. 603.

Strophen, deren Ton einstmals den Vierzehnjährigen über die Schwelle des Dichterreichs getragen hatte:

– Glüht nicht das Eis meiner Gipfel noch?
Silbern, leicht, ein Fisch
Schwimmt nun mein Nachen hinaus …«[1]

Australien empfing den Flüchtling nicht mit offenen Armen. Als Singer einige Wochen nach Kriegsausbruch dort eintraf, wurde er als Angehöriger einer feindlichen Macht zunächst zwei Jahre interniert, bevor sein Status als jüdischer Emigrant Anerkennung fand und er auf freien Fuß gelangte. Als Stipendiat der *Dyason Foundation for the Study of Conflict* nahm er einen Forschungsauftrag wahr, der zu dem 1949 in Melbourne erschienenen Buch *The Idea of Conflict* führte, einem der Hauptwerke Singers. Es ist Martin Buber gewidmet – »after Forty Years of Concord in Conflict«. Antagonismus und Streit werden darin nicht als das bloße Ergebnis gesellschaftlicher Bedingungen und ökonomischer Verhältnisse gedeutet, sondern als Grundgegebenheiten aus dem Wesen und den Anfängen des Menschen hergeleitet. Ähnlich wie in dem vorliegenden Japanbuch deckt Singer darin Schicht um Schicht des mythischen Erbes auf, das der moderne Mensch mit sich trägt, ohne viel davon zu wissen.

Daneben arbeitete Singer in den beiden letzten Kriegsjahren an wesentlichen Teilen von *Mirror, Sword and Jewel.* Er schrieb nun in englischer Sprache, doch er verleugnete nicht den deutschen Wurzelboden und Duktus seiner Gedanken. Aufgrund seiner profunden Japankenntnisse wurde er bald zu einem stillen Berater und Mitarbeiter offizieller Stellen. Englische und amerikanische Sachverständige erkannten den Wert seiner Analysen und stuften sie als »fast kriegswichtig« ein. Doch Singers Hoffnung, mit *Mirror, Sword and Jewel* unmittelbar auf die Nachkriegsentwicklungen mit einwirken zu können und so zur friedlichen politischen und geistigen Neuordnung zwischen den Völkern beizutragen, erfüllte sich nicht. Englische Verleger wiesen auf den Papiermangel in ihrem Land hin, und aus Amerika teilte man ihm mit, für eine akademisch ruhige und zeitlose Behandlung des Gegenstands, den man – wie Singer spürte – »so rasch wie möglich ins Unbewußte abzudrängen« wünschte, sei es jetzt »zu spät«.[2]

1 Ebenda.
2 Aus einem unveröffentlichten Brief Singers an Karl Löwith vom 9. Februar 1946.

Als nach dem Krieg die Behörden ihn vor die Entscheidung stellten, entweder britischer Staatsbürger zu werden oder Australien zu verlassen, sah sich Singer schweren Herzens dazu gezwungen, die letzte formale Bindung an seine alte Heimat zu lösen. So konnte er sich in Sydney niederlassen und als Sechzigjähriger noch einmal in das akademische Leben zurückkehren. Die University of New South Wales verschaffte ihm einen Lehrauftrag, später eine Dozentenstelle, auf der er bis zu seinem siebzigsten Lebensjahr blieb. In dem »phantastisch extrovertierten Land« wurde er nur schwer heimisch, und es kostete ihn Mühe, sich in das »vorwiegend examen-orientierte Fakultätsdasein«[1] zu integrieren. Das anregende intellektuelle Gespräch, das er in Japan genossen hatte, war in Australien nicht so leicht zu finden. So war es für den etwas vereinsamten Denker tröstlich, aus dem Kreis um Stefan George den Freund Heinz Brasch bis 1952 als Schicksalsgefährten in Melbourne zu wissen. Kurt Wolfskehl, dem das Japanbuch gewidmet ist, lebte bis zu seinem Tode im Jahre 1948 im benachbarten Neuseeland und hielt brieflich mit ihm Kontakt.

Als Singer aus Altersgründen aus der Universitätstätigkeit ausscheiden mußte, hielt ihn ein von Bundespräsident Theodor Heuss vermittelter Auftrag der List Gesellschaft, den Briefwechsel zwischen den Freunden Georg Friedrich Knapp und Friedrich Bendixen zu edieren, ein weiteres Jahr beschäftigt. Im Herbst 1957 kehrte er dem fünften Kontinent den Rücken. Nach sechsundzwanzigjähriger Abwesenheit setzte er unverbittert seinen Fuß wieder auf europäischen Boden. Obwohl er den Hamburger Senat dazu veranlassen konnte, ihm die Rechte und Bezüge eines Professor emeritus zuzuerkennen, hielt es ihn nicht lange in Deutschland. Von seiner einst in Hamburg wohnenden jüngeren Schwester fehlte jedes Lebenszeichen. Sie war in das Konzentrationslager Lietzmannstadt verschleppt worden und sehr wahrscheinlich dort umgekommen. Weitere nahe Angehörige besaß der zeitlebens ehelos Gebliebene nicht. Nach Zwischenaufenthalten in der Schweiz und in Rom erreichte der vom Schicksal reichlich Geprüfte die Endstation seiner langen Lebensfahrt: Griechenland, das Land seiner Sehnsucht, über das er 1934 in Tōkyō geschrieben hatte: »Dieses karge schmale Land trägt den Leuchtturm, der noch heut, nach mehr als zweitausend Jahren einer an geistigen Ereignissen

1 Ebenda.

überreichen Geschichte, den Schiffern auf ungewissen Seepfaden Richtung weist und Hoffnung nährt.«[1] Bei der Einfahrt in den Hafen von Athen grüßte er Hellas als »mein *zweites* ›Land der Götter‹«. Noch waren ihm einige Jahre bescheidenen Glücks vergönnt. Er bereiste das Land und gab sich archäologischen, mathematischen und ökonomischen Studien hin. Am 10. Februar 1962 ist Kurt Singer in Athen gestorben.

Unter den zahlreichen Schriften Singers nimmt *Spiegel, Schwert und Edelstein* zweifellos den Rang des *summum opus* ein. Nur ein so vielseitiger Autor wie er konnte es wagen, »eine umfassende Arbeit über japanische Eigenart, in psychologischer, soziologischer und kulturgeschichtlicher Betrachtung«[2] in Angriff zu nehmen. Singer kamen bei der Abfassung nicht nur seine weitgespannten Kenntnisse auf dem Gebiet der Wirtschaftswissenschaft und Soziologie, Mythologie und Kulturanthropologie sowie Kunst- und Geistesgeschichte zugute, sondern auch seine kontemplative Natur, künstlerische Sensibilität und sprachliche Darstellungskraft. Er war – wie der Oxforder Japanologe und Historiker Richard Storry treffend bemerkt hat – »ein Wirtschaftswissenschaftler mit der Seele eines Poeten«. Er verfügte nicht nur über Scharfsinn und einen geschulten Intellekt, sondern auch über eine feinentwickelte Anschauungskraft, einen ausgeprägten Sinn für das Bild- und Gestalthafte sowie eine in die Tiefe der Dinge führende Intuition. So war er imstande, an sehr verschiedenen Dimensionen des japanischen Lebens teilzuhaben. Manchmal schreibt er wie ein Sozialhistoriker, dann wie ein Kulturphilosoph oder Religionswissenschaftler, und dazwischen kommt bei ihm immer wieder das Dichterische zum Vorschein, das nicht minder zur Erhellung des Gegenstandes beiträgt. Singer tastet sich an sein Thema behutsam heran. Es ist, als bewege er sich auf Serpentinen, die von verschiedenen Ausblickspunkten und Höhenlagen stets neue Perspektiven eröffnen und gleichzeitig das Bleibende, Dauerhafte des Betrachteten deutlich hervortreten lassen. Viel von der »synoptischen Kraft«[3], die er an seinem Lehrer Simmel rühmte, war auch ihm selbst zu eigen.

1 Zitiert nach Pawlowsky, a. a. O., S. XII und 127.
2 Aus Singers Brief an Karl Löwith vom 9. Februar 1946.
3 Gassen, Kurt und Michael Landmann (Hg.), *Buch des Dankes an Georg Simmel*, Berlin 1958, S. 294.

Man wird dem Forscher und Schriftsteller Kurt Singer nicht voll gerecht, wenn man ihn – wie Richard Storry es tut – fast ausschließlich aus seiner engen geistigen Bindung an Stefan George zu verstehen sucht. Gewiß wird der Leser auf den folgenden Seiten manches finden, was von Georgeschem Einfluß zeugt – so etwa die starke Betonung des Heroischen und die hohe Einschätzung des Genies als Wirkungsfaktor in der Geschichte. Vieles daran mag unserer heutigen Zeit nicht mehr ganz gemäß erscheinen. Doch ist es eine Weltsicht, der es vorrangig darum geht, den einzelnen zu achten und das Außerordentliche, Einzigartige zu würdigen, und als solche ist sie niemals »überholt«, sondern besonders geeignet, das Unverwechselbare und Große einer fremden Kultur vor Augen zu führen. Im übrigen stützt sich Singer auf eine sehr umfangreiche, breitgefächerte Literatur, und *Spiegel, Schwert und Edelstein* zeigt, daß ihm die Gedankenwelt Platons, Goethes, Hegels, Nietzsches und Bergsons (um hier nur diese wenigen Namen zu nennen) nicht weniger vertraut ist als die Georges. Vor allem hat Bergsons Philosophie Singer beeindruckt und seine Japandeutung maßgeblich beeinflußt. Dessen Buch *Les deux Sources de la Morale et de la Religion* (1932) öffnete ihm die Augen für spezifische Formen des japanischen gesellschaftlichen Lebens.

Was faszinierte ihn an Bergsons Lehre? Allzu lange hatten die Gesellschaftswissenschaften daran vorbeigesehen, daß die politischen und wirtschaftlichen Strukturen, die der Mensch sich schuf, um eine Festigung der Macht und eine Zunahme des Wohlstands zu sichern, erst relativ späte und partielle Errungenschaften sind. Sie stellen nur Variationen eines uralten Themas dar, das so alt ist wie der Mensch selbst: die Schaffung eines lebendigen Ganzen, das weder bloßes Werk von Menschenhand noch ein unmittelbares Geschenk der Natur ist, sondern an beiden Bereichen teilhat. Bevor eine Gruppe darangehen kann, ihre Aktivitäten so zu koordinieren, daß zwischen den einander widerstreitenden Elementen der Freiheit und Beschränkung, Ziele und verfügbaren Mittel ein Ausgleich herrscht, müssen sich die Gruppenmitglieder untereinander durch Bande geeint fühlen, die zwar von guten oder schlechten politischen und ökonomischen Organisationsformen gestärkt oder geschwächt werden können, aber weder allein aus diesen Teilstrukturen entstehen noch durch sie zunichte gemacht werden können. Bergson betont, daß auch die »natürliche Gesellschaft« nur dann Bestand haben kann, wenn das Verhalten ihrer Mitglieder

Traditionen und Verpflichtungen unterworfen ist, die so etwas wie einen permanenten Druck auf das Individuum ausüben und einen Zustand herbeiführen, wie er in der Tiergesellschaft durch das harmonische Zusammenspiel der Instinkte gewährleistet ist. Die Gruppe muß sich gegen die zentrifugalen Strebungen des Individuums schützen, das seiner eigenen Absichten bewußt geworden ist und rationale Mittel kennt, diese zu verwirklichen. Andererseits bedarf der Einzelmensch des Schutzes durch seine Gruppe, um die Unsicherheiten des Lebens zu meistern. Die Natur versah ihn daher laut Bergson mit der Fähigkeit, aus habituellen Verhaltensweisen eine Moral zu entwickeln, die die Stelle der Instinkte einnahm, und eine Urreligion zu schaffen, die auf der halluzinativen Wahrnehmung »mächtiger Wesenheiten« beruhte, die dem Menschen als Helfer galten oder ihm ein bestimmtes Verhalten geboten. Glaube, Kult und Mythos sind daher lebenswichtige Phänomene, die an die Stelle biologischer Funktionen traten. Eine zweite Quelle der Moral und Religion macht Bergson darin aus, daß das Leben als schöpferische Kraft sich seiner ursprünglichen Impulse und Ziele wieder erinnert und den Kreis der selbstschöpferischen Formen der individuellen Organismen durchbricht, in denen es zunächst seine eigenen Absichten verwirklichte, jedoch um den Preis, daß es sich zu sehr dem materiellen Substrat auslieferte – außer in den Seelen der geistigen Führer dieser einen Spezies, die zur Freiheit fand. In diesen wahren Heroen der Menschheit erneuert sich das Leben zur Schöpferkraft und wird zum Gefäß und Bild einer weltschaffenden Liebe, die jedes einzelne Lebewesen und Ding transzendiert. Auf dieser Stufe ist die Moral nicht länger durch gesellschaftlichen Druck und anonyme Sitte bedingt, sondern sie rührt von der Anziehungs- und Ausstrahlungskraft des Ausnahmemenschen her, durch den das Leben seine wahre Bedeutung offenbart.

Es ist hier nicht der Ort, von den Vorzügen und Grenzen des Bergsonschen Erklärungsmodells zu handeln. Der Hinweis muß genügen, daß diese Theorie sich für Singer bei der Entschlüsselung vieler Geheimnisse und Rätsel als außerordentlich fruchtbar erwies, ja so sehr, daß er die japanische Lebensform und Gesellschaftswirklichkeit als einen schlagenden Beweis für die Richtigkeit der Bergsonschen Annahmen ansah. Die Auffassung, daß in Mythos und Aberglaube ein latenter Instinkt fortwirkt, der ein Gegengewicht bildet gegen die Willkür der individuellen, intelligenzbestimmten Absichten und Handlungen und den daher die

Helligkeit des Verstandes meidet und einer der »Gruppe« verpflichteten Moral und Religion den Vorzug gibt, verhalf Singer zu einem vertieften Verständnis der gesellschaftlichen Organisation und eröffnete ihm überraschende Einblicke in verborgene Bezirke der japanischen Seele. Während unser Autor keineswegs behauptet, daß es Japan an einer Moral und Religiosität des zweitgenannten Typs gänzlich fehle, erscheint es ihm doch als besonders bezeichnend, daß dieses Land in seiner langen Geschichte stets beharrlich darauf bedacht gewesen ist, jene frühesten, uranfänglichen Kräfte und Zustände lebendig zu erhalten. In diesem eigentümlichen Bewahrungsvermögen und in dieser Fähigkeit zur Fortdauer erblickt er Japans große, unvergleichbare historische Leistung. Niemand hat so hellsichtig wie er die Instinktsicherheit dieses ganz in sich zentrierten Lebens beschrieben.

So sehr Singer Japan auch zugetan ist, so sehr er dessen Genie für die Erhaltung des Allerältesten bewundert und die von den Erfordernissen der Gemeinschaft diktierten Normen anerkennt, so sehr vermißt er in vielen Bereichen des japanischen Lebens die von dem Christen Bergson aufgewiesene zweite Moral und Religion, die an das Gewissen des einzelnen appelliert und von einer tiefen Spiritualität durchdrungen ist. Selbstreflexion und Selbstentscheidung des einzelnen hat diese Kultur, die vom Individuum unaufhörlich Selbstbescheidung und Selbstentäußerung verlangte, nur spärlich fördern können. Daß ein Mensch oder ein Volk sich seiner selbst in sich selbst wie in einem Spiegel ansichtig werden kann, daß es ihm freisteht und ihm geboten ist, zu wissen, wer man ist, und dieses Wissen immer wieder zu überprüfen – eine solche Sicht und Seinsweise schien zu Singers herber Enttäuschung fast allen Japanern, denen er begegnete, unzumutbar und unverständlich zu sein. Wenn er in einem besonders schönen, aufschlußreichen Kapitel dieses Buches von dem »verborgenen Volk« spricht, so deutet er damit nicht nur auf jene Eigenschaft hin, die vor vierhundertfünfzig Jahren schon dem Portugiesen Affonso d'Albuquerque auffiel, als er »Männer von wenig Worten« antraf, »die von den Angelegenheiten ihres Landes wenig Kunde geben.« Singer meint damit nicht nur eine bestimmte Zurückhaltung und Verschlossenheit gegenüber Fremden, sondern auch das Sichverbergen der Japaner voreinander und vor allem eine eigentümliche Verborgenheit Japans und des einzelnen Japaners vor sich selbst. Dieses Land bildet eine Gegenwelt zum europäischen Kulturkreis, in dem die beiden einander polar zugeordneten Völker des östlichen Mittelmeers – das jüdische und das griechische – leidenschaftlichen Ernst mit der Forderung nach Selbsterkenntnis gemacht haben.

So handelt dieses Buch nicht allein von Japan und dem Fernen Osten, sondern stellt mittelbar ein überzeugtes Bekenntnis zu Europa dar. Wie so manchem nachdenklichen Japanreisenden ist auch Singer erst in dieser ganz anderen Lebenswelt vollauf bewußt geworden, was es heißt, ein Europäer zu sein und in der Tradition des europäischen Geistes zu stehen. Aufgrund dieser Selbstentdeckung als Europäer wendet er sich jedoch keineswegs befremdet von seinem Gastland ab, sondern ist erst recht von dessen Andersartigkeit fasziniert, und mit um so stärkerer Wißbegierde setzt er sich mit ihm auseinander. Dieses fernste östliche Land und seine Menschen sind nicht von undurchdringlicher Natur. Japan beginnt sich zu erschließen, sobald man in seinen Eigenschaften so etwas wie farbige Brechungen des einen Lichtstrahls Europa erkennt, die in seltsam neuen, denkwürdigen Mischungen, Näherungen und Verbindungen auftreten. Die offenkundige Selbstverborgenheit der Japaner, ihre inselhafte Abgeschlossenheit und ihre mangelnde Teilnahme am freien Reden und Antworten, Geben und Nehmen haben unseren Autor in seiner dem goethischen Denken nahen Auffassung bestärkt, daß nur derjenige andere wirklich zu verstehen vermag, der sich selbst als ein begrenztes Wesen besonderer Art kennt. So beschreibt er den »Regenbogen« japanischer Eigenschaften, damit wir uns selbst in den anderen wiederkennen. Zugleich charakterisiert er damit aber auch das Irisierende und Fließende des japanischen Charakters, das so schwer in Begriffe zu fassen ist. Europa wird jedoch von Singer nicht zum Maßstab aller Dinge gemacht. Er verwendet viel Mühe auf den Nachweis, daß es in außereuropäischen Kulturen erstaunliche Parallelen zu wichtigen Gehalten des japanischen Mythos gibt, und das Kapitel über chinesisch-japanische Polaritäten, ein Ertrag seiner Chinareise, ist nicht nur das bei weitem umfangreichste, sondern auch eines der erhellendsten in *Spiegel, Schwert und Edelstein*; denn es betrachtet Japan aus einem Blickwinkel, der den meisten Japanbüchern gänzlich fehlt.

Worum es Singer im tiefsten ging, war, Europa und vor allem seinem Heimatland Deutschland Japan als ein Land zu zeigen, das bis in die Moderne hinein antike Tugenden beibehalten hat: heroischen Trotz, unbeugsamen Sinn für den staatlichen Bestand, Zucht des Willens, lebendige Ordnung und strenge Form. Er spricht es nirgendwo umittelbar aus, doch es wird an vielen Stellen des Buches der Wunsch spürbar, daß diese treu bewahrten Eigenschaften Deutschland als Beispiel und Korrektiv dienen mögen. Die Japaner hingegen ruft er dazu auf, den Anspruch aufzugeben, Mitte der Welt, verlorenes und künftiges Paradies und Hüter von Erlösungsformeln zu sein. Es solle Fremdes nicht länger allein nach den Bedürfnissen der eigenen Lage gläubig aufnehmen oder nichtachtend abstoßen, sondern den magischen Kreis der geistigen Inselhaftigkeit durchbrechen und zu einer wirklich fruchtbaren Auseinandersetzung in Kampf und Liebe bereit sein: zu einem Reifen aneinander, einem Ringen miteinander und einer Erweiterung, Überwindung und Vollendung des eigenen Selbst. Die letztgenannte Forderung richtet Singer an *beide* Seiten, die östliche und die westliche, die er auf dem Wege zu einer künftigen Weltkultur im goethischen Sinne sieht. Er rät den Japanern nicht nur, sich dem westlichen Geist kritischer, selbstkritischer und vorbehaltloser zu öffnen, sondern empfiehlt ebenso dringlich, die Schätze der eigenen Volks- und Geschichtsüberlieferung ans Licht zu heben, sie mit neuen Augen sehen zu lernen und sich des wahrhaft Japanischen bewußt zu werden. Die Kardinalfrage ist für Singer, ob Japan imstande sein wird, aus sich selbst heraus ein schöpferisches Wechselspiel von Selbst- und Fremderkenntnis zu erzeugen.

Dem persönlich gehaltenen *Bericht über die japanischen Jahre* hat Singer anvertraut, worin er sich seinem Gastland nah verbunden wußte, aber auch, wo er die Grenzen des Einvernehmens erfuhr. Über die Geistesart Japans und die Dichtung und Gedankenwelt Stefan Georges heißt es dort:

»Ich fand im japanischen Wesen eine tief verwandte Liebe für die knappste, nie ausladende Gebärde, den Trieb zum Verschweigen, mehr noch zum Verschwiegensein im zwiefachen Sinn, zur keuschen Herbheit der Form und zur Gehaltenheit noch im schwersten Leiden, den Sinn für das beginnlich Schlichte und die Verehrung heroischen Ausdauerns. Von gegenwirkenden Kräften aber schien mir damals die Erbschaft des buddhistischen Jahrhunderte noch übermächtig: der Wille zur Flucht aus der Erscheinung, die Entwertung rund in sich ruhender Gestalt, die Abkehr von noch dem hellsten irdischen Glanz und endlicher Erfüllung. Hier ist dem reinsten Metall zu tönen, dem edelsten Stein im Feuer der hohen Sterne zu strahlen, im Tiefsten versagt.«[1]

1 *Bericht über die japanischen Jahre*, a. a. O., S. 597f.

Auch wenn Singer das Fortwirken der buddhistischen Überlieferung oftmals als ein Hemmnis in der neueren japanischen Geistesentwicklung empfand, versagte er dieser bedeutsamen religiösen Strömung, die das gesamte japanische Leben durchzieht und stimmungshaft beeinflußt, weder sein einfühlendes Verständnis noch seine sittliche Hochschätzung. »Dies ist nicht unsere Welt«, schreibt er resümierend auf einem Blatt, das nicht in *Spiegel, Schwert und Edelstein* Eingang gefunden hat, »doch eine in sich durchaus gesetzhaft geordnete.« Und weiter:

»Wir können ihren Zauber fühlen, den Zauber einer zart im Gegensinne antwortenden Stimme, und wir können sie lieben, wenn sie unbeirrt ihren Göttern folgt, mit der gleichen fraglosen Treue, mit der wir den unseren verschrieben sind. Was aber wird sein, wenn die Strahlen eines fremdbürtigen Lichts, seine fernsten gefährlichsten Pfeile in dies große Anderssein hereinbrechen? Wenn das Unterste zu Oberst verkehrt, die uralte Ordnung gestört, der Traum aufgescheucht und der Zauber gebrochen wird? Wir fragen es bang, denn es scheint die Umwandlung sich fast ohne Bewußtsein dessen zu vollziehen, was in Wirklichkeit auf dem Spiel steht. (...) Dies aber wird so lange dauern, bis man sich entschließt, bis man fähig geworden ist, Upanishaden und Kojiki, Homer und Shakespeare mit neuen Augen zu lesen, großoffenen Auges schauend und stillschweigend vor dem Göttlichen, das hier ist und drüben.«[1]

Ein zu Unrecht Vergessener gelangt mit dieser Ausgabe von *Spiegel, Schwert und Edelstein* in Deutschland nach langen Jahren aufs neue zur Wirkung. Ohne die großherzige Unterstützung, die der Herausgeber bei dem Verwalter des Nachlasses von Kurt Singer, Dr. Georg Peter Landmann (Basel), bei der Vorbereitung des Buches fand, hätte es nicht erscheinen können. Ihm gilt für sein jederzeit bewiesenes Vertrauen tiefempfundener Dank.

Wolfgang Wilhelm

1 Aus einem unveröffentlichten Entwurf Singers.

Spiegel, Schwert und Edelstein

Karl Wolfskehl
zum Gedächtnis

Vorwort

Dieses Buch ist hervorgegangen aus Erfahrungen und Reflexionen während eines hundertmonatigen Japanaufenthalts, der vom Mai 1931 bis zum August 1939 reichte und von Lehrtätigkeit und Reisen, Lektüre und Nachdenken, Freude an Kunst und Leben erfüllt war, aber auch von den ständig zunehmenden Anzeichen einer nahenden Katastrophe beunruhigt wurde. Es gibt nur eine Art und Weise, die Seele eines fremden Volkes von innen her zu verstehen: an dessen Leben teilzuhaben, dessen eigenen Stil zu erproben und sich von dessen Rhythmus forttragen zu lassen, sowohl von den Strömungen und Wechselfällen des täglichen Lebens als auch von den Gezeiten und Revolutionen jenes Geistes, der von seinen Dichtern und Malern, Denkern und Religionsstiftern verkörpert und interpretiert worden ist.

Es war nicht nur die Neugier eines Forschers, die mich in dieses Abenteuer lockte. Seit meiner Kindheit fühlte ich mich seltsam hingezogen zu der Welt, die Harunobu und Kiyonaga, Utamaro und Hokusai in Farbholzschnitten dargestellt haben, und diese weckten in mir den Wunsch, jene fragilen und wagemutigen Häuser zu betreten, in der Nähe der unendlich anmutigen Weidenbäume an ihren stillen Flüssen zu verweilen, den schrillen Punktuationen ihrer Musik zu lauschen und den Flug der Wildgänse am herbstlichen Himmel zu beobachten. Dies alles erfüllte sich, als die Kaiserliche Universität Tōkyō mich bat, in ihrer Abteilung für Wirtschaftswissenschaften zu arbeiten; und während ich mich intensiv mit der Deflationsdynamik und Reflationsfinanzierung beschäftigte, aber mir auch wegen des Getöses der Kriegsvorbereitungen und einer unheildrohenden Zusammenballung der politischen Kräfte ernsthafte Gedanken machte, lernte ich in ihrem eigenen Lande die größten Meister der Kunst und Literatur kennen, von Hitomaro* bis Bashō, von den frühen Bildhauern bis zu Sesshū und darüber hinaus, die überirdische Schönheit der Nō-Spiele und den asketischen Charme der Teezeremonie. Dies war nicht nur ein Gewinn ästhetischer Art. Wenn Schwierigkeiten oder

* Von Kakinomoto no Hitomaro, einer der größten Dichterpersönlichkeiten Japans, stammen die bedeutendsten Gedichte der nach 760 zusammengestellten frühesten Lyrikanthologie *Manyōshū* (Sammlung der zehntausend Blätter). (*Anm. d. Hg.*)

Spannungen auftraten in den Alltagsbeziehungen zu japanischen Freunden und Helfern, Dienstboten und Beamten, war es oft so, daß ein besseres Verstehen herbeigeführt und das seelische Gleichgewicht wiederhergestellt wurde durch die Hinwendung zum Roman des 11. Jahrhunderts von Murasaki Shikibu, den Aufzeichnungen von Yoshida Kenkō aus dem 14. Jahrhundert, zu den Bühnenstücken von Chikamatsu und zu den zeitgenössischen Komödien jenes bestaunenswerten Schauspieler-Autors Gorō.* Die primären Impulse und höchsten Maßstäbe eines Volkes lassen sich am besten aus ihren reinen Quellen erkennen. Manche verwirrende Einzelheit gewinnt ihren Sinn, wenn man sie vom Kern her betrachtet und sie in den Zusammenhang ihrer Entstehungszeit einordnet.

»Sie werden in Japan etwas antreffen, was ich in mehr als einem Sinne eine ›Einheit in der Unordnung‹ nennen möchte«, sagte mir lächelnd ein japanischer Diplomat am Vortag meiner Abreise aus Europa, und ich habe oft Gelegenheit gehabt, die Wahrheit dieses orakelhaften Ausspruchs zu würdigen. Von der Hauptstadt aus gesehen, die damals von der Großen Depression und heraufziehenden Unruhen überschattet war, die sich einige Monate später erstmalig in dem sogenannten Mandschurischen Zwischenfall entluden, glich das zwischen kontroversen Kräften hin und her gerissene Land einem riesigen unaufgeräumten Laboratorium: allgemeine Verwirrung, überdeckt von Resten einer alten Ordnung, die weder lebendig noch tot wirkte, sondern ein geradezu unheimliches Maß an Zusammenhalt und Kontinuität bewahrte. Hinter den augenscheinlich chaotischen und oftmals trügerisch vieldeutigen Erscheinungen der Oberfläche die verborgenen Gesetze dieses Lebens aufzuspüren, war ein reizvolles Unternehmen, das meinen Geist im Zustand ständiger Anspannung hielt. Ich gestehe, daß ich mich in jenen acht Jahren keine einzige Viertelstunde gelangweilt habe. Die folgenden Seiten enthalten zum größten Teil den Ertrag jener Bemühungen eines der letzten westlichen Forschenden, die eine beträchtliche Zeitspanne in Japan verbrachten, unmittelbar bevor seine militärischen Führer sich auf jenes trügerische Hasardspiel einließen, aus dem es als Herr Ostasiens oder als kleinere, entwaffnete Macht hervorgehen

* Soganoya Gorō (1877–1948) machte sich auch als Theatergründer einen Namen und war als »König der Komödie« zu Singers Zeit in Japan sehr populär. (*Anm. d. Hg.*)

würde, dazu gezwungen, sich neue Grundlagen für seine Innen- und Außenpolitik zu suchen.

Es ist weder meine Absicht noch meine Aufgabe, diese aktuellen Probleme und ihre Ursachen und Nachwirkungen zu behandeln. Meine Untersuchung befaßt sich nur mit Grundgegebenheiten. Obwohl sie kein Patentrezept zur Heilung gegenwärtiger Gebrechen anbietet, dürfte sie dennoch Folgerungen enthalten, die zu ignorieren bei zukünftigen politischen Lösungen unklug wäre. Es ist sehr begreiflich, daß neun Jahre nach Pearl Harbour, fünf Jahre nach Hiroshima die öffentliche Diskussion im Westen immer noch um die bange Frage kreist, ob die Veränderungen, die Japan während seiner Okkupationszeit auferlegt wurden und die durch Verträge sanktioniert werden sollen, ausreichen, um ein Wiederaufleben der Kriegspolitik auf immer zu verhindern. Eine Untersuchung japanischer Strukturen und Wesenszüge (die nicht als Produkt eines zeitlosen »Nationalgeistes« verstanden werden, sondern als geschichtliche Gebilde aus ungewöhnlich mächtigen Kräften der Beständigkeit und Bewahrung) vermag keine Antwort auf Fragen zu geben, die ihrerseits unbestimmt bleiben, solange nicht die Denk- und Verhaltensmuster außerhalb Japans mit in Betracht gezogen werden; aber sie könnte dazu dienen, von Anfang an einige beliebte und gefährliche Vorurteile auszuräumen. Sie sollte aufzeigen, daß eine Nation keine technische Apparatur ist, die an den einen oder anderen Motor angeschlossen werden kann, keine Summe von Einzelteilen, die willkürlich weggelassen oder ersetzt werden können. Die Seele des Menschen versteht besser als sein Körper, verlorene Teile zu regenerieren, und die Geschichte lehrt, daß starke Bestrebungen, die tief in der Vergangenheit verwurzelt sind, leicht ihre Wirksamkeit steigern, proportional zu der Kraft des Widerstandes, der ihnen in den Weg gestellt wird. Ein Volk läßt sich nicht mittels Methoden reformieren, die der Extraktion eines Schlangengiftzahns oder der Eindämmung ungestümer Flüsse gleichen. Auch die Einsetzung neuer Modelle der Verfassungs- und Verwaltungsmaschinerie reicht nicht aus, den Frieden zu sichern; denn er ist eine Geisteshaltung und keine technische Einrichtung.

Eine solche Geisteshaltung wird sich in keinem Volk durchsetzen können, wenn andere Völker es mit Furcht, Ressentiment oder Verachtung betrachten. Im Leben der Nationen wie in dem der Einzelmenschen kann Sicherheit nicht dadurch entstehen, daß man sie auf direktem Wege anstrebt. Sie wird nur dann eintreten, wenn die Grundbedingungen einer zivilisierten Koexistenz gelten. Der größte chinesische Weise bezeichnete *jen*, menschliche Güte oder gegenseitige Beziehung, als diejenige Tugend, die das Bewußtsein wachhält, daß jede menschliche Beziehung im wesentlichen zwei Personen umfaßt, ein Ich und ein Du, oftmals von ungleichem Rang, aber vielleicht von gleicher Bedeutung im geheimnisvollen Gleichgewicht des Universums. Die erste Vorbedingung dafür, eine solche konfuzianische Tugend zu üben, ist der Wille, unseren Nachbarn zu kennen, wie auch wir gekannt zu werden wünschen, und einen Menschen mit allen seinen Licht- und Schattenseiten zu respektieren, wie auch wir respektiert werden möchten. Wenn dies geschieht, sollte alles übrige ein leichtes sein.

Universität Sydney
im September 1950 *Kurt Singer*

Einleitung

Als Johannes von Müller zu Anfang des 19. Jahrhunderts die Verhältnisse in Asien beschrieb, bemerkte er über das japanische Kaiserreich nur diese drei Worte: »Japan bleibt verschlossen.«[1] Seit den Tagen des großen Schweizer Historikers sind im Schicksal und in den Beziehungen Japans viele Veränderungen eingetreten, aber sein prägnanter Ausspruch hat nur an beunruhigender Bedeutung gewonnen. Die japanischen Inseln sind dem Verkehr mit dem Ausland geöffnet worden. Diplomatische Bande zogen den wirtschaftlichen Austausch nach sich. Forscher und Reisende, Experten und Politiker, Missionare und Schriftsteller wurden ausgeschickt und willkommen geheißen. Kriege brachen aus, in denen der entlegene Inselstaat auf einmal zum Rang einer Weltmacht aufstieg und noch plötzlicher in äußerste Schwäche und Niederlage stürzte. Der Zustand tatsächlicher Abschließung hat, in einem tieferen Sinne, noch nicht aufgehört.

Weil diese Sachlage nicht nur Gefahren auf dem Gebiet der internationalen Beziehungen in sich birgt, sondern auch den anthropologisch Interessierten vor Probleme von einiger Reichweite stellt, hat sich der Verfasser dieses Buches vorgenommen, zu untersuchen, ob die Japaner wirklich rätselhafter sind als die übrige Menschheit. Worin liegen nach dem Zeugnis der Vergangenheit und Gegenwart ihre bleibenden Wesenszüge? Was unterscheidet die Formen und Normen ihrer gesellschaftlichen und politischen Strukturen von den unsrigen? Und hat diese Gesellschaft eine Kultur hervorgebracht und bewahrt, die anders ist als die anderer Völker in Ost und West? Diese Fragen wurden schon oft aufgeworfen, aber bis heute nicht zum Gegenstand einer Untersuchung von angemessenem Umfang und Überblick gemacht, mit dem Ergebnis, daß sowohl politische Entscheidungen als auch persönliche Haltungen allzu lange von vorschnellen Verallgemeinerungen lebten, die mehr auf oberflächlichen Eindrücken als auf wirklicher Einsicht beruhten.

Wir haben viel Wissen über die Bewegungen und die Beschaf-

1 Müller, Johannes von, *Vierundzwanzig Bücher allgemeiner Geschichte, besonders der Europäischen Menschheit*, 24. Buch, Kap. 15, in: *Sämtliche Werke*, Tübingen ²1810, Bd. 3, S. 527.

fenheit ferner Sterne erworben. Unsere Vorstellungen von den geistigen Eigenheiten benachbarter Völker sind nicht nur in dem offenkundigen Fall, den wir hier betrachten, primitiv und nebelhaft; sie haben sich in komplizierten Situationen zumeist als irreführend erwiesen. Offenbar neigt der Mensch in der Regel dazu, Dingen aus dem Weg zu gehen, die ihm unliebsam sind oder ihn verwirren. Primitive Völker pflegen Fremde schlechthin als unheimliche Wesen zu betrachten; sie sind dann entweder Götter oder Dämonen. Ein Mensch zu sein bedeutet, Stammesmitglied zu sein. Sonderbarerweise haben einige der hervorragendsten westlichen Denkformen dazu beigetragen, solche Einschätzungen zu bestärken. Für den aufgeklärten Humanismus ist der Mensch im wesentlichen ein Vernunftwesen, das zu allen Zeiten und an allen Orten mit den gleichen Neigungen ausgestattet ist und seine unfehlbaren Normen in der allgemeingültigen Vernunft findet. Der strenge Christ glaubt an seine unsterbliche Seele, für die nichts anderes zutrifft als die allgemeingültige Lehre von Sünde und Erlösung. Historiker jedoch, die sich dankbar der breiten Skala menschlicher Möglichkeiten bewußt wurden, und Denker, die zäh daran festhielten, nicht nur Eines in Vielem, sondern auch Vieles in Einem zu erblicken und dem Allgemeinen in seinen einzelnen Ausdrucksformen nachzugehen, haben gelehrt, die Menschheit als einen vielstimmigen Chor oder eine Fuge aufzufassen. Der Durchschnittsmensch hingegen bleibt dabei, Besonderheiten fremder Nationen als Ärgernis oder als Quelle der Belustigung zu betrachten. Er ist davon überzeugt, daß sie durch Etikettierungen so bezeichnet werden können, wie man ein Dromedar durch einen Höcker und ein Kamel durch zwei bestimmt. Franzosen sind leichtfertig und »unmoralisch«, Italiener leidenschaftlich und faul, Deutsche sentimental und aggressiv, Russen unergründlich und kindlich fromm ... Psychologen haben herausgefunden, daß keine Aussage über ein Verhalten gemacht werden kann, ohne vorher das Kräftefeld sorgfältig zu bestimmen, in dem es auftritt. Biologen haben gezeigt, daß jedes Organ nur im Zusammenhang mit der Gesamtstruktur verstanden werden kann, die seine Funktion notwendig macht. Dies alles bleibt dem Mann auf der Straße vorenthalten. Verhängnisvollerweise neigt die Propagandatechnik in Kriegszeiten allzu sehr dazu, den Hang zur Vereinfachung zu verstärken, je nach den Erfordernissen des Tages. Diese Technik ist auf eine einschläfernde Wiederholung von Halbwahrheiten angewiesen, die der Allgemeinheit gefallen und dazu dienen, Massenbewegungen in die passende Richtung zu lenken. Die Methoden sind jetzt bis zu einem solchen Grade vervollkommnet, daß ihr Erfolg in Kriegszeiten ein Hindernis zu werden droht für die Wiederherstellung von normalen Beziehungen mit den Feinden von gestern, sobald sich die Umstände verändert haben – es sei denn, die Völker wären bereit, unsagbar viel zu vergessen. Diese bedauerliche Lage der Dinge zwingt zu der Frage, ob moderne Nationen nicht einen Weg finden können, Außenpolitik und sogar Kriege zu betreiben, ohne zu einem unwürdigen Verzicht auf besseres Wissen Zuflucht zu nehmen.

Ein Spiegel, ein Schwert und ein Edelstein (eine Perle) sind in der japanischen Dynastie als Zeichen der rechtmäßigen Machtausübung von Herrscher zu Herrscher weitergegeben worden. Autoren des 15. Jahrhunderts haben sie als Symbole der Tugenden verstanden, die die Nation pflegen sollte.[1] Der Spiegel versetzt uns in die Lage, die guten und schlechten Dinge so zu sehen, wie sie sind, und wird auf diese Weise zur wahren Quelle der Fairneß und Gerechtigkeit. Das Schwert »entscheidet fest, scharf und schnell, worin der wahre Ursprung aller Weisheit liegt«. Der Edelstein (die Perle) ist ein mondähnliches Symbol der stillen Besinnung und Ehrfurcht. Es wäre kaum auf eine noch kürzere Formel zu bringen, welche Anforderungen an die Untersuchung des Geistes einer fremden Nation gestellt werden müssen. Aus diesem Grund habe ich sie zum Titel dieses Buches gewählt.

1 Irita, Seizō, *On the three imperial treasures*, Cultural Nippon pamphlet series Nr. 34, Tōkyō 1941, S. 1f.

Teil I

Charakteristika

Ich verspüre in meinem Innern nicht jene weitverbreiteten Antipathien, die ich bei anderen beobachte: Der wechselseitige Widerwille der Nationen läßt mich unberührt, ebensowenig betrachte ich Franzosen, Italiener, Spanier oder Deutsche mit vorgefaßter Meinung, sondern wo ich erkenne, daß ihr Handeln mit dem meiner Landsleute übereinstimmt, ehre, liebe und umarme ich sie in gleicher Weise.

Sir Thomas Browne, *Religio Medici*

Frühe Beobachtungen ausländischer Besucher

Die ersten Europäer, die Japan von der Mitte des 16. bis zur Mitte des 19. Jahrhunderts besuchten, gewannen nicht den Eindruck, daß die Japaner schwierig zu verstehen oder gar rätselhaft seien. Als Missionare und Ärzte mit reicher Erfahrung und psychologischem Feingefühl gerieten sie nicht in Versuchung, aufreizende Halbwahrheiten über vernunftbetonte Urteile zu stellen und das Land, über das sie schrieben, zum Gegenstand von Witz, Einbildung und Rachsucht zu machen.

Die Zeitumstände waren einmalig günstig. Spätere Autoren mußten sich über den Charakter der Japaner während eines stürmischen und ungewissen Wandlungsprozesses ein Urteil bilden, der Japan oft in politischen und geistigen Widerstreit mit ihrem eigenen Land führte. Drei Jahrhunderte lang fanden ihre Vorgänger Japan in einem reifen und gefestigten Zustand vor und schrieben darüber in einer Stimmung, die von politischen Spannungen und geistigen Verunsicherungen kaum getrübt war. Ihre psychologischen Aussagen zeugen von der Nüchternheit des weltklugen Mannes und Naturforschers. Sie sind frei von Engstirnigkeit. Im großartigen Stil der Renaissance und ihres langen Nachwirkens nahmen sogar die strengsten Christen Tatsachen und Grundzüge wahr, die kaum mit der Morallehre ihrer Kirche vereinbar waren, ohne blinden Eifer und kleinliche Verärgerung zu zeigen.

Vielleicht überrascht an den Zeugnissen der Priester und Wissenschaftler am meisten die Einmütigkeit über die Hauptwesensmerkmale. Diese ersten Beobachter waren Männer mit festumrissenen Ideen und klaren Standpunkten, und sie lebten in einer Welt, die noch nicht aus dem Gleichgewicht geraten war. Ihre Empfindungen schwankten noch nicht zwischen ungezügelter Begeisterung und trotzigem Groll.

Die Missionare des 16. Jahrhunderts

In dem ersten Brief (unter dem Datum 20. Januar 1548, aus Cochin), in dem der heilige Franz Xaver von Japan spricht, vermerkt er, daß ihm von portugiesischen Kaufleuten, die in Japan gewesen waren, berichtet worden sei, »daß, wenn ich dorthin gehe, mehr für die Verehrung des Herrn getan würde als unter den Ungläubigen Indiens, da die Japaner ein Volk von großer Verständigkeit *(de mucha razon)* seien«. Er war in Malakka einem Japaner namens Angerō (Yajirō) begegnet, der ihn, nachdem er leidlich Portugiesisch sprechen gelernt hatte, um religiöse Unterweisung bat. »Wenn alle Japaner so eifrig lernen wie Angerō, sind sie unter allen neu entdeckten Völkern das wißbegierigste.« Eine spätere Textstelle, die er während seines dreijährigen Aufenthalts in Japan schrieb, lautet: »Soweit ich es beurteilen kann, übertreffen die Japaner an Tugend und Aufrichtigkeit alle anderen Völker, die man bisher entdeckt hat. Sie sind sanftmütig, Betrügereien abhold und leidenschaftliche Verfechter der Ehre, die sie über alles andere stellen.«[1]

Die erste wohlausgewogene, auf genauer Kenntnis beruhende Meinung findet sich in Briefen, die 1565 der Jesuit Froez schrieb, den Murdoch zu den beiden größten Briefautoren jener Zeit rechnet: »Dem Anschein nach sind die Japaner höflich und umgänglich, in Wirklichkeit jedoch stolz und hochmütig. Ein Kaufmann, so wohlhabend er auch sein mag, wird verachtet. Patrizier, selbst wenn sie unbegütert sind, behaupten ihre Ehre. Sie klammern sich mit äußerster Zähigkeit an ihre Würde und wetteifern miteinander in leeren Höflichkeitsgesten und ehrerbietiger Rede. Was die Erziehung ihrer Kinder anbetrifft, bestrafen sie deren Fehler nur mit Worten; und sechs- und siebenjährige Knaben werden nicht weniger taktvoll und feierlich ermahnt als Erwachsene oder alte Männer... Sie verabscheuen jede Form von Diebstahl. Wenn jemand bei diesem Delikt ertappt wird, geht derjenige, der ihn tötet, straffrei aus... In der Tat übertrifft dieses Volk sowohl an natürlicher Tugend als auch an Vortrefflichkeit des Geistes viele Nationen unseres Europas (dies sei gesagt, ohne daß ich jene zu kränken beabsichtige). Und wenn die portugiesischen Kaufleute eine weniger schmeichelhafte Meinung hegen oder sich weniger begeistert über die Japaner äußern, so liegt das allein daran, daß ihr Umgang sich auf die Bewohner der Hafenstädte beschränkt, die so weit entfernt von der Kultur und den verfeinerten Sitten des Landesinneren leben, daß sie den Letztgenannten fast als Provinzler erscheinen. So bezeichnen die Leute sie im allgemeinen verächtlich als

1 Murdoch, James, *A history of Japan*, Bd. 2, Yokohama ²1925, S. 39.

Rohlinge, obwohl die Küstenbewohner in Wirklichkeit keineswegs der Höflichkeit und guten Erziehung ermangeln.«[1]

Ein Forscher des 17. Jahrhunderts

120 Jahre später, ein halbes Jahrhundert, nachdem die letzten Europäer, mit Ausnahme einiger niederländischer Händler, die in Deshima geduldet wurden, aus Japan ausgewiesen worden waren, findet ein westfälischer Arzt in holländischen Diensten, Engelbert Kaempfer, die Hauptzüge des japanischen Charakters unverändert.[2] »Sie sind so ruhmsüchtig und so sehr von kriegerischer Leidenschaft getrieben, daß sie sich bereitwillig den größten Gefahren aussetzen, ehe überhaupt ein Befehl ergeht, eine Ungeduld, die freilich kein Lob verdient, weil sie manchmal eher Schaden anrichtet.« Wenn er schreibt, daß sie »solch eine Todesverachtung« zeigen, »daß sie, wenn sie von einem Feind bezwungen worden sind oder sich außerstande sehen, sich für irgendwelche Unbill oder erlittene Schmach zu rächen, sie mit stoischer Unerschrokkenheit gewaltsam Hand an sich selber legen«, so schwankt er, ob er dies als kühne Tat oder heldenhaftes Verhalten bezeichnen soll.

Dieses Volk vergißt nicht. »Liebe wie Haß und Verachtung werden bis auf die jüngsten Nachkommen vererbt. Die folgenden Generationen tragen Unrecht und Kränkungen weiter nach. Gegenseitige Feindschaften finden kein Ende, es sei denn durch den Tod und die völlige Vernichtung einer der beiden Seiten.« Kaempfer erwähnt die Fähigkeit der Japaner, Entbehrungen auf sich zu nehmen, ihr Vermögen, auf Schlaf zu verzichten, ihre Vorliebe für Höflichkeit und würdiges Benehmen, die Reinlichkeit ihrer Häuser und Gewänder, ihre zügige und strenge Rechtsprechung. Aber er vermerkt ebenfalls, wie Xaver, bestimmte Unzulänglichkeiten auf rein intellektuellem Gebiet. »Im Hinblick auf die Wissenschaften und die Ausbildung des Geistes wird man vielleicht einen Mangel an Philosophie feststellen. Die Japaner stehen dieser Wissenschaft nicht so ablehnend gegenüber, daß sie ihre Vertreter des Landes verweisen, sie halten sie jedoch für einen Zeitvertreib, der in die Klöster gehört.« Sie sind von einem »tatarischen Geist und

1 Ebenda, S. 150, Anm. 1.
2 Kaempfer, Engelbert, *The history of Japan together with a description of Siam, 1690–1692* (Neudruck Glasgow 1906), Bd. 3, S. 307–320.

Drang« beseelt, »der durch einen hohen Grad an Höflichkeit und Gesittung gemildert wird. Ihr Blut enthält eine Mischung von dem Feuer und der Heftigkeit der Tataren und der Wildheit und dem Gleichmut der Chinesen.« Der Autor hebt nachdrücklich die rassischen und kulturellen Unterschiede zwischen Chinesen und Japanern hervor; den ersteren schreibt er eine west-asiatische Herkunft zu und bringt ihre Kultur mit der von Babylon in Verbindung.

Ein Jesuit des 18. Jahrhunderts

Der Jesuitenpater Charlevoix[1] folgt Kaempfer darin, daß er dem »tatarischen« Element entscheidende Bedeutung in der Bildung des japanischen Volkes zumißt. »Es gibt eine enge Beziehung zwischen dem kriegerischen Geist und der unerschütterlichen Gemütsruhe beider Völker, so daß man einen Japaner sehr wohl als einen verfeinerten und kultivierten Tataren definieren könnte.« Manche Japaner von heute scheinen sich dieser Auffassung anzuschließen, wenn sie glauben, daß Dschingis-chan in Wirklichkeit kein anderer war als Yoshitsune, einer ihrer meistgeliebten Helden. Die Sage will es, daß dieser, nachdem er den Verschwörungen seines mächtigen Bruders Yoritomo entronnen war, zum Festland übersetzte und Führer eben jenes mongolischen Heeres wurde, das im 13. Jahrhundert, freilich vergebens, Japan zu erobern versuchte.

Auch Charlevoix kommt zu dem Ergebnis, daß Chinesen und Japaner sich in allen wesentlichen Zügen stark unterscheiden. »Der Chinese tut nichts ohne Abgemessenheit, und Vorsicht (*sagesse*) regiert all sein Handeln. Ehre hingegen ist der Grundsatz, auf dem alles japanische Tun beruht. Man könnte sagen, daß erstere nach gutem Ruf streben, indem sie genau die Prinzipien einer bestimmten Lebensklugkeit beachten, die fast immer dem Eigennutz dient; und daß die ganze Weisheit letzterer darin besteht, nie von den selbstauferlegten Verhaltensregeln der Ehre abzuweichen – Regeln, die manchmal falsch und oft übertrieben sind.« Der Chinese ist »umsichtig, furchtsam, bescheiden, friedlich und übt die gewissenhafteste und peinlichste Sorgfalt in der Ehrerbietung gegenüber

1 Charlevoix, Pierre François Xavièr de, S. J., *Histoire du Japon,* Bd. 1, Paris 1754, S. 75–85.

Lehrern, Eltern und dem Landesherrn«, der Japaner ist »freimütig, aufrichtig, ein guter Freund, treu ergeben bis an die Grenzen des Unglaublichen, übertrieben diensteifrig, freigebig, zuvorkommend, kaum auf Besitz bedacht – was seine Verachtung des Handels erklärt.« Nach Auskunft dieses Autors aus dem frühen 18. Jahrhundert gelten bei den Chinesen arglistige Täuschung, Wucher und Unterschlagung nicht als niederträchtig; in Japan wird die geringste Lüge mit dem Tode bestraft. Die Chinesen haben die Staatskunst an die Stelle der Religion gesetzt; der Japaner ist tugendhaft vom Gefühl, religiös von Natur her. »Sie gehen alle miteinander so gesittet und aufmerksam um, wie wir es sonst nur an den gebildetsten Völkern bewundern.« Für die Massen, in deren Augen ein in Ungnade gefallener, verarmter Baron weder an Ansehen noch an Stolz zu verlieren braucht, ist Wohlstand kein Anlaß zum Neid. Der tragende Gedanke der Nation heißt »Unabhängigkeit in der Armut«. »Bei einem Japaner in mittleren Verhältnissen findet man nur die wenigen wirklich notwendigen Dinge, aber alles ist von einer Reinlichkeit, die entzückt.« Es ist ein Volk mit starken Kontrasten: »hochmütig, reizbar, äußerst rachsüchtig, trotzig und übelnehmend«, aber »trotz ihres schwierigen Lebens und ihres von Natur her strengen Charakters treiben sie die Zügellosigkeit weiter als jedes andere Volk«.

Gualtieri verweist in seiner Schrift *Relatione della venuta degli ambasciatori giaponesi a Roma* wohl als erster auf jenes merkwürdige »Alles-auf-den-Kopf-Stellen«, über das sich noch so mancher spätere Reisende näher ausgelassen hat, »als wenn sie es darauf angelegt hätten, in allen Dingen in Gegensatz zu allen anderen Nationen zu handeln«. Charlevoix bezweifelt die Richtigkeit dieser Beobachtungen nicht, weigert sich aber, sie »unsere geistigen Antipoden« zu nennen. Es stimmt, daß sie ihre Schuhe ablegen, wenn sie ein Haus betreten, statt des Hutes; sie beugen sich nieder, um einen Gast zu begrüßen, während wir uns erheben; sie halten blondes Haar und weiße Zähne, die wir so sehr schätzen, für unschön; sie trauern in weißer Kleidung, wir in schwarzer; aber dies alles, fügt Charlevoix hinzu, deutet auf keinerlei moralischen Unterschied hin.

Ein anderer Forscher des 18. Jahrhunderts

Ebenso weigert sich der schwedische Forscher Thunberg[1], der das Land gegen Ende des 18. Jahrhunderts auf einer ausgedehnten Seereise besuchte, in seiner tiefschürfenden Beschreibung japanischen Lebens und Charakters die Japaner als ganz besonders merkwürdig und antipodisch einzuschätzen. In seinen Augen sind die Japaner keine Wilden; würde man sie mit den gebildetsten Völkern vergleichen, so wäre das nicht unberechtigt. Er rühmt ihren Körperbau, der im allgemeinen wohlgestaltet, kräftig und muskulös ist, ihr ernstes und stilles Verhalten, ihre Beständigkeit und Intelligenz, ihre kluge und vernünftige Nutzung der vorhandenen Mittel, ihre Reinlichkeit, Geduld und Freundlichkeit, ihr hilfsbereites, beherrschtes Verhalten, »besonders gegenüber den europäischen Kaufleuten, die sich nicht scheuten, ihre Verachtung und ihren Haß durch unehrenhafte Betrügereien hervorzurufen«.

Wie Charlevoix geht er näher auf die eigentümlichen Kontraste ihres Charakters ein – einerseits Liebenswürdigkeit und Gefälligkeit, Treue und Mut, Empfänglichkeit für die kleinsten Zeichen der Freundschaft; andererseits Hochmut, Aberglaube und Mißtrauen – das, so fügt er hinzu, allzuoft durch arglistige Täuschungen und Unaufrichtigkeit der Europäer gerechtfertigt ist. Der Freiheitsgedanke ist ihnen nicht fremd. Hausangestellte und Soldaten werden besser behandelt als in Europa, aber kein anderes Volk ist in demselben Maße daran gewöhnt, seinen Gebietern Folge zu leisten. Über ihre geistigen Fähigkeiten meint Thunberg: »Die Japaner haben viel natürliche Geschicklichkeit, alle Arten Handarbeit leicht zu lernen und sehr gut zu machen; auch sind sie darin sehr erfinderisch. An Industrie, Fleiß und Arbeitsamkeit übertreffen sie die meisten anderen Völker. Sie schränken sich aber auf das Nötige und Nützliche ein.«

Der Einfluß des Westens

Es ist bedenkenswert, daß diese frühen Reisenden, obwohl sie keineswegs unkritisch waren oder unwillens, abstoßende Charakterzüge zu erwähnen (laut Froez war Kindestötung ein landläufi-

1 Thunberg, Karl Peter, *Reisen in Afrika und Asien, vorzüglich in Japan während der Jahre 1770 bis 1779*, Bd. 3, Berlin 1794, S. 159.

ger Brauch, bei der man dem Neugeborenen den Hals zertrat), offenbar keinen Grund sahen, sich über einen Mangel an Aufrichtigkeit, Zuverlässigkeit und Wahrheitsliebe zu beklagen. Wenige Generationen später häufen sich in ausländischen Schriften derartige Vorwürfe. Es ist schwer, sich vorzustellen, daß der Volkscharakter sich so sehr gewandelt hatte. Doch die Beziehungen zwischen Einheimischen und Fremden hatten sich unter dem Einfluß der westlichen Kultur tiefgehend verändert.

Aus geheimnisvollen, aufgeschlossenen, schwer durchschaubaren, mächtigen Gästen waren die Fremden auf japanischem Boden zu verhaßten Eindringlingen geworden, die wenig Achtung vor uralten Formen des nationalen Lebens zeigten, sich auf die abschreckende Wirkung ihrer Feuerwaffen verließen, die Gesetze des Landes nach ihren eigenen Vorstellungen von Wirtschaft und Schiffahrt abzuändern trachteten und nicht immer ein höchstes oder auch nur mittelmäßiges Niveau an westlicher Moral und Kultur repräsentierten. So übten die Japaner Zurückhaltung, redeten doppelzüngig und begingen Betrügereien, um Zeit zu gewinnen.

Im 18. Jahrhundert wird die Redlichkeit des japanischen Kaufmanns überhaupt nicht in Zweifel gezogen. Die Lage ändert sich im 19. Jahrhundert, als die Japaner nicht länger bereit waren, mit den barbarischen Eindringlingen, wie sie ihnen vorkamen, den Kontakt aufrechtzuerhalten, jedoch unter dem militärischen Druck der Ausländer zu wirtschaftlichem Verkehr genötigt wurden und dabei oftmals die Taugenichtse ihrer Familien mit der Ableistung dieser verhaßten Pflichten beauftragten – mit Auswirkungen, die man sich leicht vorstellen kann; und unglücklicherweise wurden üble Machenschaften oft noch durch Beispiele westlicher »Geschäftstüchtigkeit« provoziert, auf die die Japaner ihrerseits mit Vergeltung reagierten.

Ein kurioser Abschnitt in dem offiziellen Bericht von Kommodore Perry[1] über seine Mission nach Japan in der Mitte des 19. Jahrhunderts gibt freimütig zu erkennen, daß einige der scharf gerügten Haltungen der Japaner eine Antwort auf genauso fragwürdige westliche Verhaltensweisen waren. Der Kommodore hatte Befehl gegeben, »alles anzuhören, was die Japaner sagen würden, und ihnen keinerlei unnötige Informationen zu geben oder ihnen Versprechungen zu machen«. Wenige Seiten darauf klagt der Bericht naiverweise darüber, daß »die Japaner sich in bezug auf die einfachsten Tatsachen so vieldeutig und ausweichend verhielten wie möglich«.

In der Tat hatten die Japaner unter ihren eigenen Machthabern solche Methoden anzuwenden gelernt. Die Tokugawa-Regierung hatte sich durch systematisches Mißtrauen, Bespitzelung und Unterdrückung individueller Gefühle und Gedanken am Leben gehalten. Mit einer Art von Berufsstolz hatten Beamte die Fähigkeit entwickelt, einen Gesprächspartner im dunkeln tappen zu lassen oder ihn durch Lügen irrezuführen. »Obwohl die Anschuldigung«, heißt es an einer Stelle des amerikanischen Berichts, »Zweifel an der Aufrichtigkeit des Dolmetschers ausdrückte, kränkte sie ihn nicht im geringsten, sondern wurde eher als ein Kompliment für ihre Doppelzüngigkeit verstanden, die zu den geschätztesten Fertigkeiten eines japanischen Beamten gehört.« Man darf jedoch nicht vergessen, daß der betreffende Beamte ein *metsuke* oder Zensor war, der unter anderem die Funktion eines Geheimpolizeiagenten ausübte – ein Beruf, dessen Vertreter man wohl nur dann als typischen Repräsentanten seiner Nation ansehen wird, wenn man zu einer gewissen Unbesonnenheit des Urteils neigt.

An anderer Stelle enthält der Perry-Bericht eine sehr aufschlußreiche Beschreibung zweier unterschiedlicher japanischer Charaktertypen, die den fremden Beobachter bis auf den heutigen Tag durch ihre krasse Gegensätzlichkeit vor ein Rätsel stellen: »Man konnte einen auffallenden Unterschied in der Haltung der beiden Beamten (Iezaimon und Saburōsuke) beobachten. Während I.

1 *Narrative of the expedition of an American squadron to the China Seas and Japan, performed in the year 1852, 1853 and 1854, under the command of Commodore M. C. Perry*, Bd. 1, Washington 1856, S. 328, 337, 395, 263, 330, 327, 398 u. 397.

stets bescheiden und zurückhaltend auftrat, war S. anmaßend und aggressiv. Der erstere bewies eine intelligente Wißbegierde, der letztere jedoch war unaufhörlich betriebsam, grob und zudringlich. Ohne Unterbrechung lugte der letztere verstohlen mit seinem frechen, unverschämten Gesicht in jede Ecke, ob dazu aufgefordert oder nicht, und spielte lieber den Spion, als offen seinen Wissensdrang zu befriedigen.« Es scheint tatsächlich einen permanenten Dimorphismus des japanischen Charakters zu geben. Bei nüchterner Betrachtung jener Passagen sollte man jedoch nicht die Tatsache übersehen, daß zu jener Zeit Perrys Schiffe in Gewässern vor dem japanischen Festland Vermessungsoperationen durchführten, ungeachtet der Proteste der japanischen Regierung.

Lob aus Amerika

Ebenso wie die früheren Berichte erkennt der Perry-Report die Freundlichkeit und Ehrlichkeit an, die die Einheimischen bei der ersten Kontaktnahme zeigten. »Das Wohlwollen der Japaner gegenüber den Amerikanern kam in schöner Weise in ihrer Hilfsbereitschaft zum Ausdruck, als die *Macedonia* (eines von Perrys Schiffen, das auf ein Felsenriff aufgelaufen war – K. S.) vom Ufer aus gesichtet wurde. Die Höflichkeit und überaus gewissenhafte Rücksichtnahme auf die Wünsche und das Wohlergehen ihrer Besucher war so groß, daß sie sich sogar die Mühe machten, dem zwanzig Meilen entfernten Geschwader ein Oxhoft Steinkohle zu überbringen, das man über Bord geworfen hatte, um das Schiff leichter zu machen, und später an Land getrieben war.« Das Benehmen der Mädchen und Frauen war selbst in den Augen der amerikanischen Offiziere über jeden Tadel erhaben. »Während der ganzen Zeit, da das Geschwader in der Bucht von Edo vor Anker lag, gab es keine der üblichen Anzeichen von Liederlichkeit und Zügellosigkeit seitens des weiblichen Geschlechts beim gelegentlichen Umgang mit den verschiedenen Schiffsbesatzungen.«

Über die jungen Mädchen hält der Bericht fest, »daß die Lebhaftigkeit und das Selbstvertrauen ihres Auftretens, das auf einem Sinn für Würde beruht, von der verhältnismäßig hohen Achtung herrührt, die ihnen entgegengebracht wird«. Zwei Generationen zuvor hatte Thunberg berichtet: »Es steht ihnen frei, das Haus zu verlassen und sich in männliche Gesellschaft zu begeben. Ich hatte daher jede Gelegenheit, das zarte Geschlecht zu sehen und zu beurteilen, in den Straßen von Nagasaki wie auch in ihren Häusern.« Wenn eine Frau die Ehe bricht, begeht laut Thunberg der Ehemann Selbstmord; nur so läßt sich seine Ehre wiederherstellen. Noch früher hatte Froez besonders erwähnt, daß nicht nur die Männer ihre Ehefrauen aus geringfügigstem Anlaß verstoßen können... »Auch die Frauen (wenngleich seltener) verlassen ihre Männer und heiraten andere.« Es gibt keinen Beleg für den vielbehaupteten Sklaven- oder Leibeigenenstatus der Frauen im alten Japan.

Der erste britische Gesandte

Der Bericht der Perry-Mission zeigt Japan just zu dem Zeitpunkt, als die Speerspitze westlicher Zivilisation und Politik im Begriff war, in den zerfallenden Leib des Tokugawa-Staates einzudringen. Die Erinnerungen von Sir Rutherford Alcock[1], dem ersten englischen Gesandten am Hofe des japanischen Kaisers (von 1859 bis 1862), veranschaulichen und erläutern eine Phase äußerster Verwirrung, unkontrollierbarer Veränderungen und zunehmender Rachsucht auf beiden Seiten. Mit einer denkwürdigen Tagebucheintragung hatte Konsul Townsend Harris, der erste amerikanische Amtsträger auf japanischem Boden, in dem Augenblick, als er in Shimoda vor Anker ging, sich gefragt, »ob dies alles Japan zum Wohle gereichen werde«. Sir Rutherford befielen keine Zweifel an dem grundlegenden Nutzen, den Japan daraus ziehen würde, daß seine Tore für den Verkehr mit der Außenwelt aufgestoßen wurden. Er ärgert sich über die anscheinende Unfähigkeit japanischer Beamter zu schnellem Handeln, stetiger Arbeit und zur Antizipation künftiger Situationen, erwähnt ihren Mangel an Energie und Zivilcourage, ihr Widerstreben, irgend etwas zu tun, das ihre eigene Position gefährden könnte, und besonders ihre Virtuosität, in Verwaltungsdingen der Wahrheit systematisch auszuweichen. Wenn er ein Leser Stendhals gewesen wäre, hätte er entdecken können, daß das Verhalten der japanischen Beamten genau den

1 Alcock, Sir Rutherford, *The capital of the tycoon, a narrative of a three years' residence in Japan,* Bd. 2, New York 1863, S. 330, 283, 259 u. 257, Bd. 1, S. 199, Bd. 2, S. 242, Bd. 1, S. XXII, Bd. 2, S. 332f.

Maximen entspricht, nach denen sich der italienische Adel der Renaissance und seine Privatarmeen richteten:

»Dies ist die Losung meiner Mannschaft: Niemals die Wahrheit zu verraten, was mich und meine Soldaten angeht. Wenn Ihr, angehalten zu sprechen, den Vorteil einer Lüge nicht einsehen könnt, so sagt auf gut Glück falsch aus und hütet Euch wie vor einer Todsünde, die geringste Wahrheit zu gestehen.«[1]

Der britische Gesandte sah klar und deutlich die Gründe für die feindselige Haltung der Japaner: die Furcht vor der Eroberung ihres Staatsgebiets, die Gefahr, daß ihre Moral und sogar ihre natürlichen Instinkte durch fremde Ideen und Gewohnheiten Schaden nähmen, und »schließlich die asiatische Weigerung, von dem hochgehaltenen Überlegenheitsanspruch gegenüber allen Angehörigen fremder Rassen auch nur ein Jota aufzugeben«. Er erkennt, daß die Einführung des Christentums zu jenem kritischen Zeitpunkt ein feindliches, staatsgefährdendes Moment darstellte und daß asiatische Völker überhaupt und die Japaner insbesondere dazu neigen mußten, alle christlichen Abgesandten als Agenten einer umstürzlerischen Propaganda zu betrachten.

Häufige Zwischenfälle und ständige Spannungen hinderten ihn nicht daran, die aufrichtige Freundlichkeit der Japaner zu würdigen, wie es die Reisenden in friedlicheren Zeiten getan hatten. Ihm gefällt ihre ungewöhnliche Erfindungskraft, besonders ihre Fähigkeit, mit einem Minimum an Hilfsmitteln und durch einfachste Technik hohe Wirkung zu erzielen. »Immer wenn auf den Feldern oder in den Werkstätten die Natur eine Kraft bereithält, wird der Japaner sich ihrer mit Sicherheit bedienen und sie seine Arbeit verrichten lassen, mit dem geringsten Aufwand für ihn selbst an Zeit, Geld und Mühe.« »Sie besaßen eine materielle Kultur hohen Ranges, in der alle gewerblichen Künste zu einer so großen Vollkommenheit entwickelt waren, wie es ohne Zuhilfenahme von Dampfkraft und Maschinen nur irgend erreichbar war.«

Lange bevor Lafcadio Hearn voller Begeisterung in tiefversunkenen Schichten der europäischen Antike Gegenstücke zu den Sitten und Glaubensüberzeugungen des Schintoismus wiederentdeckte, sah dieser erste Gesandte, daß Japan »die lebendige Verkörperung eines Gesellschaftszustands ist, der vor vielen Jahrhun-

1 Stendhal, *L'Abbesse de Castro,* Kap. 4, Paris 1891, S. 64.

derten im Westen bestand..., nur mit einer viel größeren Fähigkeit der Lebenskunst und einer weiter fortgeschrittenen materiellen Kultur bis in den Kern des Volkes hinein«. Ihr Glaube unterschied sich nach seiner Auffassung nicht von dem des europäischen Altertums. »Sie erheben ihre großen Männer und Herrscher zu Göttern und verehren sie, genauso wie die alten Griechen und Römer es taten.« Er findet, daß die oberen Schichten skeptisch und gleichgültig sind und die Lage der unteren Schichten nicht so schlecht ist, wie der erste Eindruck vermuten läßt. »Der äußere Schein von Unterwürfigkeit ist nur oberflächlich.« Er räumt ein, daß womöglich jedermann in Stadt und Land »ein höheres Maß an Freiheit und Schutz vor ungerechter oder bevormundender Gesetzgebung« verbleibt »als in vielen Ländern mit öffentlicher Freiheit und demokratischen Institutionen«. Er erwähnt den »höflichen Ton, den der Vorgesetzte stets im Umgang pflegt«. Die Begriffe freier Mann und Sklaven sollte man hier nicht verwenden, da viele freie Männer eine Stellung innehaben, die dem Freiheitsideal nicht voll entspricht, während »die Mehrheit der Sklaven ein Leben in relativer Freiheit führt«.

Schon der Perry-Report hatte die Grundgegebenheit der japanischen Gesellschaft herausgehoben: »Jeder Japaner ist abwechselnd Herr und Sklave, eben noch unterwürfig mit seinem Nacken unter dem Fuß des einen, dann aber hochmütig mit dem eigenen Fuß auf dem Nacken des anderen.« Nichts, behauptete Sir Rutherford, sei ratsamer, als ihre familiären Beziehungen und »den wahren Charakter ihres Feudalsystems« gründlich zu erforschen: »hierin liegen die Mittel, mit deren Hilfe die Rätselhaftigkeiten ihrer Politik und das Geheimnis ihrer nationalen Lebenskraft sich aufschlüsseln lassen«.

Das Andenken Sir Rutherford Alcocks wird von den Japanern nicht in hohen Ehren gehalten. Doch er hat sie mit einem ihrer zentralen, langlebigsten Propagandathemen versorgt: dem Gegensatz zwischen einem »geistigen Osten« und einem »materialistischen Westen«. Unter Hinweis auf den Aufsatz *On the Education of the World* des Pfarrers Dr. Temple schreibt er: »Wir haben Griechenland und Rom keineswegs mehr zu verdanken als Asien für seinen nachhaltigen, stillen Protest gegen die materialistischen, hauptsächlich praktischen, aber allzu weltlichen Tendenzen aller europäischen Völker... Es liegt eine geheimnisvolle Größe in der Vorstellung von ewigen Wahrheiten und göttlichen Gesetzen, die dem bildhaft denkenden Asiaten wohlvertraut ist, die der positivistische Geist aller weiter fortgeschrittenen Völker Europas aber selten bei anderen als das wahre Leben anerkennt.« Asien scheint sich ihm in »träumerischer Ruhe« zu befinden und »sich schweigend gegen die Unruhe zu verwahren, die ein Hauptmerkmal des europäischen Lebens geworden ist«. Dieses Thema wird gegen Ende des Jahrhunderts zum Leitmotiv einiger noch empfindsamerer, weniger festverwurzelter Männer, die sich danach sehnten, in der noch unversehrten Weisheit und Seelenruhe Asiens Erlösung von den prometheischen Plagen des Ewigen Europa und den unerquicklichen Zwiespältigkeiten des zeitgenössischen Lebens zu finden.

Lafcadio Hearn – ein Wanderer zwischen zwei Welten

Der Anführer dieses Stammes der stammesabtrünnigen Wanderer ist Lafcadio Hearn. Kein anderer Schriftsteller hat mit größerer Kunst den Zauber des japanischen Lebens heraufbeschworen, den er wahrzunehmen träumte. Ein hervorragender japanischer Gelehrter erzählte mir, daß er durch diesen Ausländer in fundamentale Wesenszüge seiner eigenen Kultur eingeweiht worden sei. Das öffentliche Japan jedoch verhielt sich ihm gegenüber während seines mühseligen Lebens gleichgültig, wenn nicht gefühllos, und erst in den dreißiger Jahren wurde ihm zu Ehren in Tōkyō ein bescheidenes Denkmal errichtet, veranlaßt durch den Wunsch eines sterbenden jungen Studenten. Das moderne Japan hat sein Traumbild zurückgewiesen; es hat einen hohen Preis dafür zahlen müssen. Die Frage muß jedoch erlaubt sein, ob Hearns Japanbild nicht in schöner, aber gefährlicher Weise von Vorstellungen geformt wurde, die seiner irischen Seele und seinen Kindheitserinnerungen an die griechischen Inseln entstammten. Handeln und leiden, behexen und entschwinden Männer und Frauen nicht wie Elfen in einem irischen Märchen, das in eine südliche Inselwelt voller Licht und Himmelblau versetzt worden ist, aber bis an die jähen Abgründe des grauenvollen Schicksal heranreicht? In einigen Wendungen seines letzten wie auch seines ersten Buches scheint er uns selbst das Geheimnis seines Seelenzustands preiszugeben:

»Elfenhaft scheint alles; denn alles und jedes ist klein und wunderlich und geheimnisvoll: die kleinen Häuser unter ihren kleinen Dächern, die kleinen Geschäftsfassaden, die blau behangen sind, und die lächelnden kleinen Leute in ihren blauen Gewändern.«[1]

Wundersame Dinge, Zauber, die Anmut der Sitte, ein Reich voller offenkundiger Freundlichkeit und Fröhlichkeit, gleichbleibende Liebenswürdigkeit, Taktgefühl, Gefälligkeit, wie sie der Wanderer »anderswo nur im exklusiven Freundeskreis angetroffen haben wird«, eine Welt, aus der sichtbarer Streit, laute Derbheit, Tränen und Vorwürfe verbannt zu sein scheinen, »der lebendige Anblick von Verhältnissen, die älter und innerlich viel weiter von uns entfernt sind als diejenigen irgendeiner griechischen Epoche, die uns Kunst und Literatur nahegebracht haben«, undurchdringlich für unsere hergebrachten Denkgewohnheiten, doch auf dem gleichen Felsengrund des Gefühls angesiedelt wie dem unsrigen; aber darin von unserem unterschieden, daß dieses Volk sich nicht ausdrückt, sondern andeutet, »denn dieses Volk will eher intuitiv erahnt als erkannt werden«. So lauten seine Einsichten in den späten Lebensjahren. Sein letztes Werk enthält jedoch auch das Eingeständnis, daß für jeden Fremden, der sich geistig und körperlich in dieses Märchenland hineinbegeben hat, um den Strom der Zeit aufwärts zu wandern, auf etwas zu, »so alt wie die Kulturen von Ägypten und Ninive«, der Traum eines Tages dahinschwinden muß und seinen traurigen Augen »eine Welt« übrigbleibt, »die es nicht gibt und die niemals die seine sein kann«.[2]

Halb erblindet, war er den Angehörigen seiner eigenen Kultur entfremdet, die ihm die unmäßige Schärfe seiner früheren Anklagen gegen die westliche Zivilisation verargten, aber auch den Menschen, deren Nationalität er im ersten Taumel der Begeisterung bereitwillig angenommen hatte und die nun getrübt war durch seine wachsende Einsicht – der letzte spätromantische Schriftsteller, der nicht zur inneren Ruhe fand, weil die Zufluchtsstätte seiner Wahl, als sein Leben sich dem Ende näherte, ihm wie eine Fata Morgana in immer weitere Ferne entschwand, und nichts blieb ihm erhalten als seine Sehnsucht nach einer Seele »naturaliter Christianae«, nach Vornehmheit, die der Güte ent-

1 Hearn, Lafcadio, *Glimpses of unfamiliar Japan*, London 1894, (Neudruck in: The Traveller's Library, London 1927), Bd. 1, S. 2.

2 Ders., *Japan, an attempt at interpretation*, London 1904, S. 16, 21, 19.

springt, und nach entzückter Stille. Als er starb, war der russisch-japanische Krieg im Gange.

Spätere Autoren haben sich Hearns allzu williger Bezauberung und seinen etwas vorschnellen Interpretationen, die auf Herbert Spencer fußen, nicht angeschlossen. Einige haben ihre Eindrücke in klareren Umrissen dargestellt; andere haben alte Traditionen und lebendiges Brauchtum mit gediegener wissenschaftlicher Sorgfalt beschrieben. Doch beide Gruppen haben nur selten das prägnante und wohlbegründete Urteil der frühen Beobachter und die frischen, scharfsichtigen Erkenntnisse der ersten Forscher und Interpreten erreicht. Jede Generation muß sich aufs neue ein Bild von den großen Wirklichkeiten machen. Hearn war der Meinung, daß nach einem halben Jahrhundert ein erneuter Versuch unternommen werden müsse, den Wesenskern Japans zu bestimmen. Die Bemühungen seiner Nachfolger haben viel dazu beigetragen, den Weg zu einer solchen Neubewertung zu ebnen. Der schicksalhafte Lauf der Dinge hat noch mehr dazu beigetragen, daß nun in hellem Tageslicht sichtbar wird, was glücklichere Generationen, die noch in die Nebelschleier eines vielverheißenden Morgens eingehüllt waren, allenfalls erahnen konnten. Aber *der* Autor wäre schlecht beraten, der seinen Blick nur auf das beschränkte, was seine Zeitgenossen für die einzig beachtenswerten Realitäten halten: politische Zielsetzungen und Fehlschläge, ökonomische Ressourcen und Bedürfnisse. Im Leben eines Volkes sind Träume nicht weniger bedeutsam als Zahlen. Von keinem anderen Land gilt dies mehr als von Japan, dessen reinster und tiefster Dichter, der Mönch Saigyō Hōshi (1118–1190 n. Chr.), vor mehr als sechshundert Jahren dieses Gedicht[1] schrieb:

Auch die Wirklichkeit
ist eigentlich nicht wirklich.
Wer dieses je gedacht,
wie könnte er noch meinen,
daß Träume bloße Träume sind?

Utsutsu wo mo
Utsutsu to sara-ni
Omowaneba
Yume wo mo yume to
Nani ka omowamu.

1 Waley, Arthur, *Japanese Poetry, the »uta«*, Oxford 1919, S. 100.

Wenn man die frühen Beschreibungen des japanischen Charakters mit einzelnen Beobachtungen vergleicht, die vor dem Pazifischen Krieg gemacht wurden, so sind kaum bemerkenswerte Unterschiede festzustellen. Japan hatte sich in keinem wesentlichen Punkt verändert. 50 Jahre der Industrialisierung und Kommerzialisierung, der Missionsbemühungen und wissenschaftlichen Schulung haben zwar gesellschaftliche Bindungen gelockert, Traditionen ausgehöhlt, zur Emanzipation des Individuums beigetragen und das geistige Gleichgewicht gestört; aber sie sind nicht stark genug gewesen, jenes festgewirkte Grundmuster des Lebens zu zerstören, das den japanischen Charakter geformt hat.

Vielerorts war der alte Umgangs- und Denkstil erst maskenhaft erstarrt, dann in blindem Eifer neu belebt oder auf einen quasi-ästhetischen Formalismus reduziert worden, und auf einigen Gebieten des hauptstädtischen und sogar des ländlichen Lebens waren die äußerlichen Veränderungen so beunruhigend, daß Japaner, die nach einer Abwesenheit von nur wenigen Jahren aus Übersee zurückkehrten, beträchtliche Zeit benötigten, um sich in ihrem eigenen Land neu zurechtzufinden.

Aber die alten Aussagen über den Charakter der Japaner hatten nur an der Oberfläche der japanischen Lebenswirklichkeit an Gültigkeit verloren. Ein japanischer Kommunist hat sich der Prägung durch alte Muster soweit entzogen, daß es schwer wäre, ihn auf Anhieb von einem russischen oder bulgarischen Revolutionär zu unterscheiden. Es gibt Naturwissenschaftler, die unbewußt in übertriebener Genauigkeit das Auftreten und Verhalten, die Mimik und Gestik eines westlichen Chemikers oder Biologen nachahmen. Begreiflicherweise fallen Veränderungen am deutlichsten am Verhalten des Personals auf, das einige Jahre in einem ausländischen Haushalt gearbeitet hat. Es verliert leicht das Beste an japanischer Höflichkeit, ohne Entsprechendes von der westlichen zu übernehmen. Einer japanischen Angestellten in einem japanischen Haus darf man vorbehaltlos vertrauen. Wenn sie aber im Hause eines Ausländers tätig ist, wird sie es vielleicht für klug halten, andere zu übervorteilen.

Hier, wie auch im Falle der häufigen sehr plötzlichen Konversionen von Kommunisten zu nationalistischen Radikalen, genügen oft schon die geringfügigsten Veränderungen in der sozialen Umwelt, um die Wirksamkeit der Alten Ordnung wiederaufleben zu lassen.

Solange diese Ordnung das Verhalten und Denken bestimmt, lassen sich die Handlungen und Einstellungen der Japaner in der Regel leichter verstehen und genauer voraussagen als die im Westen. Es bleibt weniger Raum für die Extravaganzen des individuellen Wollens und Geschmacks. Man erwartet, daß auf eine jede Situation in einer genau angemessenen, typischen Weise reagiert wird, nicht nur im Handeln, sondern auch im Fühlen. Die Wertmaßstäbe und Paradigmen des Verhaltens finden wir in der klassischen Literatur Japans. Sie weichen oft von den unsrigen ab, sind aber nicht rätselhafter als jene Kodizes und Ideen, unter deren Gültigkeitsanspruch wir aufgewachsen sind und für deren wunderliche Zufälligkeiten und Widersprüche wir früh das Gespür verloren haben.

Der Regenbogen geistiger Eigenschaften

Nirgendwo in der Literatur oder im täglichen Umgang treffen wir auf geistige Eigenschaften, die nicht auch bei Männern und Frauen des Westens entdeckt werden können. Den Japanern den Besitz bestimmter menschlicher Eigenschaften und Fähigkeiten zuzuschreiben oder abzusprechen – Erfindungskraft, Selbstbewußtsein, Mut, Unbeständigkeit, Originalität, Sauberkeit, Gefühl, Verläßlichkeit usw. –, sagt weniger über die Japaner als über die Unbedachtsamkeit des Urteilenden. In neun von zehn Fällen erregte sein Erstaunen nur, daß er bestimmte Merkmale an Stellen vorfand, wo sie im Westen meist fehlen, während er umgekehrt andere gerade dort vergeblich suchte, wo er gewohnt war, sie zu finden. Es gibt kaum ein seelisches Phänomen, das im Leben des modernen oder alten Europa kein Gegenstück besäße. Höchstens die Größenordnungen und Stärkegrade variieren.

Den Charakter eines Volkes durch die Heraushebung eines dominierenden Grundzugs oder Motivs bestimmen zu wollen, ist in jedem Fall ein fragwürdiges Unterfangen. Wenn man in Japan danach sucht, wird der Irrtum doppelt ins Gewicht fallen; denn es gehört zu seinem innersten Wesen, in allen Farben des charakterologischen Regenbogens zu schimmern. Viele Autoren haben detaillierte Aufzählungen der Fehler und Tugenden der Japaner geliefert und sind schließlich zu dem Ergebnis gekommen, daß sie jede Eigenschaft zusammen mit ihrem Gegenteil in sich tragen. Sie sind mutig und feige, fleißig und faul, geschmackvoll und unfein, rücksichtsvoll und grausam, emotional und besonnen. Würde nicht ein unparteiischer ausländischer Beobachter in der Psychologie des Franzosen, Deutschen und Russen ähnlich verwirrende Widersprüche entdecken? Das eigentliche Problem des japanischen Charakters liegt woanders: Während sie ganz und gar japanisch sind, ähneln sie doch in vielen Punkten anderen Nationen.

Übereinstimmungen mit bestimmten Elementen des *englischen* Charakters sind leicht zu finden. Beide Nationen sind sehr konservativ veranlagt, sie geben nichts von ihrem Erbe auf, es sei denn, etwas habe sich als eindeutig schädlich erwiesen. Sie handeln gern nach den festen ungeschriebenen Regeln dessen, »was man tut«, ohne nach tieferliegenden Gründen zu fragen. Beide lieben es, sich in Schweigen zu hüllen und sich wie hinter hohe Mauern in die Abgeschiedenheit zurückzuziehen. Beide zeichnen sich durch spontanes *teamwork* und selbstauferlegte Disziplin aus. Wo die Japaner sich in ihrer enthusiastischen Bereitschaft, das individuelle Leben für die gesellschaftliche Gruppe aufzuopfern, von den Engländern unterscheiden, erinnern sie an die *Spartaner.*

Mit den *Römern* teilen sie den zähen Willen zu irdischer Macht, verbunden mit einer hohen Achtung vor althergebrachten religiösen Bräuchen. Zuweilen wecken sie Erinnerungen an die *Athener* in der Leichtigkeit der Berührung, der kühnen Wißbegierde und dem Wunsch, auf den Flügeln des Augenblicks auszuruhen. Oder sie beweisen einen *französischen* Sinn für Form, Eleganz und Geist. Dann wieder sind sie zielbewußt und hartnäckig wie die *Deutschen.* Wie die *Spanier* lieben sie *grandezza* und *arrogancia.* Und zusammen mit allen diesen Eigenschaften treten auch deren Schattenseiten gelegentlich in Erscheinung: Überempfindlichkeit, Passivität, Trockenheit, Oberflächlichkeit, Unbeständigkeit, Schwerfälligkeit und Hochmut.

Einige Japaner, besonders wenn sie in hohem Alter stehen, sehen *Juden* und *Arabern* so verblüffend ähnlich, daß sie den Gedanken einer gemeinsamen Herkunft aufkommen lassen. Noch vor einigen Jahrzehnten galt es als modern, wenn ein Japaner für sein Volk beanspruchte, einer der verlorenen Stämme Israels zu sein. Als die britisch-japanische Allianz zu Ende ging, schwächte sich diese Nachahmung alter britischer Aspirationen ab. Nach Abschluß der neuen Verträge mit Deutschland war von einem solchen Anspruch nichts mehr zu hören. Aus der Sicht der physischen Anthropologie ist es wohl nicht schwer, die physiognomische Ähnlichkeit zwischen Japanern und Semiten zu erklären. Wenn man mit Sir Grafton Elliot Smith[1] davon ausgeht, daß die Semiten Angehörige der mediterranen Rasse sind, die sich mit der alpinen vermischte, und die japanischen Mongolen sich mit diesen beiden Linien verbanden, darf man Ähnlichkeiten überall dort erwarten, wo sich das mongolische Element in der Körperbeschaffenheit eines Japaners absolut oder relativ abschwächte. Vom Äußeren her fallen einem die meisten von ihnen – etwa an einem Badestrand – keineswegs als ausgesprochen »gelb« auf.

Übereinstimmungen zwischen Semiten und Japanern beschränken sich nicht auf das physiognomische Erscheinungsbild. Die folgenden Ansichten über den semitischen Charakter, die ein maßgeblicher britischer Sachkenner vertritt, scheinen dem allgemeinen Urteil über die Japaner sehr nahezukommen:

»Die Semiten sind Mittelsleute, die fremde Vorbilder (wie phönizische und arabische Künstler) nachahmen, wobei sie das, was sie übernehmen, umformen (wie z. B. die Behandlung der älteren Mythen zeigt), und drücken dem, was sie hinausgehen lassen, ihren eigenen Stempel auf. Die Einwirkungen von außen prägten die Semiten derart, daß man vermuten darf, die semitische Kultur habe von frühesten Zeiten an einen komplexen Organismus dargestellt... Ihr Enthusiasmus und ihre Tatkraft wurden nie durch jene objektive Vernunft in Schranken gehalten – die sie vor beiden Extremen hätte bewahren können.«[2]

Weder Juden noch Japaner werden diesem Urteil ohne weiteres zustimmen, doch es gibt präzis den Eindruck wieder, den beide Völker sowohl bei oberflächlichen als auch bei scharfblickenden oder wenig wohlwollenden Kritikern hinterlassen haben.

Wenn ein Maler-Gott die Seele der Völker geschaffen hätte, wäre es reizvoll, sich vorzustellen, daß er die Seele der Japaner aus den Farbresten komponierte, die er am Ende des sechsten Tages auf seiner Palette vorfand, und er diesem an Erinnerungen reichen Regenbogengebilde die fernsten Inseln als Heimstatt zuwies – um

1 Smith, Sir Grafton Elliot, *Human history*, London 1930, S. 153 f., 157.
2 Cook, S. A., *The Semites*, in: *Cambridge Ancient History*, 1923, B. 1, S. 203 f.

sich dort einen kleinen irisierenden Spiegel all dessen zu bewahren, was in westlichen Nationen in einfachen, starken, ungebrochenen Farben erschien. Vielleicht gibt jene Verbindung schwer vereinbarer Eigenschaften eine Erklärung für die hohe japanische Fähigkeit zu Kontinuität bei gleichzeitigem schnellem Wechsel zwischen Zuständen eines instabilen Gleichgewichts, aber auch für die oft erwähnten, jedoch nur selten hinreichend begründeten Grenzen der schöpferischen Leistung in Kunst und Literatur, Philosophie und Musik. Überragende schöpferische Begabung setzt die Übermacht einer einzigen bestimmten Kraft voraus; Mischung wirkt eher neutralisierend.

Zeugnisse der Kunst

Es gibt in der älteren Japanliteratur wohl kein klareres und ausgewogeneres Urteil über den japanischen Charakter als jenes, das W. G. Aston aus dem Studium des japanischen Schrifttums gewann:

»Es ist die Literatur eines tapferen, höflichen, fröhlichen, genußfreudigen Volkes, das eher empfindsam ist als leidenschaftlich, geistreich und humorvoll, von rascher Auffassungsgabe, aber nicht sehr tiefgründig; klug und erfinderisch, aber kaum hoher Leistungen fähig; aufnahmebereiten Geistes, ausgestattet mit einem unersättlichen Wissenstrieb und mit einem Talent für treffenden, eleganten Ausdruck, aber selten oder nie auf dem Gipfel höchster Erhabenheit.«[1]

Diese Aussagen des besten britischen Kenners der japanischen Literatur könnte man ergänzen durch Einblicke in die japanische Kunst, die einige Jahrzehnte später ein Schriftsteller gewann, der besser bekannt zu sein verdiente:

»Man darf sie vielleicht als verschlossen bezeichnen, denn ihre Kunst liebt Halbtöne sowie die Atmosphäre der Morgendämmerung und des Sonnenuntergangs, und die Behauptung mag erlaubt sein, daß sie ein zurückhaltendes Volk voller geheimer Vorbehalte sind, denn ihre Kunst wirkt, wo sie nicht minuziös ist, fast immer nur andeutend und verführerisch, aber nicht offen, unmittelbar und lichtdurchflutet. Sie sind einzigartig geschmackvoll, denn ihre Farben sind unvergleichlich harmonisch, und da ihre Farbzusammenstellungen niemals kühn, niemals grell, niemals ›auf-

1 Aston, W. G., *A History of Japanese literature*, London 1905, S. 4.

fällig‹ sind, darf man es als erwiesen ansehen, daß sie zur Unterdrückung des Selbst neigen.«[1].

Wenn man eine fremde Nation verstehen will, mag es in der Tat besser sein, ihre Prosodie und Dramaturgie zu studieren, als den eigenen politischen oder religiösen Katechismus zu wiederholen. Auf dem Gebiet der Poesie und Kunst legt eine Nation ihr entscheidendes Zeugnis ab, zeigt sie die Höhen und Tiefen, die ihr erreichbar sind, und bietet sie die echten Maßstäbe für ihre Stärken und Schwächen, solange Dichter und Maler, Bildhauer und Architekten Glieder eines Staatskörpers sind, der vom Gemeinschaftsleben durchpulst und genährt wird und von dessen lebendigem Glauben beseelt ist. In keinem modernen Land, das wir kennen, waren diese Wechselbeziehungen enger als in Japan, während des gesamten Verlaufs seiner Geschichte, bis hin zur Schwelle dieses Zeitalters der Verwirrung.

1 Watson, W. Petrie, *The future of Japan, with a survey of present conditions,* New York 1907, S. 149.

2. Mensch und Landschaft – eine japanische Analyse

Apollos Anruf »Erkenne dich selbst!« hat noch nie einen Andächtigen begrüßt, der sich einem japanischen Heiligtum näherte. Der Spiegel, der oft am Eingang eines Shintō-Schreins zu sehen ist, lädt den Besucher nicht dazu ein, das eigene Angesicht zu betrachten. Seine Funktion scheint darin zu bestehen, gemäß der alten Lehre östlicher Magier, böse Geister abzuwehren. Man kann ihn dem geheiligten Seil (*shimenawa*) zuordnen, das einen heiligen Bezirk abgrenzt und dessen Reinheit sichert. Und er darf nicht mit dem Spiegel verwechselt werden, der in vielen Schreinen als *shintai*, d. h. »Verkörperung Gottes«, aufbewahrt wird, als Sitz des Geistes von Amaterasu-ō-mikami oder anderen Gottheiten.

»Wie sollte ich dazu imstande sein, das Wesen der Japaner zu beschreiben, wo ich doch selbst einer bin!«, antwortete ein junger japanischer Mathematiker, ein Mann von ungewöhnlicher Geistesklarheit, auf meine Bitte, mir die wesentlichen Charakterzüge seines Volkes zu benennen. Die Japaner verstehen sich vorzüglich darauf, den Flug verschiedener Vögel zu beobachten, den Ton verschiedener Regenarten, die Bedeutung eines bestimmten leichten Zuckens der Lippen oder eine kaum merkbare Veränderung des Blicks wahrzunehmen. Doch sich den eigenen Geist und die eigene Seele als eine klar erkenntliche, organisch gegliederte Einheit zu denken, ist der Vorstellung des Japaners ganz und gar fremd. Die buddhistische Lehre hat ihn darin bestärkt, die Existenz einer Seele oder eines Ichs zu leugnen. Gemütszustände, Gefühle, Willensregungen werden als bloße Geschehnisse empfunden, die weder völlig objektiv noch subjektiv sind. Wo das Denken des Japaners sich auf ein individuelles oder kollektives Selbst richtet, neigt er weniger zu Erkenntnis als zu Lob oder Herabsetzung, das erstere meist, wenn es um das nationale Selbst geht, das letztere, wenn es die eigene Person betrifft. So bedeutet ihm »erklären« entweder entlarven oder rühmen, wie es schmerzlich an der nie befriedigten Forderung nach »Klärung« der »nationalen Struktur« in der Minobe-Affäre* von 1935 deutlich wurde.

* Minobe Tatsukichi (1873–1948), Professor für Verfassungs- und Verwaltungsrecht an der Kaiserlichen Universität Tokyō, vertrat ab 1911 (unter dem Einfluß des

Japanische Äußerungen über das eigene Land waren vor Wiederaufnahme der Verbindungen mit dem Westen im 19. Jahrhundert im wesentlichen mythologisierend oder glorifizierend. Spätere Schriften geben in verschiedener Form nur die Ansichten fremder Beobachter und Historiker wieder. Dem Fehlen eines originalen Denkens über die eigene nationale Persönlichkeit scheint ein ebensolcher Mangel an vertieften Vorstellungen vom Charakter westlicher Nationen zu entsprechen: Diese wurden zwar bis in viele Einzelheiten studiert, aber hauptsächlich unter dem Gesichtspunkt, Lösungen für Probleme zu finden, die die eigene Nation bedrängten. Ein Schriftsteller oder eine Gemeinschaft, denen es an wahrer Persönlichkeit mangelt, werden nicht imstande sein, andere Personen oder Gruppen als strukturierte Ganzheiten zu erkennen. Die gewandten und scharfen Bemerkungen von Ichikawa Haruko[1] können keinen Ersatz bieten für das Fehlen von japanischen Gegenstücken zu Victor Hehns *Italien*, Hippolyte Taines *Histoire de la Littérature Anglaise* oder James Bryces *American Commonwealth*. Etwas interessanter als die neueren geistigen Produkte eines zunehmend ungebildeten Zeitalters, das von politischer Propaganda und rassischer Hybris verdüstert ist, erweist sich das Schrifttum der Japaner über sich selbst in der Meiji-Ära, das unter dem unmittelbaren Einfluß westlicher Kultur entstand. Japan wird sich selbst nicht im rechten Licht erblicken können, bevor es nicht einen zweiten und tiefergehenden Versuch unternimmt, vom Westen mehr zu erkennen als das Drum und Dran der jüngsten Epochen.

Heidelberger Staatsrechtlers Jellinek) die Theorie, daß der Kaiser nur eines, wenn auch das höchste »Organ des Staats« sei, aber nicht die Substanz des Staats selbst. Nachdem er 1932 Mitglied des Oberhauses geworden war, wurde er 1935 Opfer einer Kampagne, als ihm Nationalisten vorwarfen, er habe sich aufgrund seiner Lehre gegenüber dem Kaiser »illoyal« verhalten. Er wurde öffentlich angeklagt und aus dem Oberhaus vertrieben. Die Massenmedien nutzten die »Minobe-Affäre« zur Schmähung liberaler und kosmopolitischer Auffassungen, und die Angriffe auf Minobe wurden mit scharfen Forderungen nach einer »Klärung der nationalen Struktur« verbunden. (*Anm. d. Hg.*)

1 Ichikawa, Haruko, *Japanese lady in Europe*, London 1937. Dieselbe, *Japanese lady in America*, Tōkyō 1939.

Inzwischen stellt wohl Professor Watsujis Buch *Fūdo** die bedeutendste Analyse dar, die ein repräsentativer Japaner über den Charakter seiner Nation und dessen bestimmende Faktoren vorgelegt hat. In der Art seiner Betrachtung kommt eine Vertrautheit mit westlichen wissenschaftlichen Methoden ebenso zur Geltung wie eine reiche Fülle eigener Beobachtungen. Dem Zug der Zeit folgend, den Menschen in Korrelation zur Natur zu sehen, als ein Kind der Erde, das in einem spezifischen Boden verwurzelt ist, untersucht er den Nationalcharakter in Beziehung zu der natürlichen geographischen Beschaffenheit und dem Klima, verfällt aber nicht jenem geopolitischen Fatalismus, mit dem kriegslüsterne Regierungen so gern ihre Politik begründen. Seine Einstellung ist die eines philosophischen Historikers, der weder seine innige Vaterlandsliebe verleugnet noch sich von fiktiven Mythen oder leidenschaftlichem Gefühlsüberschwang fortreißen läßt.

Um eine weitgehende Übereinstimmung zwischen Landschaft und Kultur festzustellen, muß man kein Determinist der naturalistischen Schule sein. Die ersten systematischen und tiefgehendsten Versuche, solche Wechselbeziehungen nachzuweisen, gehen auf Herder und Hegel zurück, nicht auf die Utilitaristen und Materialisten. Der japanische Geist scheint von Natur aus dahin zu tendieren, in diesen Grenzbezirken zu verweilen. Keine Vorstellung ist dem Japaner fremder als die Idee eines »Geistes«, der der Natur feindlich gegenübersteht, ja sogar rebellisch bleibt, wo er ihr nachgibt, und seinen gebieterischen Anspruch auch dort behauptet, wo er sich ihrem Gang anpaßt. In Japan ist der Mensch niemals aus dem vertrauten Umkreis von Tieren, Blumen und Felsen herausgerissen worden; kein göttlicher Wille hat ihm die Verfügungsgewalt über seine Mitgeschöpfe erteilt. Ihm sind allein schon die Inseln, auf denen er lebt, wie ältere Kinder, welche von den Göttern herstammen, die seine eigenen Vorfahren sind. Ebensowenig hat ihn der buddhistische Glaube den übrigen Lebewesen entfremdet. Auch sie sind der Erlösung fähig; derselbe Hauch des Absoluten

* Scheidl, Dr. Leopold, *Betrachtungen um das Buch von Professor Tetsurō Watsuji,* Fūdo, Ningengakuteki kōsatsu. Kokusai Bunka Shinkokai, Tōkyō 1937. (Das 1940 erschienene Buch Watsujis liegt seit 1971 in englischer Übersetzung vor: *Climate and culture; a philosophical study,* übersetzt von Geoffrey Bownas, Tōkyō 1971, (Japanese National Commission for UNESCO). (*Anm. d. Hg.*)

oder Nichts beseelt sie und vermittelt ihnen Erleuchtung. Der Japaner liebt es, sein Innenleben auf den Rhythmus der Jahreszeiten einzustimmen, sich ebenso spontan wie anmutig den Kräften der Natur zu fügen, ohne ihre abgründigen Gefahren zu fürchten, und fühlt sich gerade in der Hingabe an ihre Launen am treuesten. Naturalismus ist hier keine Denkrichtung, sondern eine angeborene Anlage.

Kennzeichnende Züge

Diese Natur, die geographische Beschaffenheit Japans, ist laut Watsuji vor allem durch Vielseitigkeit und Kontrast gekennzeichnet. Selbst wenn man die Extreme der äußersten nördlichen und südlichen Regionen außer acht läßt, finden sich subarktische und subtropische Erscheinungen nah beieinander. Asiatische Monsune treten neben Wirbelstürmen, wie sie der Westen kennt, in ein und derselben Jahreszeit auf. Oft sieht man Bambus, der von Schnee bedeckt ist. Im Ablauf eines Jahres folgt auf demselben Feld Weizen dem Reis. Der beständige Rhyhtmus der Sommer- und Wintermonsune wird von unregelmäßigen Stürmen unterbrochen. Die Temperaturunterschiede sind größer als in Indien, wo hohe Berge das Land vor den kalten Winden des asiatischen Festlands schützen. Der verbreitete Kalender teilt das Jahr in große, gleichmäßige Abschnitte auf, nach dem Vorbild der chinesischen Jahreszeiten mit ihrer majestätischen Gleichförmigkeit. Eigentlich gibt es in Japan keinen festen Winter- oder Sommeranfang, außer für jene traditionsgebundenen Briefschreiber, die nach alter Sitte auf die Jahreszeiten bezogene Grüße und Wünsche verschicken und sich dabei um die wirklichen Witterungsverhältnisse herzlich wenig kümmern. Die monsunartigen Sommerregen können früher oder später auftreten oder ganz ausbleiben. Frühling und Sommer weisen fast jedes Jahr ein anderes klimatisches Gesicht auf. Der wirkliche Winter setzt erst ein, wenn der Kalender schon einen neuen Frühling anzeigt. Kälte und Schnee dauern oft bis in die Tage der Kirschblüte. Überall scheinen Launenhaftigkeit und Unberechenbarkeit zu herrschen, die sich durch das plötzliche, heftige Auftreten von Überschwemmungen und Stürmen, Erdbeben und Flutwellen noch verschlimmern. Es ist, als ob die Natur den Menschen lehren wollte, stets auf der Hut zu sein und mit Katastrophen routiniert fertigzuwerden, aber auch die Tage und Wochen zwischen größeren Unglücksfällen zu nutzen und voll auszukosten und jene Ereignisse dann ebenso schnell zu vergessen, wie sie gekommen sind.

Der Japaner ist dadurch laut Watsuji »monsun-geprägt«, »zyklon-ähnlich« oder »taifun-artig« geworden. Er bewegt sich zwischen extremen Zuständen, neigt zu abruptem Wechsel, ruht niemals in stabilem Gleichgewicht, setzt aber ungestümen, unkontrollierbaren Gewalten die Tugenden schweigenden Leidens und stoischer Ergebenheit entgegen. Nahrungsmittel können in reicher Fülle wachsen, aber auch über Nacht vernichtet sein. Das verführt den Japaner zur Passivität und ermutigt ihn zu geduldigem Warten; und während er jede von außen kommende Ungleichmäßigkeit mit geschärften Sinnen wahrnimmt, ist er leicht Stimmungsschwankungen unterworfen. Er gibt sich mit erfüllten Augenblikken zufrieden, die so jäh zu Ende gehen wie fast immer die Kirschblüten, und sogar von seinem Kampfgeist hat man gesagt, daß er nicht beständig sei. Während er eine große Tapferkeit zu zeigen vermag, die manchmal an Tollheit grenzt, erträgt er nur mühsam andauernde Bedrängnis und Not. Anders als der Russe zieht er den Freitod der stillen Verzweiflung vor.

Der Rhythmus der Dichtung

Diese Feststellungen stimmen treffend mit westlichen Aussagen überein; es ist eine Genugtuung, sie von einem Gelehrten bestätigt zu finden, der in der Lage ist, die Dinge von innen her zu sehen. Sie werden, was noch mehr gilt, von der höchsten Instanz eines Volkes bekräftigt: seiner Dichtung. Die Vorliebe der Japaner – außer in ihrer frühesten und jüngsten Epoche – für kurze Gedichte mit 21 (später 17) Silben drückt denselben Charakter aus. Es ist ein Rhythmus von äußerster Empfindsamkeit, die plötzlich auflodert und ebenso plötzlich erstirbt; kurze Phasen einer extremen Spannung, die von einem Meer des Schweigens umhüllt sind, ein Gefühlszustand, der sich in einem einzigen Ruf, Klagelaut, Bild oder Fragewort kristallisiert; wenige Worte, die wie Pfeile mit klarem, scharfem Ton, dem weder ein nachhallendes Echo folgt, noch ein ankündigendes Zeichen vorangeht, ihr Ziel erreichen; niemals bildet er jene wellenhaft wiegende Form, in der sich die Seele des europäischen und chinesischen Liedes und Tanzes offenbart.

Daß die Werte des Maßes und Gleichgewichts, der Proportion und Harmonie zuinnerst mit den gemäßigten Kontrasten im mittelländischen Landschaftsbild und Klima zusammenhängen, ist einer der Schlüsselgedanken von Winckelmanns bahnbrechender Würdigung griechischer Kunst. Watsuji erwähnt die Trockenheit der mediterranen Meeresbrisen, die relative Schwäche der Winde und sogar der Stürme, die es den Bäumen an der Küste erlauben, ziemlich unverkrüppelt zu wachsen, so ganz anders als die grausam deformierten Stämme und Äste der japanischen Kiefern. Er findet, daß die Arbeit des griechischen, italienischen und sogar des mitteleuropäischen Bauern in der Regel weniger fordernd und ermüdend ist als das Los des japanischen Landmanns in seinem unablässigen Kampf gegen das rasche Wachstum des Unkrauts, das außerordentlich hartwüchsig ist und als Dünger nicht taugt. Der japanische Bauer verfügt über geringere Freizeit und erhält weniger Unterstützung durch die Natur als der europäische, der sich einen sorgloseren Umgang mit seinem Gerät erlauben darf, wie er für den Japaner schon existenzbedrohend wäre. Wie leicht ist der Regen in Europa, wie selten kommen Erdbeben und Überschwemmungen vor! Europa erscheint dem Japaner daher als ein landwirtschaftliches Paradies und als eine Schule des Verstandes, die sich von der regelmäßigen und moderaten Art der natürlichen Abläufe herleitet – frei von den größten Gefährdungen durch Sonne, Sturm und Feuchtigkeit, fördert es durch seine Ordnung das Denken und regt es zum methodischen Vorgehen an.

Als den anderen großen Gegensatz zur japanischen Umwelt empfindet Watsuji die Wüsten des Nahen Ostens, die abstraktes Denken, Einfachheit der Standpunkte, strenge Moral und geringe Gefühlsbetontheit begünstigen; und die endlosen Weiten Chinas führen wahrscheinlich zu Unempfindlichkeit, Langsamkeit der Reaktion, nüchterner Reflexion und mangelnder Wachsamkeit.

Derartige Behauptungen stellen notwendigerweise Vereinfachungen dar, die vielleicht ebenso gefährlich wie bezeichnend sind. Aber sie lassen klar spezifische Merkmale der natürlichen Ausgangslage Japans hervortreten, die eng mit der Unbeständigkeit, Sensibilität und »Augenblickhaftigkeit« des japanischen Temperaments zusammenhängen – verbunden mit einem Hang zur Passivität, der aus der doppelten Erfahrung von natürlicher Fruchtbarkeit und überall vorhandener Naturzerstörung herzurühren scheint, in Ausmaßen, die alle rationalen Anstrengungen übersteigen.

Kompensationen

Keine dieser geographischen Gegebenheiten erklärt jedoch jenen Zug des japanischen Charakters, den Graf Ōkuma die »bewahrende Kraft« des Japaners genannt hat, seine Neigung und Fähigkeit, zu erhalten, beizubehalten, zu sichern, zu pflegen, was ererbt worden ist, und keine einzige Gewohnheit, Sache oder Idee aufzugeben, die im Verlauf der Jahrhunderte angenommen wurde. Die Unberechenbarkeit der japanischen Umwelt hätte ein anderes Volk vielleicht dahin gebracht, abwechselnd ein Leben von singenden Lotusessern und hungrigen Pygmäen zu führen. Auf jede geographisch und klimatisch bedingte Lage vermag der Mensch in mehr als einer einzigen Weise zu reagieren. Katastrophen können seinen Willen brechen oder stählen, Wohltaten der Natur werden ihn entweder träge machen oder in ihm den Anreiz wecken, mehr zu erreichen. Die Frage, ob ethnische Qualitäten die Japaner dazu befähigt haben, angesichts der Unbeständigkeiten der Natur jene erstaunlich starke Bewahrungskraft zu entwickeln, ist ein Problem, das der Verfasser gern den Anthropologen überläßt. Als philosophisch orientierter Historiker gibt er sich damit zufrieden, die Phänomene so deutlich klarzulegen, wie sie ihm in eigener Erfahrung begegnet sind, und auf die Probleme hinzuweisen, die in ihnen stecken.

Wenn man die Unterschiede in der Beziehung zwischen Mensch und Natur in Japan und Europa vergleicht, kommt eine bemerkenswerte Symmetrie zum Vorschein, die Watsuji, soweit ich es beurteilen kann, nicht aufgefallen ist. Alle Faktoren der Instabilität und Unregelmäßigkeit, der endlosen Bedrohungen und Katastrophen sind auch auf dem europäischen Schauplatz gegenwärtig. Nicht als natürliche Gabe Pandoras, sondern als prometheische Errungenschaften ... Und auf der anderen Seite gibt es zu all der Kontinuität, Regelmäßigkeit und dem Fehlen von Extremen, die in der europäischen Natur vorzuherrschen scheinen, eine auffällige Entsprechung im gesellschaftlichen Leben der Japaner. Hat der Geist im Westen sich eben die Bedingungen geschaffen, die Japan von der Natur verliehen worden sind? Hat Japan die störenden

Faktoren seiner geographischen Umwelt durch die Schaffung eines gesellschaftlichen Organismus kompensiert, der dazu bestimmt ist, die äußere Unsicherheit durch ein Gebilde von solcher Stabilität und Kontinuität zu ersetzen, um zu der europäischen Regelmäßigkeit der Naturabläufe ein Pendant zu schaffen? Der Mensch ist ein Ganzes, eins in jeder seiner unterschiedlichen Erscheinungen, eins auf jedem seiner verschiedenen Wege.

3. Prägungen

Die Kindheit

»Das Kind ist der Vater des Mannes« lautet ein altes Sprichwort, das immer dann nachdenklich zitiert wird, wenn der Mensch beginnt, über die Spanne eines langen Lebens eine Gedankenbrücke zu schlagen, zu der Stunde, wo draußen die Schatten um Zelte und Häuser wachsen. Psychoanalytiker der neueren Zeit haben unser Wahrnehmungsvermögen für verborgene Prozesse geschärft, die früheren Generationen entgangen sind, weil sie weniger darin geübt waren, verschüttete Erinnerungen aufzudecken. Sie weisen darauf hin, daß viele, wenn nicht alle hervorstechenden und dauerhaften Verhaltenszüge durch Kindheitserfahrungen geprägt werden.

Oft schon ist darauf hingewiesen worden, daß Japan ein Paradies für Kinder ist. Einem japanischen Kind – besonders wenn es sich um einen Jungen und erst recht, wenn es sich um den erstgeborenen Sohn handelt – werden fast keinerlei Beschränkungen auferlegt. Das Kind kann tun, was es will. Sehr selten wird es zurechtgewiesen. Wenn eine Ermahnung erfolgt, geschieht es auf sanfte Art, ohne daß die Eltern irgendwelchen Unwillen zeigen. In den allerschwersten Fällen schlägt die Mutter ihm mit einer Rute aufs Schienbein oder wendet das recht schmerzhafte *moxa**-Brennen an. Diese Dinge spielen sich jedoch nur in der Zurückgezogenheit des Hauses ab, nicht vor fremden Augen und Ohren. Sogar auf der Straße oder in einem Zugabteil darf das Kind schreien, rennen oder umherklettern, wie sein unbändiges Herz es begehrt. Ein Junge auf einem Kinderfahrrad oder Dreirad darf sich ungestraft mitten unter Automobilen** und anderen Fahrzeugen auf den großen Verkehrsstraßen Tōkyōs bewegen und wird von den Leuten, deren Weiterfahrt er durch seinen aben-

* *Moxa* ist eine aus China stammende Heilbehandlung. In Kegelform gepreßtes trockenes Kraut wird auf der Haut verbrannt, ohne diese zu verletzen. Das Abbrennen ist nicht ganz schmerzfrei und besonders für Kinder wenig angenehm. Daher wurde es zu Singers Zeit bisweilen noch als Mittel eingesetzt, um Kinder zu disziplinieren, aber auch zu beruhigen. Heute wird diese Methode zu erzieherischen Zwecken so gut wie gar nicht mehr angewendet. (*Anm. d. Hg.*)

** Diese Beobachtung Singers besaß natürlich nur zu einer Zeit Gültigkeit, als es noch sehr viel weniger Automobile in Tōkyō gab als heute. (*Anm. d. Hg.*)

teuerlichen Ausflug behindert hat, behutsam in Sicherheit gebracht werden. Entrüstete Blicke wird er nicht ernten. Japanischen Kindern bleibt das unheilvolle »Du darfst nicht« in solchem Maße erspart, daß man sie die wahren Götter des Landes nennen darf. Sie bilden die Mitte des Hauses und der Nation. In ihrer farbenfrohen Kleidung scheinen sie die einzigen Wesen in Japan zu sein, denen man Freiheit des Handelns und strahlende Blicke ohne Einschränkung gönnt.

Mit wachsendem Alter werden diese göttlichen Tyrannen immer mehr von einem Netz der Zwänge umwoben. In der Grundschule ist es noch weitmaschig und leicht, auf der Sekundarstufe schon fester und in den höheren Schulen unnachgiebig hart gespannt. Das Universitätsleben wirkt nur dem äußeren Anschein nach freier. In Wirklichkeit wird der Student nur weniger wahrnehmbar gelenkt als der Schüler. Während das Kind zum Jugendlichen und Erwachsenen heranreift, gewinnen die Forderungen der Gesellschaft langsam, aber mit zunehmender Strenge Kontrolle über ihn. Wenn der Student sein Abschlußexamen abgelegt hat, gleicht er einem Baum, der von einer festen, farblosen Rinde umschlossen ist. Eine Maske hat sich über seine Züge gebreitet, bestehend aus Disziplin, Tradition, Selbstbeherrschung und Schüchternheit. Hinter dieser Schicht steigt und sinkt noch immer ein dünner Saft individuellen Lebens, aber auch dieser Strom scheint reguliert vom Rhythmus der Jahreszeiten und den Höhen und Tiefen des nationalen Schicksals: Die Maske verkrustet zur festen Form.

Konträre Auffassungen

Man geht nicht fehl, wenn man dieses ungeschriebene Gesetz der japanischen Erziehung für das Entstehen jener Charakterzüge verantwortlich macht, die in auffallendem Gegensatz zu westlichen Lebens- und Denkstilen stehen.

In Europa scheint der Lebensweg des Individuums von frühestem Stadium an mehr und mehr zu ungehinderter Entfaltung des Eigenwillens im Handeln und Denken zu führen. Das Kind wird durch zahlreiche Regeln und Tabus geschützt; im Laufe des Heranwachsens scheinen sich neue Horizonte der Selbstbestimmung aufzutun. Der Grundcharakter des Hochschullebens wird in einigen westlichen Ländern mit dem Begriff der akademischen Freiheit umschrieben. Der Erwachsene erkennt aufgrund weitverbreiteter politischer Theorien nur jene Formen der Beschränkung an, die er als Voraussetzungen einer höheren Form von Freiheit verstehen kann. Die in hohem Maße europäische Idee Hegels, der die Weltgeschichte als einen steten Fortschritt im Selbstbewußtsein der Freiheit begriff, kann man, in verkleinerter Form, als Abbild der Lebensgeschichte des typischen westlichen Individuums ansehen. Letzterem muß Zeit als eine eindimensionale Bewegung in Richtung auf das Erstrebenswertere erscheinen, während der Begriff von Freiheit, der jenem Prozeß innewohnt, eine notwendige Vorbedingung darstellt, um Aufgaben von wachsender Komplexität zu bewältigen, die auf fortschreitenden Stufen der Verantwortung in Angriff genommen werden: In ihrer höchsten Form nimmt sie die Bedeutung von »Freiheit zu...« an, während die »Freiheit von...« eine Zwischenstufe darstellt, auf der die Fortentwicklung sich gegen Überreste früherer Stadien behauptet.

Der Gegensatz zum japanischen Erziehungsstil könnte nicht größer sein. Es ist merkwürdig, daß die Autoren, die sich eingehend über das völlige Anderssein der Japaner ausgelassen haben, diesen Gegensatz in ihren Aufzählungen der Kontraste nicht mitgenannt haben. Für den Japaner liegt die vollkommene Freude in einer unwiderruflichen Vergangenheit – ein offenbar utopischer Zustand, aber einer, den es wirklich gab und in dem er völlige Freiheit genoß, das zu tun, wonach es ihn verlangte, ohne daß er sich vor finsteren Blicken oder scheltenden Stimmen zu fürchten brauchte. In jenem glückseligen Zustand war er der Mittelpunkt seiner Welt, über alle Maßen umhegt von den liebevollsten und stärksten Wesen, die er kannte: seinen Eltern. Was immer er tat, wenn plötzliche Wünsche – Blumen und Libellen gleich – in ihm auftauchten und wieder verschwanden, spürte er ihre unendliche Zuneigung und Freude an ihm. In all seinen Gedanken, Sehnsüchten und Haltungen wird die Erinnerung an dieses goldene Zeitalter weiterleben, als ein Traumbild dessen, was das Leben sein kann, sein sollte und sein wird, wenn wir uns nur entschlössen, jene einstige Harmonie wiederherzustellen. Freiheit wird er künftig mit Anarchie assoziieren, Wonne mit dem Wunsch, dem Impuls des Augenblicks zu folgen, Autorität mit wohlwollendem Gewährenlassen und die bessere Zukunft mit der Wiederherstellung einer Vergangenheit.

Politische Implikationen

Isshin – Erneuerung, Umgestaltung, Wiederherstellung – ist die japanische Form der Revolution. Der Mensch ist gut, und niemand wird ein Leid geschehen, wenn er seinen natürlichen Antrieben folgt; denn so gewann und bewahrte er sich die Liebe und Bewunderung seiner Beschützer. Keine spätere Entdeckung zweifelhafter Anlagen und Charakterzüge bei sich und den Mitmenschen kann die Spuren dieser Urerfahrung tilgen. Das Böse muß als eine von außen kommende Befleckung erklärt werden, verursacht durch feindselige Götter, Geister oder andere furchterregende Wesen, deren Gewalt man durch Reinigungsopfern entgegenwirken kann. Die Japaner sind scharfe und übergenaue Beobachter, die sich auf feine Unterscheidungen verstehen und sich mit schonungsloser Offenheit der Realität stellen, soweit nicht ihre Instinkte oder instinktartigen Neigungen verhindern, daß jene Bewußtseinskräfte ins Spiel kommen. Die seltsame Diskrepanz zwischen ihren Vorstellungen von Moral und den tatsächlichen Zuständen des japanischen Lebens läßt auf das Vorhandensein von Urbildern schließen, die ihre Kraft aus den unauslöschbaren Erfahrungen der Kindheit schöpfen. Nur das Unbewußte ist imstande, angesichts offenkundiger Widersprüche in der tagtäglichen Wirklichkeit unberührt von Fragen und Zweifeln weiterzuleben.

Freiheit und Beschränkung

Die japanische Art der Erziehung schließt noch ein zweites Moment in sich, das politisch von Belang ist. Disziplin, Beschränkung und Zwang verstärken sich während der ersten zwanzig Lebensjahre in einer Weise, daß ihre zunehmende Härte gleichzeitig mit einem Zuwachs an Freude, Selbstbewußtsein und sozialem Ansehen verbunden ist. Sie stehen so in Wechselwirkung zu einer sich erweiternden Reihe von positiven Werten. Während sein Handlungsspielraum sich durch eine größer werdende Anzahl von äußeren Hemmungen, Regeln, Tabus, Pflichten und Verboten einengt, gewinnt der Junge, der Jugendliche und noch mehr der junge Mann im Bereich des Wissens, Wollens, der Verantwortung und Phantasie mehr und mehr an Weite. Es ist ein Verlust, dem ein Gewinn gegenübersteht, der wahrscheinlich sogar überwiegt. Bei reifender Einsicht begreift er bald, daß die straffere Disziplin der Preis ist, den er für die Vorteile der zunehmenden Mündigkeit und des Erwachsenwerdens zu zahlen hat. Die westliche »Freiheit zu...« findet eine Entsprechung in der »Beschränkung zu...«. Hier scheint wiederum die merkwürdige Bereitschaft der Japaner, das Joch der Konventionen, Zwänge und Beschränkungen auf sich zu nehmen, das einem Westländer untragbar erschiene, in unbewußten Schichten der individuellen Erfahrung verwurzelt zu sein. In der westlichen Gesellschaft gibt es kaum irgendwelche Entsprechungen, es sei denn, man dächte an die Opfer, die mancher für den sozialen Aufstieg zu bringen bereit ist, an die strengen Verhaltensregeln in aristokratischen Kreisen oder an die Beschränkungen, die der Dichter eines Sonetts oder der Komponist einer Fuge sich selbst auferlegten.

Der Gemeinwille

Die Praxis, gesellschaftliche Disziplin zur Pflicht zu machen und gleichzeitig dem Individuum mehr Rechte zu gewähren, ist keine Erfindung der Japaner. Sie ist ein allgemeiner Brauch im Gemeinschaftsleben primitiver Völker. Die schmerzhaften Initiationsriten solcher Stämme üben eine vergleichbare Funktion aus wie die japanische Erziehung, nur daß sie in einen relativ kurzen Zeitraum zusammendrängen, was sich in der japanischen Erziehung auf zwei Jahrzehnte verteilt. Aber ein eigentümlicher Zug der japanischen Erziehung liegt darin, daß Disziplin und Beschränkung (zumindest in den entscheidenden Phasen) weniger von außen her – etwa durch ältere Männer von furchtgebietender Autorität – aufgezwungen werden, sondern daß die Mitglieder der eigenen Altersgruppe sie sich selbst auferlegen. In einer Mittelschule und noch mehr in einer Höheren Schule sind es die Schüler einer Klasse, die das Netz der Gebote und Verbote spannen, je nach ihrem eigenen Wertgefühl, Glauben oder Gutdünken. Die beste Beschreibung dieser Seite der japanischen Erziehung verdanken wir Lafcadio Hearn:[1]

»In der Schule setzt die Disziplin ein; aber sie ist zunächst noch so ausgesprochen locker, daß sie kaum Disziplin genannt werden kann. Der Lehrer

1 Hearn, Lafcadio, *Japan, an attempt at interpretation*, London 1894, S. 462f.

tritt nicht wie ein Meister auf, sondern verhält sich eher wie ein älterer Bruder; und über eine öffentliche Ermahnung hinaus gibt es keine Bestrafung. Wo irgendwelcher Zwang herrscht, wird er hauptsächlich durch den gemeinsamen Willen seiner Klasse auf das Kind ausgeübt; und ein geschickter Lehrer versteht es, diese Klassenmeinung zu steuern. Im übrigen wird jede Klasse nach außen hin von ein oder zwei kleinen Sprechern gelenkt, die wegen ihres Charakters und ihrer Intelligenz dazu bestimmt wurden; und wenn eine mißliebige Anordnung ergeht, ist es der Klassensprecher, der *kyūchō,* der den Auftrag erhält, sie mitzuteilen. [...] In höheren Klassen nimmt der Druck etwas zu; und in den Höheren Schulen ist er sehr viel stärker, wobei die eigentliche Macht immer vom Gemeinschaftsgeist der Klasse ausgeht, nicht von dem individuellen Wunsch des Lehrers. In den Mittelschulen ... gewinnt der Gruppengeist einen Einfluß, dem sich sogar der Lehrer beugen muß, da er durch jeden Versuch, sich über diesen hinwegzusetzen, sein Amt verlieren könnte. [...] Der Schüler, der bewußt oder unbewußt gegen den Gruppengeist der Klasse verstößt, sieht sich plötzlich isoliert und zu absoluter Einsamkeit verurteilt. Sogar außerhalb der Schule wird niemand mit ihm sprechen oder ihn auch nur beachten, bis zu dem Zeitpunkt, wo er sich zu einer öffentlichen Entschuldigung durchringt, wobei die Versöhnung von einer Stimmenmehrheit abhängig gemacht wird.«

Der Druck, den der »Gemeinwille« auf jedes Mitglied der Klasse ausübt, ist dem innerhalb eines primitiven Stammes nicht unähnlich. Er wird nicht als ein störendes Eindringen der Gruppe in das Leben des Individuums empfunden; denn die Gruppe gilt als das bessere Selbst. Genauer gesagt: Der einzelne lebt überhaupt nicht außerhalb seiner Gruppe, an deren Entscheidungen und Tätigkeiten er derart teilhat, daß er kaum seinen eigenen Beitrag von dem seiner Kameraden unterscheiden kann. Im spätesten Stadium der japanischen Erziehung, wenn der Student auf der Universität von allen persönlichen Verpflichtungen frei wird, außer von jenen, die ihn an seine Familie, seine ehemaligen Schulkameraden (die während ihres ganzen übrigen Lebens zusammenhalten) und an den Staat binden, ist es ein eher diffuser, aber nicht minder starker Druck, der ihn in ein sich weiter verfestigendes System restriktiver Normen hineinwachsen läßt: der unantastbare Geist der Nation, *Yamato damashii* oder *Kokutai.**

Aber auch hier begegnet er keiner Kraft, von der er annehmen

* Den »Geist der Nation« hält auch die heutige japanische Erziehung weiter lebendig, wenn auch viel weniger stark als früher. Als Singer in Japan weilte, nahmen die Begriffe *Yamato damashii* (»der japanische Geist«) und vor allem *Kokutai* (»der Staatskörper«) einen überaus emotionalen Beiklang an. (*Anm. d. Hg.*)

müßte, sie existiere außerhalb seines eigenen Selbst. Der Geist seiner Vorfahren und der Helden seines Landes, die eigentliche Seele der Inseln, Bäume, Felsen und Heiligtümer, lebt in ungeschriebenen Gesetzen fort, die in vieler Hinsicht den »väterlichen Sitten« im alten Griechenland ähneln. Eigentümlicherweise gipfelt ein Erziehungsprozeß, der scheinbar ganz der Entwicklung der Verstandesfähigkeiten des einzelnen gewidmet ist, darin, daß dieser als ein Glied eines mythischen Körpers heranwächst, dem er sein Leben und Denken hingibt, um sein wahres Selbst zu gewinnen. Immer wenn dieser Prozeß gestört wird, entwickelt sich mit Sicherheit eine anarchische Geistesverfassung, nach demselben Gesetz, nach dem europäische Versuche, das Erziehungsziel der vernunftbetonten Freiheit durch einen Kult des Irrationalen zu ersetzen, unweigerlich in Nihilismus enden.

Das antithetische Verhältnis zwischen den westlichen und den japanischen Formen der Individualerziehung und den mit ihnen verbundenen Vorstellungen ist so auffallend, daß man versucht sein könnte, dahinter eine bewußte Planung zu vermuten. Darauf deuten aber kaum irgendwelche Anzeichen hin. In der Hauptsache muß sich das gegenseitige Verhältnis aus instinktartigen Anlagen, Neigungen, Anpassungen und Korrekturen ergeben haben. Das gesellschaftliche Gefüge ist weder Resultat abstrakter Überlegungen noch des blinden Zufalls, sondern ein gewachsenes organisches Gebilde, der »Stoff«, aus dem unsere politischen Institutionen sind. In den Erziehungsmethoden die »Ursache« der politischen Struktur zu suchen, oder umgekehrt, wäre nicht weniger sinnlos, als ein Reimwort in einer Gedichtzeile als die »Ursache« des folgenden Reimworts zu betrachten. Die Naturphilosophie scheint schon eine Stufe erreicht zu haben, auf der sich die isolierenden Methoden der einlinigen »Punkt-für-Punkt«-Kausalerklärung als Täuschung erwiesen haben: Einstein wagte zu denken, dlaß sich unsere Wissenschaftler bis vor kurzem zu sehr auf Reimwörter konzentriert haben, statt das Gedicht im ganzen zu lesen. Die Sozialphilosophie muß es noch lernen, der Naturphilosophie in der Kühnheit der Betrachtungsweise wie auch in der Genauigkeit der Analyse gleichzukommen. Wenn dies nicht geschieht, wird die allgemeine politische Praxis durch eine unausgereifte Gesellschaftstheorie in ihrer fatalen Tendenz bestärkt werden, in Symptomen zu denken und schließlich in Hilflosigkeit zu verfallen.

Vater und Mutter

Mutter und Kind

Die unbegrenzte Freiheit, die dem japanischen Kind gewährt wird, findet ihr erstes und vornehmstes Ziel in der Mutter. Die japanische Frau ist um ihrer Kinder willen da und muß bereit sein, auf alle ihre Wünsche und Einfälle einzugehen. Ganz gleich, zu welcher Stunde das Kind gestillt zu werden begehrt, sie muß den unermüdlichen kleinen Mund zufriedenstellen. Das Stillen ist an keine festen Zeiten gebunden, und kein Ort ist von ihnen ausgenommen – weder die Straßenbahn noch das Kaufhaus, noch das Theater.* Diese freudige Dienstbarkeit dauert viel länger als in West- und Mitteleuropa. Manchmal sieht man einen Jungen von vier oder fünf Jahren an seiner Mutter Brust. Die Frau wirkt oft ermüdet von solch anmaßendem Verlangen. Die Japaner scheinen wenig geneigt, die Macht der vitalen Triebe einzuschränken, und so erhält das Kind nicht nur die begehrte Nahrung, sondern auch das Gefühl eines stets gegenwärtigen, unbegrenzten Vorrats an lebenerhaltender Substanz, süß, warm und feucht, sowie von dem Bewußtsein seiner Macht, nach Belieben darüber zu verfügen.

Die Behauptung der Japaner, daß sie in größerer Nähe zur Natur lebten als die Menschen des Westens (paradox für alle, die beobachtet haben, wieviel Konvention, Künstlichkeit und Auserlesenheit dem japanischen Naturkult innewohnt), scheint auf undeutlichen Erinnerungen an jene Kindheitserfahrungen zu beruhen und ihrem Idealbild nachempfunden zu sein. Natur, die als eine wohltuende, nährende, erfrischende Lebensquelle verstanden wird, die niemals versiegt und unermeßlich sprudelt, ist die Projektion des Bildes der Mutter, die von ihren Kindern nicht durch einen schmerzlichen Prozeß der Entwöhnung getrennt wurde.

Nicht allein durch das Stillen währt der Körperkontakt zwischen Kind und Mutter länger als im Westen. Jahrelang wird das Kind auf dem Rücken der Mutter getragen, wohin sie auch immer gehen mag, festgeschnallt oder umhüllt von einer beutelähnlichen

* Beobachtungen wie diese lassen sich im heutigen Japan, das seine Stillgepflogenheiten modernen westlichen Sitten angepaßt hat, nicht mehr machen. Der von Singer erwähnte Brauch ist für das traditionelle japanische Mutter-Kind-Verhältnis aber sicher bezeichnend. (*Anm. d. Hg.*)

Falte ihres ausgepolsterten Mantels. In einem halbschläfrigen Zustand hat es an ihrer Wärme und an ihrem Rhythmus teil, an der freien Bewegung seiner Glieder gehindert, aber im Gefühl der Geborgenheit und der Nähe zum mütterlichen Leib, der ihm Leben, Schutz, Beisammensein und Güte bedeutet. Die bedingungslose Kapitulation des erwachsenen Japaners vor dem Rhythmus des Schicksals, die scheinbar sinnliche Befriedigung, die er daraus zieht, von den großen Mächten, die seinem Einfluß entzogen sind, geschüttelt zu werden, seine große Angst vor der Isolierung und seine Zufriedenheit damit, sich den herrschenden Umständen mit einem resignierenden *shikata ga nai** zu fügen, scheinen von Prägungen herzurühren, die jener Zustand des sicheren Gebundenseins und des liebevollen Geschaukeltwerdens in seinem Unbewußten hinterlassen hat. Hat vielleicht der Brauch, das Kleinkind der mechanisch rollenden Bewegung eines Kinderwagens auszusetzen, den modernen Westländer darin bestärkt, an einen quasi-automatischen Fortschritt in eine vorgegebene Richtung zu glauben und diesen als die natürlichste Weise der Veränderung zu betrachten? Der Gang einer japanischen Frau, die ihr Kind auf dem Rücken trägt, drückt nichts von einer geradlinigen Fortbewegung aus: Sie hält des öfteren inne, scheint auf der Stelle zu wiegen, wirft zuweilen einen Blick über die Schulter und summt ein uraltes Lied in das Ohr des halb schlummernden Kindes. In jenen halbbewußten Zustand zurückzukehren, in dem man gefangengenommen war von einer Melodie und von einer Macht hin- und hergetragen wurde, die größer war als man selbst, scheint sogar auf der Stufe des Erwachsenen das Hauptziel der inneren Disziplin und der äußeren Anpassung zu bleiben.

Der Vater

Den Vater bekommt das Kind nur selten zu Gesicht. Seine verehrte Gestalt bleibt wie dem Alltag entrückt. Wenn er abends von der Arbeit heimkehrt, wird auf ihn niemals als auf eine strenge, strafende Instanz zurückgegriffen. Wenn einmal körperliche Züchtigung als letztes Mittel notwendig erscheint, führt im allgemeinen die Mutter sie aus, die in Japan, wie in allen Gesellschaften des

* »Es läßt sich nicht ändern.« (*Anm. d. Hg.*)

Ostens und des klassischen Altertums, die »Herrin des Hauses« ist und bleibt und innerhalb der vier Wände über unbestrittene Autorität verfügt. Außerhalb des Hauses beginnt und endet die Domäne des Mannes. Für seine Kinder ist er fast so etwas wie ein Gott: stark und hilfsbereit, liebevoll und den unbedeutenden Angelegenheiten enthoben. Solange er im Hause ist, werden weder seine Zeit noch seine Nerven geschont. Müde oder nicht, hilft er den Kindern bei den Schularbeiten und bastelt er Spielzeug für alle. Es ist schwer zu sagen, ob die Kinder stolzer auf ihn sind als er auf sie.

In der Beziehung zwischen Vater und Sohn herrscht eine Symmetrie, wie sie der Westen kaum kennt. Söhne zu haben, ist im Osten mehr als nur ein Bedürfnis, das auf Gefühlen, moralischer Verpflichtung und Nützlichkeitserwägungen beruht. Es ist ein geheiligtes Gesetz. Der Status der Abhängigkeit, in der sich der Sohn befindet, wird dadurch ausgeglichen, daß der Vater auch seinerseits auf den Sohn angewiesen ist. Dies gilt nicht nur im Hinblick auf das Alter, wenn der Sohn dem Vater zur Seite stehen und ihn unterstützen muß, sondern auch für das Ahnenritual, ohne dessen Vollzug die Seele des verstorbenen Vaters auf ewig keinen Frieden fände und die Familie ihre Ehre verlöre. Diese Vater-Sohn-Beziehung bildet die Achse des japanischen Hauses. Es besteht wenig Anlaß, sich offen gegen die väterliche Autorität aufzulehnen, wenn der Sohn das ewige Schicksal der Seele seines Vaters in den Händen hält. Beide teilen die frohgemute Zufriedenheit einer Beziehung, die auf einer Gleichheit beruht, die aus der Verschiedenheit stammt.

Der fehlende Komplex

Im Westen haben wir gelernt, den Ursprung vieler Konflikte und neurotischer Störungen des späteren Lebens auf Erfahrungen und Spannungen in der Kindheit zurückzuführen, die aus den Dreiecksbeziehungen zwischen Vater, Mutter und Kind entstehen: die Mutter zwischen Vater und Kind oder der Vater als ein vermeintlicher Eindringling in die Mutter-Kind-Beziehung. Der alte Stil des japanischen Familienlebens scheint die Anlässe für das Auftauchen solcher Konflikte auf ein Minimum beschränkt zu haben, das im Westen ohne Beispiel ist. Obwohl die tatsächliche Macht, die die

Frau innerhalb der Grenzen des Hauses ausübt, größer ist als im modernen Europa, schreibt ihr die Tradition bescheidene Zurückhaltung vor. Sie tritt lediglich als Dienerin ihres Gebieters auf, die auf seine Befehle wartet, und wird nur in bezug auf die Kinder, die sie geboren und aufgezogen hat, anerkannt und geehrt. Sie darf keine der sichtbaren Beweise der Zuneigung erwarten, die der Hausherr so reichlich seinen Kindern zuteil werden läßt. In immer mattere und schließlich nonnenhafte Farben gekleidet, zufrieden mit dem Essen, das der Hausherr ihr nach seiner Mahlzeit übrig gelassen hat, von schönen Gewändern nur dann geschmückt, wenn sie von ihm zu einer festlichen Zeremonie begleitet wird, niemals ungeduldig, rechthaberisch oder darauf bedacht, im Mittelpunkt zu stehen, kann die Frau von ihrem Mann nicht einmal soviel Aufmerksamkeit erhoffen, wie sie dem scheusten oder eifersüchtigsten Kind zugebilligt wird.

Auf der anderen Seite dienen die herkömmlichen Verhaltensregeln, die dem Mann auferlegt sind, in sehr weitem Maße dazu, dem Kind den Glauben an den absoluten Besitz der Mutter zu belassen und ihn nicht durch die Ausübung der ehelichen Rechte zu beeinträchtigen. Bei keiner Gelegenheit wird das kindliche Empfinden erschüttert, daß seine Mutter niemand anderem gehört als ihm selbst. Die lange Stillzeit, der unbegrenzte Anspruch auf Muttermilch, den es erheben kann, und die Erfahrung des Umhergetragenwerdens und des Gebundenseins an ihren Körper bilden die Grundlage dieses Gefühls. Konfuzianische Regeln, die den ehelichen Verkehr auf einen strengen Formalismus reduzieren, der keinen Raum läßt für sicht- und hörbare Leidenschaftlichkeit und Gefühlstaumel, unterdrücken alles, was die geringsten Anzeichen einer vorzeitigen Sexualität hervorrufen könnte, auch dann wenn das Kind in demselben Zimmer wie die Eltern oder in deren unmittelbarer Nähe schläft. Größere dionysische Ausgelassenheit muß sich der Ehemann in anderen Vierteln suchen. Die Frau scheint ihre tiefste Befriedigung im Nähren, Pflegen und Großziehen der Kinder zu finden. Bevor man die Konventionen, die zu diesen gesellschaftlichen Zuständen geführt haben, mit modernem westlichem Maßstab mißt, tut man gut daran, die Tatsache zu bedenken, daß sie sehr wirksam dazu beitragen, die Entstehung des sogenannten »Ödipus-Komplexes« zu verhindern, jenes Phantoms, das durch die neuzeitliche Psychoanalyse geistert und eine Zeitlang zum Dogma des 20. Jahrhunderts zu werden drohte.

Mythische Zeugnisse

Die Sammlungen alter japanischer Mythen[1], die im 8. Jahrhundert unserer Zeitrechnung zusammengetragen wurden, sind nicht ganz frei von Spuren früher Sagen, die von dem gewaltsamen Tod eines Gottes oder Erinnerungen an einen Vater berichten. Sigmund Freud würde von der Ermordung eines tyrannischen Hauptes dieser uranfänglichen Vatergruppe durch die Hand seiner Söhne sprechen, die ihn des Alleinanspruchs auf die Frauen in seiner Gruppe verdächtigen und sich gegen ihn erheben: archaische Erinnerungen, hervorgerufen und verstärkt von kindlicher Eifersucht gegenüber einem allmächtigen, überstrengen Vater. Doch solche Spuren finden sich selten und stammen vermutlich aus dem Ausland. Die japanischen Götter sind sterblich. Von den urältesten Göttern wird berichtet, daß sie nicht von Frauen geboren wurden und sich – bar jeder mythischen Erhöhung – »versteckt hielten«. Die einzige Gottheit, die getötet wurde, ist Izanami-no-mikoto, eine Mutter- und Erdgöttin. Sie stirbt, als sie den Feuergott zur Welt bringt und dieser seine Mutter auffrißt, wie in der indischen Mythologie der Feuergott Agni seine Eltern vernichtet – eine ätiologische Sage, die gewöhnlich aus der Zerstörung der flammenerzeugenden Feuerhölzer erklärt wird.

Ein Zug, der sich im indischen Mythos nicht findet, ist das Erschlagen des Feuergottes durch seinen Vater Izanagi-no-mikoto, als Strafe für den Tod seiner Ehefrau. Dem enthaupteten Leib des Sohnes entsteigen einige schlangenähnliche Gottheiten, die man als phallisch bezeichnen könnte. Es ist nicht unmöglich, daß dies auf eine Angst vor Kastration hindeutet, die ein zorniger Vater zur Sühne eines Vergehens vornimmt, das der Sohn gegenüber seiner Mutter begangen hat. Aber hier handelt es sich um ein Einzelphänomen. Im Westen sollen Eltern, die über frühkindliche Regungen autoerotischer Sexualität bestürzt sind, mit der Kastration drohen, um ihren Ermahnungen durchschlagenden Nachdruck zu verleihen. Es liegen überzeugende Beweise dafür vor, daß japanische Mütter nicht nur solchen gefährlichen Unfug unterlassen, sondern in frühem Alter den Jungen den Besitz des männlichen Organs sogar als eine kostbare Gabe bewußt machen, die

1 Chamberlain, Basil Hall, *Translation of »Ko-ji-ki« or »Records of ancient matters«*, Kōbe [2]1932.

ihrem Geschlecht zur Ehre gereiche und ihre besondere männliche Würde begründe.

Eine andere Sage berichtet von dem Gott Ōkuninushi-no-mikoto, den der Vater seiner zukünftigen Ehefrau Suseribime aufs härteste auf die Probe stellt. Er entkommt diesen Prüfungen nur durch magische Kräfte, die an die Medea-Sage erinnern. Der Vater, Susanowo-no-mikoto, der mit aller Macht versucht, den Liebhaber seiner Tochter umzubringen, ist nach anderen Versionen der Mythe der Vater oder einer der Vorfahren von Ōkuninushi-no-mikoto selbst. Nicht nur die Medea-Parallelen deuten auf eine westliche Herkunft hin. Susanowo-no-mikoto selbst ist ein Gott, der in Korea zu Hause gewesen sein muß. Die Sage wird nur im *Kojiki* von 712 erzählt, taucht aber im *Nihongi*[1] nicht auf, das 720 n. Chr. in einer wissenschaftlich anspruchsvolleren chinesischen Form herausgegeben wurde. Vielleicht darf der Wunsch, den letzten Hinweis auf väterliche Eifersucht zu beseitigen, als Zeichen einer instinktartigen Tendenz gewertet werden, jede Vorstellung zu unterdrücken, die zwischen Vater und Kind Haß säen könnte.

Das japanische Staatswesen ist eine sich gleichbleibende Gesellschaft, die auf einem strengen Patriarchat basiert und in einem göttlichen Herrscher kulminiert, der als Vater des ganzen Volkes betrachtet wird und von dem man glaubt, daß er seinen Thron in ununterbrochener Linie von seinen Vorfahren geerbt habe, beginnend mit den ältesten Göttern, die »gleichaltrig mit Himmel und Erde« sind. Solch ein Gefüge bietet begreiflicherweise besseren Schutz gegen die Gefahren, die in dem verborgenen Wirken des sogenannten »Ödipus-Komplexes« lauern, als westliche Gesellschaften, die Kontinuitätsbrüche, Emanzipation, Rebellionen, Revolutionen und Enthauptungen von Herrschern fast als selbstverständliche Charakteristika geschichtlicher Prozesse ansehen. Niemand käme auf den Gedanken, von den Männern, die einst die Traditionen und Sitten des alten Japan schufen und sie in moderner Zeit umgestalteten, ein Verständnis für die Entstehung von Neurosen aus dem Unbewußten zu erwarten. Ob man die enge Korrelation zwischen allen Elementen des täglichen Lebens und der zentralen Idee, die die Staatsform beherrscht, auf die Stimme des mythischen Blutes, den Geist der Nation oder die selbstschaffende

1 *Nihongi, chronicles of Japan from the earliest times to A. D. 697, translated from the original Chinese and Japanese* by W. G. Aston. Transactions of the Japan Society, Anhang I, London 1896.

Lebenskraft des sozialen Gefüges zurückführt, ist weniger bedeutsam als das Wissen um die strenge Logik, die die Einzelteile eines wahrhaften Staatsgebildes zusammenhält.

Vater- und Mutterrecht

Wahrscheinlich ist ebendiese Strenge der väterlichen Autorität und patriarchalischer Prinzipien das Ergebnis eines langen, zähen Ringens, in dem Vaterrecht allmählich Mutterrecht überwand.[1] In einigen Phasen der frühen japanischen Geschichte zeigt sich, daß diese Auseinandersetzung noch unentschieden war. So besaß die Mutter im 3. Jahrhundert n. Chr. zum Beispiel das Recht, ihrem Kind einen Namen zu geben, selbst wenn sie als Frau des Kaisers sich gegen dessen Willen durchsetzen mußte. Die strikte Unterordnung der Frauen war vor der Zeit des späten Feudalismus unbekannt. Bis auf den heutigen Tag lassen sich in abgelegenen Gegenden des Landes Spuren matriarchalischer Bräuche nachweisen. Wie im frühen China gibt es in Japan eine bemerkenswerte Parallelität zwischen einer archaischen Form des Mutterrechts und dem Mythos und Ritual eines Muttermords, aber niemals eines Vatermords. Die Überlieferungen, die sich bis auf die Nachwelt erhalten haben, sind zu spärlich, um die Grundlage einer schlüssigen Theorie zu bilden. Jedenfalls findet die Freudsche Hypothese eines urzeitlichen Vatermords aus sexueller Eifersucht in ihnen keine Stütze. Sie spiegeln wahrscheinlich den gewaltsamen Übergang von der matriarchalischen zur patriarchalischen Herrschaft wider.

Menschenopfer – in der magischen Absicht, die Erde mit dem roten Lebenssaft zu befruchten – sind oft als Kennzeichen solcher Epochen gewertet worden, in denen Mutterrecht vorherrschte. Anfangs gründete sich die Landwirtschaft auf die Verehrung weiblicher Gottheiten, und die geheimnisvollen Rhythmen des Blutes übten gewiß frühzeitiger eine Zauberkraft auf das Priesterdenken der weiblichen Magier aus als auf das der Männer. Es ist daher nicht schwer vorstellbar, wie die Ermordung einer Herrscherin mythische Bedeutung annahm und einen rituellen Stellenwert ge-

1 Singer, Kurt, *Some notes on early Japanese Marriage institutions*, in der Anthologie: *The life of ancient Japan, selected contemporary texts illustrating social life and ideals before the era of seclusion*, Tōkyō 1939.

wann. Es ist möglich, daß sogar die Sage von der »Beleidigung« der Sonnengöttin Amaterasu-ō-mikami durch ihren Bruder Susanowo-no-mikoto, ihr »Sich-Versteckthalten« in einer Höhle und ihr Wiedererscheinen, bewirkt durch den unbeholfenen ekstatischen Tanz eines bauboartigen, schreckenerregenden weiblichen Himmelswesens[1], ursprünglich von dem Tod und dem Wiedererwachen einer Herrscher-Gottheit handelte. Einige Fassungen der Sage erzählen, daß ihr ungestümer Bruder den Tod einer jüngeren Schwester der Gottheit verursachte.

Im nach-mythischen Japan und China wurden diese Spuren einer archaischen Kultur getilgt, umgeschrieben und rationalisiert, bis ihre ursprüngliche Bedeutung nicht mehr zu erkennen war; aber die eiserne Konsequenz, mit der der Gedanke der Unterdrükkung der Frauen in der Praxis, zumindest äußerlich, bis ins Extrem weiterverfolgt wurde, macht doch stutzig. Sie läßt vermuten, daß die Herrschaft des Mannes im Osten von zweifelhafter Realität wäre, wenn seine Partnerin nicht länger in absoluter Unterwürfigkeit gehalten würde: gebunden an das Haus und nur dazu berechtigt, ihre Macht im Zeremoniell der Ergebenheit, Passivität und Zurückhaltung auszuüben. Die japanische Redensart »Es gibt drei Dinge, die schlimmer sind als alles andere: Feuer, Erdbeben, Vater« drückt in einer Mischung aus Wehmut und Ironie wohl eher die Gefühle der Ehefrau aus als die Einstellung des Kindes.

Weiblichkeit

Die Grundsubstanz fernöstlicher Fraulichkeit hat jedoch bis in solche Tiefen hinein ihre Herrschaft unter dem äußeren Anschein vollkommener Passivität – (und gerade durch sie, wenn wir Laotses Weisheit glauben) – beibehalten und weiter ausgedehnt, daß sogar die männlichen Japaner uns durch ausgesprochen weibliche Züge überraschen, paradox genug bei einem Volk der Kriegertraditionen und männlichen Tugenden. Als erster hat ein amerikanischer Astronom, Percival Lowell, auf dieses Phänomen aufmerksam gemacht.[2] Er erkennt bei den Japanern feminine Züge in der

1 Ders., *Cowrie and Baubo in early Japan*. In: *Man, a monthly record of anthropological science*, Royal Anthropological Institute, London 1940, S. 50f.

2 Lowell, Percival, *Occult Japan; or, the Way of the Gods, an esoteric study of Japanese personality and posession*, Boston 1895, S. 283f.

Zartheit, Zierlichkeit und Hochschätzung menschlicher Würde, im Gegensatz zu der Grobheit, Unmittelbarkeit und Originalität, die nach seiner Meinung männlich orientierte Nationen charakterisieren. Es ist die Frau, die aus ihrer relativen Schwäche sich veranlaßt sieht, sich ähnlich wie ein Chamäleon durch Anpassung und Tarnung jeder Veränderung anzugleichen und mit ihrer Umgebung eins zu werden, während der Mann unverändert seine fest umrissene Rolle beibehält. Die Japaner ähneln dem Geschlecht, das durch Nachgeben siegt. Ihre natürliche Rezeptivität und unübertreffliche Anpassungsgabe grenzen an eine Bereitschaft, sich hypnotisieren zu lassen.

Zuerst übte die chinesische Kultur, später die westliche Lebensform solch einen Zauber aus, daß die Japaner zeitweise ihr Identitäsbewußtsein verloren zu haben schienen in ihrem gleichsam nachtwandlerischen Drang, so zu handeln, wie der Zauberstab es ihnen gebot. Besessenheit ist einer der frühesten und tiefverwurzelt kultischen Zustände im alten Yamato, insbesondere bei den japanischen Frauen. Sogar heute noch werden Götter auf einsamen Berggipfeln oder am Rande der Städte »herabgerufen« und sprechen durch das Medium »wesenlos« gewordener Körper von Männern und noch viel öfter von Frauen.

Percival Lowells Beobachtungen geben einen Schlüssel zu vielen japanischen Eigenheiten. Das Schwert, das einer in der Hand führt, der Speer oder auch das gesprochene Wort können eine solche hypnotisierende Wirkungskraft gewinnen, daß die Idee der persönlichen Verantwortung in diesen Zuständen des Sich-Auslieferns so fern und fremd erscheint, wie jemandem in der Liebesumarmung der Gedanke an ein Integral. So ist Tarnung hier keine Technik, sondern eine organische Funktion. Nur auszusprechen, was der Gesprächspartner denkt oder gern denken würde, ist für den Japaner nicht nur eine Regel der guten Umgangsformen, sondern ein instinktiver Drang und seine Art und Weise, unbewußt auf eine gegebene Situation zu reagieren, ohne Rücksicht auf die feine Scheidelinie zwischen Wahrheit und Unwahrheit. Die Entstehung eines japanischen Gedichts oder Gemäldes ist nicht mit dem schöpferischen Akt eines Bildhauers zu vergleichen, der Form, Gestalt und klare Konturen will und eine wesenhafte Schönheit schafft, die den immer wieder anhebenden Streit zwischen Materie und Geist versöhnt. Am nächsten kommt jenes Werden dem tiefen Atemzug einer Frau, dem Anflug eines Lächelns, der verspielten, aber unwiderstehlichen Geste, mit der ihre Hand eine Erinnerung heraufbeschwört oder über ihr Haar streicht. Die Bedeutendsten unter den Prosaschriftstellern Japans sind Frauen, von Sei Shōnagon und Murasaki Shikibu bis hin zu Higuchi Ichiyō, und alle sind weiblicher als die bedeutendsten europäischen Dichterinnen, nicht nur in ihrer Sensibilität, sondern vor allem in der Art ihres Gestaltens.

Das starke Vorhandensein weiblicher Züge in der Psyche der Japaner wird weniger überraschen, wenn man sich in Erinnerung ruft, daß die männlichsten Krieger der Antike, die Spartaner und Römer, länger als die Athener und Germanen Überreste von Mutterrecht beibehielten. Auch die kämpferischen Araber der Wüste wiesen, wie Charles Doughty bemerkte, in ihrem Erscheinungsbild und Verhalten vorwiegend weibliche Züge auf.[1] Immer trachtet die Natur danach, ein Ganzes zu schaffen, indem sie einem Übermaß an Gaben eine Fülle komplementärer Züge und Tendenzen entgegengesetzt.

Wo auch immer der letzte Grund für jene paradoxen Polaritäten liegen mag, es tritt deutlich zutage, wie sehr die japanische Form der Erziehung bei männlichen Kindern die Ausbildung weiblicher Charakterzüge begünstigt. Die lange, ungetrübte Intimität, in der Mutter und Kind in den Jahren früher Prägung verbunden sind, muß zu einer unbewußten Identifikation mit der Mutter führen, die stärker und weitreichender ist als das bewußte Nacheifern, das den Vater zum Vorbild nimmt, so hochgeschätzt er auch sein mag. Japanische Jungen scheinen in ihrer frühesten Kindheit sogar noch scheuer zu sein als die Mädchen. Der gewalttätigste und ungestümste japanische Gott, Susanowo-no-mikoto, wehklagt, als sein Vater ihn mit der Herrschaft über das Meer betraut. Er wünscht sich nichts sehnlicher, als in die Unterwelt hinabzusteigen, in der seine verstorbene Mutter wohnt. In der Bereitschaft der Japaner, in den Tod zu gehen, ihr Leben aufzuopfern oder von eigener Hand zu sterben, lebt vielleicht etwas von diesem Wunsch ihres göttlichen Vorfahren weiter.

Die Freudigkeit, mit der die Japaner ihren eigenen Willen aufgeben und den »Umständen« eine Macht zugestehen, der selten widersprochen wird, ihre Zufriedenheit damit, den Puls der Ereignisse zu fühlen, die ihr Leben lenken, auch wenn durch diese ihre

1 Doughty, Charles, *Arabia Deserta,* Bd. 1, London 1923, S. 238 u. 266.

Träume zerstört und ihre Anstrengungen zunichte gemacht werden – alle diese Zeichen einer leidenschaftlichen Passivität müssen in einem so eifrigen, ehrgeizigen Volk genährt, bestätigt und verstärkt worden sein durch jene Mutter-Kind-Beziehungen, die das psychische Grundmuster bilden.

In China steht der männlich denkende Konfuzius, auf das Staatswohl bedacht, streng, mit einem unbeirrbaren Sinn für das klar Umrissene, neben Laotse, dem Verehrer des Weiblich-Dunklen, des Wassers, das sich bescheiden die niederen Plätze sucht, des Nichthandelns, des Leeren und Schwachen. In Japan scheint der Geist des Weiblichen eingespannt zu sein vor den Wagen des patriarchalischen Staates, er bleibt aber sein geheimes Ziel und höchstes Maß. Wenn man auf der Straße eine japanische Mutter mit ihrem Kind auf dem Rücken sieht, heiter schlendernd und summend, spürt man, daß durch sie hindurch der Strom des japanischen Lebens läuft und sich selbst erneuert. Die übereifrigen, allzu selbstbewußten Männer wirken im Vergleich zu ihr wie bloße Auswüchse, gesichtslos und ohne Ursprünglichkeit, nützliche oder schädliche Werkzeuge, kaum eingeweiht in die Geheimnisse des Seins.

4. Das Phänomen der Grausamkeit

Sind die Japaner grausam?[1]

Es gibt kaum eine moderne Nation, die nicht fortgesetzt oder bei bestimmten Gelegenheiten von ihren Nachbarn und all ihren Gegnern als grausam bezeichnet worden wäre. Weder den Deutschen noch den Engländern, den Spaniern, Franzosen, Russen oder Chinesen ist im Krieg der Worte dieser Vorwurf erspart geblieben. In Amerika bezichtigen gern unzufriedene Frauen in Scheidungsprozessen ihre Männer dieser bösen Untugend – oft mit Erfolg.

Was die Japaner anbetrifft, hat es bis zu den Vorfällen in China selten solche verallgemeinernden Beschuldigungen gegeben. Basil H. Chamberlains schmale, aber umfassende Sammlung ausländischer Meinungen über die Japaner enthält nicht ein einziges Beispiel, das einen Hang zu grausamem Handeln unterstellt.[2] Ein amerikanischer Missionar, dem wir den systematischsten Bericht über japanische Charaktermerkmale verdanken[3], spricht, wie die meisten Besucher, von einem außerordentlich freundlichen Naturell. »Der allgemeine Eindruck des Touristen ist zweifellos, daß sie human sind. Auf den Straßen sind sie zu Kindern äußerst freundlich; die *jinrikisha*-Fahrer weichen nicht nur Männern, Frauen und Kindern, sondern sogar Hunden aus. Auch die Geduld des Japaners in kritischen Situationen ist auffallend, sie beweisen eine erstaunliche Toleranz gegenüber den Fehlern und Schwächen anderer, und ihre gegenseitige Hilfe in Zeiten der Not ist oft eindrucksvoll. Demjenigen, der durch das neue Japan reist, wird im allgemeinen kaum etwas auffallen, das als grausam gelten könnte.« Er schreibt zum Schluß: »Man darf sagen, daß nahezu alle Formen wirklicher Grausamkeit aus Japan verschwunden sind.« Unter den bekannteren Autoren gehört interessanterweise

1 Da ich über die Behandlung Kriegsgefangener durch die Japaner nichts aus persönlicher Erfahrung weiß und ich auch nicht genügend Einblick in das Beweismaterial besitze, auf das sich die Prozesse gegen Japaner wegen inhumaner Behandlung stützten, habe ich darauf verzichtet, ihr Verhalten im letzten Krieg in meine Analyse einzubeziehen.

2 Chamberlain, Basil Hall, *Things Japanese*, (Neudruck der 5. revidierten Aufl. von 1905), London 1927, S. 250f.

3 Gulick, Rev. Sidney L., *Evolution of the Japanese*, New York 1905, S. 129f.

Karl Haushofer[1], der geo-politische Berater der nationalsozialistischen Regierung, zu den wenigen, die von Grausamkeit als einer der rassischen Eigenschaften des japanischen Volks sprechen. Nach seiner Auffassung ist Grausamkeit ein gemeinsames Erbe verschiedener Völkerschaften, die in der japanischen Nation verschmolzen sind: der Malaien, Nordmongolen und anderer.

Definitionen

Bevor wir mit unserer Untersuchung fortfahren, ist es ratsam, den Begriff »grausam« klarer zu umschreiben, als es im allgemeinen vagen Sprachgebrauch geschieht. Wie die meisten Wörter, die moralische oder unmoralische Eigenschaften bezeichnen, ist »Grausamkeit« kein scharf umrissener theoretischer Begriff, sondern ein grobes, schlagkräftiges Mittel der gesellschaftlichen Mißbilligung oder Zustimmung. Solche Wörter sind nicht von der sozialen Umwelt zu trennen, die sie zum Zwecke des Angriffs oder der Verteidigung geprägt hat. Sie tendieren dahin, von diesem primären Bereich des polemischen Umgangs auf das weite Feld unkontrollierter Spekulation überzugreifen. Auf diese Weise gewinnen sie den trügerischen Charakter von Allgemeinbegriffen, bleiben aber in Gefahr, bei der nächsten Gelegenheit in ihre trübe Herkunftsregion zurückzuschnellen.

Es ist nicht schwer zu erkennen, aber allzu oft übersehen worden, daß der Begriff Grausamkeit mindestens zwei psychische Phänomene bezeichnet, die unterschiedliche Ursachen haben und zu weit auseinanderliegenden Ergebnissen führen. Wir sprechen von Grausamkeit, wenn wir wahrnehmen, daß jemand anderen Leid zufügt um der Lust willen, diese leiden zu sehen. Aber grausam nennen wir es auch, wenn einer rücksichtslos Ziele verfolgt, die zwar legitim sein mögen, er aber durch die Art seines Verhaltens anderen Menschen bedenkenlos schweres Leid antut. Im ersten Fall handelt es sich um einen Instinkt oder die Komponente eines Instinkts; seine Wurzeln liegen in der psycho-physischen Konstitution oder im Unbewußten, und er bricht so plötzlich und heftig hervor wie eine Naturgewalt. In seinen extremen und pathologischen Formen führt er zu Perversionen, die wir als

1 Haushofer, Karl, *Japan und die Japaner*, Leipzig 1923, S. 44.

sadistisch bezeichnen. Im zweiten Fall macht sich eine Charakteranlage geltend, die das Produkt einer komplexen Geistesverfassung ist, in der lang-eingefahrene Gewohnheiten, nationale Traditionen, gesellschaftliche Konventionen, ethische Ideen und religiöse Gebote von größerem Gewicht sind als die instinktiven Vorgegebenheiten.

Zwischen den erwähnten Verhaltensweisen liegt ein breiter Grenzbereich, in dem sich Mischformen von beiden finden. Noch weniger als die Natur kennt unsere Psyche scharfe Trennlinien. Dennoch dürfen wir zwischen Tag und Nacht unterscheiden, auch wenn in der Dämmerung fließende Übergänge herrschen. Jack the Ripper und ein Richter, der die Todesstrafe verhängt, gehören nicht derselben Verhaltenskategorie an. Zwischen ihnen muß nicht notwendig eine heimliche Verbindung bestehen, obwohl es zutrifft, daß es Eltern, Lehrer, Justizbeamte, Geheimpolizisten, Inquisitoren und Folterer gibt, die ihre pervertierten Instinkte dadurch befriedigen, daß sie Kinder, Ketzer oder Dissidenten erbarmungslos strafen, in dem festen Glauben, dem zeitlichen oder ewigen Wohl ihrer Opfer zu dienen, zumindest aber der Allgemeinheit.

Leiden

Ohne Zweifel legen sich die Japaner weniger als westliche Nationen Rechenschaft darüber ab, welches Maß an Leid die Aktionen ihrer Politik oder auch viele Gewohnheiten des täglichen Lebens hervorrufen. Gulick berichtet Beispiele von Geisteskranken, die wie schlecht behandelte Hunde in Käfigen leben mußten, und von Leprösen, die von ihren Familien verstoßen wurden. Straftäter oder auch nur verdächtige Personen werden abstoßenden Verhörmethoden ausgesetzt, um von ihnen ein Schuldbekenntnis zu erzwingen, da ohne ein Geständnis keine Verurteilung erfolgen kann. Noch im vergangenen Jahrhundert wurde Townsend Harris Zeuge der in die Länge gezogenen Hinrichtung eines Verbrechers, den man nicht nur kreuzigte, sondern auch noch mit Spießen durchbohrte. Es schmerzt, einen Rikscha-Kuli zu sehen, der sich mit seiner Menschenlast mühselig einen Berg emporquält, und es tut westlichen Ohren weh, einige Japaner über ihre Frauen sprechen zu hören, als wären es Haustiere. Kinder überall in Fabriken und Werkstätten arbeiten zu lassen, das Hausmädchen in bedrükkender Enge unterzubringen, Töchter ins Freudenhaus zu verkaufen, wenn die Einkünfte des Vaters nicht mehr hinreichen: derartige Verhältnisse scheinen in der Tat eine ungewöhnliche Gleichgültigkeit gegenüber dem Leiden anderer zu verraten.

Vielleicht würde ein Japaner erwidern, daß diese Einstellungen größtenteils der Vergangenheit angehören, einer Zeit, in der Europa nicht weniger schreckliche Ereignisse erlebte: die Inquisition, die Hexenverbrennungen, das Elend des Bauernstandes im 18. Jahrhundert, die alptraumhaften *Maisons de Dieu*, den Beginn der industriellen Ausbeutung in England und die befremdenden Bräuche des europäischen Henkers, der – sogar im Zeitalter Shakespeares – die Anweisung erhielt, »dem Opfer die lebensnotwendigen Organe herauszureißen, bevor es zerstückelt wird«.[1]

Der Japaner würde vielleicht hinzufügen, daß sein Land keine Prügelstrafe in den Schulen kennt und auch sehr wenig körperliche Züchtigung zu Hause. Prostituierte sind nicht durch einen Abgrund von Hartherzigkeit, der Menschen und Gebrauchsobjekte trennt, von der übrigen Bevölkerung geschieden. Keine japanischen Gesetze oder Sitten verpflichten Angehörige anderer Rassen, in gesonderten Abteilen zu reisen oder an vorgeschriebenen Stellen zu essen oder zu wohnen. Das Verhältnis zwischen Arbeitgeber und Angestelltem, Beamtem und Privatmann ist nicht auf ein unmenschliches System formaler Pflichten und Rechte beschränkt, noch wird es dem blinden Dämon abstrakter Disziplin geopfert. Die gesellschaftlichen Beziehungen werden durch Umgangsformen reibungslos gemacht, die wie »Puffer« der Kultiviertheit zwischen Gleichen und Untergeordneten wirken. In Japan hört man selten einen barschen Kommandoton, Schimpfwörter sind verpönt, und Flüche sind unbekannt. Ebensowenig gibt es Lynchjustiz.

Die japanische Grundregel, daß man jede Meinungsverschiedenheit durch Vermittlung aus der Welt schaffen muß, nimmt mehr Rücksicht auf die Gefühle beider Parteien als eine strenge Justiz, der es nur um die Herrschaft des Paragraphen geht.

1 Harrison, George B., *Notes on Macbeth*, Harmondworth 1939, S. 93.

Nachdem alle diese Fakten und Argumente ins Feld geführt sind, bleibt die Tatsache bestehen, daß die Japaner, wie auch andere östliche Völker, weniger als moderne westliche Nationen dazu neigen, den Kampf gegen das Leid als Hauptsinn ihres Lebens und als wahren Prüfstein der Humanität anzusehen – ein Paradoxon, wenn man bedenkt, daß nach christlicher Lehre Leid am wirksamsten zur Erlösung beiträgt und Leiden »das schnellste Roß ist, das uns zur Vollkommenheit trägt« (Meister Eckhardt), während für den Buddhisten die Befreiung vom Leiden selbst das oberste Ziel ist.

Die Lösung des Rätsels liegt darin, daß für den Buddhisten das Leiden ein *notwendiger* Bestandteil des Lebens ist, bis er den Weg ins Nirwana gefunden hat, wo er frei von Wünschen und Ichbewußtsein ist. Hier kommt es wenig darauf an, ob die Summe des Leidens etwas größer oder kleiner war. Das Ziel ist nicht Verminderung des Leidens, sondern Befreiung – durch Abkehr von dieser Welt der Unbeständigkeit und Täuschung. Nicht eine Reform der Institutionen, um sie zu humanisieren, ist hier der eine Große Weg, sondern die Seele zu läutern, sie von »der Welt« (und dazu gehört auch die »Persönlichkeit« des Menschen) zu lösen.

Das Gebot des Verzichts, der Selbstaufgabe und des Freiwerdens von Wünschen ist in der populären Ethik Japans eine merkwürdige Verbindung mit jener Disziplin eingegangen, die in primitiven Gesellschaften herrscht, um von Schmerz unberührte Krieger hervorzubringen; aber auch mit dem Ideal des konfuzianischen Weisen, der unter den drückendsten Umständen seine überlegene Würde bewahrt; und mit dem poetischen Zauber des taoistischen Meisters, der lehrt, wie die Unsterblichkeit durch ein Sich-Zurückziehen in ein Reich der Leere erreicht werden kann, das an Freude und Schmerz, Leben und Tod nicht länger gebunden ist. Die östliche Philosophie hat dem Leid seinen Stachel genommen. Auf einer Verminderung des Leides zu beharren, gilt hier als dilettantisch und zeugt von unzureichender Erleuchtung. Freundlichkeit des einzelnen gegenüber allen Lebewesen, auch Tieren und Pflanzen, wird sich wie von selbst aus der Kraft des vollkommenen Wissens einstellen; aber sie ist nur äußerlich und beiläufig, verglichen mit der Erreichung des wahren Ziels, das darin liegt, das Leiden durch spirituelle Auslöschung des Selbst, der Welt der

Sinne und des Lebenshungers ganz zum Verschwinden zu bringen.

Einwirkungen auf Japan

Die Ausstrahlungen der Lehre des größten asiatischen Weisen erklären, weshalb der westliche Besucher in Japan zu seinem grenzenlosen Erstaunen dicht neben gewaltigen erratischen Blöcken der Gefühllosigkeit gegenüber menschlichem Leid ein öffentliches Leben vorfindet, in dem eine Atmosphäre allgemeiner Freundlichkeit und mitmenschlicher Rücksichtnahme herrscht. Buddhistische Überzeugungen scheinen in Japan die Gesamtheit des sozialen Lebens weit stärker durchdrungen zu haben, als Europa von christlicher Ethik geprägt worden ist, zumindest aus der Sicht eines fremden Beobachters, der in die geheimsten Winkel des Herzens nicht zu blicken vermag. Die Oberfläche des europäischen Alltagslebens, von Kriegszeiten gar nicht zu reden, würde einen fremden Besucher niemals auf den Gedanken bringen, daß Demut, Brüderlichkeit, Armut und kindliche Einfalt dort zu den vorherrschenden Tugenden zählen oder daß Böses durch Gutes zu vergelten und widerstandslos Beleidigungen hinzunehmen die Maximen des täglichen Handelns sind. Was man auch immer über die moralische Qualität des einzelnen Japaners denken oder mutmaßen mag, es besteht in Japan ein geringerer Unterschied zwischen den religiösen Geboten und dem wirklichen Verhalten. Die buddhistischen Tugenden der Freundlichkeit, Entpersönlichung und Selbstüberwindung scheinen sich in nicht geringem Maße gegenüber den instinktiven Regungen eines von Natur her keineswegs asketischen Volkes behauptet zu haben.

Es läßt sich leicht vorstellen, wie willkommen diese buddhistischen Gaben der weltlichen Obrigkeit gewesen sein müssen, denn sie boten einen Bestand an Motiven und Verzichten, die dazu angetan waren, eine unveränderte Gesellschaft in einem Zustand der Ordnung und Zufriedenheit zu halten: das Gefühl der Zusammengehörigkeit, das Nichtgeltendmachen eigener Rechte, die Bereitwilligkeit, zu leiden, ohne zu klagen, der Drang, das eigene Selbst in einem großen Ganzen aufzulösen. Zu Friedenszeiten schien die diesseitige Welt mit der Welt der japanischen Nation zusammenzufallen, in Kriegszeiten verliehen die Tugenden des geduldigen Leidens und der Selbstaufopferung den Pflichten der Krieger einen transzendenten Glanz.

Zweckmäßigkeitserwägungen

Das Kalkül des Krieges besteht darin, das Leben und die Gesundheit einer gewissen Zahl von Männern zu opfern, um so den übrigen die Möglichkeit eines besseren Lebens und der Nation die Zukunft zu sichern. Die Japaner tragen keine Bedenken, diese Art des Rechnens schon in Friedenszeiten anzuwenden. Daß es nicht nur und nicht einmal an erster Stelle die Armen und Schwachen sind, die dem wahren oder eingebildeten Wohl der Allgemeinheit geopfert werden, zeigt sich an den zahlreichen Attentaten auf politische Führer von Rang und Namen. *Kazumas Rache*[1], eine Geschichte aus der Tokugawa-Zeit, liefert ein bezeichnendes Beispiel für die bewußte Aufopferung unschuldiger Männer von höchstem Stand zum Zwecke der Bewahrung des »öffentlichen Friedens«.

Die Geschichte stammt aus einer Zeit, als sich zwischen den Gefolgsleuten des Shōgun, des *de facto*-Herrschers in Tokugawa-Japan, und einigen der Daimyō, den großen Feudalherren, unter denen der Shōgun nominell *primus inter pares* war, eine zunehmende Feindschaft entwickelte. Als die Gefolgsleute des Shōgun einem Gefolgsmann des Herrn von Inaba, einem Samurai, der einen anderen Gefolgsmann desselben Herrn ermordet hatte, Asyl und Hilfe gewährten, drohte Edo, das ehemalige Tōkyō, zum Schauplatz aufrührerischer Unruhen zu werden. Überdies hatten sie den Herrn von Inaba betrogen und beleidigt, der nun auf Rache sann. Um einen Bürgerkrieg zu vermeiden, überredete ein Minister des Shōgun einen Arzt in seinen Diensten, den Herrn von Inaba, der auch manchmal von diesem Arzt behandelt wurde, durch Gift zu töten. Es wurde von ihm erwartet, daß er sein eigenes Leben hingab, denn der Arzt mußte im allgemeinen selber von der Arznei trinken, die er dem hohen Patienten verschrieb. »Wenn wir ihn töten, wird die Unruhe aufhören«, sagte der Minister. Der Arzt willigte ein, vergiftete seinen Patienten und starb selber unter großen Qualen – aber der Ausbruch des Bürgerkrieges wurde zumindest hinausgeschoben.

1 Redesdale, Baron Mitford, *Tales of old Japan*, London 1871, Neudruck London 1928, S. 38f.

Niemand scheint den Rat des Ministers und das Handeln des Arztes als äußerst grausam und ungerecht zu empfinden. Das einzige, was zählt, ist, daß es angebracht und schlau ersonnen war, erfolgreich ausgeführt wurde und den erwünschten Zweck erreichte. Daß der Shōgun zumindest dem Namen nach ein Feudalherr des ermordeten Barons war, veranlaßt Japaner nicht dazu, das heimtückische Verhalten des Ministers zu verurteilen. Es ist die Pflicht des Vasallen, zum gegebenen Zeitpunkt für seinen Herrn in den Tod zu gehen. Die vornehmste Pflicht des Oberherrn ist hingegen, die öffentliche Ordnung zu erhalten und jegliche Unruhe zu verhindern, die die eigentlichen Grundlagen des Staatsgefüges erschüttern könnte. Unrecht, selbst wenn es höchsten Amtsinhabern im Staat geschieht, verliert seinen amoralischen Charakter, wenn es zu diesem Zweck begangen wird.

All dies sind rein verstandesmäßige Rechtfertigungen, denen moralische Maximen zugrunde liegen, die von den unsrigen abweichen, doch sie entbehren nicht einer gewissen Logik. Oft hat man die Japaner als ein emotionales Volk bezeichnet, und zwar mit gutem Recht. Man muß jedoch auch sehen, daß sie in öffentlichen Angelegenheiten oft eine gefährliche Neigung zu rein technischem Denken besitzen, das sich über menschliches Handeln und Leiden gefühllos hinwegsetzt, als gehe es nur um Zahnräder im Staatsgetriebe. Als sie zu Beginn des 17. Jahrhunderts erkannten, daß die Christenverbrennungen nicht abschreckend genug wirkten, weil das ergreifende Bild der Märtyrer, die inmitten aufsteigender Flammen beteten und zum Himmel aufblickten, nur zu neuen Bekehrungen führte, ersannen sie einfach eine weniger beeindrukkende Strafmethode: Christen sollten lebendig begraben werden, aufrecht stehend, so daß nur der Kopf aus dem Boden ragte. Der Anblick der den Aasgeiern anheimgefallenen Opfer erwies sich in der Tat als weniger anziehend. Die Zahl der Neubekehrten ging zurück. Der Wechsel der Methoden erfolgte nicht aus Heimtücke, ein technisches Problem hatte eine passendere Lösung gefunden – das war alles. Im Gegensatz zum Westen mit seiner eher von Emotionen bestimmten Politik und seinem mehr vernunftbetonten persönlichen Leben wird kühle Berechnung in der japanischen Politik viel häufiger angewandt als im Privatleben.

Unempfindlichkeit

Sowohl im Zustand höchster moralischer Leidenschaft als auch dem eiskalter Kalkulation politischer Chancen achtet man weniger als im Westen auf das Ausmaß verursachter Leiden. Aber dies gilt nicht nur in Hinblick auf das Leiden der anderen. Daher ist es unangebracht, hier von Grausamkeit zu sprechen, selbst wenn man sie wie Gulick eine »passive« nennt. Ob die wirkliche oder angenommene Unempfindlichkeit gegen Schmerz bei sich selbst und anderen auf anatomischen oder physiologischen Eigenheiten der Japaner beruhen, kann ich nicht beurteilen. Oft habe ich sagen hören, daß die japanische Haut weniger Nervenendungen aufweise. Allgemeine Erfahrungen scheinen zu bestätigen, daß sie in der Tat weniger kitzlig sind als Westländer und sich nicht so leicht von Lärm und Gerüchen belästigt fühlen. Womöglich hat das frühe Training auf dem Rücken der Mutter sie an Lagen und Umstände gewöhnt, die den meisten Westländern untragbar erscheinen würden.

Selbst wenn eine andere physische Veranlagung bestehen sollte, werden bei der Entstehung dieser relativen Unempfindlichkeit geistige Gewohnheiten, die die Macht sekundärer Instinkte angenommen haben, nicht weniger bedeutsam sein. Wir neigen alle dazu, uns unangenehmen Phänomenen gegenüber weniger empfindlich zu zeigen, wenn wir uns davon überzeugt haben, daß sie durch Zeichen unserer Empörung oder durch technisches Eingreifen nicht beseitigt werden können. Der Japaner wächst in einer Welt auf, in der die Dinge so belassen werden, wie sie sind, ohne daß man sie tiefgreifend verändert. Er hat gelernt, sich angesichts des Unabänderlichen mit einem Seufzer zurückzuziehen, fühlt sich aber durch das Sich-Schicken in das Unvermeidliche eher erleichtert als gestört. Es scheint in ihm ein Einverständnis damit zu herrschen, von widrigen Umständen gebeutelt zu werden, sich den überlegenen Mächten der äußeren Welt ebenso zu unterwerfen wie der Welt des Unbewußten in ihm selbst: dem Es, zu leiden, geplagt und überwältigt zu werden.

Umgekehrt scheint der Drang, anderen um der eigenen Lust willen Leid zuzufügen, der Hang zur »Grausamkeit« im strengsten Sinne des Wortes, viel seltener in Japan vorzukommen, als gemeinhin angenommen wird. Spuren dieser Tendenz scheinen fast allen starken Manifestationen des menschlichen Lebens beigemischt zu sein, besonders dem Sexualakt. In vielen Fällen wird der Wille, Macht über andere auszuüben, das Leiden noch vermehren. Eigentliche Grausamkeit tritt immer dort auf, wo derartige Tendenzen sich selbständig gemacht haben und auf Zerstörung abzielen.

Seit Nietzsche ist unser Blick dafür geschärft, solche Vorgänge bei Sklaven, Schwachen und Unterdrückten zu erkennen, den Opfern des Status quo und der Herrenmoral. Sie alle werden anfällig dafür sein, ihren Unterdrückern Leid zuzufügen, sobald sich eine Gelegenheit zur Rache ergibt. In der Zwischenzeit überlassen sie sich den Ressentiments. In der Tat wird in Romanen, in der Geschichte und in Gerichtsakten oft von einem grausamen Verhalten japanischer Frauen berichtet, das sich bisweilen bis zum pathologischen Grade des Sadismus steigert. In der modernen Literatur scheint einer der führenden Romanciers, Tanizaki Junichirō, sich durch die Schilderung »stolzer und hochmütiger Frauen mit starken sadistischen Neigungen« besonders hervorzutun.

Normalerweise sucht die japanische Frau nach einer Kompensation für die übermäßige Bescheidenheit, die die Sitte ihr auferlegt, indem sie sich gegenüber anderen Frauen im Haushalt herrisch gibt. Sie leidet offensichtlich nicht so sehr unter ihrem Ehemann, der zu Hause meist recht friedlich und leicht zufriedenzustellen ist, sondern unter der Tyrannei seiner Mutter, der wahren Herrscherin über das häusliche Reich. Die Ursache der meisten japanischen Ehescheidungen liegt nicht in einem Konflikt zwischen Mann und Frau, sondern zwischen Schwiegermutter und Schwiegertochter. Nach alter Gewohnheit hat die Frau die Herrschaft der Älteren geduldig hinzunehmen, bis sie sie eines Tages als unumschränkte Gebieterin ablöst. In der Zwischenheit läßt sie nach dem Gesetz des geringsten Widerstands ihren Ärger an den weiblichen Hausangestellten aus.

In der Gleichförmigkeit der alltäglichen Arbeit und mehr noch im Verhältnis zu seinem Brotherrn entwickelt der japanische Mann oft passive, fast masochistische Tendenzen. Besonders wenn er eine Stellung errungen hat, die ihn dazu verpflichtet, einen höheren Grad an Selbstbewußtsein und Führungskraft zu beweisen, als er von Natur her besitzt, neigt er dazu, Befriedigung darin zu finden, daß seine Frau oder seine *geisha*-Freundinnen ihn tyrannisieren, schelten oder quälen, die (aufgrund ihrer niedrigeren gesellschaftlichen Stellung, wenn nicht aus intimeren Gründen) für die Übernahme dieser Rolle alle Voraussetzungen mitbringen. Es fällt nicht leicht, den Japanern auf diesen labyrinthisch verschlungenen Wegen der Befriedigung zu folgen. Sie gehören nicht nur zur Psychologie der Japaner. Doch sie scheinen durch den japanischen Kult der Macht und Stärke untergründig weiter vertieft worden zu sein. Die alten Japaner nannten jedes Wesen, das über ungewöhnliche Kräfte verfügte, »Gott«, ganz gleich, ob es sich um einen Ahnen, einen Baum oder um ein Raubtier handelte.

Der Kult der Macht und Stärke

Ein Roman mit dem Titel *Muteki* (Nebelhorn) von Osaragi Jirō[1], einem populären Schriftsteller von einigem literarischen Rang, der zuerst 1934 in der Zeitung *Tōkyō Asahi* erschien, führt die Wirkungen vor Augen, die dieser japanische Kult der Stärke, Männlichkeit und Unergründlichkeit hervorruft, und zeigt den Wunsch, sich diesem Kult dadurch zu unterwerfen, daß man sich bedingungslos und mit Freude einem Machtanspruch fügt. Chiyokichi, ein junger, verwegener Taugenichts, wird in den frühen Tagen der Meiji-Ära von einem Engländer namens Cooper als Diener eingestellt, nachdem er versucht hat, dessen Brieftasche zu stehlen. Von diesem Engländer fühlt er sich angezogen und abhängig, weil Cooper alle humanen Eigenschaften, jede Schwäche, aber auch jegliche Rücksichtnahme fehlen. Er haßt seinen Herrn, der ihn nur seine Verachtung spüren läßt, wird von ihm aber in ständiger Angst und Unterwürfigkeit gehalten, bis er eines Tages bemerkt, daß hinter jenem starren Blick der unergründlichen, grünen Augen und der Maske grausamer Würde in Coopers Innerem eine Gefühlsbindung an ein käufliches Mädchen besteht, deren schamlosem Benehmen er keinen Einhalt gebieten kann.

1 *Introduction to contemporary Japanese literature*, hg. von Kokusai Bunka Shinkōkai, Tōkyō 1939, S. 442 u. 435.

»Er hörte nicht auf, Cooper auf seine sonderbare, ungehörige Art zu reizen. Er fürchtet sich nicht vor dem wilden Zorn in Coopers aschfahlem Gesicht. Er wartet auf etwas noch viel Wilderes und Heftigeres. Er will, daß Cooper etwas, irgend etwas sagt, was ihn vor Entsetzen sprachlos macht. Trotz allem ... glaubt er, daß es auf der ganzen Welt keinen anderen Mann gibt wie ihn.« Als Cooper seine Pistole auf ihn richtet, rührt er sich nicht von der Stelle und bleibt regungslos wie ein Stein. Cooper drückt nicht ab. Chiyokichi, rasend vor Wut und außerstande, die Motive seines Herrn zu verstehen, jagt diesen aus dem Zimmer, und es fährt ihm durch den Sinn, daß der Konflikt zwischen ihm und seinem Herrn dadurch beigelegt werden könnte, daß er Coopers unwürdige Geliebte erschießt. »Er erkannte deutlich, daß seine Zuneigung und Loyalität ihm gegenüber bei weitem stärker war als dessen Bindung an die Frau oder an irgend etwas anderes auf der Welt.« Es war für ihn der schlimmste Augenblick seines Lebens gewesen, als er Furcht und Bewunderung gegenüber seinem Herrn verlor, der, wie er wußte, vor einem gelegentlichen Mord nicht zurückschreckte, aber nun sein Herz an eine Hure verschenkt hatte. »Angst kannte er nicht, doch der Geist des Widerstands wollte in ihm nicht aufkommen. Dies bedrückte ihn tief; das Leben war fast wertlos geworden. ›Sie sind ein Mensch ohne Rückgrat, Meister, nicht wahr?‹« Er findet seine eigene Unfähigkeit zum Widerstehen in dem Charakter seines Herrn widergespiegelt und haßt sich selbst in ihm. Aus diesem Teufelskreis der Ambivalenzen und Projektionen versucht er auszubrechen, indem er die Person vernichtet, von der sich sein Abgott nicht freimachen konnte, wodurch jener in seinen Augen den Charakter unbedingter Stärke, Skrupellosigkeit und Entschlossenheit verloren hatte.

Dieser Roman enthält viele Elemente, die auch für die politische Psychologie aufschlußreich sein können.

Politische Erkenntnisse

Die Japaner sind bereit, Macht anzuerkennen; aber nur bei Männern, die ohne jede moralische Nachgiebigkeit, ohne billige Sentimentalität und korrupten Charakter sind, der sich hinter einer Maske der Strenge versteckt. Sie wittern jedes Anzeichen von

Verfall, so sehr es auch verdeckt sein mag; und sie werden jedem Gegner einen Schlag versetzen, dem es an Entschlossenheit zu mangeln scheint. Hochmut nehmen sie sehr übel, aber echte Geisteskraft und Willensstärke bewundern sie tief. Nicht nur Admiral Perrys »schwarze Schiffe« bewirkten in den Jahren vor der Meiji-Ära einen Meinungsumschwung zugunsten der westlichen Mächte: Nicht weniger bedeutsam war das würdevolle und unerschrockene Auftreten der ersten Gesandten, die in das Drachengesicht des Shōgun zu blicken wagten, von dem man bis dahin geglaubt hatte, daß es jedem Betrachter den Tod bringe.

Die japanische Haltung gegenüber den Feinden China, Rußland und anderen war oft von einem Gefühl der Verachtung durchsetzt. Es entsprang der intuitiven Wahrnehmung, daß sich hinter eindrucksvollen Fassaden ein drohender oder wirklicher Verfall verbarg und Mannhaftigkeit und Charakterstärke im Schwinden begriffen waren. Solange eine fremde Nation Stärke beweist, ein klares Bewußtsein ihrer Aufgaben und ihres Auftrags besitzt und dazu fähig ist, ihren Bürgern Opfer an persönlichem Glück zum Wohle der Allgemeinheit abzuverlangen, wird Japan deren Freundschaft und Rat suchen. Die Japaner schwenken urplötzlich von Gegnerschaft und Wahrung des Eigeninteresses auf Freundschaft, Aussöhnung und Ergebenheit um, sobald sie auf Granit beißen. Ein solcher schneller Übergang von Fremdenfeindlichkeit zu Zusammenarbeit vollzog sich im 7. Jahrhundert nach Japans Sieg über die Armeen und Flotten der T'ang-Dynastie, als es um den Streit um Korea ging, und ebenso nach der niederschmetternden Demonstration überlegener westlicher Militärmacht gegen Satsuma und Chōshū in der Mitte des 19. Jahrhunderts. Als die Japaner dagegen den Zerfall des T'ang-Reiches voraussahen, brachen sie den diplomatischen Verkehr ab.

Der Angriff auf Deutschlands ostasiatische Besitzungen zu einem Zeitpunkt, als dieses sich auf dem Höhepunkt seiner Macht befand, der trotz einer ausgesprochen deutschfreundlichen Haltung der japanischen Armee erfolgte, ist nicht nur einem technischen Kalkül im Kräftevergleich beider Seemächte zuzuschreiben, sondern auch einem instinktartigen Gespür für die inneren Schwächen des Kaiserreichs. Hier wie in anderen Fällen scheinen sich die Japaner ein »animalisches« und quasi-instinktives Wissen um die Schwächen und Stärken ihrer wirklichen und möglichen Gegner bewahrt zu haben – ohne freilich je die Unfehlbarkeit der tierischen Wahrnehmung zu erreichen. Ihre Angriffsbereitschaft, selbst gegen eine Übermacht, überall dort, wo sie Zerfall wittern, läßt sie als die wahren Nachfolger der Hunnen, Avaren, Mongolen und anderer »Geißeln Gottes» erscheinen.

Krieg

Überall wo Verachtung sich breit macht, hört das normale Verhalten auf. Solange Kriege von Rittern oder Samurai ausgefochten wurden, die sich gegenseitig als Verkörperungen des gleichen Geistes und Kampfesmutes achteten, war Grausamkeit selten. Es war nicht möglich, in dem anderen Ritter eine Personifikation des Teufels, ein minderwertiges Wesen und ein Opfer ewiger Verdammnis zu sehen. Religions- und Völkerkriege sind von anderer Art. Sie wollen die männliche Bevölkerung auslöschen oder den Feind zumindest zermürben und zur Unterwerfung zwingen, egal mit welchen Mitteln. Bürgerkriege, die oft als Revolutionen bezeichnet werden, verlaufen nur zu leicht in den von jenen vorgezeichneten Bahnen. Daß das nationalsozialistische Deutschland, das die Terrormethoden der Bolschewisten zur Bekämpfung seiner inneren und äußeren Feinde übernommen hatte, zum Vorbild der japanischen Heerführer wurde, erklärt zu einem nicht geringen Teil, weshalb japanische Soldaten nach dem Krieg unmenschlicher Taten angeklagt werden konnten, wie sie in der früheren japanischen Kriegführung in diesem Ausmaß unbekannt gewesen waren. Hier wirkte sich nicht nur die nationale Neigung aus, alles nachzuahmen, was als neueste Manifestation des Zeitgeistes erschien; in mehr als einer Hinsicht nahm der Zweite Weltkrieg den Charakter einer Revolution (und Gegenrevolution) an und folgte dem Grundmuster derartiger Auseinandersetzungen.

In seiner kritischen Untersuchung über den chinesisch-japanischen Krieg von 1894–95 ist McLaren[1] zu folgendem Urteil gekommen: »Durch soldatische Tapferkeit und sorgfältige Einhaltung aller humanitären Prinzipien im Kriege ist Japan zum Rang einer großen Nation emporgestiegen.« Er erwähnt, daß das Massaker an chinesischen Kulis in Port Arthur als ein Beispiel von

1 McLaren, Walter Wallace, *A political history of Japan during the Meiji era 1867–1912*, London u. New York 1916, S. 236.

Grausamkeit angeführt worden ist, hält es jedoch für »zum Teil durch die Art der Provokation entschuldigt, unter deren Eindruck sie handelten – als sie viele ihrer eigenen Verwundeten mit durchschnittener Kehle oder auf andere Weise verstümmelt vorfanden«.

Es ist möglich, daß die jüngsten Akte der Grausamkeit, die japanische Soldaten auf fremdem Boden begangen haben, zumindest teilweise aus unbewußter Angst herrührten, die sie in einer Umgebung empfanden, der sie sich hilflos ausgeliefert und innerlich nicht gewachsen fühlten. Nichts kann Sadismus so begünstigen wie das Gefühl unzureichender Macht.

Waffen

Im allgemeinen ziehen die Japaner Schneiden und Stechen dem Schießen vor. Der Kult des japanischen Schwerts, der *kendō*-Sport (bei dem Schwerter aus Bambus verwendet werden), und eine weitverbreitete Vorliebe für archaische Waffen scheinen diese Tendenz zu fördern. Der Kampf Mann gegen Mann ist von jeder aristokratischen Kriegerkaste höher geachtet worden als die des Treffens aus der Ferne. Militärfachleute haben noch in den späten zwanziger Jahren dieses Jahrhunderts ein ausgesprochenes Widerstreben bei den Japanern festgestellt, sich die neuesten mechanischen Fortschritte zunutze zu machen.[1] Dieses Zögern scheint von den ranghöheren Militärs überwunden worden zu sein, aber es mag bei den Mannschaften und ihren Unterführern weiterbestehen. Jeder Mann, in dem der urtümliche »Totschläger« auf die erste Gelegenheit wartet, das Spinnengewebe der Kultur von sich abzuschütteln, wird lieber Kampfmethoden wählen, die ihn sehen und fühlen lassen, wie der Feind unter seinen Händen fällt. Die japanische Taktik, Flugzeuge zu rammen und auf Schiffe herabzustürzen, muß nicht nur aus der Ideologie der Selbstaufopferung verstanden werden, sondern auch aus der Befriedigung, die diese Methoden verschaffen. Der Japaner scheint dem todbringenden körperlichen Stoß eine Freude abzugewinnen, selbst wenn er ihn das Leben kostet.

In der Praxis des *kendō* kann man einen weiteren urtümlichen

1 Kennedy, Malcolm D., *Some aspects of Japan and her defense forces*, London 1928, S. 118.

psychologischen Zug entdecken: die fehlende Bereitschaft innezuhalten, wenn der Gegner »tödlich« getroffen ist. Der erfolgreiche Angreifer setzt den Schwung seiner Schläge fort, als wäre er außerstande, die Bewegungen seiner Waffe zum Stillstand zu bringen. Die Tradition bestätigt diesen Zug, wenn es seit altersher heißt, daß ein japanisches Schwert nicht aufhören wird zu töten, nachdem es einmal gezogen worden ist. Die Kendō-Duelle, die nach den strengen Regeln mittelalterlicher Ritter beginnen, scheinen aus der Sicht eines ausländischen Beobachters in einer Prügelei zwischen zwei Dorfburschen zu enden. Ein berühmtes Kabuki-Stück, das vom Leben des Akechi Mitsuhide handelt, zeigt den Helden, wie er – als wäre er von dämonischen Mächten getrieben – seinen Speer in den Nebenraum schleudert, wo dieser eine Tür durchbohrt und statt des Feindes die eigene Mutter trifft. Es ist, als ob die Japaner noch immer ihre Waffen mit jener magischen Kraft ausstatten würden, die die Menschen der Frühzeit empfunden haben müssen, als sie die ersten Waffen aus Stein und Metall mit ihren Händen umspannten. Es kann nicht überraschen, in der Nachbarschaft japanischer Shintō-Schreine eroberte ausländische Gewehre und Geschosse vorzufinden, die dorthin vielleicht als Votivgaben für den Sieg gebracht worden sind, aber wahrscheinlich auch als Verkörperungen dämonischer Mächte. In alten Zeiten wurden Speere und Schilde (nicht nur die von Feinden eroberten) in Schreinen aufbewahrt. Schwerter gehören zu den häufigsten »Gott-Körpern« (*shintai*), die im Allerheiligsten ruhen.

Amok

In Anbetracht der starken Beimischung südmongolischen (»malaiischen«) Blutes erscheint es bemerkenswert, daß die Japaner, die so sorgfältig viele Spuren des archaischen Lebens und Erbes bewahren, von jener morderischen Manie unberührt bleiben, die *Amuk* (oder *Amok*) genannt wird – es sei denn, man würde in einigen Bereichen ihrer Außenpolitik ein gelegentliches Wiederaufflackern derartiger urzeitlicher Impulse sehen wollen.[1]

Der Drang, eine große Anzahl von Menschen zu töten und danach dem eigenen Leben ein Ende zu setzen, wird von einigen

1 *Encyclopedia Britannica*, Stichwort ›Amok‹, 14. Aufl., Bd. 1, S. 853f.

Beobachtern nicht als ein Symptom plötzlicher Geistesgestörtheit gedeutet, sondern als Auswirkung sozialer Umstände und Traditionen, die einen Menschen dazu veranlassen, den Tod zu suchen, weil ihm das Leben durch Spielschulden oder häusliche Eifersucht unerträglich geworden ist, er aber als Kämpfer sterben will, der seinen Grimm nach außen kehrt, indem er einer möglichst großen Anzahl anderer das gleiche Schicksal bereitet. Vielleicht hat sich das Amoklaufen nach dem Vorbild des frühzeitlich weitverbreiteten Ritus des Königswechsels entwickelt, von dem Sir James G. Frazers *Golden Bough* handelt. »In Malabar«, lesen wir in Pinkertons *Voyages and Travels*, »gab es einen Brauch, nach dem der Zamorin oder König von Calicut öffentlich seine Kehle durchschneiden mußte, sobald er zwölf Jahre regiert hatte. Im 17. Jahrhundert wandelte man dieses Todesschicksal ab. Er mußte nun nach einem langen Fest, das zwölf Tage andauerte, in einer Nationalen Versammlung Platz nehmen, wobei sein bewaffnetes Gefolge sich um ihn scharte. Jedermann hatte das Recht, ihn anzugreifen, und wenn es ihm gelang, ihn zu töten, wurde der Mörder selbst zum König ausgerufen. Im Jahre 1600 beteiligten sich dreißig potentielle Meuchelmörder an diesem Kampf.«[1] (Solche Männer nannte man *amar-khan*).

Amok kann sich entwickelt haben, als dieser seltsame Ritus (den der Westen vom Schicksal des Königpriesters Nemi her kennt) sich mit einer eigentümlich erregten Stimmung verband, die leicht suggestible Menschen befiel und sie dazu brachte, ihren Willen aufzugeben und ihre Entscheidungskraft dämonischen Mächten zu überantworten, die unwiderstehliche Gewalt über ihre Körper gewannen. Wahrscheinlich gibt es eine Beziehung zwischen dem Amoklaufen und der *latah*-Krankheit (die von Anthropologen als »ein sonderbarer Indikator der psychophysischen Veranlagung der Mongolen« bezeichnet wird, »zumindest derer, die unter extremen klimatischen Bedingungen leben«). Die Opfer der Latah-Krankheit »verlieren die Kontrolle über sich selbst…, wenn sie einen Schreck oder plötzlichen Schock erfahren«. Sie entwickeln den Hang, »alles zu imitieren, was ihr Auge und Ohr erreicht, und können so, wie malaiische Geschichten berichten, die Kraft gewinnen, sogar einen Tiger zu panischer Flucht zu treiben, indem sie

1 Hamilton, Alexander, *A new account of the East Indies*, in: Pinkerton, John, *A general collection of the best and most interesting voyages and travels in all parts of the world*, Bd. 8, London 1811, S. 374.

seine Bewegungen nachahmen und ihn durch völlige Furchtlosigkeit beeindrucken«.[1]

Die schreckenerregenden Schreie und wilden Blicke der Kendō-Kämpfer scheinen aus ähnlichen unterbewußten Motiven zu stammen. Es erstaunt, daß beim Ringkampf japanischer Jungen (*sumō*) die Szene oft dem Zamorin-Kampf von Malabar gleicht: Ein Junge wird gleichzeitig von mehreren angegriffen, muß einen nach dem anderen niederzwingen und dabei blitzschnell entscheiden, in welcher Reihenfolge es am vorteilhaftesten für ihn ist. Ähnliche Vorgänge ließen sich beim Bajonett-Training der Soldaten beobachten. Ein Japaner wird auf diese Weise von frühauf daran gewöhnt, den Kampf gegen eine Übermacht nicht zu scheuen und seine Blicke, Schreie und Bewegungen, mit denen er Angst zu wecken vermag, als seine stärkste Waffe einzusetzen. Es nimmt wunder, wie überaus sanftmütige, sensible, literarisch interessierte junge Leute sich durch diese Praktiken in wild dreinblickende, besinnnungslos kämpfende Tiere des Dschungels verwandeln – aber nur solange der Kampf dauert. Einen Augenblick später verneigen sie sich höflich voreinander, danken ihrem Gegner und denken wieder an Shelley oder Bashō, Kant oder das Lotus-Sutra.

Die Mitte und die Extreme

Dem plötzlichen Wechsel von einem gebildeten Repräsentanten einer verfeinerten Kultur zu einem von Instinkten beherrschten Menschen der Steinzeit und wieder zurück kann man auf jedem Schulsportplatz beobachten. Die japanischen Sitten und Gesetze haben Ausbrüche jenes primitiven Kampfwillens aus dem Innenbezirk des nationalen Lebens ausgeschlossen, halten ihn aber für nationale Notlagen vorsorglich am Leben. Wie auch auf anderen Gebieten dürfen sich die Gegensätze, die jeder Mensch in sich trägt, zu weiter auseinanderliegenden Extremen entwickeln als in unserer Kultur, die – so traurig weit sie sich auch von ihren griechischen Ursprüngen entfernt hat – immer noch an Überresten von Maß und Proportion festhält.

Daß es sogar im Japan der Kriegszeit im allgemeinen weniger Bereitschaft gab, als man erwarten würde, sich bedingungslos dem

1 Czaplicka, Marie A., *Aboriginal Siberia, a study in social anthropology*, Oxford 1914, S. 321 f.

Kräftespiel der Extreme auszuliefern, zeigen viele Seiten der Bücher von Hino Ashihei, die unter dem Sammeltitel *Krieger und Soldaten* herausgekommen sind, dem meistgelesenen Buch der dreißiger Jahre neben der Biographie von Madame Curie ... Der letzte Abschnitt des dritten Kriegstagebuchs *Weizen und Soldaten*[1] steht in enger Beziehung zum Thema des vorliegenden Kapitels durch das, was er in Worte faßt, und durch das, was er ungesagt läßt:

»Einige japanische Soldaten bringen drei gefangene Chinesen, die bisher an eine Ziegelmauer angekettet waren, zur Wache. Einer von ihnen ist etwa vierzig Jahre alt, die beiden anderen sind noch jung – sie scheinen nicht einmal zwanzig zu sein. Man sagt mir, daß diese drei ganz widerspenstige Kerle wären. Sie antworteten nicht auf Fragen, zuckten nur mit den Achseln und traten mit den Füßen um sich.

Ich wende meinen Blick von ihnen ab. Ich bin kein Teufel geworden. Dieses Bewußtsein beruhigt mich.«

1 Hino, Ashihei, *Barley and soldiers*, Tōkyō 1939, S. 207. (Veröffentlicht auch unter dem Titel *Wheat and Soldiers*, New York 1939 und London 1940.)

5. Schuld und Sühne – eine japanische Version

Ein Bekenntnis

Einem westlichen Beobachter wird der Typus des modernen Japaners, vor allem in seinen höheren Ausformungen, oft gehetzt und unruhig erscheinen, geplagt von Dingen, die sich nicht sagen lassen, nicht gesagt werden dürfen oder ihm selbst verborgen bleiben, eine bläßliche Gestalt, die ständig am Abgrund stummer Verzweiflung steht, in endloser Arbeit, gelegentlichen Träumereien und im besten Fall in Schweigen und Meditation sich selbst zu vergessen sucht. Die klassische japanische Literatur ist voll leiser, zarter Melancholie, die aus dem Gefühl der Vergänglichkeit der Dinge und der Allgegenwart des Leidens stammt, Gefühle, die der Buddhismus durch seine Lehren bestärkt und gemildert hat und die von Dichtern und Künstlern hingebungsvoll vertieft und verklärt worden sind. Jene farblosen, freudlosen Zeitgenossen scheinen jedoch von einem tieferen Leiden gequält zu sein, von einem geheimen Wissen, das zu tragen ihnen zu schwer fällt, vielleicht von einem Schuldbewußtsein, das ihre Vorfahren noch nicht kannten. Läßt sich erahnen, was in den Seelen dieser traurigen, bekümmerten Männer vorgeht?

Sucht man eine Antwort in der japanischen Literatur, so ist die einzige Stimme, die mit Vollmacht von diesen schwer greifbaren Dingen sprechen kann, die von Natsume Sōseki. Sein Roman *Kokoro* (ein Wort, das »Herz« und »Seele« bedeutet) darf als das repräsentative Werk jener Generation gelten, die den Leib und die Seele des modernen Japan geschaffen hat, und als Schlüssel zu ihrer Psychologie. Die Wahl fällt nicht zufällig auf dieses Buch. Vor Jahren bat das japanische Außenministerium im Auftrag des *Internationalen Instituts für Geistige Zusammenarbeit* die führende Vereinigung japanischer Schriftsteller, einen modernen Roman zu benennen, der es am meisten verdiene, mit Unterstützung des Völkerbunds in Übersetzung zu erscheinen. Einstimmig entschied sich der Pen-Club Japans für *Kokoro*. Das Buch liegt jetzt in französischer Fassung[1] vor, von einem japanischen Dichter und

1 Natsume Sōseki, *Kokoro (Le pauvre cœur des hommes)*, Französische Übersetzung von Horiguchi Daigaku und Georges Bonneau, Institut International de Coopération Intellectuelle, Paris 1939.

einem französischen Schüler Albert Samains gemeinsam übertragen – eine Ausgabe, die in jedem Satz dem Original treu bleibt und sich doch wie das Werk eines gewissenhaften westlichen Schriftstellers liest. Ein neuer Maßstab für Übersetzungen aus dem Japanischen ist gefunden worden, und die These, daß unter den europäischen Sprachen sich Französisch am besten als Medium eigne, hat sich wieder einmal bewahrheitet.

Für jeden, der den Zauber der klassischen japanischen Literatur kennt, ihre Naivität und geistige Differenziertheit in einem, und auch das anmaßende Auftreten vieler japanischer Zeitgenossen, die weder naiv noch geistig differenziert sind, stellt dieses Werk eine Überraschung dar, die zur Revision vieler herkömmlicher Urteile zwingt. Wenige Jahre vor dem Ausbruch des Ersten Weltkriegs entstanden, nimmt es viel von der späteren Enthüllungsliteratur voraus, die sich im Anschluß an sein Vorbild entwickelte. Manche Leser wird der Roman durch seinen Geist, nicht durch seinen Rang in der Weltliteratur, an André Gides *Faux-Monnayeurs* (Die Falschmünzer) erinnern. Es handelt sich nicht um das Werk eines großen Dichters oder eines bedeutenden Kulturkritikers, sondern um das Buch eines berühmten Literaturprofessors mit viel künstlerischer Begabung und einem feinausgebildeten Geschmack, der seinen ehrgeizigen Entwurf nicht immer mit lebendiger Substanz zu füllen vermag, oft trocken programmatisch und manchmal langweilig wirkt. Als Wissensquelle über den japanischen Charakter ist das Buch ungewöhnlich lehrreich, durch seine Stärken wie Schwächen.

Meiji

Die Lebensdaten von Natsume Sōseki (1868–1916) decken sich mit fast arithmetischer Genauigkeit mit der Meiji-Ära (1868–1912), einer Epoche, in der Japan in einer raschen Umgestaltung, die wahrscheinlich ohne Parallele ist, vom Status eines von der Kolonisation bedrohten Landes in den Rang einer Großmacht aufstieg, sich aus einem nahezu feudalen Gebilde in einen starken bürokratisch-industriellen Staat verwandelte, und dies alles innerhalb der Lebenszeit einer einzigen Generation.

Sōsekis *Kokoro* ist der Epilog zu dieser grandiosen Epoche des modernen Japan. Er teilt mit ihr deren Vorzüge und Begrenzungen: Er ist nüchtern, diszipliniert, erfüllt von hohen Zielen und reinen Absichten, grenzenlos gewissenhaft, ziemlich trocken, desillusioniert und von geheimen Selbstzweifeln geplagt. Immer wenn die Hauptfigur dieses Romans auftritt, scheint die Luft von Asche durchsetzt zu sein, die Dinge verlieren ihren Zauber, und die menschlichen Beziehungen verblassen, als wären sie von Chlorkalk gebleicht. Erfolge in der Politik, im Krieg und in der Wirtschaft zählen hier nichts. Der Mensch als Ganzes wird hier gewogen und als zu leicht befunden.

»Das einzige, was ich auf dieser Welt bis in die Tiefe hinein gespürt habe, ist die Sündhaftigkeit, die auf dem Menschen lastet ... Während ich Sprosse um Sprosse die Leiter der Buße erklommen habe, hat mich dieses Gefühl nie verlassen, und ich wünschte nicht nur, von anderen bespuckt zu werden, sondern mich selbst zu bespucken. Und auch damit noch unzufrieden, wollte ich mich selbst zerstören. Doch ich zögerte, mich auf der Stelle umzubringen. Schließlich beschloß ich so zu leben, als wäre ich bereits gestorben.«

Die Lehre von der Verderbtheit der menschlichen Natur ist dem westlichen Leser nicht unvertraut. Sie ist ein fundamentaler Bestandteil der wichtigsten, wenn nicht der Hauptströmung christlicher Anthropologie. Sie lebt weiter fort in Philosophien, die sich vom christlichen Glauben schon weit entfernt haben. Swift nannte die Lehre »das gängige Thema der europäischen Moralisten, die zeigen, wie winzig, nichtswürdig und hilflos der animalische Mensch von Natur aus ist«. »Aus krummem Holze«, schreibt Kant, »als woraus der Mensch gemacht ist, kann nichts ganz Gerades gezimmert werden.« Wenn man jedoch Natsume Sōsekis Demaskierung der Menschennatur mit dem Urteil der großen europäischen Moralisten vergleicht, scheinen die Ernstesten unter ihnen noch voller Hoffnung und Trost zu sein und die Maliziösesten noch schelmisch und gutmütig. »Es ist gefährlich, dem Menschen zu deutlich seine Ähnlichkeit mit den Tieren zu zeigen, ohne ihm seine Größe klarzumachen«, sagte Pascal. »Es ist schändlicher, seinen Freunden zu mißtrauen, als von ihnen betrogen zu werden«, warnte La Rochefoucauld. In den Augen des Verfassers von *Kokoro* muß es diesen Männern an Mut gefehlt haben, »das zynische Gelächter des Notwendigen« zu vernehmen: Der Mensch ist für ihn ein Spielball der Verhältnisse, und sogar seine Sündhaftigkeit wird ihm nicht als angeboren zugerechnet, sondern ist eine

Folge des Gesetzes der Verkettung von sinnlosen Ereignissen – eine Theorie, in der der westliche Determinismus des 19. Jahrhunderts sich mit der indischen Lehre vom *karma* zu verbinden scheint, um sich von den Nachwirkungen des griechischen oder chinesischen Humanismus und christlichen und shintoistischen Glaubens zu befreien.

Man hat oft festgestellt, daß Infektionskrankheiten ihre größte Wirkung entfalten, wenn sie in Länder übertragen werden, die sie bis dahin nicht kannten. In der frühen Geistesgeschichte des modernen Japan kam es zu einer ähnlichen Situation. Aufgewachsen mit der Shintō-Lehre, daß die menschliche Natur rein und gut ist und daß die Japaner Nachfahren himmlischer Götter sind, vertraut mit der Mahayana-Lehre, nach der ein »Buddha-Keim« in jedem Lebewesen schlummert, und erzogen in dem stolzen konfuzianischen Glauben an Anstand und kosmische Vernunft, fanden die Japaner der Meiji-Ära sich plötzlich in einen Umbruch getrieben, der nicht nur individuelle Wünsche und Ambitionen freisetzte, sondern auch dazu führte, daß unedle Motive mit ihrem Wert im »Kampf ums Überleben« gerechtfertigt wurden. Die Wiederöffnung Japans fiel in eine Zeit des nacktesten Materialismus, des fanatischsten Determinismus und des naivsten Biologismus, die der Westen je gekannt hatte. Gegengifte, die dort aus klassischen und religiösen Traditionen entwickelt wurden, blieben den meisten unerschrockenen japanischen Intellektuellen jener Zeit unerreichbar oder ohne Wirkung auf sie. Sie ergriffen das neue animalistische Evangelium mit bilderstürmerischem Eifer und mit der bekannten »tatarischen« Befähigung, bitteres Leid hinzunehmen, aber auch zuzufügen. Natsume Sōseki ist nicht der einzige und nicht der extremste Vertreter dieser Denkrichtung. Seit dem chinesisch-japanischen Krieg beherrschte eine naturalistische Schule von Schriftstellern das Feld und schuf Romane von kraftvoll-roher Manier. Sōseki verband ihren Willen, dem Unerträglichen ins Gesicht zu blicken, mit einer moralischen Sensibilität und geistigen Disziplin, die ihnen fremd waren. Es verwundert, ihn von einigen Kritikern als »Romantiker« eingestuft zu sehen.

Die Geschichte

Die Handlung seines Romans ist von klassischer Einfachheit und Folgerichtigkeit. Ein Student der Universität Tōkyō legt seinen ererbten Besitz in die Hände seines Onkels, in den er, nach dem Rat seines sterbenden Vaters, sein volles Vertrauen setzen soll. Er weigert sich, die Tochter seines Onkels zu ehelichen, die ihm die Heirat vorschlägt, und wird von dem Onkel um den größten Teil seines Vermögens betrogen. Aus dieser Erfahrung zieht er den Schluß, daß man niemand Vertrauen schenken darf. Als er sich bald darauf in die Tochter einer Witwe verliebt, in deren Haus er als Logiergast wohnt, bringt er nicht die Kraft auf, sich ihr zu erklären, weil er fürchtet, daß er erneut in eine Falle tappen und den Rest seines Vermögens verlieren könnte. Doch als sein Freund, ein junger Mann von hohen geistigen Fähigkeiten und eifriger Anhänger asketischer buddhistischer Praktiken, ihm unerwartet seine leidenschaftliche Zuneigung zu dem Mädchen offenbart, ohne von der Bindung des Studenten zu wissen, vergilt er Offenheit nicht mit Offenheit, versucht den Freund recht brutal auf asketische Pfade zurückzuzwingen, bittet die Witwe um die Hand des Mädchens, bekommt sie und läßt die beiden Frauen zurück, ohne ein einziges Wort darüber zu verlieren, was der Freund ihm anvertraut hat. Unfähig, sich selbst zu überwinden, begeht der buddhistische Asket Selbstmord, nachdem er durch eine beiläufige Bemerkung der Witwe von der Verlobung des Mädchens erfahren hat. Sein eigenes Verhalten in dieser Krise bestärkt den Studenten endgültig in der Überzeugung, daß dem Menschen nicht zu trauen ist. Er meidet die Gesellschaft und weist jede Tätigkeit zurück, die ihn von seiner Verzweiflung ablenken könnte, und sucht seine Tat durch eine bestimmte vage Freundlichkeit zu sühnen. Schließlich wählt er den Freitod und hinterläßt seinem selbsternannten Schüler sein Vermächtnis, die Botschaft von der Minderwertigkeit der menschlichen Natur. Sie basiert auf der Geschichte seines eigenen Lebens und Denkens.

Dieses »Vermächtnis« bildet den dritten und wichtigsten Teil des Buches. Der erste Teil stellt aus der Perspektive des Schülers und Ich-Erzählers dar, wie er sich zu der einsamen und bizarren Gestalt jenes Mannes hingezogen fühlt, den er *sensei* (»Meister«) nennt (ein Ehrentitel für Männer, denen man mehr als bloße technische Instruktionen verdankt, ein Lehrer im alten orientalischen Sinn).* Der zweite Teil setzt das Leben und den Tod dieses geistigen Vaters, der in den Augen seines Schülers ein strenges, heroisches Leben nur für das Eine Notwendige führt, in Gegensatz zu der eintönigen Existenz seiner auf dem Lande lebenden leiblichen Eltern. Diese wird aus einem wenig Sympathie weckenden Gefühl der inneren Distanz gegenüber Nicht-Intellektuellen geschildert, wie man es bei westlich beeinflußten jungen Männern des Ostens häufig antrifft.

Der Aufbau des Buches ist ohne Makel, die Durchführung fast übertrieben genau. In den achtziger Jahren des vergangenen Jahrhunderts hatte Tsubouchi Shōyō die japanischen Schriftsteller gelehrt, daß eine angemessene Motivation der Handlung, gemäß den besten westlichen Vorbildern, als die oberste Pflicht eines perfekten Schriftstellers zu gelten habe. Nie ist dieser Rat mit so peinlicher Sorgfalt befolgt worden wie in diesem Buch. Man sehnt sich nach den kühnen, flüchtigen, evokativen Pinselstrichen alter japanischer Maler zurück.

Die Lehre

Es fällt nicht schwer, zu verstehen, daß ein junger Japaner, der recht weltfremden Atmosphäre einer *kōtōgakkō* (»Höheren Schule«, einer *college*-ähnlichen Institution, in der sich junge Männer von etwa 20 Jahren drei Jahre lang auf die Zulassungsexamina der Universitäten vorbereiten) und unter einem nachdenklichen Vater, der sich ästhetischen Studien des alten Japan hingibt, aufgewachsen ist, in hohem Grade mißtrauisch wird, als er von einem Verwandten, in den er blindes Vertrauen gesetzt hat, grausam betrogen wird. Weniger leuchtet ein, wie ein akademisch geschulter Intellektueller aus einem einzigen Vertrauensbruch den Schluß ziehen kann, daß es auf der ganzen Welt keine Glaubwürdigkeit gebe. Es trifft zu, daß der Geist der japanischen Erziehung der Ausbildung analytischer Fähigkeiten nicht immer för-

* Der erste Teil erzählt auch davon, wie sich »Schüler« und »Meister« mit der Zeit innerlich näherkommen. Der Jüngere spürt, daß der von ihm Verehrte unter einer schweren Bedrückung leidet, und er versucht, das unausgesprochene Geheimnis zu ergründen. Der »Meister« öffnet sich ihm mehr und mehr, aber erst in dem »Vermächtnis«, das er kurz vor seinem Freitod niederschreibt, gesteht er dem engen Vertrauten die schwere Schuldverstrickung seiner Studentenjahre rückhaltlos ein. (*Anm. d. Hg.*)

derlich war und daß die Kategorien der griechischen Logik dem japanischen Denken merkwürdig fremd geblieben sind. Der Japaner wird einen heftigen emotionalen Schock gern als einem induktiven Schluß mindestens gleichwertig erachten, ja jenen sogar für eine überlegene Form der Erkenntnis halten. Unser Verfasser besitzt selbst genug Klarheit des Geistes, um dieses seltsame Phänomen einzugestehen: »Für dich«, schreibt der Meister, »der du nur versucht hast, ein Problem der theoretischen Psychologie zu verstehen, war meine Antwort sicher nicht befriedigend: sie war zu banal. Aber für mich, der ich sie gelebt habe, war sie eine lebendige Wahrheit. Und der Beweis dafür ist, daß ich leidenschaftlich erregt war.« Uns können die Tatsachen, von denen dieses Vermächtnis berichtet, von der grundsätzlichen Unglaubwürdigkeit des Menschen nicht überzeugen, wohl aber einen gewissen Mangel an Bereitschaft und Fähigkeit zum Denken bei dieser repräsentativen japanischen Romanfigur sichtbar machen. *Kokoro* enthält den Schlüssel zu vielen Äußerungen japanischer Führer und Literaten, die unwillens sind, zwischen Gedanken und Emotionen zu unterscheiden.

Doch uns kommen Zweifel, ob die Gefühlskraft von Sōsekis »Meister« dessen Intellekt wirklich überlegen ist. Er glaubt zu lieben, aber seine Furcht davor, ein zweites Mal betrogen zu werden, ist viel stärker, vielleicht weil ein solcher Argwohn ständig in den Japanern wach ist, während die Liebe, die er erfährt, nach Auffassung unseres Verfassers nicht von Dauer ist. Er vergleicht sie mit dem Duft von Weihrauch oder einem ersten Schälchen Reiswein. Sie löst nur einen »Schock« aus, der einen sehr schmalen Abschnitt auf dem Band der Zeit füllt. Der Student leidet nicht darunter, daß die Erfüllung seines Wunsches auf sich warten läßt, er steigert sich jedoch in eine rasende Eifersucht hinein, sobald der Schatten einer Rivalität aufkommt. Als sich sein Verdacht tatsächlich bewahrheitet, scheinen Liebe und Freundschaft nicht mehr zu existieren. In ihm lebt nichts als Feindschaft gegen jeden, der seinen Weg zu kreuzen wagt, nichts als der Wunsch, unvergessene Kränkungen von einst, die lange unter Schweigen vergraben waren, zu rächen, die Härte des Bezwingens und die Befriedigung durch den Sieg. Dieser Abschnitt des Buches, der das urplötzliche Hervortreten des Höhlenmenschen beschreibt, wodurch das Spinngewebe verfeinerter Gefühle und moralischer Hemmungen zerreißt, scheint jenen Philosophien rechtzugeben, die eine virtuelle Feindschaft als urzeitliche Ausstattung des »Naturmenschen« annehmen, die darauf wartet, sich im zivilisierten Menschen wieder geltend zu machen, sobald der Staat ihr Wiederaufleben verlangt. Der in den Japanern schlummernde Zustand potentieller Kriegführung scheint auf alle menschlichen Beziehungen dadurch abzufärben, daß er Angst und Mißtrauen schafft, die geschickt durch Zeremonie und gefällige Form überdeckt werden. Nur so erklärt sich, weshalb ein reiner und edler Geist wie Natsume Sōseki sich gedrängt fühlt, die moralische Natur des Menschen aus Kriterien abzuleiten, die für uns nur den »unteren Bereich« menschlichen Verhaltens betreffen.

In den Analekten des Konfuzius lesen wir: »Der Meister sprach: Man soll nicht überall Betrug wittern und auch nicht grundlos an der Ehrlichkeit anderer Leute zweifeln, aber dennoch ein Gespür dafür haben. Nur ein ungewöhnlicher Mensch vermag das.«[1] Natsume Sōsekis »Meister« vertraut, wo er mißtrauisch sein sollte, ist mißtrauisch, wo er hätte Vertrauen haben sollen. Statt die Schuld bei sich selbst zu suchen oder sich die Schwäche der menschlichen Einsicht einzugestehen, setzt er die moralische Natur des Menschen herab. Vielleicht konnte nur in einer Nation, in der jedermann lernte, sich selbst als Abkömmling höchster Götter zu begreifen, die von Natur her gut und rein sind, die These des »Meisters« von einer völlig verachtenswerten Menschheit auf einer so schmalen Grundlage aufgestellt werden.

Aufrichtigkeit

Für den Erforscher japanischer Lebens- und Denkformen wird kein modernes Buch sich als wertvoller erweisen als *Kokoro*. Der Leser bekommt nicht nur Einblick in das Alltagsleben einer japanischen Familie zu Anfang des Jahrhunderts (ein Leben, das alles andere als behaglich, farbenfroh oder auch nur ausgesprochen »östlich« war), und er wird für viele lange, bedeutungslosere Seiten dadurch entschädigt, daß er plötzlich Schlüssel entdeckt, die ihm festverschlossene Türen öffnen. So wird er schließlich ein Gefühl dafür bekommen, was »Aufrichtigkeit« bedeutet, ein Ausdruck, der in den politischen Verlautbarungen der letzten Jahre so viele

1 Soothill, William Edward (Hg.), *The analects of Confucius*, Yokohama 1910, Kap. 14, Spruch 31.

Rätsel aufgab. Wo er von den *kōtōgakkō*-Studenten seiner Jugendzeit spricht, erwähnt der »Meister« ihr augenscheinlich rauhes Betragen. Sie zögerten nicht, mit Arbeitern Streit zu suchen, die wie sie unter Alkoholeinfluß standen, und sie durch Schläge mit ihren Holzsandalen (*geta*) am Kopf zu verletzen. »Aber die Studenten meiner Zeit besaßen dafür eine große Einfachheit, eine große Aufrichtigkeit des Herzens.« »Aufrichtigkeit« bedeutet hier offensichtlich nicht nur eine Übereinstimmung von Worten und Taten, sondern eine ungeschliffene Ganzheit der Natur, die gern starken instinktiven Impulsen folgt, ohne Maß und Ziel ist und die Regeln von *ri*, Zeremonie und Höflichkeit, über den Haufen wirft. Der »Schüler« in dieser Geschichte beweist oft einen auffallenden Mangel an Feingefühl und vornehmer Zurückhaltung, die wir als die zweite Natur der Japaner kennengelernt haben. Sogar ein westlicher Leser würde bei ihm den einfachsten Takt vermissen. Aber der »Meister« verübelt ihm seine Aufdringlichkeit nicht. Er bekennt sogar, daß er ihn wegen des hemmungslosen Fragens nach seiner Vergangenheit und des Heraustretens aus der akademischen Stille des Ethikstudiums zu schätzen begann. »Sie sagten, daß Sie mein Herz aufschneiden wollten, um mein Blut zu trinken, während es noch heiß ist. Dadurch gewannen Sie meine Hochachtung.«

Die Heftigkeit der primären Antriebe, die sich über alle Anstandsregeln wild und rücksichtslos hinwegsetzt, erscheint den Japanern als ein Beweis der Mannhaftigkeit; sie deutet ihnen auf Ganzheit und Unverfälschtheit hin. Daß man sich weigert, die Nabelschnur zwischen Leben und Denken zu durchtrennen, ist ein gemeinsames östliches Erbe; doch es liegt etwas unverkennbar Japanisches in der Anerkennung einer ungehemmten Heftigkeit, die dem Unbewußten das Recht einräumt, das letzte Wort zu behalten; eine Bereitschaft, die wohl auf den Wunsch zurückgeht, sich unwiderstehlichen Natur- und Gottesmächten aufopfernd hinzugeben wie in der »Gottesbesessenheit« des alten und neueren okkulten *Shintō*.

Das Wort

Ein anderes Problem der japanischen Psychologie, auf das *Kokoro* unverhofft Licht wirft, ist die japanische Einstellung gegenüber dem gesprochenen Wort. Wenn man diese Geschichte als eine

Tragödie bezeichnen darf, ist es eine Tragödie der Sprachlosigkeit. Alle ihre kritischen Situationen scheinen durch einen Mangel an verbaler Kommunikation hervorgerufen oder beeinflußt worden zu sein: aus Ängstlichkeit, Zurückhaltung, Unschlüssigkeit, Rücksichtnahme auf andere, aus dem Wunsch, Zeit zu gewinnen, oder Furcht davor, die Dinge unabänderlich zu machen, sobald sie in eindeutige Worte gefaßt sind. Die Japaner lieben es, alles so lange wie möglich in der Schwebe zu halten. Worte lassen jenes weiche, halbflüssige Medium zu fester Gestalt gefrieren und werden hart und scharf wie Eis. Es ist, als ob die Japaner in ihrem nie verlöschenden Erinnerungsvermögen einige Überreste jener urtümlichen (und heilsamen) Furcht vor dem Wort beibehalten hätten, das anfangs eine neue, schreckliche Waffe und ein wohltuender Zauber gewesen sein muß, ein äußerst mächtiges Zaubermittel, voller lebensspendender und tödlicher Kraft. Die Japaner, die so viele Vermächtnisse aus der Urzeit bewahren, ziehen das Schweigen dem Reden vor, nicht nur weil Worte das Gefühl nie ganz auszudrücken vermögen. Dieses Volk scheint unter einer Art *Logophobie* zu leiden, für die *Kokoro* mehr als ein Beispiel bietet.

Wann muß man sprechen und wann schweigen? Soll man ein Gespräch wieder aufnehmen? Wer sollte den Anfang machen? Wer sollte besser still bleiben? Wem fehlt die Kraft, Schweigen zu gebieten? Alle diese Fragen bekommen einen strategischen Aspekt. Das Wort wird bedeutsam und gefährlich wie ein Messer aus Feuerstein, ein Hammer oder eine Harpune. Ein Wort zurückzuschleudern, das einst verletzte (wie in Japans Kriegserklärung an Deutschland 1914 die Wiederholung derselben Worte, die Deutschland in der Dreimächte-Intervention nach dem chinesisch-japanischen Krieg 1894–95 verwendet hatte), die Atmosphäre mit harmlosen Neckereien aufzulockern oder um sich einen Mantel des Schweigens zu breiten: es sind Mittel des Angriffs und der Verteidigung. Man muß nur die Schilderung der letzten Gespräche zwischen den beiden Freunden von einst lesen, um zu begreifen, was Worte in den frühen Tagen der Menschheit bedeutet haben müssen, als das Sprechen noch nicht zur gedankenlosen und bequemen Gewohnheit geworden war, sondern noch die Macht besaß, zu lähmen und zu bewegen, zu heilen, zu töten und zu gebieten.

In diesem Stadium ist das Wort seinem Wesen nach ein Wort, das jemand wirklich ausspricht, nicht ein nur gedachtes Wort. Der Unterschied wird an der Stelle des Romans deutlich, an der eine Episode vom letzten gemeinsamen Spaziergang der Freunde berichtet wird:

»Nicht, daß ich ein Scheusal war. Ich hatte mir von meiner Erziehung den ganzen moralischen Sinn bewahrt, den sie mitgibt. Wenn jemand mir in dem Moment in mein Ohr geflüstert hätte: ›Du Feigling!‹, wäre ich wahrscheinlich sofort zur Besinnung gekommen. Ja, wenn K. zu mir in dieser Weise gesprochen hätte, wäre ich vor ihm errötet.«

Nach seinem eigenen Bekunden ist sein Verhalten während dieses letzten Spaziergangs das eines »Raubtiers«. Aber wenn sich durch ein Wort, das ihm bewußt war, die Bestie vertreiben ließ, warum war er nicht dazu fähig, es auszusprechen? Das moralische Vermächtnis seiner Erziehung, behauptet er, sei unversehrt geblieben. Muß das Wort von außen kommen wie ein geschleuderter Stein oder eine geworfene Lanze? In seinem Inneren ist er sich, wie einige Stellen des Buches belegen, des Unterschieds zwischen seinem höheren und niederen Selbst durchaus bewußt. Bedürfen die Japaner immer eines Schocks von außen, um zum Handeln gebracht zu werden? Sind sie wie eine Substanz, die sich erst dann kristallisiert, wenn die gesättigte Lösung kräftig geschüttelt worden ist? Sogar die Erleuchtung eines Zen-Adepten ist oft von einem groben Stockhieb seines geistigen Lehrmeisters abhängig.

Signale

Durch einen solchen aufrüttelnden Stoß wird der »Meister« schließlich dazu geführt, sein »wie totes Leben« durch Selbstmord auszulöschen, wodurch seine Sühne sich vollendet. Wieder ist es ein von außen kommendes Wort, das die Veränderung bewirkt: *junshi*, Freitod aus Treue. Es tritt auf in Zusammenhang mit der Nachricht vom Tod des Generals Nogi, der soeben nach dem Tod seines Kaisers *seppuku* (zeremoniellen Selbstmord) begangen hat, und verbindet sich mit dem gleichzeitigen Klang der Totenglocke: Salutschüsse kündigen an, daß der Trauerzug des Meiji-Kaisers sich vom Palast her in Bewegung gesetzt hat. Eine alte östliche Vorstellung gewinnt Gewalt über ihn, nach der das ganze Leben einer Nation an das Leben ihres Herrschers gebunden ist. Er spürt, daß seine Generation, die Verkörperung des Meiji-Geistes, der Vergangenheit angehört, und er beschließt, dem Beispiel General Nogis zu folgen, des Siegers von Port Arthur, der mit seinem Freitod offenbar an eine archaische Sitte anknüpft, die Gefolgsleuten gebot, mit ihrem Führer ins Grab zu gehen. (Es wird berichtet, das wahre Motiv sei gewesen, eine längst vergessene Schande zu sühnen: Im Bürgerkrieg von 1877 gegen Satsuma war eine kaiserliche Flagge den Händen eines jungen Offiziers entrissen worden; eine andere Version lautet, der General habe den Gedanken an die Opfer nicht ertragen können, die er den japanischen Soldaten in Port Arthur abverlangte, aber diese Motive erklären weder den Zeitpunkt noch die Art und Weise dieser Opferung des eigenen Lebens.)

Innere Anarchie

Die außerordentliche Empfänglichkeit für Signale von außen, die dem »Meister« zu eigen ist, geht einher mit einer eigentümlichen Unbeständigkeit und Unentschiedenheit der Gefühle, bis hin zur Doppelbödigkeit. Hier, wie in der Literatur der Russen – und sie und die Japaner sind heute die wichtigsten Nationen, deren Geist nicht von den großen klassischen Traditionen des Mittelmeerraumes geprägt wurden –, ist die Seele kein wohlgestalteter Organismus, der in seinem Aufbau und in seiner Schönheit die Ordnung des Kosmos widerspiegelt, sondern ein Mahlstrom von Impulsen, Widersprüchen, Sehnsüchten, Verzweiflungen, Erhebungen und Erniedrigungen, der sich auf ein Gefühl der Sinnlosigkeit der menschlichen Existenz zubewegt. In diesen Seelen ist nicht nur Platz für widerstreitende Empfindungen, sondern auch für widersprüchliche Gedanken. »Was, wenn die beiden Frauen mir eine schlechte Komödie vorgespielt haben?«, fragt sich der »Meister«, als ihn der Gedanke quält, daß sie ihn vielleicht in seinem Werben nur deshalb bestärken, weil sie das gleiche Ziel verfolgen wie einst sein Onkel. »Und doch«, fährt er fort, »war mein Glaube an dieses junge Mädchen so fest, daß ich nicht den geringsten Zweifel an ihr haben konnte. So zwischen Vertrauen und Mißtrauen schwankend, war ich wie ein Mann, der weder vorwärts noch rückwärts gehen kann. Zweifel und Vertrauen – beide Gefühle konnten wohlbegründet, beide falsch sein.« Es läßt sich eine Seele denken, die zwischen Glaube und Zweifel hin und her schwankt, oder ein leidenschaftlicher Glaube, der nicht auf geometrischer Gewißheit gründet, jedoch seine Lebenskraft aus dem unaufhörlichen Wunsch bezieht, Zweifel zu überwinden. Aber wenn ein Mann erklärt, daß er absolutes Vertrauen in jemand setze, und gleichzeitig es für möglich hält, daß dieser Person nicht zu trauen ist, müssen die Moral und geistige Einheit des Mannes gespalten sein – oder sie können nie bestanden haben. Dies wäre durchaus in Übereinstimmung mit der buddhistischen Metaphysik, die die Existenz einer Seele leugnet und nur die (illusionäre) Existenz einer Reihe psychischer Phänomene zugesteht.

Vielleicht ist diese Lehre, die sich tief in das japanische Denken eingewurzelt hat, auch verantwortlich für vieles, was uns bei einem Autor von großer Klarheit und Geisteskraft so merkwürdig unvereinbar erscheint. Ein weiteres Beispiel für diese mangelnde Folgerichtigkeit stellt des »Meisters« Begründung dar, weshalb er seiner Frau nicht die unheilvollen Kapitel seines Lebens offenbarte. Er will uns weismachen, daß er keine Angst davor habe, ihr die Wahrheit über seine Niederträchtigkeit einzugestehen; sie hätte ihm vergeben. Doch wenige Seiten danach gibt er offen zu, daß es sein fehlender Mut war, der ihn von einem Geständnis zurückhielt, eine Aussage, die ein früheres Bekenntnis wiederholt:

»Ihr die ganze Wahrheit zu sagen, hätte bedeutet, all meine Feigheit vor der Frau bloßzulegen, die ich liebe. Mein ganzes Leben stand auf dem Spiel. Ich durfte nicht riskieren, daß mir das Vertrauen der beiden Frauen entzogen wurde.«

Dennoch bittet er seinen Schüler im Schlußwort, das Geheimnis seines Vermächtnisses nicht seiner Frau preiszugeben, damit kein »einziger Fleck« ihre Erinnerung trübe. Feingefühl und Feigheit des Handels sind vielleicht keine unverträglichen Eigenschaften. Es überrascht jedoch, daß der so rational denkende Verfasser des »Vermächtnisses« sich der Widersprüche in seiner eigenen Darstellung nicht bewußt geworden ist.

Motive

Sogar dem Freitod des »Meisters« fehlt die versöhnende Kraft einer zielbewußten Tat. Manchmal scheint er von dem Wunsch motiviert zu sein, die »Versündigung« gegen seinen Freund zu büßen, dann wieder von seiner Solidarität mit der Meiji-Ära, deren Schwächen er als seine eigene Schuld empfindet (»Zuviel Freiheit, zuviel Unabhängigkeit, zuviel Egoismus: das ist die Signatur unserer heutigen Zeit. Um die Sünde zu büßen, daß wir in sie hinein geboren wurden, müssen wir notwendig an ihrer Traurigkeit mittragen«, hatte er seinen Schüler einst gelehrt); ein andermal von dem Unvermögen, eine so tiefe Einsamkeit zu ertragen. Und während er darüber nachsinnt, ob der Selbstmord seines asketischen Freundes nicht vielleicht aus einem ähnlichen Gefühl äußerster Vereinsamung geschah, scheint sein endgültiger Entschluß ihn wieder an die Seite seines ehemaligen Gefährten zu führen. Eine derartige Vielfalt an Selbstinterpretation legt die Wahrscheinlichkeit nahe, daß er vor sich selbst die Wahrheit verbergen wollte. Die einfache alte Moral der japanischen Samurai lehrte, daß »es für einen Mann, dem nicht zu trauen ist, keinen Platz auf dieser Erde gibt«. Der »Meister« handelt nach dieser Maxime und folgt unbewußt einer Norm, die in seiner eigenen Epoche von ziemlich unwesentlicher »Psychologie« und zweifelhafter Reflexion überlagert worden war. Darauf folgte eine Generation von Männern, die noch nicht einmal den Sinn allgemeinen menschlichen Anstands und männlicher Ehrenhaftigkeit begreifen.

»Ein vermeidbares Drama!« ruft Tanikawa Tetsuzō in dem Vorwort aus, das er im Auftrag des japanischen Pen dem Buch voranstellte. »Hätte doch nur der ›Meister‹ sich entschlossen, alles seiner Frau zu offenbaren! Ist es nicht dieses hartnäckige Schweigen, das den ›Meister‹ und seine Frau unglücklich macht und zu dem Drama führt?« So klingt in der Tat die Stimme von Männern geringen Formats, die von der Meiji-Ära durch einen Graben getrennt sind. An Stelle der Tragödie wählen sie den Kompromiß, den Glauben an absolute Werte ersetzen sie durch Anpassung an die »Umstände«.

6. Der Wunsch, sich zu entziehen

Wolkeninseln

Kein Volk hätte weniger Grund zu der Klage, daß es von anderen ungesehen und – wenn überhaupt bemerkt – unverstanden bleibe, als die Japaner, deren erster und letzter Wunsch es zu sein scheint, sich jedem fremden Blick zu entziehen. »Jeder Engländer ist eine Insel«, meinte Novalis. Mit gleichem Recht könnte der Japaner eine »umwehrte Insel, hinter Wolken versteckt«, genannt werden. Dies ist mehr als ein Gleichnis, das sich dem Fremden aufdrängt. Schon das früheste japanische Gedicht (es wird vom *Kojiki,* der kaiserlichen Mythensammlung des 8. Jahrhunderts, dem Sturm- und Hochzeitsgott Susanowo-no-mikoto zugeschrieben und geht offenbar auf eine kultische Zauberformel zurück) beschwört und preist ein solches Umwölktsein:

Viel Wolken steigen
Darin die Braut zu bergen,
Vielwolkenzaun des Landes,
Vielwolkenzaun zu schaffen,
Oh! Der Vielwolkenzaun dort!

Bis auf den heutigen Tag ist einer der stärksten und spontansten Impulse der Japaner, sich zu verbergen, verhüllt zu bleiben und nicht nur alle Gedanken und Handlungen, sondern die ganze Person in eine wolkenhafte Undurchdringlichkeit zu tauchen. Nicht nur ihre Staatsweisheit lehrt, daß wirksame Herrschaft »hinter dem Vorhang« ausgeübt werden muß und der Machthaber unsichtbar bleiben sollte. Von allen chinesischen Lehren ist seit je den Japanern keine teurer gewesen als Laotses Lob des »gedämpften Glanzes, staubbedeckt« (*Wako dojin*).[1]

Selbst der heilige Berg Fuji-san (nicht »Fuji-yama«, wie viele Fremde sagen, die unbeachtet lassen, daß ihm nach japanischer Anschauung wegen seiner Ehrwürdigkeit die chinesische Bezeichnung *san* und nicht das japanische Wort für Berg *yama* gebührt) wird, wenn er von Wolken umhüllt ist und fast hinter ihnen verschwindet, von den Japanern als schöner empfunden als in der

1 Chamberlain, Basil Hall, *Translation of »Ko-ji-ki« or »Records of ancient matters«*, Kōbe ²1932, S. 76f.

majestätischen Umrißlinie an einem klaren Tag. Es ist japanischer Stil, in der Prosa wie in der Dichtung mehr anzudeuten als auszusagen, mehr zu verschweigen als auszudrücken. In der japanischen Kunst des Singens kommt alles darauf an, die Stimme zu dämpfen, niederzuhalten, zu »stopfen« und dadurch die Kraft des Gefühls zu erweisen. Niemals ist es dem Singenden erlaubt, seiner inneren Bewegung durch vogelgleichen Flug der Stimme freien Ausdruck zu geben. Zuhöchst gilt dieses Gesetz von den *utai*, den gesungenen Partien der Nō-Spiele, die in dem Tanz einer Maske und dem Verschwinden des Gottes gipfeln, der sich in ihr darstellt. Für dieses plötzliche Sich-Entziehen der göttlichen Erscheinung gibt es den besonderen Ausdruck *kami-gakure:* nicht Gott-Erscheinung, sondern: Gott-Verbergung.

In jeder Geste des schlichten Alltags, im Stil der Unterhaltung, in der vorgeschriebenen Form, die eine Gabe erst zum Geschenk macht, erscheint es als dringendstes Bedürfnis, die rechte Weise zu finden, wie Dinge, Gedanken, Gefühle einzuhüllen sind. Wo immer der Alltag nicht von diesem ungeschriebenen Gesetz der Gesetze regiert wird, gerät das Verhalten leicht in Gefahr, ins Willkürliche und Unbeholfene, wenn nicht gar ins Unziemliche, Rohe und Abstoßende abzugleiten.

Es ist, als ob dieses Volk, nicht zufrieden damit, in einem vielgebirgigen Inselreich zu wohnen, inmitten einer Unzahl von abgeschlossenen Tälern und Buchten, die ein natürliches Gitterwerk bilden und oft genug durch Wolken, Nebel und Regenwände der vollen Sichtbarkeit entzogen werden – es ist, als ob dieses Volk von Anbeginn versucht hätte, in seiner gesellschaftlichen und kulturellen Lebensform und in seiner Haltung ein gesteigertes Bild seiner natürlichen Umgebung nachzuschaffen. Wohin sie auch gehen und was immer sie tun, die Japaner nehmen ein Gitterwerk von Wänden, Zäunen, Netzen, Nebelwolken mit sich: Dies ist wohl der tiefere Sinn ihres Festhaltens an Zeremonie und Tabu.

Unsichtbare Zäune

Mit diesen Bemerkungen mag es auf den ersten Blick nur schwer vereinbar sein, daß – zumindest für den flüchtigen Beobachter – der Alltag der Japaner in einem für den Europäer erstaunlichen

Grad der Öffentlichkeit preisgegeben ist – im Wachen wie im Schlafen. Das japanische Haus bietet wenig Schutz gegen spähende Blicke und ungebetene Teilnahme an fast allen Einzelheiten des täglichen Lebens, besonders im Sommer, wenn die Hauswände auf wenig mehr reduziert sind als auf ein System von stangenähnlichen Stützen, leichten Rahmen und zarten hängenden Matten, durch die das Hausinnere gegen die Außenwelt eher abgegrenzt als abgeschlossen wird. In den öffentlichen Bädern mit dem unbefangenen Nebeneinander nackter Männer, Frauen und Kinder auf oft verhältnismäßig engem Raum scheint dieser Verzicht auf *privacy* zu einem Extrem entwickelt zu sein, das den westlichen Reisenden in höchstes Erstaunen versetzt. Dies gilt nicht nur in räumlicher Hinsicht. Intime Einzelheiten des persönlichen Lebens werden oft rückhaltlos ausgefragt und diskutiert, und der Neugier der Zeitungsreporter wie dem Eifer der Polizisten scheint keine Grenze gesetzt zu sein.

Der scheinbare Widerspruch löst sich, sobald man erkennt, daß es für den Japaner ein System von sichtbaren oder unsichtbaren Wänden gibt, hinter die er sich, sooft es ihm nötig erscheint, zurückziehen kann und wo er sich vor allen fremden Blicken und unbequemen Fragen sicher weiß. Der Ausländer fühlt sich ratlos, bis er erkennt, daß in den schwierigeren Fällen die Sitte selbst solche Wände zieht. In den öffentlichen Bädern wird jeder gesehen, aber niemand bemerkt, geschweige denn beobachtet – es ist, als ob man beim Betreten des Bades eine Tarnkappe erhalten hätte, die einem Unsichtbarkeit verleiht. Auch sonst wird der Japaner immer imstande sein, eine Schutzwand von Undurchdringlichkeit und Schweigen um sich zu ziehen, die es ihm bei einiger Geschicklichkeit erlaubt, ein Leben zu führen, wie er es am meisten liebt: scheu, reserviert und völlig verborgen.

Keine Sprache könnte einem solchen Stil des Lebens angemessener sein als die japanische: Bestürzend reich an doppeldeutigen, wenn nicht vieldeutigen Ausdrücken und höchst unbestimmten Konstruktionen, bietet sie dem Willen zum Verschweigen, Andeuten, Ausweichen und Dahingestellt-sein-lassen reiche Möglichkeiten. Es ist in dieser Sprache schwieriger, ein Wortspiel zu vermeiden als zu erfinden. Nicht nur Wortwahl und Syntax leisten diesen Neigungen Vorschub. Es kommt hinzu, daß das gesprochene Wort als solches nicht verstanden werden kann, wenn man sein geschriebenes Äquivalent, ein chinesisches Ideogramm, nicht kennt. Dabei bleibt häufig in der Schwebe, wie ein solches Ideogramm auszusprechen ist. Dies gilt selbst für Eigennamen – weshalb beim gegenseitigen Sichvorstellen Visitenkarten ausgetauscht werden. Niemand findet eine solche Unklarheit und Unbestimmtheit beklagenswert oder unpraktisch. Eher fühlt sich der Japaner von vollständiger Durchsichtigkeit und restloser Genauigkeit gestört.

Es wäre äußerst oberflächlich, wollte man diese Vorliebe für das Verhüllen als zweckvolles Mittel der Verstellung deuten, und ganz abwegig, diese Haltung als Technik der Verschleierung politischer Absichten im Spiel der hohen Diplomatie zu erklären. Sie reicht weit in die Zeiten zurück, in denen Japan gegen das Ausland fast abgeschlossen war, und wird gegenüber Japanern nicht weniger wirksam geübt als gegenüber Fremden. Es ist offenkundig, daß der Hang zum Verschwinden und die Geschicklichkeit, im Nu Mauern und Zäune zu schaffen, in vielen Fällen dazu dient, Gedanken und Absichten, Stimmungen und Affekte der Kenntnis des anderen zu entziehen, um Vorteile zu gewinnen oder mindestens den Partner in peinlicher Ungewißheit zu lassen. Es wiegt aber wenig im Vergleich zu der Mächtigkeit und Unmittelbarkeit, mit der diese Triebe auch dort auftreten, wo keine Nutzerwägungen im Spiel sind. Ist dieser Hang eine Erbschaft der Tokugawa-Ära (1600–1868), in der hinter der Fassade schein-feudaler Treueverhältnisse ein zentralisierter Polizeistaat absolutistischen Stils die gesamte Bevölkerung (einschließlich der Samurai) mit einem dichten Netz von Geheimagenten und Spitzeln überzogen hatte? Haben wir es mit einer natürlichen Reaktion asiatischer Völker auf einer späteren Entwicklungsstufe zu tun, wo unter dem Druck fortlebender, doch nicht mehr alleingültiger Bindungen an das Kollektiv im einzelnen Menschen ein triebhaftes Verlangen nach Einsamkeit, Zurückgezogenheit, Ungreifbarkeit erwachsen ist? Sind vielleicht die Menschen des Ostens (denn was von den Japanern gilt, mag auch an Chinesen und anderen Völkern Asiens beobachtet werden, wenn auch in anderen Formen und geringerem Ausmaß) – sind sie der Weisheit der Natur näher, die nach einem Wort des jungen Nietzsche jedes Lebewesen mit einer Schutzhülle von Dunkelheit umgibt, ohne die es nicht wachsen und gedeihen kann? In gleißendem Licht entsteht kein Leben. Diese Lehre haben die fortgeschrittensten Nationen des Westens noch immer zu lernen oder wiederzulernen.

Hinter der Wand

Was auch immer die Gründe jenes japanischen Urtriebs zum Verschwinden hinter Wänden von Holz, Worten, Wolken oder Konventionen sein mögen: die wirkliche Schwierigkeit beginnt erst, wenn die Struktur jenes Verteidigungswerks erkannt ist – was allerdings mehr Zeit, Geduld, Studium und Takt erfordert, als der Ausländer in der Regel aufzubringen bereit ist. Schon in die Intimität eines typischen japanischen Hauses zugelassen zu werden ist schwer und ziemlich selten; denn es bedeutet, daß der Fremde an der Gegenwart der Ahnengötter teilhaben darf, die in dem Miniaturschrein des Wohnraums leben. Schwierig ist auch, sich mit dem vielschichtigen und nuancierten System der Zeremonialregeln vertraut zu machen; es gibt hier keine Lehrer, und sogar die willigsten Japaner sind selber oft unsicher, was in einem bestimmten Fall zu tun und zu lassen ist, und meist ganz unfähig, Gründe dafür anzugeben. Aus Büchern erfährt man höchstens, was in typischen Situationen erwartet wird, während die Kunst des japanischen Lebens gerade darin besteht, dem Augenblick entsprechend zu handeln, die Regeln einzuhalten, doch nicht ihr Sklave zu sein. Es ist diese Fähigkeit, die der Japaner *jōzu* (geschickt, *smart)* nennt.

Doch selbst wenn alle diese Hürden genommen sind, erwartet den Ausländer eine letzte Entmutigung: Mit all seinem Wissen um japanische Sitte und Tradition wird er immer wieder erfahren, daß sich das Verhalten seiner japanischen Freunde in einfachen wie in kritischen Situationen nicht voraussehen läßt. Es sind diese sich mit den Jahren eher mehrenden Erfahrungen, die auch den Kenner des Landes auf die Stufe zurückwerfen können, auf der ein noch ganz Unbewanderter das unbewegte Gesicht des Japaners als die Maske einer unnennbaren Macht empfindet, vor der ihm graut. In Wirklichkeit ist, wie in der Geschichte des Verschleierten Bildes von Sais, nichts hinter jenem Schleier. Die Japaner sind für uns nicht deshalb schwer zu verstehen, weil sie besonders seltsam und kompliziert sind, sondern aufgrund ihrer Einfachheit.

Einfachheit

Unter Einfachheit verstehe ich nicht Abwesenheit einer Vielzahl von Faktoren. Wenige Japaner sind aus einem Guß und von archaischer Einfalt, ausgenommen die Bewohner abgelegener Gegenden. Sprache und Literatur, die Kronzeugen nationaler Wesensart, sind außergewöhnlich reich an Nuancen und feindifferenzierten Synonymen. Die religiösen Vorstellungen und Praktiken auch des Durchschnittsjapaners sind äußerst komplex. Er bringt es mühelos fertig, Shintoist als Angehöriger seiner Nation zu sein, Buddhist als Grübler und Leidender, Konfuzianer als Gebildeter, persönlich oft Christ und als Naturwissenschaftler eine Art von Materialist nach berühmten westlichen Vorbildern. Hinter der ruhigen Fassade korrekten Verhaltens verbirgt sich ein höchst unsicheres Gleichgewicht von Unvereinbarkeiten, Zweifeln, plötzlichen Impulsen und bunten Einfällen. Aber wie auch immer er sein mag, der Japaner ähnelt nicht den klischeehaften Schreckgestalten, die in vielen modernen Lehrbüchern der Psychologie als Bild des Menschen ausgegeben werden.

Es ist indes charakteristisch, daß für den Japaner kein Konflikt zu bestehen scheint, wo der Europäer durch das Nebeneinander antagonistischer Elemente höchst beunruhigt wäre. Auch der Westen kennt aus eigener Erfahrung Menschen, die ohne Schwierigkeit auf einer Mehrzahl von geistigen und seelischen Ebenen leben, ohne Einklang ihres persönlichen mit ihrem öffentlichen Dasein, ihrem Geschmack, ihrer Religion, ihrer Erotik und ihrer Moralität. Man sieht dies jedoch in der Regel als einen Zustand an, der nicht sein sollte. Der Mensch des Westens empfindet sich als Schnittpunkt, wenn nicht als Opfer widerstreitender Pflichten, Ideen, kosmischer Kräfte. Er versucht ihre Ansprüche zu versöhnen oder endet im Eingeständnis tragischer Niederlage. Nicht so der Japaner. Für ihn sind solche Situationen weder ein Anlaß zu Kampf noch zu Verzweiflung. Widerstreitende Kräfte werden hier zu zeremoniellen Formen, die verschiedenen Orten, Zeiten und Gelegenheiten zugeordnet sind: Man ist Buddhist bei Begräbnissen, Shintoist bei Hochzeitsfeiern. Der Christ wird daran erkannt, daß er nicht trinkt und raucht. Materialismus ist im Laboratorium und in der Klinik am Platz. Es ist leicht einzusehen, daß die Neigung, es bei dem bloßen Nebeneinander heterogener Faktoren bewenden zu lassen und auf eine rationale oder supra-rationale Ordnung monarchischen oder doch hierarchischen Stils zu verzichten, durch die stärkste geistige Potenz des Landes, den Mahayana-Buddhismus, auf der höchsten Stufe synkretistischer Spekulation und Meditation begünstigt werden mußte: Geht es hier doch darum, eine geistige Verfassung zu gewinnen, für die die Gegensätze von Geist und Stoff, Mensch und Natur, All und Nichts nicht mehr bestehen. Auf der Ebene des Alltagshandelns aber tritt an die Stelle des Ringens um eine Synthese eine geradezu unheimlich anmutende Fähigkeit, sich augenblicklich von einem Ast auf den anderen zu schwingen.

Das Ergebnis ist auf dem Feld der Ästhetik am leichtesten in seiner physiognomischen Bedeutung zu erkennen. Als Angehörige einer der verfeinertsten ästhetischen Kulturen zeigen sich die Japaner durchaus indifferent gegen die häßlichste Vermengung unvereinbarer Formelemente. Kein Japaner scheint sich daran zu stoßen, wenn Männer in *kimono* und *haori* einen steifen europäischen Filzhut tragen. Niemand empfindet es als unschön, wenn die elegante Linie des Halsausschnitts eines japanischen Gewandes durch das Hervorlugen eines modernen wollenen Unterhemdes gestört wird. Oft sind feinsinnige Japaner für europäische Musik empfänglich, die ganz vom Ausdruck lebt, und zugleich der einheimischen zugewandt, die sich im Ausdruck zurückhält. Die jährlichen Kunstausstellungen im Ueno-Park von Tōkyō beherbergen in einem Flügel Gemälde eines kaum modifizierten traditionell-japanischen Stils, in einem anderen Malereien und Skulpturen von Japanern, die ebensogut einem typischen Atelier in Paris, München oder Rom entstammen könnten. Es ist schwer, auch nur den leisesten Willen zu einer Synthese festzustellen. Wir stoßen auf die gleiche Unbekümmertheit des puren Nebeneinander unvereinbarer Elemente auf allen Gebieten des japanischen Lebens: in der Politik wie beim Essen, in der Wohnkultur wie in der Erziehung. Schöpfung wird ersetzt durch Kombination, Versöhnung durch Gewandtheit im Wechsel von einer Sphäre zur anderen. Was dem Europäer als Schwäche der bildend-umbildenden Kraft erscheint, wird von den Japanern als Beweis ihrer Fähigkeit betrachtet, Orient und Okzident zu einer höheren Einheit zu verschmelzen.

Weist man einen Japaner darauf hin (was man, zumindest in der Vergangenheit, besser unterließ, denn der Kritiker Japans wurde leicht für einen Feind des Landes genommen), so lautet in neun von zehn Fällen die Antwort: »Sie verstehen uns nicht, weil wir so einfach sind.« Ich habe diese Formel (die in der Sprache der Demut oft den Stachel eines heimlichen Anspruchs auf Überlegenheit verbirgt) nicht selten von Studenten gehört, die den Anforderungen eines westlichen Dozenten nicht genügten. Wo sie mit Theorien bekannt gemacht werden, die einander widersprechen, sind sie, von einigen rühmlichen Ausnahmen abgesehen, allzu leicht geneigt, das Spiel verloren zu geben und sich mit der Feststellung zu begnügen, daß die Auffassungen der Autoritäten auseinandergehen und das Problem daher im Augenblick unlösbar sei. Examensfragen werden häufig mit einem ganzen Katalog solcher »Meinungen« beantwortet, es sei denn, die genaue Wiedergabe der »Meinung« eines bestimmten Professors wird als hinreichend und zweckgerecht empfunden.

Nach der Beobachtung eines Volkskundlers zeigen selbst Märchen die Tendenz, sich in ihre einfachsten Elemente aufzuspalten, wenn sie den Fernen Osten auf ihren Wanderungen erreichen.[1] Die japanische Dichtung kennt kein polyphones Gefüge. Der Weg geht dort von größeren und komplexeren zu kleinen und immer kleineren Einheiten, bis in den *haiku*[2] von siebzehn Silben, das dem westlichen Leser zum bloßen Gedichttitel, wenn nicht zum puren Rätsel geworden scheint. Spricht man diesen Eindruck aus, so kommt es vor, daß der Japaner erwidert: Für ihn sei eben ein europäisches Gedicht oft kein Gedicht, sondern eine ganze Anthologie...

Zweidimensionalität

Der Mangel an zentraler oder Luft-Perspektive in der japanischen Malerei ist oft bemerkt, selten verstanden und noch seltener in seinem ästhetischen Wert gewürdigt worden. Sind aber nicht vielleicht Geist und Seele der Japaner selber um eine Dimension ärmer als die des Europäers? Sie ähneln weniger einem plastischen Gebilde als einer Gruppe tiefenloser Ebenen. Die japanischen Wohnhäuser – hier wie überall die unmißverständlichste Sprache einer Nation – stellen eher ein Gefüge zweidimensionaler Formelemente dar als Gestaltungen eines dreidimensionalen Raums. Japanische »Mauern« und Türen haben die Form und Funktion von Schiebe-

1 Gundert, Wilhelm, *Der Schintoismus im japanischen No-Drama*, Mitteilungen der deutschen Gesellschaft für Natur- und Völkerkunde Ostasiens, Bd. 19, Tokyo 1925, S. 187.

2 Wedemeyer, André, *Japanische Frühgeschichte*, Deutsche Gesellschaft für Natur- und Völkerkunde Ostasiens, Tōkyō 1930, S. 152. Anm. 349.

flächen, sie ähneln Wandschirmen. Die Tiefenerstreckung der *tokonoma*, der zentralen Nische des Haupttraums, die als Ehrenplatz dient und nie mehr als ein einziges Rollbild birgt, ist auf ein symbolisches Mindestmaß beschränkt. Dasselbe Gesetz scheint die Gestaltung persönlicher Beziehungen zu regieren. Sind Freundschaften – nicht nur solche mit Ausländern – durch einen glücklichen ersten Kontakt hergestellt und damit ein für allemal gesichert, so verbleiben sie auf dieser Ebene, ohne sich zu verändern und sich fortzuentwickeln. Sie greifen nur in den seltensten Fällen auf neue Gebiete über und gewinnen weder an Tiefe noch an Fülle und Intensität. Beziehungen westlichen Stils werden von den Japanern anscheinend als zu unruhig, zu mühsam empfunden.

Hieraus mag sich die Tatsache erklären, daß nur wenige Japaner den Verkehr mit Europäern, außer zu bestimmten Zwecken, aufrechterhalten. Es sind nicht nur die Schwierigkeiten sprachlicher Verständigung, die ihnen als zu große Belastung erscheinen – sie finden es ermüdend, neuen Situationen, Spannungen und jener inneren »Unruhe« ausgesetzt zu sein, die den Europäer antreibt, Gedanken und Gefühle, Beziehungen und Lebensformen zu bilden und umzubilden, immer neuen Proben zu unterwerfen, neue Aufgaben zu stellen – und darin das Zeichen wirklicher Lebendigkeit zu erblicken. Als ideale Form der Begegnung erscheint ihnen Emersons Besuch bei Carlyle, als die durch langen Briefwechsel verbundenen Freunde stundenlang, ohne ein Wort zu sprechen, sich am Kamin gegenübersaßen und wortlos auseinandergingen, vollauf zufriedengestellt durch das Gefühl ihrer kostbaren und kurzen »Mit-Gegenwart«. Ein exemplarischer Ausdruck einer solchen endgültigen Befriedigung ist für Japaner das berühmte *haiku* von Bashō, das einen Frosch erwähnt, der in den alten Teich eines stillen Tempelbezirks springt: ein plötzlicher Laut, nur eine Sekunde lang, dann wieder ungebrochene Stille.

Persönlichkeit und Ich

Der Geist des Europäers gleicht einem Schlachtfeld, auf dem alle geistigen und seelischen Kräfte der Vergangenheit täglich ihre tragischen Kämpfe wieder aufnehmen, wie nach der Sage auf den katalaunischen Feldern die Krieger jede Nacht die Gräber verlassen und ihr Ringen aufs neue beginnen. An einer derartigen geistig-seelischen Verfassung findet der Japaner weder Reiz noch Genüge. Geister »zur Ruhe zu bannen« ist das vornehmste Ziel des archaischen Rituals. Dinge »zur Ruhe zu bannen« ist das älteste japanische Wort für Regieren. Dieses Volk der Krieger (*samurai*) glaubt nicht an den heraklitischen Krieg als Vater aller Dinge und hat demgemäß keinen Sinn für eine Idee der Persönlichkeit, wie der Westen sie versteht (oder muß ich sagen: verstand?): ein Charakter, der sich in stetem Kampf zwischen Mensch und Geschick, Stoff und Chaos formt. Wenn es Aufgabe der Persönlichkeit ist, Einheit aus dem Widerstreit zu gewinnen, dem Formlosen ein Gesicht aufzuprägen, Ganzheit aus Vielheit zu erzeugen, so kennt der Japaner diesen Ehrgeiz nicht. Der Mahayana-Buddhismus hat ihn gelehrt (oder zumindest in seiner Neigung bestärkt), die Existenz der Einzelseele radikal zu leugnen. Wie soll er da seine Innerlichkeit als ein klar gegliedertes, wohlgebautes, selbstschöpferisches Gefüge auffassen können? Er fühlt sich keineswegs getrieben, sein Ich zum mikrokosmischen Abbild des Alls zu gestalten und gottgleich zu werden, indem er sich dem göttlichen Bild angleicht, soweit ein Sterblicher das vermag. Es ist nicht an ihm, auf den Ruf des Schicksal zu warten und sein wahres Selbst in Tat und Gestaltung zu verwirklichen. Das Leben ist für ihn kein Stoff, dem er Form, Ordnung, Sinn zu geben hat, sondern gleicht einer Gewalt, die verlangt, daß man sie ohne Schmerzenslaut erträgt oder daß man in einem heftigen Augenblick der Selbst-Vernichtung durch das Mitgerissenwerden in das Nichts Erfüllung findet.

Es gibt dementsprechend zwei Daseinsweisen für den Japaner. Die eine besteht darin, daß er sich einem dunklen Gemenge von instinktähnlichen Antrieben und den daraus folgenden »Umständen« ergibt, denen er diktatorische Macht einräumt. Diese Impulse werden zu normalen Zeiten durch ungeschriebene Gesetze höflichen Benehmens gleichsam kanalisiert. Wo die Magie des zeremoniösen Umgangs aussetzt, läuft das Verhalten Gefahr, in Willkür und Formlosigkeit auszuarten. Die zweite Möglichkeit heißt entschlossener Rückzug aus der Welt der Erscheinung durch Selbstmord oder Opfertod oder durch asketische Praktiken und Meditation, die ihn ins Reich des Nichts tragen sollen, das in der Sprache eines der bedeutendsten Denker unserer Zeit eine »Form des Formlosen« und ein »Ton des Tonlosen« ist.[1] Wählt er den ersten

1 Nishida, Kitaro, *Über die Einheit des Wahren, Guten und Schönen*, in: *Journal of the Sendai Cultural Society*, Tōkyō u. Sendai 1940.

Weg, so werden ihm strömendes Wasser, ziehende Wolken, schwimmende Algen zu stillen Lehrern, und geduldig folgt er jedem Spiel der »Umstände« in seiner Umgebung. Entscheidet er sich für den zweiten, so wird er sich wie ein Pfeil fühlen, den ein übermächtiger Schütze auf ein Ziel abschießt, das diese trübe und wechselhafte Welt von jeher transzendiert.

Ist es nötig zu betonen, daß alle Aussagen dieser Art immer auch zu relativieren sind? Es gibt in Japan, dem alten wie dem neuzeitlichen, Männer und Frauen, die wir als Persönlichkeiten bezeichnen dürfen, Gestalter ihres eigenen Charakters und eines eigenen Lebensstils, der aus der flüchtigen Mannigfaltigkeit von Fühlen und Tun, Gedanken und Strebungen ein Gebilde von nahezu kristalliner Schönheit macht. Doch finden sich solche Fälle fast immer in den Grenzbezirken der japanischen Gesellschaft: bei den großen Mönchen, die der Welt entsagt haben, und bei den großen Kurtisanen (*jorō*) und Sängerinnen (*geisha*), die außerhalb der bürgerlichen Bannmeile leben – und bezeichnend ist, daß es sich in beiden Fällen um Selbstaufgabe handelt, nicht um Selbsterfüllung. Diesem Stil der Selbstentäußerung wird ein Grad an Selbstbestimmung zugestanden, der allen übrigen versagt bleibt. Wem dies als unglaubhaft und allzu spitzfindig erscheint, der bedenke, daß Japan in seiner nahezu jahrtausendelang kaum unterbrochenen Abgeschlossenheit mehr Geist und Sorgfalt auf die Ausbildung verfeinerter Lebensformen verwendet hat als andere Nationen auf das Abenteuer der Naturbeherrschung und des vom Leben abgelösten Denkens.

Rückkehr

In einem weiteren Sinn führen in Japan alle Wege zum Verzicht auf das Selbst, und stets scheint das Opfer des eigenen Willens mit solch fragloser Bereitschaft, nicht selten mit solch wilder Freude vollzogen zu werden, daß die Frage erlaubt ist, ob nicht das tiefste Sehnen der Japaner darin liegt, zu verschwinden, zu sterben und so in jenes mütterliche Reich zurückzukehren, aus dem das Individuum nur auftaucht, um dahin zurückzusinken.

Von dem Ende der ersten sieben Götter weiß das *Kojiki* nur zu berichten, daß sie »sich verbargen«, und von der Göttin Izanami-no-mikoto, daß sie »auf Götterweise zurückkehrte«. Als ihr Sohn

Susanowo-no-mikoto zum Herrscher über die Meeresfläche werden soll, wehklagt und weint er, weil er nichts anderes begehrt, als zu seiner Mutter ins ferne Unter-Land zurückzukehren. Das Mausoleum des Enkels des Dynastie-Begründers Jimmu Tennō wird im Kojiki »der Schoß des Unebi-Berges« genannt.

Es ist eines der großen Paradoxe der Geschichte, daß dieses Volk von Liebhabern der Nacht, des Auslöschens und der Einsamkeit, auf einem Weg, den wir nur erahnen können, sich zu dem Glauben bekennt, daß ihr Herrschergeschlecht (und damit nach späterer Lehre: sie selbst) von der Sonnengöttin abstamme. Nichts ist ihren Gemütern ferner, fremder als reine Strahlung, blendendes Licht, das die Dinge zur Sonderung und Klarheit zwingt. Als in der japanischen Frühzeit der Priester Mansei[1] vor zwölf Jahrhunderten die Welt mit dem weißen Kielwasser eines Schiffes verglich, das in der Morgendämmerung in See stach, sprach er zugleich das geheimste Sehnen seiner Landsleute aus: zurückzukehren in den Schoß des Alls und kein anderes Zeichen des Daseins zurückzulassen als das anmutige Gekräusel flüchtigen Wellenschaums.

1 Waley, Arthur, *Japanese poetry, the 'uta'*, Oxford 1919, S. 84.

Teil II

Strukturen

In der Tat, wessen Vernunft wäre darüber erhaben, sich an der Weisheit der Bienen, Ameisen und Spinnen zu schulen? Welche weise Hand lehrt *sie,* das zu tun, was die Vernunft *uns* nicht zu lehren vermag? Unwissende Köpfe bestaunen so ungeheure Erscheinungen der Natur wie Walfische, Elefanten, Dromedare und Kamele. Sie sind auch wirklich die Kolossalstatuen und erhabenen Werke ihrer Handwerkskunst. Doch in jenen winzigen Konstruktionen steckt noch subtilere Mathematik, und die anmutige Gewandtheit dieser kleinen Bürger verkündet auf feinere Art die Weisheit ihres Schöpfers.

Sir Thomas Browne, *Religio Medici*

1. Fortdauer

Ob die Gesellschaft einen höheren Wert darstellt als das Individuum oder ob dem Individuum gegenüber der Gesellschaft der Vorrang zukommt, ist eine alte, vieldiskutierte Frage der Sozialphilosophie. Sie wird niemals zu beantworten sein, solange die Wertmaßstäbe ihre gewohnte Vieldeutigkeit behalten. Wenn wir Wertunterschiede jedoch am Grade der schöpferischen Kraft, der Tiefe der Einsicht, des Reichtums an Substanz und des Charmes der Erscheinung ablesen, läßt sich die Frage mit der Beweiskraft der Erfahrung beantworten; und die Antwort wird für verschiedene Zeiten und Völker der Menschheit verschieden ausfallen.

Wenn wir das Ganze der europäischen Geschichte überblicken, finden wir kein Gemeinwesen, weder *polis* noch Stadt, weder Staat noch Reich, das je die Ganzheit und Schönheit, die geistige Fülle und Einheit seiner Heroen und Heiligen, Dichter und Staatsmänner erreicht hätte. Achilles und Homer sind mehr als die Gesellschaft des frühen Griechenland, Dante und Franz von Assisi mehr als die Sozialstruktur des Mittelalters, Goethe und Napoleon mehr als ihre gesellschaftliche Umwelt – wenn man sie am Maßstab des organischen Lebens mißt. In Japan ist es anders. Die Männer und Frauen, von denen wir lesen und denen wir begegnen, wirken oft anziehend und verdienen unsere Achtung, Sympathie und manchmal auch Bewunderung. Aber eine überragende schöpferische Kraft scheint sich weniger in Werken der Kunst und des Geistes zu strahlender Blüte zu entfalten, als vielmehr in der Organisation einer Gesellschaft, die eifersüchtig die besten Lebenskräfte für sich beansprucht.

Hier ist ein kleines und einsames Land, kärglich von der Natur mit Ackerflächen und Bodenschätzen versehen, getrennt vom asiatischen Festland durch tückische Meere und Nebel, aus eigenem Entschluß mehr als zwei Jahrhunderte lang fast ganz vom Verkehr mit dem Ausland abgeschlossen, nachdem es in sein Leben die großartigen und gefährlichen Gaben des späten chinesischen Formalismus und indischen Quietismus eingefügt hatte; vor der Mitte des 19. Jahrhunderts nur mit seltenen und bruchstückhaften Kenntnissen der Naturwissenschaft ausgestattet, dennoch rege und anpassungsfähig, kraftvoll und zäh genug, um als einzige nichteuropäische Macht von einiger Größe dem Anprall des westlichen Imperialismus standzuhalten. Nur ein Jahrzehnt nachdem es knapp der Gefahr entronnen war, zum Opfer fremder Mächte zu werden, bezwang es mit kurzentschlossenem Angriff die Monarchien von China und Rußland, Gebietszusammenballungen von ungeheurer Größe, die von den europäischen Zeitgenossen um ein Vielfaches stärker eingeschätzt worden waren. Nach einigen Jahrzehnten beschleunigter Industrialisierung ließ es sich auf das Abenteuer ein, Hegemonie über ganz Ostasien und die Meeres- und Inselwelt des Westpazifik zu erreichen, in einem Kampf, der China, das Britische Commonwealth und die Vereinigten Staaten einschloß und der auf dem größten Kriegsschauplatz stattfand, den es je gab, gegen eine überwältigende Übermacht und doch, wie eine Kapazität vom Rang Sir George Sansoms bestätigt hat, nicht ganz ohne diplomatisches Geschick und Aussicht auf militärischen Erfolg. Es mußte den Preis einer entsetzlichen Niederlage bezahlen, aber während es seinen überseeischen Besitz einbüßte, rettete es die Fundamente dessen, was die »nationale Struktur« genannt wird. Wir wissen aus der Geschichte von vielen langlebigen Nationen, aber von keiner, die 1500 Jahre hindurch unter einem einzigen Herrscherhaus gelebt hat, das zwar nicht immer zu regieren vermochte, aber auch dann, wenn seine Macht geschrumpft war, der Träger einer mythischen Sendung blieb und von der Nation als Symbol und Garant ihres Zusammenhalts und Fortbestehens betrachtet wurde.

Mythische Ansprüche

Die nationalistische Doktrin ging in ihren Aussagen noch weiter. Sie setzte den Anfang der japanischen Geschichte auf das Jahr 660 v. Chr. fest, als laut *Nihongi* Iware Hiko (der später unter seinem sino-japanischen Namen Jimmu Tennō bekannt wurde) den Thron bestieg, der ihm von seinen göttlichen Vorfahren, den Himmelsgöttern, übertragen worden war. Er erscheint in jenen Chroniken als ein Einzelkämpfer, der, unterstützt von einer kleinen Kriegerschar und inspiriert von einer alten Prophezeiung seines Klans, von der südlichen Insel Kyūshū aus nacheinander die rivalisierenden Stammesfürsten Zentraljapans unterwarf und schließlich seine militärisch-priesterliche Herrschaft über Yamato ausübte, nicht weit entfernt von den späteren Hauptstädten Nara und Kyōto.

Gehen wir 2600 Jahre zurück, so befinden wir uns in den Tagen des Assyrers Assurbanipal, des Ägypters Psammetich I. und des Lyders Gyges. War der erste Herrscher über Yamato tatsächlich ein Zeitgnosse jener archaischen Gestalten? Moderne Historiker, Japaner wie auch solche aus dem Westen, scheinen darin übereinzustimmen, daß ein Zeitpunkt um den Beginn der christlichen Ära herum viel wahrscheinlicher ist als 660 v. Chr. Die ersten Ereignisse der japanischen Geschichte, die annähernd datiert werden können, sind nicht früher als im dritten Jahrhundert unserer Zeitrechnung[1], das auch in China den Beginn einer neuen Stufe der Zivilisation heraufführte, nach dem Sturz der Han-Dynastie. Von den zehn Herrschern, die im kaiserlichen Stammbaum dem Sujin Tennō voraufgehen, sind nur ihre Namen und der ihrer Eltern angeführt, und nur wenn man ihnen Lebensspannen von legendärer Länge zuschreibt, kommt man bis auf das Jahr 660 v. Chr. zurück.

Nach Auskunft einiger japanischer Forscher[2] war es eine kosmologische Ableitung im Stil der chinesischen Geschichtsphilosophen, die im frühen 7. Jahrhundert n. Chr., als die japanische Zeitrechnung geschaffen wurde, zur Wahl jenes unwahrscheinlichen Anfangs der japanischen Geschichte führte. Ausgehend von der chinesischen Lehre, daß alle 1260 Jahre eine politische Umwälzung gewaltigen Ausmaßes eintritt, scheinen die Begründer der Zeitrechnung in der Asuka-Ära 1260 von dem epochalen Jahr 601 zurückgerechnet zu haben[3], in dem Prinz Shōtoku, der Staatsmann-Heilige, damit begann, Japan aus einer Ansammlung von Stämmen, die unter einem sakralen *primus inter pares* vereint war, in ein staatsähnliches Gebilde umzuformen, das der chinesischen Monarchie der T'ang-Ära nachgebildet war, mit ihrer starken bürokratischen Zentralisation und ihren überaus ehrgeizigen Zielen. Wenn wir diese Zyklustheorie auf die neuere Ge-

1 Wedemeyer, André, *Japanische Frühgeschichte,* Deutsche Gesellschaft für Natur und Völkerkunde Ostasiens, Tōkyō 1930, S. 160–169.

2 Reischauer, Karl Robert, *Early Japanese history,* Teil A, London 1937, S. 37.

3 Diese zyklische Zahl erscheint dem heutigen Menschen seltsam und willkürlich, doch hätte sie Platon (*Die Gesetze,* 6. Buch [771c]) sicher gefallen; denn sie enthält alle Zahlen von eins bis zehn als Divisoren, mit der Ausnahme von acht. Sie erlaubt daher allen kleineren Zyklen von 2, 3, 4, 5, 6, 7, 9, 10 Jahren innerhalb der Grenzen des Großen Zyklus ihren Lauf zu nehmen. Multipliziert mit vier ergibt sie 5040, die Platon in seinem letzten Werk *Die Gesetze* als die vorteilhafteste für alle politischen Zwecke ansah, aufgrund der großen Zahl von Teilungen (59), die sie erlaubt.

schichte anwenden, ergibt sich das erstaunliche Resultat, daß wir uns 1260 Jahre nach dem angeblichen Anfang der Reformen durch Prinz Shōtoku – mit einer nur sehr knappen Abweichung von wenigen Jahren – wirklich an der Schwelle zu einem neuen Zeitalter der japanischen Geschichte befinden, der Meiji-Restauration im siebten Jahrzehnt des 19. Jahrhunderts. Die numerische Koinzidenz ist noch frappierender, wenn wir von 604 ausgehen, als Shōtoku Taishi seinen »Kodex der siebzehn Regierungsartikel« *(kempō)* verkündet haben soll, oder von 607–608, als die ersten amtlichen Schriftstücke mit China ausgetauscht wurden. Für das Jahr 660 v. Chr. hingegen läßt sich kein vergleichbares Ereignis von ähnlicher Bedeutung ausmachen. So müssen die Japaner sich damit begnügen, in dem Gründer ihres Herrscherhauses keinen Zeitgenossen von Assurbanipal und Gyges, sondern von Julius Caesar, Augustus oder Titus zu sehen.

Gemessen am Maßstab der Universalgeschichte fällt ein solcher Unterschied von 600 oder 700 Jahren nicht sehr ins Gewicht. Sowohl 660 v. Chr. als auch (nehmen wir einmal an) 150 n. Chr. sind von den frühesten Epochen der alten Kulturen von Ägypten und Ur durch mehr als 3000 Jahre getrennt, und selbst 660 v. Chr. wäre ein Jahrhundert nach der sagenhaften Gründung Roms. Trotzdem schienen sogar noch in den dreißiger Jahren unseres Jahrhunderts die offizielle Geschichtsschreibung und der Schulunterricht der chronologischen Tabelle, die offensichtlich in späterer Zeit entstanden ist und die kein seriöser Forscher anerkennen würde, eine Art von religiösem Wert beizumessen. Weder die Hochschätzung alter japanischer Überlieferungen noch das Ansehen ihres Herrscherhauses hätten den geringsten Schaden genommen, wenn die Trennlinie zwischen Mythos und Geschichte, zwischen arithmetischer Spekulation und historischer Chronologie schärfer gezogen worden wäre.

Es gab jedoch zwei tiefliegende Gründe für die Beibehaltung dieses Dogmas gegen alle rationalen Argumente und Beweisführungen: Nach einem alten chinesischen Gedanken ist die Zeitrechnung eine außerordentlich politische Angelegenheit. Aufgabe des Herrschers war es, eine bestimmte Zeitrechnung zu schaffen, und die Anerkennung einer Zeitrechnung galt als Zeichen der Ergebenheit. Zudem neigen die Japaner dazu, ihr Land als den Mittelpunkt des Universums zu betrachten, und halten zäh an ihren Überlieferungen fest, die sie für viel kostbarer erachten als alles, was ihnen von außen oder aus anderen Quellen an Erkenntnissen zugeflossen ist. Der letztgenannte Zug ist ein Merkmal ursprünglichen Menschseins, der erstgenannte ist archaischen Kulturen von ägyptischem Typus eigen.

Das wirkliche Problem

Gleichviel ob seine Geschichte vor 2600 oder 1800 Jahren begann, die Einmaligkeit Japans als politische und kulturelle Einheit bleibt unfraglich bestehen. Verglichen mit den ziemlich jungen, größtenteils chronisch instabilen »Staaten« des Westens gleicht Japan eher einem Baum oder Korallenriff als einem Gebilde von Menschenhand. Seine Nationalhymne *kimigayo* drückt denselben Gedanken in dem Wunsch aus, daß die Herrschaft der Monarchen andauern möge, »bis die Kieselsteine im Flußbett zu moosbedeckten Felsen geworden sind«: langsames, unwiderstehliches Wachstum, wie es zum Wesen mineralischer und vegetativer Prozesse gehört.

Es ist nicht notwendig, die Entwicklung dieses gesellschaftlichen Organismus, wie beschönigende Darstellungen im Osten es gern tun, in den Pastellfarben eines patriarchalischen Idylls zu malen. Sie war angefüllt mit Streit und Konflikten, List und Unrecht, und die Chroniken, die auf Geheiß der Herrscher der Nara-Ära verfaßt wurden, lassen keinen Zweifel daran, daß die Gewalt vor den Toren der als unantastbar geltenden Monarchen nicht haltmachte: einige wurden ermordet, einige abgesetzt, einige verbannt. Nur wenige übten politische Macht aus. Sie dienten mehr als priesterliche Vermittler denn als wirkliche Herrscher in einer Welt, die von Hader und Zwist, hitzigen Parteikämpfen und von unaufhörlich wirksamen Kräften der Selbstzerstörung geprägt ist. Japans Anspruch auf Besonderheit liegt nicht darin begründet, daß schädliche Faktoren fehlen, sondern darin, daß diese in seiner ganzen Geschichte immer wieder gemeistert wurden.

Vielleicht kann man für jede einzelne Schöpfung des japanischen Geistes ein ebenbürtiges, oft sogar überlegenes, Gegenstück in der westlichen Kultur finden, von der Religion bis zur Strategie, von der Dichtung bis zur Wirtschaft. Aber Japan ist einzigartig aufgrund der über viele Jahrhunderte sich erstreckenden unvergleichlichen Kontinuität, Homogenität und Plastizität seines politischen und kulturellen Lebens. Währenddessen erlebte der Westen die Größe und den Verfall des Römischen Imperiums, die Völkerwanderung, den Aufstieg und Fall mittelalterlicher Priesterherrschaft und mohammedanischer Reiche, die Herausbildung von Territorialstaaten, die englische, französische und russische Revolution und das Heraufdämmern der prometheischen Zivilisation, die die Fackel der Griechen weitertrug.

Natürliche Umwelt und ethnische Herkunft

Sind jene Eigenschaften ein Geschenk der Natur? Die Geographie scheint sie begünstigt zu haben. Nichts wird Einheit und Zusammenhalt so sehr fördern wie ein Leben auf Inseln, die durch stürmische, gefährliche Meere abgeschlossen sind und mehr Hindernisse als Anreize zur Entwicklung von Seefahrt bieten. Während langer Zeitspannen gegen den störenden Einbruch fremder Völker geschützt, doch unter der ständigen Bedrohung einer möglichen Invasion, scheinen solche Inseln von Natur her dazu gezwungen zu haben, internen Differenzen weniger Gewicht zuzumessen als den sozialen Erfordernissen des Ganzen. Aber weder Sizilien noch Irland, weder Kreta noch Island haben sich durch politische Erfolge und soziale Harmonie besonders hervorgetan.

Auch durch ethnische Homogenität, verstanden als Gabe der Natur, lassen sich die Eigentümlichkeiten der japanischen Gesellschaft nicht erklären. Das japanische Volk ist aus einem Schmelztiegel sehr unterschiedlicher Elemente hervorgegangen. Das Problem der anthropologischen Verwandtschaften und der nach Japan eingewanderten Völkerschaften ist bis heute noch nicht zureichend geklärt. Doch die meisten ausländischen Forscher werden darin übereinstimmen, daß mindestens drei Hauptkomponenten mit ziemlicher Sicherheit unterschieden werden können: Nordmongolen und andere frühe Bewohner Nordostasiens, Proto-Kaukasiden eingeschlossen, Ainus, die vermutlich zur alpinen Rasse gehören, und Malaio-Indonesier, mit starkem mediterranem Einschlag, jedoch gemischt mit Südmongolen und gelegentlich mit leichten Beimengungen negroiden Blutes, die sie von ihren Wanderungen im Südosten mitbrachten. Wer heute eine größere Anzahl von japanischen Gesichtern genau betrachtet, die der Zufall im Wartesaal eines Bahnhofs zusammengeführt hat oder die (durch das kaum weniger vom Zufall gelenkte System der Zulassungsexamina) im Klassenzimmer einer Universität zusammenkommen, wird zunächst von der erstaunlichen Typenvielfalt beeindruckt sein. Vielleicht sind die Anzeichen einer hochkomplexen Mischung heute deutlicher sichtbar als in früheren Zeiten, als der Gesichtsausdruck, das Auftreten und die Gesten unter dem Einfluß starker Traditionen standen, die eine Gleichförmigkeit der Sprache, des Aussehens und des Verhaltens vorschrieben; denn was wir anthropologische Typenunterschiede nennen, scheint weitgehend auf Grundmustern des Denkens, Fühlens und Handelns zu beruhen, welche die Gesichter nicht weniger prägen, als konstitutionelle Faktoren es tun.

Japanische Nationalisten, die in den dreißiger Jahren einem modischen Trend folgten und gleichfalls nach »nordischen« Vorfahren suchten, haben die Kinder der Sonne von einem tungusischen Stamm ableiten wollen, der vom nördlichen Festland kam, vor zweitausend Jahren die japanischen Inseln unterwarf und sich mit anderen dort lebenden und später einwandernden Völkerschaften verband. Man kommt um die Feststellung nicht herum, daß diese nordasiatischen Stämme nirgendwo sonst einen Beweis ihrer politischen Fähigkeit hinterlassen haben, ganz anders als die Normannen, deren Rolle sie angeblich im Fernen Osten gespielt haben sollen. Die Kohäsionskraft der Japaner läßt sich durch sie nicht erklären.

Leichter wäre es, eine gewisse Ähnlichkeit mit dem Geist der normannischen Staatsgründungen bei jenen südostasiatischen Stämmen zu finden, die indonesischer Herkunft sind und von denen man annimmt, daß sie sich von der malaiischen Halbinsel oder von Südchina in verschiedene pazifische Regionen ausgebreitet haben. Sie standen unter der Führung von Klans, die von der Sonne und dem Kriegsgott abzustammen behaupteten und ihre mythische Geschlechterfolge als ihr kostbarstes Erbe bewahrten. In Japan, wie in England, hat sich eine fremde, überlegene Völkerschaft mit den besiegten Volksstämmen so vollständig vermischt, daß heute solche Herkunftsunterschiede fast keinerlei politische oder soziale Bedeutung haben. Aber diese Verschmelzung beruht auf politischer Instinktsicherheit und Klugheit. Es handelt sich um keine historische Gegebenheit, sondern um eine historische Leistung. In beiden Fällen hatte die Natur günstige Vorbedingungen geschaffen, aber noch beachtenswerter als diese ist die Art und Weise, wie staatengründende Völker die angebotenen vagen Möglichkeiten zur Größe zu nutzen wußten.

Geist

So ist das feste Gewebe der japanischen Gesellschaft keine Mitgift von »Blut« und »Boden«. Es ist auch nicht auf weitsichtige Planung, tiefe Gedanken und ideenreiches Handeln zurückzuführen. Der westliche Geist ist außerordentlich architektonisch veranlagt. Er folgt dem Drang, dem Chaotischen Gestalt abzugewinnen und verschiedenartige Elemente aufeinander abzustimmen, die sich der Zusammenführung zu widersetzen scheinen. Er fühlt sich geknechtet, wenn er nicht nach einem Idealbild, das einen zeitlosen Wert verkörpert, planen und gestalten kann. Selbst in schwerster Bedrückung und tiefster Skepsis bleibt er ein bauender Geist. Es wäre absurd, den griechischen Geist handwerklich zu nennen. Es war jedoch die griechische *technē* – ein Wissen, etwas kunstvoll Erdachtes, fast ein »Dreh«, um die Dinge besser zu handhaben als mit bloßer Routine und Tradition –, die den meisten geistigen Unternehmungen der politischen Baumeister des späteren West- und Mitteleuropa eine Richtschnur gegeben hat.

Der japanische Geist ist, in diesem politischen Sinn, un-technisch. Er glaubt nicht an die Brauchbarkeit rationaler Muster; und das, was er zu leisten vermag, läßt sich in den meisten Fällen nicht verallgemeinern und entzieht sich der rationalen Analyse.

Verfassung

Die lebendige Verfassung des Landes, eine Wirklichkeit, die sich von den geschriebenen Verfassungen, die chinesischen oder europäischen Vorbildern nachgebildet wurden, gewaltig unterscheidet, ist in Ost und West ohne Beispiel. Sie stellt kein ausdrückliches System von Rechten und Pflichten dar, die unter keinen Umständen beeinträchtigt oder umgangen werden dürfen. Augenscheinliche und wirkliche Entscheidungsgewalt liegen meist weit auseinander. Das Delegieren ist so weit verbreitet, daß die Verantwortlichen nur schwer auszumachen sind. Monarchische, demokratische und aristokratische Elemente sind so fein vermischt, daß der Staatskörper in allen Farben des Regenbogens schimmert. Der abstrakte Begriff von Freiheit scheint zu fehlen oder aber mit betont fremdem Akzent ausgesprochen zu werden; doch sogar offener Ungehorsam gilt als gerechtfertigt, wenn er aus Protest gegen einen inkompetenten Vorgesetzten erfolgt oder sich gegen eine unvernünftige Forderung richtet. Zwar bestehen Gesetze und Gerichte nach europäischem System, aber es wäre in den meisten Angelegenheiten des täglichen Lebens unschicklich, sich ihrer zu bedienen. Politische Gewalttäter können abgöttisch verehrt werden, ohne daß der Staat eingreift. In allen Sphären des Lebens werden Entscheidungen von Fall zu Fall getroffen, und schon der Begriff »Entscheidung« scheint nicht recht angebracht für einen Zustand, in dem alles im Fluß bleibt. Eine Theorie des Öffentlichen Rechts, die jahrzehntelang für Tausende künftiger Beamter Lehrgegenstand war, kann plötzlich für ungesetzlich gelten. Niemand ist es erlaubt, auf sein Recht zu pochen, und die Aufgabe des Staatsmanns scheint nicht darin zu bestehen, daß er aufbaut, sondern daß er ausgleicht und alle Türen offenhält.

Die Geschichte zeigt, daß dieses System des Unsystematischen im Fall Japans bemerkenswerte Ergebnisse gezeitigt hat. Würden andere Nationen es anwenden, wären mit Sicherheit Ruin und Anarchie die Folge. Die Kunst militärischer Strategie und Taktik ist einmal als ein System »fortgesetzten Improvisierens« definiert worden. Keine Formulierung könnte die politische Weisheit Japans besser charakterisieren. Sogar die Frage, ob Japan eine Theokratie ist oder nicht, wurde nie von maßgeblicher Stelle entschieden, bis 1946 der Kaiser selbst auf seine Göttlichkeit verzichtete. Fürst Itō, der politische Vater der Meiji-Verfassung, scheint den Gedanken einer japanischen Theokratie als ein Konzept der Vergangenheit betrachtet zu haben. Wohl deshalb drohte seinen klassischen Verfassungskommentaren[1] manchmal die Gefahr, auf den Index gesetzt zu werden. Doch selbst diejenigen, die in extremer Form den Anspruch verfochten, von Kaiser-Göttern regiert zu werden (ein Anspruch, der offenbar vom Meiji-Kaiser und seinen Nachfolgern selbst nie erhoben worden ist), gingen

1 Itō, Prince Hirobumi, *Commentaries on the constitution of the empire of Japan,* übersetzt von Itō Miyoji, Tōkyō 1889. Ders., *Reminiscences,* in: Count Ōkuma Shigenobu (Hg.), *Fifty years of modern Japan,* Bd. 2, London 1909.

nie so weit, ihrem Wunsch die logische Konsequenz folgen zu lassen: die Interpretation und Lehre des japanischen Öffentlichen Rechts einer Theologischen Fakultät vorzubehalten. Auch stand kein einziger Befürworter des Gott-Kaisertums zur Verteidigung der *Kaiserlichen Verordnungen für die Soldaten des Heeres und der Marine* auf (die dem Militär ausdrücklich die aktive Beteiligung am politischen Leben untersagten), als fanatische Minderheiten im Offizierskorps die Nation auf den Weg einer aktivistischen Politik zwangen. Von vielen wichtigen Phasen der japanischen Geschichte läßt sich sagen, daß sie nicht dem Willen der legitimen Machthaber entsprachen, sondern daß diese den Ablauf der Ereignisse nur duldeten.

Wirtschaft

Während die politische Struktur Japans bis gestern als die Herrschaft einer von Legenden geheiligten Tradition erschien, die durch illegale Umtriebe aktivistischer Minderheiten immer wieder Anstöße empfing und von Überresten eines allgemeinen Rechts auf Widerstand (wie dem des mittelalterlichen Europa) im Gleichgewicht gehalten wurde, verlief das wirtschaftliche Leben Japans in unaufhörlicher Armut, veredelt vom schlichten Licht selbstverleugnender ästhetischer Kulte und durchsetzt mit Inseln des Wohlstands und der Überfeinerung.

Die japanische Sprache, die so reich an Synonymen ist, besitzt kein eigentliches Wort für Ökonomie. *Keizai* (eine späte Prägung) bezieht sich auf die politisch-geistige Führung des sozialen Lebens insgesamt. Während der Tokugawa-Ära erschienen zahlreiche Abhandlungen und Aufsätze über aktuelle Probleme der Währungspolitik, des landwirtschaftlichen Fortschritts und der Geschäftsmoral, doch die Vorstellung von einer Wissenschaft, die von Angebot und Nachfrage und ihrem gegenseitigen Ausgleich handelt, scheint vor der Einführung des westlichen politischen Ökonomie in der Meiji-Ära nicht aufgekommen zu sein. Auf diesem Gebiet bewiesen die Japaner in der Rezeption und Assimilierung fremder Denk- und Organisationsmethoden mehr Geschick und gesunden Menschenverstand als auf dem Feld des Verfassungsrechts. Aber die großartigen Beiträge der japanischen Ökonomie zum politischen Leben der Nation wurden mit einem erschreckend hohen

Preis an Armut, Not, Unterernährung und mangelnder persönlicher Sicherheit erkauft. Eilige Maßnahmen, die in Notsituationen ergriffen worden waren, durften weiterbestehen, obwohl sich die Ausgangsbedingungen längst geändert hatten, und kein neuer Gedanke wurde entwickelt, der hätte beanspruchen können, einen eigenständigen Beitrag zur Lösung ökonomischer und sozialer Probleme der zeitgenössischen Gesellschaft zu leisten. Auch auf diesem Gebiet kam der Erfolg trotz und nicht aufgrund der bestehenden Institutionen zustande. Wieder beweist sich die besondere japanische Eigenart in einem außerordentlich hohen Grad an Leidensfähigkeit, Langmut und Duldung von Mißbrauch anstelle eines ungewöhnlichen Maßes an Vorsorge, Erfindungsgabe, schöpferischer Kraft oder Initiative.

Wenn sich irgendeine westliche Nation entschlossen hätte, seinen Staatsangehörigen ähnliche Lasten der Einschränkung, Bedürftigkeit, Schinderei und Willkür aufzubürden, wäre ihr öffentliches Leben ständig von Zerrüttung und Aufruhr bedroht worden. Es ist unwahrscheinlich, daß sie ihre politische Einheit und Kontinuität unter solchen Beschwernissen aufrechterhalten hätte. Wenn Japan sie ertrug und sogar weiterwuchs und politisch an Kraft zunahm, muß der Grund hierfür in einer Schicht gesucht werden, die noch fundamentaler ist als selbst der Bereich politischer und ökonomischer Institutionen.

Gemeinschaft

Als unmittelbare Nachkommen des Rationalismus und nahe Verwandte des Maschinenbaus beschäftigten sich die Lehren des 18. und 19. Jahrhunderts mit dem, was man herstellen kann, nicht mit dem, was wächst, mit der Erfindung zweckmäßigen Geräts, doch nicht mit den Gaben der Natur und den von ihr gesetzten Grenzen. Sie legten Wert auf eine Gesellschaft, die bestimmten rationalen Zwecken dient, nicht auf Gemeinschaften, die organischen Körpern mit ihrem langsamen, vegetativen Wachstum gleichen und deren Einheit sich in lebendigen Symbolen ausgedrückt findet: ein Herd, ein Gott, eine Fahne, ein Heros, ein Gedicht oder ein Traum. Solche Gemeinschaften lassen sich nicht willentlich »machen«. Sie kommen auch nicht unmittelbar aus den Händen der Natur. Sie gehören zum Grenzland zwischen Natur und Kultur, Landschaft und Geschichte, *physis* und *nomos*. Statt sie entweder dem Reich der Notwendigkeit oder dem der Freiheit zuzuordnen, sollten wir, wenn wir das Gesetz ihrer Bildung verstehen wollen, mit Henri Bergson fragen: Was würde die Natur tun, um das Leben für ein Wesen möglich zu machen, das mit den Fähigkeiten der Intelligenz, Sprache und freien Entscheidung ausgestattet ist, sich nicht mehr auf ein Bündel gleichbleibender Instinkte verlassen kann, nicht wie Zellen eines Organismus zusammengehalten wird und nicht wie die Bewohner eines Bienenstocks in ein beherrschendes Ganzes eingeordnet ist, sondern in der Sphäre bewußten Lebens und zweckgerechten Verhaltens das Grundmuster organischer Interdependenz mit ähnlichem Erfolg nachbilden muß? Die Antwort auf diese Frage findet sich in dem Archetypus der kleinen Gruppe, die mit instinktartiger Macht von Gewohnheiten zusammengehalten wird, hierarchisch aufgebaut ist, gerüstet ist für einen virtuellen Kriegszustand, aus dem Glauben an Stammesgötter Kraft schöpft, die vom Leben der Gruppe nicht zu trennen sind: eine urzeitliche menschliche Gesellschaft, für die die Natur sozusagen ein Schema vorgegeben hat,

»das vage und unvollständig ist und auf dem Gebiet der vernünftigen und freien Aktivität dem entspräche, was im Fall des Instinkts am anderen Endpunkt der Entwicklung die – in diesem Fall genaue – Zeichnung des Ameisenhaufens oder des Bienenstocks ist.«[1]

Wenn es für Japans Kraft des Fortbestehens eine Hauptursache gibt, würde ich nicht zögern, sie darin zu suchen, daß es bis ins kleinste Detail seiner Lebensführung hinein jenen Hinweisen der Natur gefolgt ist. Westliche Nationen ließen sie allzuoft unbeachtet, weil sie sich verpflichtet fühlten, dem Leben höhere Ziele zu setzen und tiefere Impulse zu geben; doch diese bleiben eine große Gefahrenquelle, solange der Mensch fortfährt, seine Neue Stadt zu planen, ohne sich mit dem Erdboden vertraut zu machen, der sie tragen soll.

Diese Überlegungen liegen den folgenden vier Kapiteln zugrunde, die die Strukturmerkmale der japanischen Gesellschaft zu interpretieren versuchen. Sie beruhen auf Beobachtungen aus der Vorkriegszeit. Da ich das Land nicht wieder besuchte und in der neueren Literatur keine Aussagen fand, die stichhaltig genug waren, um daraus weitreichende Schlüsse zu ziehen, habe ich darauf

1 Bergson, Henri, *The two sources of morality and religion*, London 1935, S. 236.

verzichtet, die Reformen zu kommentieren, die nach Japans Niederlage und Besetzung eingeleitet wurden. Hier und dort habe ich die Gegenwartsform meiner ersten Aufzeichnungen in die Vergangenheit gesetzt, aber ich bin darin nicht pedantisch genau vorgegangen; denn ich bin noch immer davon überzeugt, daß trotz der Gesetzesänderungen, die sich auf längere Sicht auf einige soziale Beziehungen auswirken werden, das Grundmuster, das durch Jahrhunderte hindurch seiner eigenen Logik gefolgt ist, sich in einer politischen Welt von großer Instabilität nicht so leicht verändern wird. Sollte ich mich hierin irren, wäre Japan nicht mehr die Nation, die ich kennengelernt habe, und mein Bericht würde ein abgeschlossenes Kapitel denkwürdiger Jahrhunderte der Sozialgeschichte darstellen.

Wenn meine Analyse sich jedoch als richtig erweist, sollte der Leser, der aus berechtigten Gründen nach Antworten auf die Frage sucht, ob der Frieden im pazifischen Raum künftig gesichert ist, sich durchaus nicht durch den Mangel an Übereinstimmung beunruhigt fühlen, der zwischen dem hier Geschilderten und dem besteht, was in westlichen Ländern als Vorbedingung rechten Lebens (des sogenannten »*good life*«) gilt. Die historische Erfahrung hat gezeigt, daß weder Frauenemanzipation noch Bodenreform allein sichere Garanten für den Frieden sind, daß Regierungen, die nicht auf dem Parteienwesen basieren, keineswegs kriegslüstern sein müssen. In seiner sogenannten »feudalen« Vergangenheit, die sich über zwölf Jahrhunderte erstreckte, hat Japan nur zweimal (im 7. und 16. Jahrhundert) Krieg auf das asiatische Festland getragen, und in beiden Fällen wurden diese Übergriffe bald aufgegeben, als man merkte, welche Risiken mit solchen Unternehmungen verbunden sind. Dies ist eine zu schmale Grundlage, um daraus Schlüsse zu ziehen und Voraussagen abzuleiten, doch läßt sich immerhin daraus ersehen, daß die diskutierten Reformen – so nützlich sie auch sein mögen und so wenig sie hier in Mißkredit gebracht werden sollen – weder unerläßliche noch hinreichende Voraussetzungen für friedliches Verhalten darstellen. Es gibt mehr als nur einen Weg des »*good life*«, und im Fall einer Nation wie Japan, die so empfindlich für atmosphärische Veränderungen ist, wird das allgemeine Klima in den internationalen Beziehungen von größerer Wichtigkeit sein als Gesetzesreformen, die Bereiche berühren, die sich nach japanischer Tradition weitgehend nach dem Gewohnheitsrecht richten.

2. Das Gesetz des harmonischen Flusses

Das Axiom

Das Leben jeder Gesellschaft kann unter zwei Aspekten betrachtet werden: als ein Prozeß oder als ein Gehalt. Unser Augenmerk kann sich darauf richten, wie die menschlichen Handlungen und Einstellungen flexiblen Mustern von begrenzter Dauer angepaßt werden; oder wir beurteilen das Gefüge, das aus diesem beständigen Wechsel hervorgeht und sich in Gerechtigkeit und Schönheit, Freiheit und Würde zeigt. Die japanische Gesellschaft scheint auf dem Axiom zu gründen, daß dem erstgenannten Gesichtspunkt Vorrang gebührt.

Den Grundton allen japanischen Gemeinschaftslebens hat der eigentliche Begründer des japanischen Staatswesens, Prinz Shōtoku, zu Beginn des 7. Jahrhunderts in seinen »Weisungen«[1] so präzis und endgültig angeschlagen, wie es in der Frühgeschichte eines Volkes sehr selten, wenn nicht ohne Beispiel ist:

»Einigkeit und Harmonie sind wertvoll. Gehorsam ist das Unerläßlichste. Alle Menschen haben Sonderinteressen; auch gibt es wenige Einsichtige unter ihnen. Deshalb gehorchen sie zuweilen nicht ihren Fürsten und Vätern und haben Streitigkeiten mit ihren Nachbardörfern. Wenn aber die Oberen und Unteren harmonieren und in ihren Meinungen und Reden einig sind, so schreiten die Dinge von selbst fort, und was sollte dann nicht gelingen?«

Es ist leicht, in diesen Normen den Einfluß chinesischer Staatslehren zu erkennen. Ihre Bedeutung liegt nicht in der Originalität des Gedankens, sondern darin, daß das, was im China der letzten beiden Jahrtausende meist Philosophie und Literatur blieb, in Japan so tief in das Alltagsverhalten des Volkes eingedrungen ist und die Kraft eines quasi-biologischen Instinkts gewonnen hat, daß sein Gesellschaftsleben an kohäsiver Dichte es offenbar mit den »Staaten« der Bienen und Ameisen aufnehmen kann.

1 Nihongi (übers. von W. G. Aston): Bd. 2, S. 128–133. Die Weisungen von Prinz Shōtoku finden sich in meiner Anthologie abgedruckt: *The Life of Ancient Japan*, S. 197–202. Eine Studie über die japanische Ethik von den Anfängen bis zur Gegenwart liefert mein Aufsatz: *The formation of Japanese ethics: outlines and observations*, in: *The Australasian Journal of Philosophy*, Bd. 25, 1947, S. 34f.

Von der fortdauernden Wirksamkeit dieser Kräfte haben wir einen neuen Beweis erhalten durch die Art, wie Japan den Stoß der Niederlage aufgefangen hat: ohne Verlust an Kontinuität im wesentlichen und ohne nennenswerte Reibung im einzelnen. Was sich unter der wie stets maskenhaften Oberfläche des öffentlichen und privaten Lebens begeben hat und noch vollzieht, ist im Augenblick noch kaum abzuschätzen. Die Tatsache, daß das Volk sich im Moment höchster Gefahr geschlossener denn je hinter den Kaiser stellte, der doch zumindest formell für das verhängnisvolle Kriegsabenteuer mitverantwortlich war, und daß die Verehrung des Monarchen, nachdem er seine göttliche Abstammung ins Reich der Legende verwiesen hatte und seine Stellung als absoluter Souverän mit der eines an die Verfassung gebundenen Staatsoberhaupts symbolischer Funktion vertauscht hatte, nur enger und fester geworden ist: diese Vorgänge sind uns gültige Anzeichen der Konstanz der japanischen Grundkräfte. Es wiederholt sich hier nur, was nach der gewaltsamen Öffnung des Landes durch die Vereinigten Staaten sich um die Mitte des 19. Jahrhunderts schon einmal ereignet hatte. Im Gefühl ihrer bedrohten Existenz griff die Nation auf die uralte Einrichtung des Kaisertums zurück, das seit Jahrhunderten aufgehört hatte, politische Realität zu sein, jetzt aber nicht nur der Loyalität gegenüber dem neuen Einheitsstaat einen sinnenhaft faßbaren Gehalt gab, sondern dem Volk auch zum Sinnbild seiner eigenen Einheit und Dauer wurde.

Die auf amerikanische Anregung und unter amerikanischer Mitwirkung vom Reichstag beschlossene Verfassung ändert die Stellung des Kaisers in rechtlicher Beziehung radikal und – vielleicht – in politischer Hinsicht. Gefühlsmäßig – und das ist für den Japaner hier wie in jeder Lebensbeziehung das weitaus Wichtigste – umreißt die neue Definition nur schärfer ein Verhältnis, das schon seit der Meiji-Restauration bestand. Es wäre irrig anzunehmen, daß die Japaner an Mythen und Legenden sonderlich interessiert seien. Welche Götter in einem Shintō-Schrein verehrt werden, ist der umwohnenden Bevölkerung oft unbekannt, und von Mythologie wissen nicht nur die Jüngeren im allgemeinen sehr wenig. Die Behauptung, von der Sonnengöttin abzustammen, war im japanischen Altertum mehr gegen Herrschaftsansprüche der Adelsfamilien gerichtet als zur Begründung der Herrschaft über das ganze

Volk notwendig. Im modernen Japan bedeutet die Idee der göttlichen Abstammung nicht mehr und nicht weniger als einen emphatischen Ausdruck des quasi-religiösen Glaubens der Nation an sich selbst. Es ist bezeichnend, daß die japanische Nationalhymne dem kaiserlichen Haus nicht Glanz und Macht und Wohlstand wünscht, sondern zehntausend Jahre Fortdauer »wie Moos, das auf Felsen wächst«. Der oberste Wert ist Beharrungskraft. Die Form, in der Dauer möglich wird, ist harmonischer Fluß.

Reibungslosigkeit

Geht man nicht von begrifflichen Formeln und täuschenden Kampfrufen aus, sondern von seelischen Grundformen und geistigen Urtendenzen, so scheidet es die japanische Staats- und Gesellschaftsethik am tiefsten von der westlichen, daß in ihr niemand auf seinem guten Recht beharren darf, wo der Kampf ums Recht einen solchen harmonischen Fluß des Lebens zu stören droht. Alle Konflikte sind einem Mittler zu unterbreiten und durch Kompromiß zu lösen. Gerechtigkeit wird als Wert gepriesen, doch ist es unzulässig, auf ihrer Verwirklichung zu bestehen, wo der Frieden der Gemeinschaft in Frage steht. Reibung zu vermeiden ist wichtiger als Schlechtes zu beseitigen. Ein Artikel des »Vermächtnisses« des großen Shōguns Ieyasu lautet: »Das Gesetz mag gegen die Vernunft sein, aber die Vernunft ist niemals gegen das Recht.«[1] Ein Gesetz, das fünfzig Jahre in Kraft gewesen ist, ohne daß man seine Mängel bemerkte und behob, darf nach Ieyasu nicht mehr geändert werden. Hier findet die Tendenz, Stetigkeit und Tradition höher zu schätzen als das, was recht und billig ist, einen besonders extremen Ausdruck. Keine Idee konnte diesem Stil des Lebens fremder und feindlicher sein als die Lehre Heraklits vom Streit als dem Vater aller Dinge.

So erscheinen dem Japaner die westlichen Formen des Alltags oft als unerträglich rauh, und der westliche Umgangsstil, selbst unter Freunden, kommt ihnen wie ein unaufhörliches Versetzen und Hinnehmen von Hieben und Stichen vor. Den zündenden, sprühenden Funken, der solchem Zusammenprall der Meinungen

1 Sadler, A. L., *The maker of modern Japan, the life of Tokugawa Ieyasu,* London 1937, S. 392.

und Charaktere entspringt, sehen sie nicht oder halten den Preis, der dafür gezahlt werden muß, für zu hoch. Vielleicht ist es weise von ihnen, uns hier nicht zu folgen: Wenn sie in ihren gesellschaftlichen Beziehungen ein solches Maß an Streit und Gegeneinander zuließen, wie der Westen es als notwendig anerkennt, wenn nicht als Reiz und Ansporn fordert, so würde bei der japanischen Neigung, in Liebe und Haß, Beleidigung und Rache ins Äußerste zu gehen, sehr leicht das soziale Gefüge sich in ständiger Gefahr befinden, durch Gefühlsausbrüche, seelische Springfluten und Erdbeben zerstört zu werden. Wo immer menschliches Miteinander nicht in die Formen alter Sitte gekleidet und von einem Netz fast ritueller Zeremonien umspannt ist, laufen die Japaner, wie vielleicht alle orientalischen und eine wachsende Zahl westlicher Völker, Gefahr, eigenwillig, wenn nicht grob und rüde zu handeln und zu sprechen. Daher die nicht selten bis an die Grenze der Tätlichkeit gehenden Tumultszenen im japanischen Reichstag, für den keine alten zeremoniösen Formen verfügbar waren. Daher vielleicht auch die auffallende Verschlechterung des Verhaltens Kriegsgefangenen gegenüber, seitdem die veränderte Zusammensetzung des Heeres und besonders des Offizierskorps dazu geführt hat, daß das Ethos der Ritterlichkeit, das den Mitgliedern von Samurai-Familien selbstverständlich war, immer mehr an Boden verloren hatte. Dies ist freilich kaum die einzige Ursache des grauenvollen Phänomens.

Nur wo die quasi-magische Kraft von Ritus und Sitte waltet, gewinnt das Geben und Nehmen, Anreden und Antworten, aus dem das Geflecht des Alltags besteht, den harmonischen Charakter eines selbstregulierenden organischen Prozesses.

Erfahrungen

Lebensformen, die soviel Verzicht abverlangen, wird der Westländer ungern übernehmen wollen. Doch für den anthropologisch und soziologisch interessierten Forscher ist es höchst aufschlußreich, wenn er offenen Sinnes für eine kürzere oder längere Zeit in den Strom dieses fremden Lebens eintaucht. Ihm wird wahrscheinlich von urteilsfähigen japanischen Freunden geraten werden, sich in seinem Tun und Lassen weiter nach westlichen Vorstellungen zu richten; denn die meisten Japaner empfinden einen

Ausländer, der in japanischem Stil auftritt, nicht anders als ein Säugetier, das sich wie ein Vogel oder Fisch benimmt. Doch wenn der Fremde diesen trefflichen Rat dauernd befolgt, wird er bald in eine unangenehme Isolation geraten, und nur andere ebenso vereinsamte Ausländer oder aber langweilige Japaner, die nach einer vollständigen Verwestlichung streben, werden seine Gesellschaft suchen. Fortgesetzt wird er verletzen und sich verletzt fühlen, auch wenn beides unabsichtlich geschieht, er wird seiner Umgebung eine Quelle ständiger Verwunderung und Aufregung bleiben und oft große Schwierigkeiten erleben, wenn es gilt, die einfachsten Alltagsprobleme zu lösen.

Wenn er versuchsweise, aber nicht rückhaltslos sein Benehmen dem japanischen anpaßt, wird er sich alsbald wie eine empfindliche Fremdzelle im Gewebe eines wohlfunktionierenden Organismus vorkommen. Es gibt eine verwirrende Vielzahl von Konventionen und Tabus, die mehr oder minder undurchschaubar sind. Werden diese gemeistert und beachtet, erweist sich das Leben als außerordentlich leicht und reizvoll. Jeder kleine Schritt, den man tut, wird vom anderen in einer leicht voraussehbaren Weise erwidert, und so ruft ein Tun das andere hervor, nach einem Muster, das so sorgfältig und präzis auf das Ganze der jeweiligen Situation abgestimmt ist wie der Bauplan für eine kunstvolle Maschine. Der häufigste Einwand gegen unliebsame Formen menschlichen Verhaltens wird durch das Wort *muri* ausgedrückt, das unter anderem bedeutet: Unvernunft, Nichtbeachtung von Sitte und Präzedens, Gewaltsamkeit oder Verstoß gegen ein kosmisches Gesetz, und in einer weiteren Bedeutung: Grenzüberschreitung.

Naturgesetz und soziales Gesetz

Dem Westländer wird jene Methode, das natürliche Recht und die gesellschaftliche Konvention zu verschmelzen, archaisch und unannehmbar erscheinen. Er wird sich über eine Sichtweise erhaben fühlen, für die ein Verstoß gegen die Etikette, eine Sünde wider die Natur und ein Abweichen vom Pfad der Vernunft nahe beieinander liegend, wenn nicht sogar identisch sind. Wenn er jedoch unvoreingenommen seine eigenen Reaktionen in dieser fremden Umgebung beobachtet, findet er, daß er in seinem Unterbewußtsein zu einer ähnlichen Wertung neigt. Wenn er von einem Japaner einen Brief in einer europäischen Sprache erhält, der die westlichen Höflichkeitsregeln unbeachtet läßt, oder wenn er einen Japaner (und erst recht einen Chinesen) nach Landessitte laut seine Suppe schlürfen hört, wird er sich mehr oder weniger daran stoßen und sich hilflos oder zumindest unangenehm berührt und verwirrt fühlen. Dann wird er vielleicht spüren, wie in ihm selbst ein vergleichbarer, instinktartiger Unwille aus seinem Unterbewußtsein aufsteigt. Solche Regungen unterstreichen Bergsons Auffassung, daß das Leben, als es den Menschen mit Intelligenz ausstattete und so diese neue Art von Organismus desintegrierenden Kräften von potentieller Gefahr aussetzte, ihn befähigt hat, das invariable System tierischer Instinkte durch ein enges Netzwerk von Gewohnheiten und Bräuchen zu ersetzen, die plastischer sind als die seiner zoologischen Verwandten, doch die durch den menschlichen »Geist« jenen so angepaßt werden, daß das, »was man tut«, den Charakter annimmt von dem, »was sein muß«.

In Japan ist dieses Netzwerk zeremoniöser Formen nicht nur enger geknüpft als in den modernen Gesellschaften des Westens, sondern ohne diese Formen würde das Leben seine Bedeutung verlieren. Zu tun, »was man tut«, begründet hier nicht nur den Anspruch auf Zugehörigkeit zu einer Gruppe und auf entsprechende Reaktionen der anderen Menschen, sondern ist oft die einzige Möglichkeit, sich verständlich zu machen. Ein Geschenk, das man im Sommer und zur Jahreswende zum Beispiel seinem Gärtner überreicht, wäre für diesen ein Rätsel und nicht die gebräuchliche Gabe, wenn es nicht in der vorgeschriebenen Weise verpackt und mit den entsprechenden Ideogrammen auf der Papierhülle versehen ist. Der Ausländer darf sich dann nicht wundern, wenn ihm nicht in der üblichen Form Dank zuteil wird. Wer seinen Mantel nicht ablegt, wenn er das Vestibül eines japanischen Hauses betritt, wird das Hausmädchen, das die Tür öffnet, in größte Verlegenheit bringen. Wie soll sie sich einem Fremden gegenüber verhalten, der in so unverzeihlicher Manier den Anstand gegenüber ihrem Hausherrn vermissen läßt? Der japanische Eifer, jede Umgangsform, die man in fremden Ländern beobachtet hat, minuziös und pedantisch nachzuahmen, geht wohl auf solche Situationen zurück. Die Japaner erinnern sich gewiß an die große Bestürzung, die sie empfanden, als Ausländer sich unbekümmert und gleichgültig über ihre Sitten und Bräuche hinwegsetzten, die dem Fremden belanglos oder unsinnig erscheinen, den Einheimischen aber das Leben verständlich, bedeutungsvoll und lohnenswert machen. Wer diese Regeln kennt und gewandt und sicher nach ihnen zu handeln versteht, wird *umai* genannt, das bedeutet: ausgezeichnet, süß, wohlschmeckend, geschickt und erfolgreich.

Unbewußtheit

Die tiefste Absicht dieses Systems ritual-ähnlicher Gewohnheiten scheint darin zu liegen, den Lauf des alltäglichen Lebens in einen ruhigen Strom fast unbewußten Lebens umzuwandeln: Die Dinge vollziehen sich wie in einem angenehmen Traum, in dem jedes Geschehnis einen verborgenen Wunsch erfüllt. Serviermädchen sprechen miteinander in der Sprache von Prinzessinnen. Ein Schaffner entschuldigt sich dafür, daß er die Fahrgäste warten ließ, obwohl sein Bus mit äußerster Pünktlichkeit abfährt. Noch der höflichste Gast beteuert beim Abschied, nicht rücksichtsvoll genug gewesen zu sein. Niemand hat den Charme dieses Lebensstils schöner geschildert als Lafcadio Hearn.

»Es ist wie ein Traum, in dem uns die Menschen genau so begrüßen, wie wir gegrüßt werden möchten, uns genau das sagen, was wir zu hören wünschen, und für uns alles tun, was wir gern getan hätten – Menschen, die lautlos durch Räume vollkommener Stille gleiten, und alles in sanftes Licht getaucht.«[1]

Der Traum wird am Ende dahinschwinden »wie jene Dunstschleier am Morgen eines strahlenden Frühlingstages, die einer japanischen Landschaft überirdische Schönheit verleihen«. Kaum verborgene dunkle Mächte werden brüsk in Erscheinung treten, zerstörerische Einflüsse werden nicht davon ablassen, ihr trauriges Werk fortzuführen, Schein und Wirklichkeit werden auseinanderfallen. Aber dieses Erwachen, das an Prosperos Epilog in Shakespeares *Sturm* erinnert, kann dem Zauber des Traums nichts anhaben, solange er geträumt wird, und ebensowenig den Wert einer Lebensform mindern, die diese wechselhafte, verwahrloste und kleinliche irdische Welt in ein helles, freundliches Reich des harmonischen Flusses und nie nachlassender Liebenswürdigkeit verwandelt.

1 Hearn, Lafcadio, *Japan, an attempt at interpretation*, London 1894, S. 18f.

Auch viele der typischen Beschäftigungen, denen sich die Japaner gern hingeben, stehen unter diesem Gesetz. Worauf es beim Stil der Teezeremonie und in der Kunst des Bogenschießens am meisten ankommt, ist, im Unterbewußten eine Art somnambulen Zustand zu erreichen. Nur wenn der Übende sich voll auf die senso-motorische Koordination verlassen kann, die ihm so tief in Fleisch und Blut übergegangen ist, daß in keinem Stadium der Übung eine zerebrale Beteiligung nötig ist, kann er wahre Meisterschaft erlangen. Der Meister der Bogenkunst wird sein gewohntes Ziel bei völliger Dunkelheit genau treffen, aber das Treffen selbst ist nebensächlich im Vergleich zu der vornehmen, gelösten Haltung, der unfehlbaren, weil unbewußten Sicherheit und Anmut seiner Bewegungen. Das Bewußtsein ist so weit eingeschränkt, daß es nur einen engen Raum der lebensnotwendigen Bedürfnisse beherrscht. Es soll nie die Oberhand gewinnen. Wo es das Ineinandergreifen der frühzeitlichen Instinkte zu stören droht, wird es unbarmherzig ausgeschaltet. Selbst dort, wo es weiter bestehen darf, kommt ihm wenig Bedeutung zu: Die Japaner scheinen es eher als etwas zu empfinden, dessen sie sich schämen, anstatt stolz darauf zu sein.

So scheint das japanische Leben immer wieder dazu bereit zu sein, in die träumerische Apathie einer vegetativen Existenz zurückzufallen, fest in der Erde verwurzelt, in einem unfreiwilligen Heliotropismus unwiderstehlich zum Licht hingezogen, standhaft im Sich-fügen in den kosmischen Rhythmus der Jahreszeiten. Es sind einige Überreste des Tierkults und animalischen Totemismus vorhanden, die Hunde und Krebse, Füchse und Affen, Wölfe, Bären und einige Vögel zum Gegenstand der Verehrung machten, aber diese führen nur noch ein Schattendasein. Von höherem Rang und fortdauernder Wirkungskraft sind der Kirschbaum, die Reisähre, die Kiefer und andere Gewächse. Das beweglichste aller Völker verehrt das Unbewegliche – einen Baum, aber auch einen Felsen. Die Nation mit der stärksten Beharrungskraft liebt das, was schon der leiseste Wind zerstreut: Eine kaiserliche Vorfahrin ist die Göttin der Fallenden Blüten.

Der Drang, in ein Meer des Unbewußten zurückzusinken, steht in tiefem Zusammenhang mit den ländlichen Wesenszügen der Japaner. Verglichen nicht nur mit dem mediterranen Altertum und dem mittelalterlichen und neuzeitlichen West- und Mitteleuropa, sondern auch mit China und Babylon ist Japan ein ausgesprochen nicht-urbanes Land. Zwar gab es bevölkerungsreiche Hauptstädte, die sich um den kaiserlichen Hof oder um das Schloß des Oberlehnsherrn-Shōgun herum bildeten, gab es eine kleine Anzahl wirtschaftlicher Siedlungsgebiete, die den Stadtstatus erhielten und in geringerem Maß auch das Recht auf Autonomie und Selbstverteidigung. Aber was die japanische Sozialgeschichte mehr als alles andere charakterisiert ist das Fehlen jener willensstarken, wetteifernden städtischen Einheiten, aus denen die westliche Kultur ihre schöpferischen Ideen bezog und die ihre treuesten Hüter waren.

Japan ist bis an die Schwelle der Meiji-Umgestaltung ein Land ohne Städte. Diese Bemerkung, die wir Max Weber[1] verdanken, liefert den Schlüssel zu vielen Rätseln des altjapanischen, doch nicht allein des altjapanischen Lebens. Die Städtelosigkeit folgt weder aus der geographischen Natur des Landes, das so vieles mit Griechenland gemein hat, noch aus dem Stand der Technik, noch aus anderen angeblichen Wirkungsfaktoren im frühen und mittelalterlichen Japan. Der Gegensatz zu Griechenland, dem klassischen Staat des städtischen Lebens, ist um so bemerkenswerter, als auch Japan allem Anschein nach in seinen entscheidenden Entstehungsphasen von mehreren Wellen verwandter kriegerischer Stämme erobert wurde, Wellen, die uns vielfach an die Einwanderungen der Ionier, Äolier und Dorer in das archaische Griechenland erinnern. In Japan scheinen jedoch die Klans keinen entschlossenen, heldenhaften Widerstand gegen die Eindringlinge geleistet zu haben. Sie verließen ihre ländlichen Siedlungen, zogen sich hinter Burgmauern zurück und bildeten neue Formen politischen Lebens, indem sie ihre Stammes- und Adelsregeln in einen Schmelztiegel warfen, aus dem ein neues Stadtrecht hervorging.[2] Auch in späteren Epochen der japanischen Geschichte, die in

1 Weber, Max, *Die Stadt.* In: Ders., *Wirtschaft und Gesellschaft*, Tübingen 1922.
2 Fukuda, Tokuzō, *Die gesellschaftliche und wirtschaftliche Entwicklung in Japan*, Stuttgart 1900.

einigen wichtigen Punkten dem europäischen Mittelalter entsprechen, finden wir nicht die freien Verbände von Bürgern, die einander durch Eid verbunden sind (*coniurationes*), die unter gemeinsamer Verantwortung von Freien eigenmächtig Schutz- und Trutzbünde bilden und imstande sind, das Joch aufgezwungener Herrschaft abzuwerfen. Japanische Städte bleiben bis zur Meiji-Ära – mit wenigen Ausnahmen – nur Umfeld eines höfischen Lebens oder bloße Ansammlungen von Händlern, die ohne politischen Willen sind.

Aus diesen Gründen ist die Freiheit in Japan eine Pflanze ohne starke Verwurzelung in der Geschichte. Da die abendländische Stadt nicht nur einer unter den wirksamsten Faktoren des europäischen Lebens, sondern das wichtigste Sinnbild seiner höheren Existenz geworden ist, kommt dem Fehlen dieses Elements im Leben Japans bis um die Mitte des 19. Jahrhunderts ebenfalls wesentliche Bedeutung zu. Denn hieraus erhellt sofort, was alles in diesem Land bis zum Einbruch der westlichen Bildungswelt fast durchweg gefehlt hat: ein um Rathaus und Markt, Stadtgötter-Herd oder Roland-Säule zentriertes Leben und alles, was mit und auf der Agora, der Ratsstube, dem Markt, der Rostra entstanden ist. Und so fehlt es auch an dem, was diese Einrichtungen ins Leben gerufen hat und ihnen zur Steigerung diente: die Freude am öffentlichen Gespräch und an eigener Verantwortung, am gesprochenen Wort und öffentlichen Wesen überhaupt, am friedlichen Wettkampf unter einzelnen, die doch auf Gedeih und Verderb zusammengeschmiedet sind, der Wille zur Unabhängigkeit unter selbstgefundenem Gesetz, die Ersetzung persönlicher Dienst- und Treuebande durch sachlichere, gelöstere, also gefährlichere, aber neue Horizonte öffnende Pflichten und Rechte, zuhöchst der Kult des Gesetzes selbst als einer überpersönlichen Macht und der unbefangenen Sicht über die Welt der Menschen und Dinge als vornehmstes Vorrecht des einzelnen, schließlich die Entstehung einer neuen Lebensform, die sich auf die kreativen und kritischen Geisteskräfte stützt und das Vermächtnis der Vergangenheit nach der Stimme des *forum internum* gestaltet und umbildet.

Diese Weltsicht ist genialer, aber gefährdeter als die langsam und pflanzenhaft gewachsenen ländlichen Sitten. Das moderne Japan hat oft unter gutgemeinten, aber etwas vorschnellen Versuchen gelitten, westliche Institutionen einzuführen, die dem Boden städtischen Lebens entstammten, jedoch in einem Land ein fragwürdiges, instabiles Dasein führen mußten, dessen Überlieferung nichts von Bürgern weiß, die ihre Könige, Grafen, Bischöfe oder Tyrannen vertrieben und darauf bestanden, ihre eigenen Gesetze zu machen, und willens waren, für ihre neue Freiheit zu sterben. Sogar Osaka, das einer selbständigen Handelsstadt am nächsten kam, zog es vor, Söldnertruppen für sich kämpfen zu lassen.

Die beständigsten – und einige der wertvollsten – Wesenszüge der japanischen Gesellschaft sind bis zum heutigen Tag ländlicher Art. Die besten Gesichter ähneln oft altrömischen Köpfen, die bei aller Urbanität eine bäuerliche Herkunft verraten. »Selbst in der Stadt wirst du das Land vorfinden«, lautet ein japanisches Sprichwort, das voll zutrifft. Das Schweigen dem Reden vorzuziehen, der Gewandtheit zu mißtrauen, Tradition fraglos anzuerkennen, Unglück furchtlos zu ertragen, schweigend wiederaufzubauen, was die Natur zerstört hat, genau zu beobachten, was der Nachbar tut oder nicht tut, das Leben als ständiges Geben und Nehmen, als einen Wechsel zwischen Sonnenschein und Regen aufzufassen, es als einen jahreszeitlichen Rhythmus und eine erdgebundene Plakkerei zu empfinden – das sind ausgesprochen dörfliche Einstellungen, die durch die gewaltigen Städteballungen des heutigen Japan nur geringfügig abgeschwächt worden sind.

Der Stadtbewohner, der die Nabelschnur zwischen sich und seiner ländlichen Herkunft durchtrennt hat, gerät in Gefahr, unsicher, grob und zügellos zu werden. Er wird vielleicht wie der bekannte Bürger im alten Kyōto die Höflinge dadurch zu übertrumpfen versuchen, daß er ein halbes Vermögen für den Kauf teurer Kleider ausgibt, oder wie die Edokko, die Bewohner des alten Tōkyō, es an Stärke, Großzügigkeit und Wildheit mit jedem aufnehmen wollen. Im modernen Japan ist die Geschichte der Stadtverwaltungen oft eine Chronik der Korruption und Bestechung, entsprechend allzu bekannten westlichen Mustern. Der amorphe Charakter der Straßen Tōkyōs – außer jenen, die in der Nähe des früheren Shōgun-Schlosses, des heutigen Kaiserpalasts, liegen – zeigt die wahre Natur der japanischen Großstadt: eine schier endlose Zusammenballung von Dörfern.

Gesetze

Es ist der ländliche Grundcharakter Japans, der das Recht im westlichen Sinn – eine Schöpfung des alten Griechenlands und Roms – zu einem fremdartigen Gast mit beschränktem Einfluß im modernen Japan macht. Seit frühen Zeiten sind kaiserliche Erlasse ergangen, die den Geist der klassischen chinesischen Tradition atmen, nach der der Herrscher das Reich (*tenka,* »was unter dem Himmel ist«) mehr durch sein Beispiel und seine quasi-magische Tugendhaftigkeit regiert als durch abstrakte Normen, denen durch die zuständigen Verwaltungsorgane Geltung verschafft wird. Seit der Nara-Zeit wurden chinesische Gesetzessammlungen eingeführt, doch obwohl spätere Herrscher die fremden Regeln modifizierten, um sie der japanischen Gesellschaft anzugleichen, blieb die Anwendung und Anpassung an die gegebenen Verhältnisse problematisch. Während der Kamakura-Ära entwickelten die Hōjō-Herrscher ein ausgeprägtes einheimisches Feudalrecht, das das Gewohnheitsrecht überlagerte, es aber nicht außer Kraft setzte. Dieses bestimmte weiterhin die sozialen Beziehungen. Der Hōjō-Kodex sollte der Rechtsprechung am obersten Gericht des Shōgun in Kamakura eine Grundlage geben. Er blieb bis in die späten Phasen der Tokugawa-Ära hinein unveröffentlicht. Auch die Gesetze der Tokugawa-Shōgune waren kostbarer Geheimbesitz des regierenden Hauses. Sie enthielten hauptsächlich politische Verwaltungsgrundsätze, ähnelten aber mehr einer Sammlung politischer Maximen und Anweisungen als einem Gesetzeswerk. Die *Buke-hatto*[1], die Gesetze, die der Feudalaristokratie auferlegt wurden, blieben außerordentlich vage und ließen dem Oberlehnsherrn viel Spielraum, nach eigenem Ermessen zu handeln, wenn er gegen Gefolgsleute und »fremde Feudalherren« vorging, denen öfter aus politischen als aus rechtlichen Gründen etwas zur Last gelegt wurde. Die einzige philosophische Schule, die auf die japanische Literatur und Morallehre kaum eine merkliche Einwirkung ausgeübt hat, ist die der »Legalisten«, die dem Herrscher riet, sich auf ein klar umrissenes System von Gesetzen, Belohnungen und Strafen zu stützen, statt der klassischen chinesischen Doktrin einer Herrschaft durch beispielhaftes moralisches Verhalten zu folgen.[2]

1 Übersetzungen einiger kaiserlicher Erlasse und zweier mittelalterlicher Kodizes finden sich in meiner Anthologie: *The Life of Ancient Japan.*

2 Waley, Arthur, *Three ways of thought in ancient China,* London 1939, S. 199–255.

In der frühen Meiji-Ära wurden Gesetze nach europäischem Muster verfaßt. Die Gesetzbücher entstanden in großer Eile, um so die Einwände der ausländischen Mächte gegen Japans Anspruch auf den Status eines unabhängigen, modernen Landes zu entkräften, das ausländische Enklaven mit konsularischer Rechtsprechung nicht länger duldete. Das Gesetz im europäischen Sinn scheint Japan fremd gewesen und geblieben zu sein, und der Gedanke eines Kampfs ums Recht ist wohl noch heute ein Fremdkörper im Leben der Japaner. Allem Anschein nach galt es in der Vorkriegszeit – vielleicht mit Ausnahme der *big business*-Kreise – als fast unschicklich, ein Gericht anzurufen. Entsteht ein Streit über die Auslegung eines Vertrags, die Auflösung einer Ehe, die Entlassung eines Angestellten oder was auch immer, so scheint es fast ungehörig zu sein, auf Papiere zu verweisen. Solche Bedrohungen des sozialen Friedens sind im Gespräch zu beseitigen, am besten durch Vermittlung gemeinsamer Freunde.

Um zu einer befriedigenden Lösung zu kommen, sind nicht nur die Rechte und Pflichten, gemäß überlieferter Anschauung, ins Gleichgewicht zu bringen, sondern auch die Gesamtsituation aller Betroffenen, ihre Einkommensverhältnisse, Macht und soziale Stellung, die bisherige Beziehung zwischen den Streitenden und vor allem anderen der soziale Friede der Gemeinschaft zu bedenken, der alle Beteiligten angehören. Aus dem Fluß des gemeinsamen Lebens, aus dem Spiel seiner Gewichte und dem Geflecht seiner Bindungen hebt sich das Recht nicht mit der Schönheit und Härte einer kristallinen Gestalt heraus, nicht objektiviert, nicht versachlicht, nicht rationalisiert, wie die soziologischen Etiketten lauten, und daher ist hier zwischen Recht und Brauch kaum ein Bruch zu spüren. Der Gedanke, das Staatsrecht aus mythischen Überlieferungen der Nara-Zeit abzuleiten oder an ihnen zu messen, galt vor dem Krieg keineswegs als phantastisch. »Diktatur darf nicht die japanische Verfassung sein«, erklärte mir im Januar 1934 ein kluger junger Jurist, »denn es wird im *Kojiki* erzählt, daß die Sonnengöttin Amaterasu-ō-mikami, bevor sie ihren Enkel mit dem Auftrag zur Beherrschung Japans zur Erde sandte, eine Versammlung der Götter einberufen hat.«

Zwischen Gesetz und Sitte, Gewohnheit und Konvention, Naturordnung und Vernunftordnung, natürlicher Neigung und sozialer Pflicht ist keine strenge Trennlinie gezogen. Alles hängt von den Umständen ab, vollzieht sich in raschen, gleitenden Übergängen und bleibt unaufhörlich im Fluß.

Unpersönlichkeit

Das Zögern, in allen Bereichen des sozialen und kulturellen Lebens feste, abstrakte, objektive, klar definierte Regeln anzuerkennen, die unabhängig von der Person und Situation für und gegen jedermann gelten, steht nicht in Widerspruch zu jenem Wesenszug der ostasiatischen Psyche, der seit Percival Lowells hervorragender Analyse[1] »Unpersönlichkeit« genannt worden ist. Beide ergänzen sich. Die Japaner unterwerfen sich ungern Regeln, die – so formvollendet und vernünftig sie auch sein mögen – den friedlichen Fluß des sozialen Lebens dadurch stören könnten, daß sie in dieses ewig-fließende Element Faktoren von zu intellektueller Starrheit und Härte hineinbringen. Ebenso sperren sie sich dagegen, daß Rechthaberei und Eigennutz, das Geltendmachen von Rechtsansprüchen und der Kampf für »rechtmäßige Interessen« den gleichmäßigen Fluß des täglichen Umgangs ins Stocken bringen. Genaugenommen gibt es in einer Gesellschaft, die der harmonischen Angleichung des einzelnen den Vorrang vor allen anderen Werten einräumt, keine »subjektiven Rechte«.

Dies bedeutet nicht, wie einige voreilige westliche Kritiker anzunehmen scheinen, daß der Japaner sich der »gesetzmäßigen Gewalt« blind und widerstandslos unterwirft. Jede zweite Seite der japanischen Geschichte berichtet vom Aufstand gegen Machthaber, von denen man glaubte, daß sie in Regierung und Verwaltung gegen das Wohl der Gesamtheit verstießen: von Widerstand, Rebellion, Attentaten, die nicht nur entschuldigt, sondern oft verherrlicht und belohnt wurden. Jeder, der einmal in Japan gewohnt hat, weiß, daß weder eine öffentliche Einrichtung noch ein Unternehmen oder Haushalt ohne Rücksicht auf die Gefühle aller Beteiligten geführt werden kann. Wie in jeder wohlgeordneten Gemeinschaft gibt es hinter der Fassade friedlichen Einvernehmens ein Recht auf Auflehnung, ein Recht, das zwar nicht auf der Idee der Persönlichkeit basiert, jedoch auf dem Grundgedanken, daß das Ganze vor dem bestbegründeten Recht des einzelnen Vorrang hat.

1 Lowell, Percival, *The soul of the Far East,* Boston u. New York 1888.

Der Japaner ist nicht von Natur her unpersönlich oder von vornherein bereit, seinen persönlichen Interessen, Zielen und Rechten wenig Wert beizumessen. Es ist nur das übliche Unvermögen des ausländischen Auges, die individuellen Unterschiede in einem fremden Volk wahrzunehmen, das zu der westlichen Meinung geführt hat, alle Japaner oder gar alle Ostasiaten seien einander ähnlich. Ihm fehlt es nicht an Individualität, und er verbirgt sie auch nicht, es sei denn, die gesellschaftlichen Verhältnisse machten es erforderlich. Auf dem Höhepunkt des Feudalzeitalters rühmen sich die Krieger des *Heike Monogatari*[1] nicht weniger stolz ihrer Taten als die Helden Homers, und kein großer Heiliger hat das Wort »ich« jemals mit so monumentaler Wucht ausgesprochen wie Nichiren, der japanischste aller japanischen Mönche und Sektengründer. Die einzelnen Dichter der Heian-Zeit werden im Vorwort des *Kokinshū** mit einem erstaunlichen Reichtum an feiner Differenzierung beschrieben, und das Tagebuch der Murasaki Shikibu zeichnet mit einem Sinn für das Individuelle, Einmalige und Unnachahmliche Porträts von den anderen Hofdamen, wie es ihn im Westen bis an die Schwelle der neueren Zeit nicht gegeben hat. Heute sind die Studenten einer Hochschule, die noch nicht unter dem gleichmachenden Einfluß gesellschaftlicher Disziplin stehen, oft erfreulich voneinander unterschieden. Gleiches gilt von Tänzerinnen und Sängerinnen der »Gesellschaften der Blumen und Weidenbäume«. Das Kleidungsstück, das die Seele der japanischen Frau zu verkörpern scheint, ist trotz der strengen Vorschriften in bezug auf Jahreszeit, Alter und Anlaß viel persönlicher als die Kleidung westlicher Frauen (vielleicht mit Ausnahme der Französin); fast niemals wird man zwei Kimonos von gleicher Art sehen.

Der entscheidende Umstand liegt nicht in einem Mangel an Individualität oder in dem fehlenden Wunsch, diese spürbar zu machen und anerkannt zu sehen, sondern in dem hypnotischen Zwang, den die »natürliche Gesellschaft« immer dann auf dieses reiche Wachstum ausübt, wenn der harmonische Fluß des sozialen Lebens gefährdet ist. Sobald dies geschieht, bedürfen jene Menschen keiner moralisierenden Ermahnungen und politischen Be-

* Eine kaiserliche Gedichtanthologie, die im Jahr 905 kompiliert wurde. Sie enthält über 1100 Kurzgedichte (*waka*). (*Anm. d. Hg.*)

1 *The Heike Monogatari*, (frei) übersetzt von A. L. Sadler, Transactions of the Asiatic Society of Japan (1918 u. 1921). Auszüge daraus in: ders., *The ten foot square hut and tales of the Heike*, Sydney 1928.

lehrungen. Eine unwiderstehliche, blinde Kraft scheint augenblicklich in ihnen wirksam zu werden und sie mit der Macht eines Instinkts in die Richtung zu lenken, die unter dem Gesichtspunkt des menschlichen Ameisenhaufens zweckmäßig ist. Ohne mühsamen Kampf und ohne lange Überlegung werden Neigungen, Freundschaften, Unternehmungen und Studien aufgegeben, in Gehorsam gegenüber jener »beständigen Lenkungskraft, die für die Seele das ist, was die Schwerkraft für die Körper ist«[1] – wobei durch Zusammenführung der individuellen Willensstrebungen in die gleiche Richtung der Zusammenhalt der Gruppe gesichert wird und so »eine Ordnung« entsteht, »die diktiert ist von unpersönlichen Erfordernissen«. Nur ein fatalistisches, freudig-trauriges *shikata ga nai* (»Es läßt sich nicht ändern«) zeigt an, daß es keine prästabilierte Harmonie zwischen dem Ganzen und seinen Teilen gibt.

1 Bergson, Henri, *The two sources of morality and religion*, London 1935, S. 226.

3. Das Gesetz der kleinen Zahl

Die kleine Gruppe

Die heutige Bevölkerungszahl Japans übertrifft die Deutschlands und ist weitaus größer als die Großbritanniens und Frankreichs. In seiner Grundstruktur und seinem politischen Gesicht hat Japan aber Charakterzüge beibehalten, die denen einer kleinen Gruppe entsprechen, wie sie sich in einer Nachbarschaft, Verwandtschaft oder Zusammenarbeit entwickelt. Der moderne Geist, der von Wissenschaften lebt, die hauptsächlich in Quantitäten denken, und der allzu sehr daran gewöhnt ist, von mechanischen Vergrößerungen Gebrauch zu machen, geht gern davon aus, daß es keinen Unterschied im Verhalten kleiner und großer Mengen gibt – ein typisch laienhaftes Mißverständnis; denn der wahre Mathematiker und Physiker weiß sehr wohl, daß die Bereiche des Kleinen und des Großen oft ganz verschiedenen Gesetzen unterliegen. Im sozialen Leben ist der Unterschied tief und überall spürbar.

Nur in kleinen Gruppen fühlen wir uns spontan dazu aufgerufen, solidarisch zu handeln und das Schibboleth »wir« ohne Zögern auszusprechen. Derartige Haltungen lassen sich im Kielwasser geistiger und politischer Revolutionen auf größere Einheiten übertragen, doch das Ergebnis bleibt unsicher. Moderne Staaten sind nicht weniger als die hochentwickelte *polis* in größerer Gefahr zu desintegrieren, als es die Anzahl und Stärke der einigenden Faktoren erwarten ließe. Die Gleichheit von Gesetz, Erziehung, historischer Erfahrung, von Sprache und Kult, Interessen und Gegnerschaften verschafft großen Nationen ein starkes Band; aber dieses kann das Gefühl einer bedingungslosen Verbundenheit und schicksalhaften Einheit, das für die kleine Gruppe charakteristisch ist, nicht ersetzen.

Einer größer gewordenen Gesellschaft, die diesen »Hiatus« überbrücken möchte, stehen zwei Möglichkeiten offen. Sie kann nach dem Vorbild der kleinen Gruppe neue Bindungen zu schaffen suchen. Oder sie kann den Zusammenhalt der Großgruppen dadurch stärken, daß sie ihr durch ein kompliziertes System von Kleingruppen Unterstützung gibt. Beide Wege hat Japan beschritten.

Die Abneigung gegen große Gruppen

Anders als die westlichen Menschen, die von der griechischen *agora*, dem römischen *forum*, den mittelalterlichen Rathäusern und modernen Parlamenten, der katholischen Kirche, dem Heiligen Römischen Reich oder den verschiedenen Sozialistischen Internationalen geformt wurden, scheinen die Japaner eine instinktartige Abneigung gegen große Vereinigungen zu verspüren. Sie fühlen sich in großen Konferenzen unwohl und ziehen das Gespräch von Mensch zu Mensch vor, in dem sie ihre natürlichen Fähigkeiten beweisen und sich wie zu Hause fühlen können. Sie nehmen nicht einmal ihre Mahlzeiten gern in großen Speisesälen ein, in denen sich mehr als eine Gruppe aufhält. Unter Universitätsstudenten, die an einer Vorlesung teilnehmen, werden nur diejenigen, die von derselben *kōtōgakkō* stammen, leicht miteinander ins Gespräch kommen. Zwischen Wissenschaftlern, die auf demselben Gebiet arbeiten, gibt es beträchtlich weniger Austausch und Zusammenarbeit als unter europäischen Kollegen. Professoren verschiedener Hochschulen zu regelmäßigem beruflichen Gedankenaustausch zusammenzubringen ist ein recht mühsames Unterfangen. Die Universitäten scheinen einige Züge der feudalistischen Baronate beibehalten zu haben. In der Politik und Verwaltung spielen lokale Beziehungen weiterhin eine wichtige Rolle. Wenn zwei einflußreiche Minister aus derselben Provinz stammen, erwartet man von vornherein, daß sie gut zusammenarbeiten werden.

Das Militär

Die Schwächen der großen japanischen Institutionen zeigen sich deutlich am Verfall der soldatischen Disziplin, der im Verlauf der sogenannten Shōwa-Restauration in den dreißiger Jahren in Erscheinung trat. Jüngere Offiziere setzten ihren Willen gegen ältere durch, ein Teil der Garnison von Tōkyō wurde in umstürzlerische Machenschaften verwickelt, hochrangige Offiziere wurden ermordet, das Offizierskorps schien in äußerster Gefahr, sich in verschiedene Cliquen zu zersplittern, und die *Kaiserliche Verordnung für Soldaten des Heeres und der Marine*, die der Meiji-Tennō erlassen hatte, wurde offen mißachtet.

Diese Ereignisse hätten in jedem Land aufhorchen lassen. In Japan standen sie in besonders krassem Widerspruch zu der gesellschaftlichen Disziplin, auf die das Land stolz war. Sie lassen sich jedoch daraus erklären, daß die Kleingruppen, die in den Streitkräften seit deren Gründung jahrzehntelang den Ton angegeben hatten, allmählich an Einfluß verloren. Das Heer und die Marine waren aus ganz kleinen Anfängen erwachsen und ständig unter der Führung, ja sogar Herrschaft zweier solcher Männergruppen, die Armee unter der Leitung der Überlebenden des Chōshū-han und die Marine unter der Lenkung der Überlebenden des Satsuma-han. Der Begriff *han* wird gewöhnlich mit dem Wort »Klan« übersetzt, ein schier unausrottbarer Fehler, denn *han* bezog sich nicht auf einen Familienverband, der durch den Glauben an einen gemeinsamen Vorfahren und die unbedingte Verpflichtung zum gegenseitigen Beistand in Blutfehden vereint war. Das Wort bezeichnete vielmehr eine kleine regionale politische Organisation, ein Baronat, wie K. Asakawa es nannte, das von einem *daimyō* regiert wurde – formal ein Lehnsmann des Tokugawa-Oberlehnsherrn, in Wirklichkeit ein auf seinem Territorium wie ein autokratischer Monarch en miniature herrschender Adliger, der sein Gebiet mit Hilfe einer *samurai*-Gefolgschaft verwaltete. Als diese quasi-feudale Abhängigkeit in der frühen Meiji-Ära aufgehoben wurde, blieben die Gefolgsleute und ihre Familien ihren früheren Herren im Gefühl persönlicher Dankbarkeit und traditioneller Treue verbunden, und diese Bande waren nirgendwo stärker als in den Daimyaten von Chōshū und Satsuma, deren Gefolgsleute darangingen, die Streitkräfte neu aufzubauen, und ein halbes Jahrhundert lang die führenden Offiziere stellten.

Solange diese persönlichen Treueverhältnisse und Abhängigkeiten lebendig blieben, stand die Disziplin des Militärs außer Frage. Erst als die Männer, die unter dem Tokugawa-Regime ihren Herren gedient hatten, nicht mehr lebten und persönliche Bindungen allmählich ihre Kraft verloren, konnte es zu jenen erstaunlichen Verstößen gegen die Disziplin kommen. Rationalere Formen der Disziplin und Unterordnung, die vom Westen übernommen wurden, scheinen nicht jene Bindekraft entfaltet zu haben, die einst das persönliche Verhältnis zwischen Gebieter und Gefolgsmann, patrimonialem Herrscher und erblichen Offizieren und Beamten auszeichnete. Es ist schwierig, die Japaner auf Loyalitäten abstrakter Art zu verpflichten: auf eine Idee, eine Glaubensüberzeugung, eine Ordnung, ein Gesetz, die in der Praxis unbegrenzte Gültigkeit besitzen.

Politische Parteien

Die gleichen Schwierigkeiten scheinen vor dem Krieg bei der Bildung politischer Parteien und der Entwicklung parlamentarischer Lebensformen aufgetreten zu sein. Die japanischen Parteien wurden nicht durch Programme, Überzeugungen und Ideen zusammengehalten. Sie erscheinen dem fremden Beobachter nur wie ein loser Verband kleinerer Anhängergruppen, die einen Politiker unterstützen (der seinerseits oft »hinter einem Vorhang verborgen« bleibt). Von ehrgeizigen Aristokraten oder demagogischen Abenteurern locker organisiert, unterlagen sie der Gefahr, sich aufzuspalten, sobald zwei führende Männer sich als unfähig erwiesen, ihre (vielleicht ganz persönlichen) Differenzen beizulegen. Diese Eindrücke bestätigt einer der verehrungswürdigsten und unerschrockensten japanischen Parlamentarier, Ozaki Yukio*, der dem Reichstag seit seiner Gründung angehört hat. Er schreibt[1] 1917:

»Bei uns im Osten hatten wir politische Parteiungen, aber keine politische Partei. Eine politische Partei ist eine Vereinigung von Leuten, die sich ausschließlich zum Ziel setzt, öffentliche Staatsangelegenheiten zu diskutieren und diesen ihre eigenen politischen Überzeugungen aufzuprägen. Wenn jedoch politische Parteien in den Osten verpflanzt werden, nehmen sie sogleich den Charakter von Splittergruppen an, die statt der Staatsinteressen private und persönliche Interessen verfolgen – wie zum Beispiel ihre Zusammenarbeit mit den Klan-Cliquen zeigt oder der Bau von Eisenbahnen, Häfen, Schulen usw., um den parteipolitischen Einfluß auszuweiten. Außerdem haben die Sitten und Bräuche der Feudalzeit so tief auf die Männer eingewirkt, daß die Idee der politischen Parteien, sobald sie in die

1 Ozaki, Yukio, *The voice of Japanese democracy*, Yokohama 1918, S. 90f.

* Ozaki Yukio (1859–1954), ein liberaler Politiker, fungierte in der Meiji-Ära als Mitbegründer der *Kaishintō* (Reformpartei, 1882) und wirkte 1900 an der Gründung der *Seiyūkai*-Partei maßgeblich mit. Von 1903 bis 1912 war er Bürgermeister von Tōkyō. In den dreißiger Jahren kritisierte er als Unabhängiger den zunehmenden Einfluß des Militärs. Insgesamt wurde er fünfundzwanzigmal in den Reichstag gewählt und war auch nach dem Zweiten Weltkrieg unter der neuen Verfassung Abgeordneter. Als einer der am häufigsten wiedergewählten Volksvertreter der Geschichte erhielt er den Ehrentitel »Vater des Parlamentarismus«. (*Anm. d. Hg.*)

Köpfe unserer Landsleute einzieht, von feudalen Vorstellungen verändert wird. Da dies der Fall ist, sind die politischen Parteien, die eigentlich auf der Grundlage von Prinzipien und politischen Meinungen gegründet oder aufgelöst werden sollten, in Wahrheit das Produkt persönlicher Beziehungen und Gesinnungen, so daß das Verhältnis zwischen dem Anführer und den Parteimitgliedern dem ähnlich ist, das zwischen Feudalherr und Gefolgschaft bestand.«

Ozaki fügt hinzu:

»Es kann wenig wundernehmen, daß die politischen Parteien, wie auch andere Institutionen und Körperschaften, sich kaum merklich weiterentwickelt haben. Bei dem jetzigen Fortschrittstempo scheint die Verwirklichung einer wahren konstitutionellen Regierung in ungewisser, weiter Zukunft zu liegen.«

Die hier angesprochenen Schwächen zeigten sich nicht nur bei den Parteien der Mitte, Seiyūkai und Minseitō, die aristokratischen Gruppierungen entstammten, durch persönliche Bande eine Einheit bildeten und schließlich vor allem von geschickten Parteifinanziers zusammengehalten wurden, sondern auch in den revolutionären Parteien der Rechten und Linken. In den dreißiger Jahren stellte Mogi Sōbei, ein führender Sozialist, folgendes fest:

»Parteimitgliedschaft ist in Japan ein sehr vager Begriff. In ihren Zentralen haben die beiden Hauptparteien Karteien von Mitgliedern aus dem ganzen Land, aber diese Verzeichnisse enthalten die Namen sehr verschiedenartiger Leute, von denen man zwar erwarten darf, daß sie vielleicht gegen ein entsprechendes Entgelt gelegentliche kleine Arbeiten für die Partei erledigen, die aber als Wähler aus dem einen oder anderen Grund zwischen Minseitō und Seiyūkai, je nach der Lage der Dinge, hin und her wechselten, und nur relativ wenige haben eine Partei beständig unterstützt und ihre Politik regelmäßig im Wahlkreis vertreten. Außerdem gibt es offensichtlich keine regelmäßigen Beitragszahlungen oder überhaupt irgendwelche einheitlichen, anerkannten Verpflichtungen, die den sogenannten ›Mitgliedern‹ auferlegt werden. In den Wahlkreisen selbst weiß man sehr wohl, daß aktive politische Kräfte ständig die Partei wechseln, und am erstaunlichsten ist, daß viele Leute sogar als Mitglieder und Mitarbeiter beide Parteien gleichzeitig unterstützen ... Sogar in den proletarischen Parteien verläuft die Organisation nach ähnlichem Muster, obwohl natürlich einige Zuwendungen von den Gewerkschaften kommen und kleinere Beiträge von aktiven Mitgliedern eingehen. Auch in diesen Parteien herrscht allerdings die Tendenz, sich wohlhabende Schutzherren zu suchen, und es ist eben dieses System der Ämterpatronage, das einerseits die politischen Parteien in der Öffentlichkeit in Verruf gebracht und andererseits in ihnen die Entstehung unverfälschter politischer Prinzipien und einer Unabhängigkeit des Geistes behindert hat.«[1]

Öffentliche und private Bedienstete

Der Umgang mit großen Menschenmengen stellte im modernen Japan kein neues Problem dar. Die Armeen, die in den großen inneren Kriegen des 16. Jahrhunderts zum Einsatz kamen, waren wahrscheinlich größer als irgendwelche europäischen Streitkräfte der damaligen Zeit, und jene Massen wurden nach dem Urteil von James Murdoch von ihren Heerführern mindestens ebenso gut behandelt wie im Westen, wenn nicht gar besser.[2] In Japan gab es schon eine Bürokratie, bevor sich während des Mittelalters eine solche in West- und Mitteleuropa zu entwickeln begann. Feudale Treuegelöbnisse wurden schriftlich niedergelegt. Nach der Schlacht hatte der Krieger einen schriftlichen Bericht[3] über sein Kampfverhalten zu verfassen, der von einem Zeugen bestätigt werden mußte und der die dokumentarische Grundlage für Belohnung und Anerkennung bildete. Selbst heute zeichnet sich die japanische Bürokratie durch viel weniger mechanische Disziplin, weniger abstrakte, allgemeine Regeln und weniger strenge Vereinheitlichung aus als die in vergleichbaren Ländern des Westens. Jedes Ministerium scheint sich vor allem nach den Traditionen des eigenen Hauses zu richten und sich ein beträchtliches Maß an gleichsam mittelalterlicher korporativer Autonomie zu bewahren. Es gibt eine Art von ungeschriebenem korporativem Recht, das stärker ist als Kabinettsentscheidungen oder der Wille eines Ministers. Wehe dem Vorgesetzten, der sich erdreisten würde, solche Traditionen zu mißachten!

Einem Beamten in einer Regierungsbehörde wird bei der Ausführung von allgemeinen Anordnungen ziemlich viel Freiheit zugestanden. Würde sein Vorgesetzter sich in die Einzelheiten seiner Amtsgeschäfte einmischen, müßte er bald erfahren, daß er ein wichtiges ungeschriebenes Gesetz des Landes verletzt hat. Gewöhnlich kommt es nicht zum Streik (obwohl die Geschichte des

1 Mogi, Sōbei u. H. Vere Redman, *The problem of the Far East*, London 1935, S. 186.
2 Murdoch, James, *A history of Japan*, Bd. 2, Yokohama ^{2}1925, S. 416.
3 Verschiedene alte Schriftstücke solcher Art habe ich in meine Anthologie (*The Life of Ancient Japan*, S. 272–277) aufgenommen. Sie wurden aus Professor K. Asakawas unschätzbaren *Documents of Iriki*, New Haven 1929, übernommen.

Außenministeriums Beispiele von derartigem Widerstand kennt), doch die Arbeit wird in so unerfreulicher Weise ablaufen, daß der Vorgesetzte es vorziehen wird, sein Verhalten zu ändern.

Ähnliches gilt von den Privathaushalten. Ein Angestellter erwartet vom Hausherrn, daß er ihm allgemeine Vorstellungen vermittelt, wie der Haushalt zu führen ist. Die Ausführung muß dann dem Hauspersonal insgesamt überlassen bleiben, das von einer erfahrenen Kraft angeführt wird. Einen zweiten oder dritten Bediensteten einzustellen, ohne den ersten zu fragen oder dessen Rat zu berücksichtigen, wird eine so mürrische und träge Haltung hervorrufen und zu so unbefriedigenden Arbeitsresultaten führen, daß der »Tyrann« bald davon ablassen wird, Menschen so zu behandeln, als wären sie nur Zahnräder in einem bürokratischen Getriebe. Ein Koch oder eine Köchin, die nach eigenem Gutdünken arbeiten dürfen, werden innerhalb des vom Hausherrn vorgezeichneten Rahmens ihr Bestes geben, denn ihr Ehrgeiz ist meistens groß. Wenn er ihnen aber zu viele Anweisungen gibt, wird er das Gegenteil dessen erreichen, was er wünscht.

Abneigung gegen Mechanisierung

Diese Verhältnisse können zu dem führen, was der westliche Beobachter oft als einen Verlust an technischer Effektivität empfindet. Man erreicht die gesetzten Ziele zwar nicht immer mit letzter Genauigkeit, vermeidet so aber, daß eine mechanische Vereinheitlichung die Bemühungen des einzelnen erstickt. Der öffentliche wie auch der private Bedienstete möchte spüren, daß er ein lebendes Wesen innerhalb eines lebenden Organismus ist, das bei der Erfüllung seiner Pflichten in einem vernünftigen Maß, je nach den wechselnden Umständen, von seiner Initiative und Freiheit Gebrauch machen darf.

Das Hauspersonal wurde vor dem Krieg im allgemeinen nur sehr gering entlohnt, erhielt nur sehr einfaches Essen und war sehr ärmlich untergebracht. Aber niemand fühlte sich oder fühlt sich wohl heute als eine bloße Nummer, und wenn jemand in einer Familie arbeitet, kommt seine Stellung der eines Familienmitglieds sehr nahe. Seine Zukunft ist gesichert, solange der Haushalt weiterbesteht und die »Umstände« es erlauben. Macht er etwas falsch, so wird er nur in schweren Fällen zurechtgewiesen, genauso wie die Kinder des Hauses. Sonst würde er vielleicht erwidern, daß die Schuld beim Herrn selbst läge, der ihn einstellte. Als Hausherr wird von ihm soviel Klugheit und Unterscheidungsvermögen erwartet, daß er bei der Wahl des Bediensteten dessen Schwächen ebenso erkennt wie dessen Fähigkeiten. Wenn ein Bediensteter oder Arbeiter entlassen wird, hat er Anspruch auf eine Entschädigung, auch wenn es sich um den Anführer eines Streiks handelt. Andererseits muß ein Vorgesetzter, Hausherr oder Offizier seinen Untergebenen auch Ratgeber und Helfer sein, wenn dies notwendig ist oder bestimmte Probleme auftauchen. Der Offizier, der eine Kompanie anführt, oder der Lehrer an einer Grundschule gelten als Stütze ihrer Soldaten- oder Schülerfamilie. Der Geist der kleinen Gruppe behauptet sich sogar in diesen größeren gesellschaftlichen Einheiten, die ihrerseits entsprechend der westlichen Praxis nach abstrakten Prinzipien und Regeln »betrieben« werden.

Aus der japanischen Abneigung gegen jedes Übermaß an Mechanisierung des menschlichen Verhaltens erklärt sich wohl die merkwürdige Tatsache, daß die gründlich nach deutschem Vorbild ausgebildete Armee nicht die preußische Sitte übernommen hat, im Gleichschritt durch die Straßen der Stadt zu marschieren. Japanische Studenten dahin zu bringen, daß sie im Gleichmaß etwas gemeinsam vorlesen, ist äußerst schwierig. Als das *Takarazuka*-Ballett die Vereinigten Staaten besuchte, wurde dessen Erfolg dadurch beeinträchtigt, daß es die Beine nicht nach jenem maschinenhaften Schema zu schwingen verstand, an dem sich die freiheitsliebenden Theaterbesucher des Westens so sehr erfreuten...

Altersgruppen

Man würde kaum übertreiben, wenn man sagte, daß in der Vergangenheit der ruhige Fluß des japanischen Alltagslebens nicht wegen, sondern trotz der gewaltigen Maschinerien gesichert blieb, die nach westlichem Muster aufgebaut wurden. Seine wahre Stärke liegt nicht in der rationalisierten Perfektion von Mammutorganisationen, sondern in dem dichten Gewebe von Kleingruppenbeziehungen, die jene riesigen Großstrukturen abstützen und dem Leviathan ihre lebendige Substanz zuführen.

Einige dieser Beziehungen sind leicht zu erkennen: etwa Gruppenbildungen aufgrund von Blutsverwandtschaft oder guter Nachbarschaft. Von gleicher Bedeutung sind Bande, die Männer (und viel seltener Frauen) derselben Altersgruppe zusammenhalten. Derartige Altersklassen sind ein Phänomen, das jeder Kulturanthropologe von primitiven Gesellschaften her kennt. Im modernen westlichen Leben sind nur wenige Reste solcher Gruppenbildungen übriggeblieben, die aus Zeiten vor dem Entstehen der patriarchalischen Familie stammen. Ihr Fortbestand beweist einmal mehr die Macht der japanischen »Bewahrungskraft«, wie Graf Ōkuma die instinktähnliche Abneigung gegen eine Preisgabe alles Überkommenen bezeichnet hat.

Derartige Altersgruppen kann man am besten auf dem Dorf beobachten. Ein amerikanischer Autor, der ein Jahr lang das Leben von Dorfbewohnern in Kyūshū studiert hat, hebt nachdrücklich hervor: »›Boya‹ und die Männer seines Alters sind enge Freunde, und die Angehörigen einer Altersgruppe werden ›dōnen‹ genannt.«[1] Die ländlichen Jungmänner-Vereinigungen, die heute zwar nach rationalerem Muster organisiert und weitgehend zweckorientiert sind, scheinen bestimmte Elemente einer urtümlichen Altersgruppe beizubehalten, wenn sie ein Leben führen, in dessen Mittelpunkt die Versammlungshalle für Männer steht.

Die Studenten des jüngsten Jahrgangs in einer Vorkriegs-*kōtōgakkō* (Höheren Schule), die zwischen 17 und 19 Jahre alt waren, mußten sich Riten unterwerfen, die wie eine Fortführung der Initiationszeremonien frühester Zeiten erschienen. Es wurden Nachtwanderungen zu Friedhöfen und anderen unheimlichen Stätten unternommen, wo schreckenerregende Schein-Gespenster die jungen Leute narrten, und andere Mutproben veranstaltet. Es fanden nächtliche Rundtänze von archaischem Typus in den Schlafräumen statt, wo die Klassenkameraden mit entblößtem Oberkörper und den Händen auf den Schultern des Vordermanns sich singend im Kreis bewegten, bis sie schließlich taumelnd in eine Art von Verbrüderungsekstase verfielen, die junge Männer sehr unterschiedlicher Herkunft und oft von sehr scheuer Natur zu einem unauflöslichen Ganzen verschmolz. Mehr als einer erzählte mir, daß er sich einsam und heimwehkrank fühlte, bis er zum ersten

1 Embree, John F., *Suye mura*, Chicago 1939, S. 87.

Mal den sogenannten *sturm** tanzte. Es heißt, daß im japanischen Leben keine Gruppe so fest zusammenhalte wie eine Klassengemeinschaft der *kōtōgakkō*, weit mehr als eine der Mittelschulen. Jeder Absolvent scheint sich dem Brauch verpflichtet zu fühlen, seinen früheren Klassenkameraden in allen Notfällen mit einer Hilfsbereitschaft beizustehen, die nicht nur der unter Familienangehörigen gleichkommt, sondern sie oft noch übertrifft. Wahrscheinlich verlieh die enge Symbiose, in der diese jungen Männer lebten – fern von der trüben Wirklichkeit der weltlichen Dinge und im Besitz von ziemlich viel Freizeit zum Lesen, Nachdenken und Umherschweifen –, diesen *kōtōgakkō*-Freundschaften ihren spezifischen Charakter. Alles andere im Leben eines Japaners mag von den Umständen abhängen: Die *kōtōgakkō*-Kameradschaft galt absolut.

Anderswo bestehen Bindungen ähnlicher Art, wenn auch nicht von gleicher Tiefe und Festigkeit. Wenn ein Offizier auf einen hohen Posten berufen wurde, pflegten die Zeitungen stets zu vermerken, welchem Absolventenjahrgang er auf der Militärakademie angehörte und wer seine Mitabsolventen waren. In den Universitäten traten solche Züge weniger deutlich in Erscheinung. Die Studenten begannen ihr Studium in einem für westliche Verhältnisse schon relativ reiferen Alter, und nahe Freundschaften waren meist schon in der *kōtōgakkō* geknüpft worden. Hier liegt wohl einer der wichtigsten Gründe, weshalb die Universitäten an der Prägung des Japaners nur einen vergleichsweise geringen Anteil hatten. Die Grundmuster des Denkens und Fühlens lagen beim japanischen Universitätsstudenten bereits fest. Er schien auf der Universität keine erhellenden Ideen zu suchen und strebte nicht nach Entfaltung seiner Persönlichkeit, sondern war auf den Erwerb von Kenntnissen und Fähigkeiten bedacht, die seiner beruflichen Karriere dienten. Oft war er verheiratet und fast immer mit dem Problem beschäftigt, wie er in der nahen Zukunft seinen Lebensunterhalt verdienen könne. Getrennt von seinen *kōtōgakkō*-Kameraden, blieb er ein Einzelgänger, sprach nur mit den Studenten, die von seiner eigenen Schule kamen, und betrachtete das Universitätsleben als eine Maschinerie zur Erlangung eines glatten Studienabschlusses und zum schnellen Einstieg in den Be-

* Daß der Tanz mit einem deutschen Wort bezeichnet wurde, zeigt, wie stark die Stellung war, die die deutsche Sprache und Kultur innerhalb des damaligen japanischen Bildungssystems einnahm. (*Anm. d. Hg.*)

ruf. Damit einher ging ein langsamer Verfall des Lehrer-Schüler-Verhältnisses, das in zurückliegenden Jahrhunderten eine der vornehmsten und stärksten Bindungen bildete. Die frühere Intimität, die dem Lehrer alle Rechte, aber auch alle Pflichten eines geistigen Führers übertrug, ist eine Seltenheit geworden. Hier und dort leben noch Reste dieser alten Anhänglichkeit fort. Häufiger wird der Professor jedoch in die unschöne Rolle eines bloßen Funktionsträgers gedrängt, der dem Studenten ein unbeschwertes Studium garantieren und ihn auch künftig protegieren soll.

Patron und Klient

Unter den sozialen Bindungen, die zwischen Ungleichen bestehen, ist und bleibt das Verhältnis zwischen Patron und Klient die bei weitem wichtigste, überall vorherrschende Beziehung. Sie ist bemerkenswert stabil und oft überwältigend stark. Der Japaner nimmt sehr schnell wahr, wie mächtig, einflußreich, verläßlich und angesehen eine Person ist. Eifrig bemüht er sich darum, jede Gelegenheit zu nutzen, um einem potentiellen Patron seine Dienste anzubieten und ihn seine Anerkennung spüren zu lassen, und das geschieht oft in einer Weise, die an kriecherische Schmeichelei und Würdelosigkeit grenzt. Jedermann ist wechselweise Patron und Klient, der Minister, die Geisha, der Beamte, der Lehrer und das Hausmädchen, nicht nur de facto und fast unbewußt wie in der westlichen Gesellschaft, sondern sozusagen de iure; in vollkommener Offenheit wenden sie ihre Gunst wohlwollend Personen zu, die unter ihnen stehen, und stellen ihre Dienste denen zur Verfügung, die auf der sozialen Leiter über ihnen stehen. Die Unterschiede der gesellschaftlichen Machtstellung bewirken, daß jeder seinen eigenen Standort kennt. Wenn man einschätzen möchte, welche Möglichkeiten jemand hat und wo seine Grenzen liegen, genügt es nicht, seine Rechtsstellung und seine beruflichen Leistungen, seine Vermögensverhältnisse und Familie zu kennen: es kann von größerer Bedeutung sein, daß man weiß, wer sein Patron ist und auf welche Klienten er rechnen kann. Mehr oder weniger verhüllt bestehen derartige Beziehungen in jeder Gesellschaft, allerdings mit unterschiedlichen Graden an Intensität und Legitimität. In Japan sind sie nicht nur zahlreicher, sondern bilden einen der beiden Archetypen sozialer Organisation. Was oft als »Feudalismus« bezeichnet wird (ein ziemlich verworrener Begriff, der für die soziologische Analyse wenig taugt, solange er nicht klar definiert wird), ist in Wirklichkeit ein Netzwerk von Patron-Klient-Beziehungen, ein viel älterer, umfassenderer Typus sozialer Verpflichtung, der die Strafandrohung in sich birgt, die ungeschriebenen Gesetzen eigen ist: Wer diese Bande aus unzureichendem Grund bricht, würde als ein »unmöglicher« Mensch dastehen.

In mancher – wenn auch nicht in rechtlicher – Hinsicht erinnert die japanische Patron-Klient-Beziehung an jene des alten Rom (von der ich die Bezeichnung »Patron« und »Klient« entlehnt habe). Seine Klienten im Stich zu lassen, galt in der Antike als einer der schwersten Verstöße, deren sich ein römischer Bürger schuldig machen konnte. Ein hochgestellter, einflußreicher Römer empfing jeden Morgen zu früher Stunde die Schar seiner Klienten, um ihre Wünsche anzuhören, bevor er seinem Tagewerk nachging. Japaner von vergleichbarer Stellung scheinen ihren Arbeitstag nach ähnlichem Muster zu beginnen. Bald nach Sonnenaufgang werden viele Standpunkte und Sachverhalte in Gesprächen geklärt; sie finden in einer zwanglosen Atmosphäre statt, doch nicht weit entfernt von der Wandnische, in der die Hausgötter leben.

In Zeiten der Not zeigt sich diese Verbindung besonders deutlich. Wenn zum Beispiel ein Haus brennt, werden alle Leute, die aus irgendeinem Grund dem Eigentümer verpflichtet sind, so schnell wie möglich herbeieilen, um zu helfen und ihn zu trösten. Wenn ein Mann außerstande ist, seinen Klienten vor mächtigen Widersachern oder politischen Strömungen zu schützen, hat er sein Gesicht verloren und verbirgt sein Schamgefühl hinter einem verlegenen Schweigen.

Die Familie

Der Einfluß der Altersgruppe und der Patronage steht in umgekehrtem Verhältnis zu der Seltenheit, mit der sie erwähnt werden. Über die Rolle, die das »Familiensystem« in der japanischen Gesellschaft spielt, wird viel gesprochen und geschrieben; aber es sind Zweifel angebracht, ob die wirkliche Bedeutung dieser blutsverwandtschaftlichen Bindungen nicht oft überschätzt worden ist.

Zumindest in seiner jetzigen Form ist das sogenannte System ein spätes Produkt, das man bewußt von China übernahm und strikt den politischen Zielen des Tokugawa-Shōgunats anpaßte. Die frühe japanische Literatur weiß verhältnismäßig wenig von derartigen Verpflichtungen und ebensowenig von dem dazugehörigen »Ahnenkult«, der offenbar in Widerspruch steht zum ursprünglichen Verhältnis gegenüber den Toten. Die Starrheit dieser Regeln und Riten, die einen scharfen Gegensatz zu der Beweglichkeit und Geschmeidigkeit der japanischen Lebensform bildet, läßt auf eine fremde Herkunft und bewußte Nutzbarmachung schließen. Das »Familiensystem« wurde eingeführt, um der statischen Autokratie des Hauses Tokugawa ein starkes Fundament zu geben. Seit frühen Zeiten pflegten die aristokratischen Häuser Japans (*uji*) eine Familientradition, und bis zur Meiji-Ära gab es im strengen Sinn des Wortes überhaupt keine nicht-aristokratischen Familien. Der gemeine Mann war ohne Familienname, ohne Ahnenkult und ohne Familienwappen. Die kleine Familieneinheit, die streng nach dem Prinzip der Erstgeburt und des männlichen Vorrechts organisiert war, bildete sich in den Jahrhunderten der inneren Kriege heraus, die der Tokugawa-Ära vorangingen. Unter dem Einfluß der neokonfuzianischen Staatsphilosophie, an die sich die Shōgune hielten, wurde sie zu einer Zelle der patriarchalischen Autokratie, mit strenger Unterordnung, die durch Wohlwollen und Gerechtigkeit abgemildert wurde. Man benutzte buddhistische Formen der Fürsorge für die Toten und chinesische Lehren des »kindlichen Gehorsams«, um die Beziehungen zwischen Eltern und Kindern in ein formales, dauerhaftes System der Riten und Sitten einzuspannen. Die natürliche Zuneigung, die Mitglieder einer kleinen Familie untereinander verbindet, ist bei den Japanern, einem höchst gefühlsbetonten Volk, immer stark ausgeprägt gewesen. Was als »Familiensystem« bezeichnet wird, rührt kaum von solchen Gefühlen her, sondern ist eine politische Struktur en miniature, deren Wurzeln bis in die Zeiten der frühen Sippenverbände zurückreichen.

Selbst heute, nachdem dieses »System« von der modernen Wirtschaft und der urbanen Individualisierung durchlöchert worden ist, gleicht die japanische Familie immer noch einem kleinen autoritären Staat. Ihre Struktur war streng monarchisch, und das Eigentum wurde vollständig auf den Sohn (nicht immer den erstgeborenen) übertragen, der den *pater familias* entweder nach dem

Tod oder dem freiwilligen Rücktritt (*inkyo*) ablöste. Das Familienoberhaupt handelte in Einvernehmen mit dem Familienrat, der einem Rat der Stammesältesten sehr nahekam.

Die Beziehung zwischen Mann und Frau war der zwischen Feudalherr und Gefolgsmann nachgebildet. In seinem Werk *Onna Daigaku* (Die Große Lehre für Frauen) schreibt Kaibara Ekken, einer der einflußreichsten Morallehrer der Tokugawa-Zeit:

»Eine Frau hat keinen bestimmten Lehnsherrn. Sie soll ihren Ehemann als ihren Herrn ansehen und ihm voller Hochachtung und Ehrfurcht dienen, ihn nie verachten oder schlecht von ihm denken ... Eine Frau sollte zu ihrem Mann aufblicken, als wäre er der Himmel selbst, und sie sollte nie müde werden, darüber nachzudenken, wie sie ihm zu Willen sein kann, um so der Strafe des Himmels zu entgehen.«[1]

Die Einführung von feudalen Vorstellungen, die dieser strengen, auf Gehorsam gründenden Beziehung eine gewisse Würde verleihen, ist spezifisch japanisch. Der Gehalt der Lehre und der Brauch, die Frau auf eine untere Ebene zu verweisen, ist chinesisch:

»Konfuzius verliert kein Wort über die Pflichten der Frauen gegenüber den Männern oder der Männer gegenüber den Frauen ... Der Konfuzianismus verlangt, daß ein Mann treu seinem Vater und seiner Mutter anhängt und seine Frau dazu anhält, dasselbe zu tun. Wenn die Beziehung zwischen dem Mann und seinen Eltern mit der zwischen dem Mann und seiner Frau in Widerstreit gerät, muß die letztgenannte Beziehung als schwächere und untergeordnete nachstehen.«[2]

Wie bereits an anderer Stelle erwähnt, entstehen in einer japanischen Familie die meisten Konflikte zwischen Mann und Frau aus dem Verhältnis zwischen der Frau und ihrer Schwiegermutter, der sie bedingungslosen Gehorsam schuldet, und nicht aus der Beziehung zu ihrem Mann, der im allgemeinen ein gutmütiger Hausherr ist.

Sobald sie von dieser schwiegermütterlichen Befehlsgewalt befreit ist, übt sie im Haus eine effektive Macht aus, die nicht geringer, sondern in mancher Hinsicht größer ist als die ihrer westlichen Schwestern. Nach alter Sitte war sie die unbestrittene Herrscherin über alle wirtschaftlichen Belange des Hauses. Üblicherweise

1 Takahashi, Shingorō (Hg.), (Kaibara Ekken) *Women and wisdom of Japan*. Wisdom of the East series, London 1914, S. 38.

2 Smith, Arthur H., *Chinese characteristics*, New York u. Chicago [15]1894, S. 183.

übergibt ihr der Mann sofort nach Erhalt seinen Lohn oder sein Gehalt und bekommt von ihr ein bestimmtes Taschengeld zugeteilt. Nur über die zweimal im Jahr erfolgende »Bonuszahlung« kann er frei verfügen. Die Frau muß die zeremoniösen Schicklichkeitsregeln gewissenhaft einhalten, und überall, wo die traditionellen Sitten ungebrochen ihre Macht behaupteten, nahm sie an den Mahlzeiten, die sie servierte, nicht selbst teil (auch hierin den Anstandsregeln des feudalen Lehnsmanns folgend), ging auf der Straße in einem gewissen Abstand hinter ihrem Mann her und fuhr nicht in demselben Eisenbahnabteil oder in derselben Klasse. Hinter der Fassade absoluter Unterwürfigkeit verfügt sie über einen Einfluß, der durchaus mit der tonangebenden Stellung der französischen Frau verglichen werden kann, und dies nicht nur in Haushaltsdingen. Fälle von Mißhandlungen durch brutale Ehemänner, von denen polemische Autoren so häufig berichtet haben, sollten nicht als typische Vorfälle genommen werden, sondern als vereinzelte Gewalttaten besonders stupider oder gefühlloser Individuen. Einer Nation, die das Sprichwort kennt »Der Hahn kräht wie die Henne es will«, wird man nicht nachsagen können, daß sie ihre Frauen wie Sklavinnen behandelt. Auf die Spuren mutterrechtlicher Herrschaft in Japan wurde bereits hingewiesen. Sogar in der Kamakura-Zeit durften Frauen Lehen besitzen, und es gibt beachtenswerte Beispiele bedeutender Frauen, die vor der Tokugawa-Ära im politischen Leben eine wichtige Rolle spielten. Vermutlich hatte die Forderung nach strengem Gehorsam, die zum allgemeinen Gesetz erhoben und in der Lebenspraxis großenteils verwirklicht wurde, vorwiegend defensiven Charakter. Ein amerikanischer Soziologe berichtet, daß er auf die Frage, weshalb die chinesischen Frauen so sehr unterdrückt würden, zur Antwort bekam: »Weil sie uns sonst vollends beherrschen würden.« Es entsteht oft der Eindruck, als hegten die japanischen Männer ähnliche Gefühle.

Was die Ursachen und Umstände der Scheidungen und des »Verkaufens« von Kindern betrifft, haben sich die Japaner ebenfalls chinesische Bräuche zu eigen gemacht, wenn vielleicht auch nicht in der gleichen Größenordnung wie jene, von der Arthur H. Smith aus China berichtet:

»Der Verkauf von Frauen und Kindern ist in China eine Praktik, die sich nicht auf Jahre besonderer Not beschränkt; in solchen Jahren wird er jedoch in einem Ausmaß durchgeführt, das alle üblichen Geschäfte dieser Art in den Schatten stellt.«[1]

In Japan, wo es legale Konkubinate von chinesischer Art nicht gibt, wäre der Verkauf von Ehefrauen für den Haushalt ruinös.

Der »politische« Charakter der japanischen Familie zeigt sich auch in der Häufigkeit, mit der Söhne adoptiert werden. Der Sinn dieser Maßnahme liegt nicht immer, wie in China, darin, einen männlichen Erben bereitzuhalten, der die Riten des Ahnenkults vollzieht. Oft wird ein zweiter Sohn adoptiert, wenn der leibliche Sohn als zu faul oder unfähig erscheint, um die Familienangelegenheiten zu verwalten. Leibliche Verwandtschaft spielt daher in der männlichen Linie der japanischen Familiengeschichte eine geringere Rolle als im modernen Westen. Möglicherweise haben alte japanische Geschlechter aus diesem Grund ihre Lebenskraft beibehalten. In der Regel wird der adoptierte Mann die Tochter des Hauses heiraten, und solange die Adoptiveltern leben, ist seine Stellung im neuen Haushalt oft nicht beneidenswert, selbst wenn es sich um einen vielversprechenden jungen Wissenschaftler handelt – was nicht selten der Fall ist. Seine Frau wird sich leicht versucht fühlen, sich ihm gegenüber Freiheiten herauszunehmen, sofern ihre Mutter, die Herrin des Haushalts, sie nicht zurechtweist.

Auch der Ehemann – nicht nur der adoptierte (denn japanische Ehen kommen nach Grundsätzen der Familienpolitik, nicht durch spontane Zuneigung zustande) – wird sich auf seine Art vergnügen, indem er persönlichere Bindungen außerhalb des Hauses sucht, und er wird dabei auf keine gesellschaftliche Mißbilligung stoßen, solange er nicht seine Pflichten gegenüber Staat, Firma und Familie vernachlässigt. Die schnell wachsende Zahl von Teehäusern (die die Japaner *machiai*, »Treffpunkte«, nennen) und von weniger vornehmen Stätten künstlerischer und erotischer Atmosphäre ist eine Folge der strengen Vernunftbetontheit der Eheschließungen. Wie im perikleischen Athen ist es die Hauptaufgabe der Frau, eheliche Kinder zu gebären und großzuziehen. Für geistreiche und musikalische Unterhaltung zu sorgen, mit einem Anstrich romantischer Erotik, ist Aufgabe der *geisha*, für die Befriedigung elementarerer Triebe ist die *jorō* da.

1 Ebenda, S. 204.

Der Hauptunterschied zu den chinesischen Verhältnissen scheint nicht in der Zahl der Konkubinate zu liegen, sondern in der Tatsache, daß die verschiedenen Frauen, die unterschiedliche Bedürfnisse eines Mannes zu erfüllen hatten, nicht in demselben Haus als erste, zweite und dritte Konkubine usw. lebten. Anders muß es in der Heian-Ära gewesen sein, aus der das *Genji monogatari* über solch einen polygamen Haushalt berichtet, der sich um die strahlende Persönlichkeit des kaiserlichen Prinzen herum gruppierte; und in Hofkreisen, besonders im kaiserlichen Haushalt, scheint dieser chinesische Stil lange fortgelebt zu haben. Das moderne japanische System bietet den großen Vorteil, daß es jene grenzenlosen und abstoßenden täglichen und nächtlichen Eifersüchteleien, Intrigen und Verbalinjurien vermeidet, die unvermeidlich zum Haremsleben gehören. Zumindest wachsen die Kinder in einer gedeihlichen, ruhigen Atmosphäre auf.

Der Mythos von der Großen Volksfamilie

Nur weil die japanische Familie ein Kaiserreich *in nucleo* ist, war es möglich, das Kaiserreich als eine große Familie zu verstehen und so auf diese große Einheit die vorteilhaften Eigenschaften einer kleineren Gruppe zu übertragen.

Vom Standpunkt der historischen Wahrheit ist es schwer einzusehen, wie die japanische Nation eine Familie der Familien genannt werden konnte, mit einem Tennō als Haupt des Urklans, von dem alle anderen Familien abstammen. Die moderne anthropologische Forschung hat das Rätsel der rassischen Zusammensetzung der Japaner noch nicht gelöst, aber sie läßt keinen Zweifel daran, daß sie aus Mischehen sehr verschiedener ethnischer Linien stammen, die sich auch in anderen Teilen Asiens und in Europa finden. Die offiziellen Mythologien des alten Japan unterscheiden deutlich und ohne jede Verlegenheit zwischen verschiedenen Blutsträngen, sogar in der herrschenden Klasse der archaischen Zeiten. Der Unterschied zwischen den Nachkommen von Amaterasu-o-mikami und den Nachfahren anderer Gottheiten, die als »irdisch« bezeichnet werden, ist absolut. Ferner zeigen genealogische Tafeln, die im 9. Jahrhundert erstellt wurden, daß sich ein Drittel der Aristokratie auf chinesische oder koreanische Abstammung berief. Der Meiji-Kaiser unterscheidet in seinen kaiserlichen Erlassen scharf zwischen seinen Untertanen und den Nachkommen seiner eigenen Vorfahren-Götter.

Zwar könnte eine beträchtliche Anzahl von Japanern ihre Herkunft von einem kaiserlichen Prinzen ableiten, entweder in legitimer Linie oder aufgrund illegitimer Verbindungen mit Töchtern von Aristokraten und Nichtadeligen; aber die Behauptung, daß alle Japaner Nachkommen von Amaterasu-ō-mikami seien, ihrer frühesten Vorfahrin, hätte vom Standpunkt der shintoistischen Tradition her als Sakrileg gelten müssen. Offenbar haben wir es hier mit einer »prälogischen« Idee zu tun, wie sie für primitives Denken charakteristisch ist, das sich den Forderungen nach logischer Konsequenz und Klarheit hartnäckig widersetzt. Die merkwürdigste Tatsache ist, daß diese Art von Mythos sich erst in neuerer Zeit herausgebildet hat, in einer Epoche intensiver Verwestlichung der geistigen Prozesse und gesellschaftlichen Bedingungen. Er ist von den ursprünglichen Ahnenmythen des *Kojiki* und *Nihongi* so weit entfernt wie die mythischen Sagen des alten Griechenland von den gnostischen und anderen Lehren des Späthellenismus.

Die Bereitschaft moderner Japaner, sich diese irrationale Doktrin zu eigen zu machen, die zwar bestimmten politischen Richtungen sehr gut ins Konzept paßte, aber altehrwürdigen Traditionen zuwiderlief, muß durch die politische Struktur der japanischen Familie begünstigt worden sein. Es scheint, daß ein *uji* im weiten Sinn nicht nur Personen umfaßte, die gleichen Blutes waren, sondern auch Gefolgsleute, Klienten, Pachtbauern und sogar Sklaven, die dem Oberhaupt des *uji* Treue schuldeten oder von ihm abhängig waren. Sogar die Belehung scheint familienartige Bindungen geschaffen zu haben, wie umgekehrt die Familie selbst der Herr-Gefolgsmann-Beziehung nachgebildet war. Was den gemeinen Mann anbelangt, so lebte er ohne Bindung an ein *uji*, und da allein die *uji* im politischen Gefüge zählten, muß eine starke Tendenz bestanden haben, alle Leute, die zu einem »Haus« in Beziehung standen, als »Angehörige« desselben zu betrachten, eine Vorstellung, die noch an Stärke gewann, als die *patria potestas* des Familienoberhaupts ihre endgültig feste Form annahm. Im alten Rom schloß die *familia* Sklaven fremder Herkunft ebenso mit ein wie die Kinder des Hausherrn. Japan besitzt weniger Vorliebe und Talent für scharfe rechtliche Abgrenzungen, und so wird die Tendenz, alle Abhängigen in vager, aber wirksamer Form als Mitglieder des *uji* zu betrachten, dort sogar noch ausgeprägter gewesen sein.

Die organische Funktion dieses Pseudo-Mythos ist unverkennbar. In einer Gesellschaft, die von innen und außen einer Unzahl von desintegrierenden Einflüssen ausgesetzt war, stärkte er das unschätzbare Gefühl, daß alle Japaner Geschwister sind, und die Überzeugung, daß sie zu ihrem Herrscher wie zu einem Vater aufblicken dürfen. Selbst dem ärmsten und schwächsten Angehörigen der Nation wurde der Glaube vermittelt, daß er auf unbestimmte Weise der Träger der geheimnisvollen Kräfte sei, die die Sonnengöttin ihrer Nachwelt hinterließ.

Der Geist der kleinen Gruppe konnte seine instinkthafte Bindungs- und Bewahrungskraft nicht besser unter Beweis stellen als in dem Moment, als die besiegte Nation sich stärker denn je um ihren Monarchen scharte als den Garanten ihres eigenen Daseins – obwohl er vor dem Krieg der verhängnisvoll irregeleiteten Politik seiner Ratgeber zugestimmt und 1946 in seiner Neujahrsansprache die Idee der Abkunft von der Sonnengöttin widerrufen hatte. Der Mythos hatte dazu verholfen, daß ein Muster selbstbestätigender Gefühle und Einstellungen von solch struktureller Kraft geschaffen wurde, daß er nun zum bloßen Symbol erklärt werden konnte. Vielleicht war der Mythos nie ganz wörtlich genommen worden – außer von engstirnigen Fanatikern und unerfahrenen Ausländern.

4. Das Gesetz der virtuellen Feindschaft

Über die kriegerischen Neigungen der Japaner scheint unter unseren Zeitgenossen nahezu vollständige Übereinstimmung zu herrschen. Sie gelten als Überbleibsel früherer Entwicklungsstufen der Menschheit, die durch eine mangelhafte Agrarverfassung und die angeblich auf ihr beruhende Tyrannis einer Offizierskaste künstlich am Leben gehalten wurden und der Entfaltung echter, friedlicher Demokratie im Wege standen. Krieg wird zunehmend als eine Krankheit betrachtet, die sich die Menschheit in einem Stadium ihrer Evolution zugezogen hat und für die es unfehlbare Heilmittel gibt, wenn es nur der allgemeinen Humanität, die ihrem Ursprung und Wesen nach friedlich ist, erlaubt würde, sich durchzusetzen.

Eine immer dichtere Mauer des Schweigens hat sich um die einsame Stimme Henri Bergsons gebildet, nachdem er zu behaupten wagte, daß in den Anfängen die Gesellschaft notwendigerweise kriegerisch war, daß unter einer dünnen Schicht von Zivilisation diese ursprüngliche Natur von Mensch und Gesellschaft immer noch schlummert und nur darauf wartet, sich jeden Moment geltend zu machen, und daß Autorität und Hierarchie, Disziplin und Führung – die logischen politischen Begleiterscheinungen des Krieges – folglich das Grundmuster der natürlichen Gesellschaft konstituieren. Große Heroen und Heilige haben die Menschheit gelehrt, diese urzeitlichen Zustände zu überwinden, indem sie die Seele kosmischen Kräften öffneten, die auf Höheres abzielen als nur auf Selbsterhaltung. Aber jeder Versuch, eine neue Gesellschaft zu schaffen, die auf den demokratischen Idealen der Gleichheit, Freiheit und Brüderlichkeit beruht, bleibt zum Scheitern verurteilt, solange diejenigen, die dieses edle Vorhaben zu verwirklichen suchen, nicht erkennen, daß sie mühselig gegen Anlagen ankämpfen, die die Natur der Menschheit schon in die Wiege legte.

Welchen Platz wir auch immer in unserer Gesellschaftsphilosophie der Theorie Bergsons einräumen, die die Kühnheit der großen Naturalisten mit der Weltentrücktheit eines christlichen Mystikers verbindet, es ist unmöglich zu leugnen, daß hier wiederum die japanische Politik genau nach seinem Krieger-Grundmuster der

»natürlichen Gesellschaft« entstanden zu sein scheint. Bergson scheint Japan zu schildern, wenn er schreibt:

»Die geschlossene Gesellschaft ist die, deren Mitglieder untereinander bleiben, gleichgültig gegen die übrigen Menschen, immer bereit anzugreifen oder sich zu verteidigen, kurz, auf eine kämpferische Haltung beschränkt. Derart ist die menschliche Gesellschaft, wie sie aus den Händen der Natur hervorgeht. Der einzelne Mensch ist nur für sie da, wie die Ameise für den Ameisenhaufen.«[1]

Das soll nicht heißen, daß solche Gesellschaften fortlaufend oder auch nur häufig in wirkliche Kriege verwickelt sind. Tatsache ist, daß Japan während des längsten Teils seiner Geschichte – vom 7. bis zum 16. Jahrhundert und vom 17. bis zum Ende des 19. Jahrhunderts – keine Versuche unternahm, fremde Nationen zu unterwerfen oder die eigenen Grenzen zu erweitern, ein seltenes Phänomen in der Geschichte eines jeden kraftvollen Volkes. Doch es hat nie zugelassen, daß die Kriegerinstinkte seiner Bevölkerung erlahmten. Es nahm nicht nur hin, daß es während mindestens der Hälfte seiner bekannten Geschichte vom »Feldlager« aus regiert wurde, sondern fand immer Wege, die urzeitlichen Kampfestugenden des Stammes in den Seelen all seiner Söhne wach und lebendig zu halten, selbst in jenen von zartester Veranlagung.

Der Feind

Im allgemeinen ist der Japaner in seinem Privatleben keineswegs aggressiv. Nichts scheint er mehr zu genießen als die kleinen idyllischen Freuden des alltäglichen Lebens. Die meisten widmen sich gern der Kleingartenkunst, dem Golfsport oder dem Flötenspiel. Sobald jedoch ein Wort fällt, das Kritik an Japan enthält, wird dieses Vorbild an Friedfertigkeit mit einer solchen Schärfe und Vehemenz zum jähen Gegenangriff übergehen, wie es von einem gemeinhin nicht allzu schlagfertigen Menschen niemand erwartet hätte. Nie wird er dieses eine Wort vergessen, und man wird eine Generation lang als Feind Japans in Erinnerung bleiben und als solcher behandelt werden. Wenn politische Fähigkeit vor allem in dem Gespür besteht, zwischen Freund und Feind zu unterscheiden, besitzen die Japaner ein außerordent-

1 Bergson, Henri, *The two sources of morality and religion*, London 1935, S. 229.

liches politisches Talent. Berichte einem Japaner von einem neuen Satz in der mathematischen Theorie der elliptischen Funktionen, und er wird als erstes fragen, ob dieser gut oder schlecht für Japan sei.

Die Japaner haben die merkwürdige Leistung vollbracht, die meditative Schule jener Religion, die die höchste Inaktivität predigt, der buddhistischen Zen-Sekte, in eine Religion des Kriegers umzuwandeln[1]. Eine ihrer schöpferischsten Erfindungen sind die Klingen ihrer Schwerter, mit denen sie einen Kult treiben, zu dem es im Westen nur in Herodots Schilderungen der skythischen Stämme ein Analogon gibt.[2] In den semi-historischen Berichten des *Kojiki* und *Nihongi* lassen sich Feinde und böse Geister nur schwer unterscheiden. In routinemäßigen Schulzeremonien vor dem Krieg, die vom Schulrektor geleitet wurden, erhob sich plötzlich ein Offizier und befahl nicht nur den Studenten, sondern auch dem Rektor und dem Lehrerkollegium, aufzustehen, sich zu verbeugen und sich wieder zu setzen. Niemand schien die Berechtigung zu solchem Tun anzuzweifeln in einer Institution, die nicht zur Militärorganisation gehörte, außer daß einige Reserveoffiziere beauftragt waren, die Schüler in Grundformen des militärischen Trainings einzuführen. Sobald die Stimme eines Militärs ertönte, schien das zivile Denken, zumindest aber das zivile Verhalten, mit einem Schlag aufzuhören. Auf den Straßen einer kleineren Provinzstadt gebärdete sich der Soldat ziemlich selbstherrlich, ohne daß sich jemand darüber beklagte, außer vielleicht ein schlecht beratener Ausländer.

Höflichkeit und Freundlichkeit, beide in hohem Maße und oft in bezaubernden Formen geübt, konnten vor dem Krieg die Grundtatsache nicht verschleiern, daß zwischen dem Japaner und dem Ausländer eine Scheidelinie gezogen war. Diese war mehr als nur das Resultat eines unterschiedlichen Rechtsstatus oder der Ausdruck eines Gefühls der Überlegenheit; sie stellte eine absolute Kluft dar, jenseits derer der Feind stand, wenn nicht ein aktueller, so doch ein virtueller. Vielleicht liegt hierin der Grund, weshalb Japan es für unnötig hielt, vor Aufnahme der Kampfhandlungen den Krieg zu erklären. Einige wenige Ausländer wurden weiterhin als »Freunde Japans« anerkannt und geehrt, unter ihnen in vorder-

1 Nukariya, Kaiten, *The religion of the Samurai; a study of Zen philosophy and discipline in China and Japan*, London 1913.

2 Herodot, *Historien*, Buch 4, Kap. 62.

ster Reihe der damalige Botschafter Dr. Solf.* Die übrigen hätten besser daran getan, den heiligen Boden Japans niemals zu betreten. »Wann werden Sie heimfahren?« war eine Frage, die sogar genehme Ausländer schon bei erster Gelegenheit und immer wieder zu hören bekamen.

Aber auch innerhalb der Nation bestimmte die aktuelle oder potentielle Kampfsituation die meisten Beziehungen unter den Menschen, deren stärkste Seelenkraft im Ehrgeiz zu liegen schien. Der Brauch, den besten Schülern silberne Uhren als kaiserliche Präsente zu überreichen, mußte aufgegeben werden, weil der Wettbewerb zu einem gefährlichen Ausmaß an Überanstrengung und gesundheitlichen Schäden geführt hatte. Ein Klassenteam, das bei einer schulischen Ruderregatta nicht den Sieg davongetragen hatte, fühlte sich zu tief beschämt, um bei der Preisverleihung zu erscheinen. Einige lagen schluchzend in ihren Booten, untröstlich darüber, daß sie nicht Erste geworden waren und die Erwartungen ihrer Klassenkameraden nicht erfüllt hatten. Als der Kaiser Teilnehmer an den Olympischen Spielen der dreißiger Jahre mahnte, dessen eingedenk zu bleiben, daß der Sinn echten Sports nicht in der Befriedigung des nationalen Ehrgeizes liege, sondern in dem Willen, *to play the game*, fand er nach meinen Erfahrungen in einer damals durchaus nicht übermäßig nationalistischen Höheren Schule nicht das geringste Verständnis.

Grenzen der Höflichkeit

Verglichen mit westlichen Gesellschaften scheint die japanische ein Filigran von Höflichkeitsformen bereitzuhalten, die offenbar für jedes Lebensverhältnis ein Zeremoniell bieten, das jedem Konflikt die Schärfe nimmt und das Gegeneinander von Strebungen und Interessen in einen Strom harmonischer Anpassungen verwandelt.

* Wilhelm Solf (1862–1936), ein studierter Indologe und Förderer der Ostasienwissenschaft, war 1920–1928 deutscher Botschafter in Tōkyō. K. Zahl weist darauf hin, daß das Ansehen, das Solf sich in Japan erworben hatte, noch lange nachwirkte. In Zusammenhang mit Singers Schicksal ist von Interesse, daß Solf sich nach seiner Rückkehr nach Deutschland darum bemühte, »jüdischen Gelehrten, Künstlern und Technikern die Einreise nach Japan zu ermöglichen, was durch seine Verbindung mit japanischen Kreisen in einer Reihe von Fällen auch gelang.« (Vgl. Schwalbe, Hans u. Heinrich Seemann (Hg.) *Deutsche Botschafter in Japan 1860–1973*, Tōkyō 1974, S. 91 f.) (*Anm. d. Hg.*)

Sieht man genauer hin, so entdeckt man, daß außerhalb des festumschriebenen Kreises der eigenen Familie, der Patron-Klient-Beziehung und der Freundschafts- und Kameradschaftsbande das Verhalten des Japaners gegen Japaner oft überraschend unhöflich und rücksichtslos ist. Selbst dort, wo man die Gebote konfuzianischer Gesittung und des klassischen Höflichkeitskodex der Form halber einhält, werden die zeremoniellen Redensarten und Gesten nicht selten mit einem Unterton sardonischen Spottes vollzogen. Niemand macht in einem Eisenbahnwagen einem Mitreisenden Platz, ohne ausdrücklich darum gebeten worden zu sein, und die erschreckende Unordnung, die am Ende einer Fahrt auf dem Fußboden eines solchen Wagens herrscht, aber auch an anderen öffentlichen Stätten anzutreffen ist, steht in schreiendem Kontrast zu der sublimen Sauberkeit der Privathäuser. Hier zeigt sich die Grenzlinie, jenseits derer gutes Benehmen ungestraft endet und in pure Willkür umschlägt.

Überhaupt ist es ein Irrtum anzunehmen, daß die Japaner von Natur aus weniger selbstsüchtig, ich-betont und eigenwillig seien als Westländer. Unter der schimmernden und glatten Oberfläche klassisch-geformter Sitte schlummert eine latente Urfeindschaft zwischen Mensch und Mensch, bereit, bei der leisesten Reizung aufzuwachen. Natsume Sōseki, durchaus kein krasser Realist, hat diese latente Erzfeindschaft in seinem Roman *Kokoro* mit schonungsloser Meisterschaft bloßgelegt. In diesem Animositätsgefühl liegt wohl der Grund, weshalb jeder Japaner sein Innenleben so führt, als sei es in einer Festung verschlossen, und weshalb Japaner sich scheuen, über ihre Meinungsverschiedenheiten zu sprechen, die in Familienangelegenheiten, Freundschaftsproblemen, Geschäftskonflikten oder politischen Gegensätzen auftauchen. Sie bedürfen stets einer dritten Person als Vermittler und Dolmetscher oder Wegbereiter zu Kompromissen. Oft übernimmt in geschäftlichen Verhandlungen eine *geisha* dieses Amt. Sich selbst überlassen, fürchtet der Japaner, von seinen Gefühlen übermannt oder zu Beleidigungen und Gewalttaten hingerissen zu werden. Daraus erklärt sich seine instinktive Bereitschaft zur Bindung an die zeremonielle Form, die das ständige tiefbedrohte Miteinander in ein scheinbares Kunstwerk verwandelt. Offenbar hat die Natur die Japaner mit jener ungewöhnlichen Kraft der Sittenbildung ausgestattet, um aus dem flüssigsten aller Stoffe ein System von fast geometrischer Strenge zu zaubern. Nur der Japaner weiß, welch ein Abgrund sich hinter jenen Träumen von glockenbehangenen Pagoden stillen Friedens verbirgt.

Der Tod, eine Institution

Sobald aber die nationale Politik ins Spiel kommt, wandelt sich dieses Gebilde des friedlichen Zusammenlebens, als gehorchte es einem Zauberstab. Das Kriegsmuster des Lebens verlangt Autorität, Hierarchie und Disziplin. Der Tod zählt nicht, nicht eimmal in der Form des Einzel- und Massenmordes. Im alten Japan gab es keine Beziehung, die fester war als die zwischen dem führenden Mann und seinem Gefolge, und kein höheres Ideal als den Grundsatz, daß Loyalität vor allen Familienpflichten den Vorrang habe. Daß ein Gefolgsmann seinen eigenen Sohn opfert, um den Erben seines Lehnsherrn zu retten, ist das Thema von *Terakoya*, dem japanischsten aller japanischen Bühnenstücke. Es ist kein Mangel an Gefühl und Zartheit, der sich darin ausspricht. Für die von den Fischhändlern auf den Märkten verkauften Fische und für die Nähnadeln, die in Mädchenhand zerbrachen, wurden buddhistische Messen gelesen, und die meisten Japaner würden sich scheuen, einen herrenlosen Hund einfangen und töten zu lassen, der durch sein Geheul ihre Nachtruhe störte. Wenn jedoch glühende »Patrioten« führende Staatsmänner ermordeten, wurden sie zwar von der Obrigkeit mit dem Tode bestraft, erhielten aber zu ihrem Andenken Schreine errichtet von Leuten, die damit ihrer mutigen Seele Ehrerbietung erweisen wollten, ohne daß die Behörden einzuschreiten wagten.

Ein so ungeheuerlich erscheinendes Verhalten wird verständlicher, wenn man sich *seppuku* vor Augen hält, eine feierliche Form des Selbstmords, die im Westen weithin unter dem Namen *harakiri* (»Bauch-Aufschlitzen«) bekannt ist. Diese alte chinesische Form der Selbstopferung, die in unvorstellbar schmerzhafter Weise ablief, erfolgte im Land ihres Ursprungs in der Absicht, an einem Feind Rache zu üben, indem man ihn der Verfolgung durch die eigene zornige Seele aussetzte. In Japan diente *seppuku* zunächst als ein Modus, die über einen Krieger verhängte Todesstrafe zu mildern, indem man ihm freistellte, der Enthauptung durch den Henker dadurch zu entgehen, daß er sich selbst einen überaus qualvollen, langsamen Tod zufügte. Später wandelt sich der Sinn der Institution in einer Weise, die eine Rückkehr zu dem chinesischen Ursprungssinn anzuzeigen scheint, jedoch spiralförmig auf einer höheren Ebene: *seppuku* wird begangen als gesteigerte Form der Anklage gegen politische Machthaber und Gegner, als äußerstes Zeichen der Weigerung, unter ihrer Herrschaft und als ihr Zeitgenosse zu leben. Was ursprünglich eine Form privater Rache mit animistischen Mitteln war, wird so zum Akt der Revolte mit moralischen Mitteln und zum höchsten Ausdruck dessen, was der Japaner »Aufrichtigkeit« (*makoto*) nennt, genauer gesagt: der Einheit nicht nur von Wort und Gedanke, sondern auch von Denken und Leben, Fühlen und Handeln. Wo immer der Japaner dieser Eigenschaft begegnet, neigt er sein Haupt, ganz gleich, ob er das Motiv der Tat billigt oder nicht.

Selbstachtung

Die Schwierigkeiten, auf die alle Versuche stoßen, das demokratische Wurzelgeflecht der persönlichen Freiheit, der parlamentarischen Demokratie und des Gleichheitsgedankens in das Erdreich Japans einzupflanzen, deuten auf dieselbe Kriegerstruktur des japanischen Geistes hin. Die Japaner sind von Natur autoritätsabhängig. Doch man sollte deshalb nicht meinen, daß ihre Selbstachtung unentwickelt sei. Der Japaner ist in seiner Privatsphäre selbstbewußt und durchaus nicht unterwürfig. Nur die zeremoniellen Formen, die vom Ausland erborgt wurden, lassen ihn bescheiden und nachgiebig erscheinen. Es ärgert ihn sehr, herrisch behandelt zu werden. Gesellschaftliche Gleichheit wird im täglichen Umgang zwischen Menschen sehr verschiedenen Ranges und Standes in einem Grade gepflegt, wie sie in Europa unbekannt ist. Weder in der Unterhaltung noch in der brieflichen Anrede wird ein Angehöriger des Adelsstandes mit seinem Titel angesprochen. Abends spielt der Inhaber eines Geschäfts oder Hotels mit seinen Angestellten Billard, ohne jedes Gefühl der Herablassung oder Leutseligkeit gegenüber seinen Untergebenen. Ein Taxifahrer wird mit *kimi* angeredet, ein Wort, das unter Schulkameraden üblich ist, und Hausangestellte werden von den Gästen behandelt, als seien sie Mitglieder der gastgebenden Familie.

Gern wird der Japaner der chinesischen Sitte folgen, von sich und seinen Angehörigen in herabsetzendem Ton zu sprechen, er erwartet jedoch, daß man ihm mit Achtung begegnet. Würde ein Gesprächspartner jene Selbsteinschätzung wörtlich nehmen, hätte er die mißlichen Folgen sich selber zuzuschreiben. Nimmt ein Höherstehender echte Rücksicht auf seine Untergebenen, wird ihre Hilfsbereitschaft keine Grenzen kennen. Dies ist Gleichheit im japanischen Verständnis. Ein Mann in übergeordneter Position muß seine bevorzugte Stellung durch Großzügigkeit und gutes Beispiel ausgleichen. Jemand, der erwartet, daß Loyalität bei dem Mann unter ihm zu beginnen habe, hat sein Privileg verspielt.

Gewalt

Gewalt ist ein Wort, das überall in der westlichen Welt Abscheu erregt hat, bis ein französischer Denker, Georges Sorel[1], der Lehrer Mussolinis und glühende Lenin-Bewunderer, der als politischer Theoretiker den Generalstreik zum Machtmittel im quasimythischen Kampf des Proletariats erklärte, es zum Schlachtruf der europäischen Revolutionsbewegungen des 20. Jahrhunderts erhob. Es ist in Japan immer mit einer Art von Ehrfurcht ausgesprochen worden, soweit es Ausdruck der »Aufrichtigkeit« im obenerwähnten Sinn war. Daher die merkwürdig stumme Trauer, mit der solche Gewaltakte hingenommen wurden – eine Resignation, die der ähnelt, mit der die Japaner sich mit Erdbeben und Überschwemmungen als Wirkungen kosmischer Mächte abfinden, die zu groß sind, um sie zu beklagen. Gewalt, die persönlichen Zwecken dient und innerhalb des täglichen Lebens zum Einsatz kommt, wird ganz anders beurteilt: *muri* zu handeln, gegen Gesetz und Maß zu verstoßen, gilt als ausgesprochene Schande. In Kriegszeiten und auf fremdem Boden verwischte sich diese Unterscheidung. Sogar in Japan und unter Japanern neigt man oft dazu, sich der Gewalt zu beugen, statt sich mit gleichen Mitteln gegen sie zur Wehr zu setzen. Von einem berühmten Schwertkämpfer wird berichtet, daß er es für vornehmer hielt, sich auf den Kampf mit einem wilden Pferd gar nicht erst einzulassen, als sich einer sinnlosen Herausforderung zu stellen. Jede ungebändigte Kraft wird sich selbst zum Opfer fallen, wenn man sie nur ungestört gewähren läßt, tröstet man sich in solchen Fällen mit der Lehre Laotses.

1 Sorel, Georges, *Réflexions sur la violence*, Paris 1908.

Die Frage liegt nahe, ob nicht sogar viele moderne Japaner ein Gefühl geheimer Bewunderung für die Gewalttäter hegten und ob sie nicht eine Art masochistischen Genusses darin fanden, von ihr erfaßt zu werden. Ohne solch eine leicht pathologische Sanktion wäre schwer zu begreifen, weshalb vor dem Krieg die systematische Gewaltanwendung von einer Nation geduldet werden konnte, die eine große ästhetische Sensibilität besitzt und durch die Schule des Buddhismus gegangen ist.

Allzu lange gehörten Akte der Gewalt, Bedrohung und Zerstörung zum sozialen und politischen Leben in Japan. Sie wurden von Mitgliedern der sogenannten »patriotischen Gesellschaften« und von *bravos* (*sōshi* oder *gorotsuki*) verübt, die von Privatpersonen, Parteien, Tempelherren und bisweilen auch der Regierung gedungen worden waren.[1] Selbst der erste »Bürgerliche« unter den Ministerpräsidenten Japans, der *Seiyūkai*-Politiker Hara, griff auf sie zurück. Ihre Ursprünge liegen bei den »privaten Kriegern«, die im Dienst mittelalterlicher Großgrundbesitzer (*shōen*), Adelsfamilien und Klöster standen. Aus diesen privaten Kriegern gingen die ersten *samurai*-Gefolgsleute hervor, und zu gewissen Zeiten gab es eine große Zahl von *samurai*, die wieder *bravos* wurden, nachdem sie ihren Status als Gefolgsmann durch eigenes Verschulden, Schicksalsschläge oder politischen Dissens verloren hatten. Einige dieser Männer ließen sich von einem leidenschaftlichen Nationalgefühl leiten. Andere waren gern zu strafbaren Handlungen und Schikanen bereit, die man von ihnen verlangte – gegen ein entsprechendes Entgelt. Die Polizei, so scheint es, trat ihnen nicht sehr wirkungsvoll entgegen, besonders dann nicht, wenn sie wirklich oder womöglich im Dienst einflußreicher Auftraggeber standen.

Die sogenannten Patrioten, die auf Politiker und andere Männer des öffentlichen Lebens, die die Verärgerung bestimmter nationalistischer Kreise hervorgerufen hatten, Mordanschläge verübten, wurden nicht nur häufig zu Helden erklärt, sondern geradezu vergöttert. Es besteht ein Schrein zu Ehren des Mörders von Vicomte Mori, eines herausragenden, jedoch unbedachtsamen Kultusministers, der durch sein überaus taktloses Verhalten vor den kaiserlichen Schreinen in Ise den Zorn der Patrioten erregte. Den Attentäter, der den Bankier Yasuda ermordet hatte, begleitete

1 Quigley, Harold, *Japanese government and politics, an introductory study*, New York u. London 1932.

ein großes Gefolge von Sympathisanten und Arbeitertrupps ans Grab, die Verbindungen zur politischen Unterwelt besaßen.

Anscheinend rekrutierten sich mindestens einige *sōshi* aus Gruppen, die bestimmten Unterorganisationen der Tokugawa-Ära ähnelten, den *otokodate*-Kreisen[1], die merkwürdigerweise ursprünglich ein demokratisches Element in der japanischen Politik darstellten. Sie bestanden aus unerschrockenen, abenteuerlustigen Plebejern, die sich gegen die überzogenen Forderungen und die Überheblichkeit der Samurai, die im Dienst des Shōgun standen, zur Wehr setzten. Der nicht-feudale Gefolgsmann (*kobun*, Gehilfe) griff zugunsten eines nicht-feudalen Herrn zu den Waffen und erhielt als Gegenleistung für sein Dienstgelöbnis Schutz und Beistand in Notzeiten zugesagt. Überreste derartiger Bindungen scheinen in gewissen patriotischen Gesellschaften weiterzubestehen. Viele Geschichten, die über Toyama Mitsuru, den berühmtesten patriotischen Führer, kursieren, zeigen ihn in genau dieser traditionellen Rolle des *oyakata*, der sein letztes Hemd mit den Unterdrückten und Verfolgten teilt, die ihm mit Leib und Seele ergeben sind.

Häufig übt der *oyakata* eine wirtschaftliche Funktion aus: Er nimmt Arbeiter unter Vertrag und vermittelt sie oder verrichtet ähnliche Dienste. Noch in den 1930er Jahren berichteten die Zeitungen von Privatkriegen und Racheakten unter »Angestellten« städtischer Baufirmen oder von auffällig pompösen Trauerfeiern für solche Vertragschließenden, an denen Hunderte von Tagelöhnern und Kulis sowie die freiwilligen Feuerwehren (die Aristokratie unter den Nicht-Aristokraten) teilnahmen. In diesen Schichten lebt die Tradition der *otokodate* weiter.

Bisher hat sich keine östliche Gesellschaft ausschließlich auf die Zentralgewalt und die alleinige Herrschaft des abstrakten, allgemeinnützigen Gesetzes verlassen. Selbst in modernen westlichen Staaten ist das Prinzip, das den Regierungsbehörden das Alleinrecht auf physische Gewaltanwendung zuerkennt, nicht frei von Ausnahmen. Die Art und Weise, wie französische Gerichte Mord aus Leidenschaft behandeln, die nachsichtige Beurteilung des Duellierens in Deutschland und der Fortbestand des Lynchens in den Vereinigten Staaten kennzeichnen derartige Enklaven der gewaltsamen Selbsthilfe. In Japan ist die Bandbreite solcher Handlungen

1 Redesdale, Baron Mitford, *Tales of old Japan* (1871), Neudruck London 1928, S. 54f.

unvergleichlich größer und politisch bedeutsamer gewesen. Die Gesetzgeber der Meiji-Zeit suchten einen Rechtsstaat zu schaffen, aber das Rechtswesen, das in großer Hast und unter westlichem Druck entstand, wurde nicht erfolgreich in das wirkliche Leben der Nation integriert, das im Grunde ein Geflecht von Patron-Klienten- und Familien-Beziehungen geblieben ist, die sich nach Sitte und Präzedens richten. Eine Zentralisierung ist nur dort durchgeführt worden, wo es die Außenpolitik betraf. Auf allen anderen Gebieten des nationalen Lebens kennzeichneten weiterhin autonomes Wachstum und uralte Tradition den Staat, der – an westlichen Maßstäben gemessen – oft anarchisch und immer unberechenbar erschien.

Liberalismus

Überall wo die potentielle Gefahr eines äußeren oder inneren Krieges alle bewußten und unbewußten politischen Einstellungen bestimmt, wird die Gruppe dem Individuum nur eine bedingte und begrenzte Freiheit zugestehen. Die Notwendigkeit schnellen Handelns begünstigt eine autoritative Regierung, und der Staat wird sich lieber auf wirkliche Ungleichheit als auf postulierte Gleichheit stützen.

Die liberalen Bewegungen gehen auf die frühen Tage der Meiji-Restauration zurück.[1] Die Lehren Rousseaus und John Stuart Mills wirkten in jener stürmischen Zeit wie ein starkes Ferment. Das Evangelium der Freiheit und Gleichheit, der Selbstachtung und Unabhängigkeit wurde voller Begeisterung gepredigt und aufgenommen, und einige Jahre lang übten diese Ideen einen beträchtlichen Einfluß auf die leicht entflammbaren Gemüter jüngerer und älterer Männer aus. Selbst in der Eides-Charta des Meiji-Kaisers von 1868 scheinen sie dort wiederzukehren, wo Meinungsaustausch, Aufklärung und Fortschritt gefordert werden. In den frühen achtziger Jahren setzte jedoch eine Reaktion ein. Das Motto »Bewahrung des nationalen Erbes« trat an die Stelle des Slogans »Selbstachtung und Unabhängigkeit«. Die enthusiastischen Wegbereiter einer parlamentarischen Regierung, manchmal mit unverhüllt republikanischen Neigungen, verloren ihre Vor-

1 Norman, E. Herbert, *Japan's emergence as a modern state*, Kap. 6, New York 1940.

rangstellung an erfahrene, ernüchterte Bürokraten, die die Schule deutschen politischen Denkens durchlaufen hatten und sich an Richtlinien orientierten, die kontinentaleuropäischen Mustern nachgebildet waren. Von Zeit zu Zeit kamen Wellen eines demokratischen Radikalismus auf und drangen in das autoritäre Regime der Bürokratie ein. Rebellische Gruppen haben zuweilen höchste Regierungsgewalt ausgeübt, und gegen Ende der 1920er Jahre schien eine »konstitutionelle Herrschaft«, d.h. eine Regierung durch Mehrheitsparteien, erreicht worden zu sein. Aber dem aufmerksamen Beobachter konnte nie verborgen bleiben, daß das Leben innerhalb dieser Institutionen und Körperschaften nicht dem wahren Geist des Liberalismus entsprach und daß sein Puls schwach und unregelmäßig schlug.

Namhafte japanische Liberale haben dieses politische Scheitern einer großen Idee unvoreingenommen und sehr klarsichtig analysiert. Den Hauptgrund hat Dr. Nitobe Inazō genannt:

»Der Freiheitskult (und ohne solche kultische Verehrung der Freiheit gibt es keinen wahren Liberalismus), der Wille, frei zu sein, ist in Japan ein importiertes Gut; bislang hat er auf dem Boden Japans keine Wurzeln gefaßt. So bleibt uns nur die Hoffnung, daß ›diese schöne Blume jenes Erdreich als nicht ganz ungeeignet empfinden möge, um darin heimisch zu werden‹.«

Freiheit setzt die Idee der Persönlichkeit voraus, und diese Idee ist – was Dr. Nitobes[1] Aufmerksamkeit keineswegs entging – eine Schöpfung des griechisch-römischen Humanismus und des christlichen Spiritualismus. Sie verleiht dem Individuum das Recht zur Selbstentwicklung und zum Ausdruck der eigenen Persönlichkeit, um ihm die Erfüllung seiner Pflichten zu ermöglichen: der Pflichten eines Menschen, eines vernunftbegabten Wesens, das an dem göttlichen Geist, der den Kosmos regiert, teilhat, oder aber denen eines Christen, einer Seele, die durch die Gnade eines transzendenten Gottes zur Erlösung berufen ist. Beide Vorstellungen sind Japan nicht nur fremd, sondern auch schwer mit dem größten Teil seines geistigen und religiösen Erbes in Einklang zu bringen. Die Pflichten eines traditionellen Japaners bestanden für diesen nicht deshalb, weil er sich als ein von Vernunft geleitetes Einzelwesen oder als ein von dem einen Gott erlösbares Geschöpf begriff,

1 Nitobe, Inazō, *Japan. Some phases of her problems and development*, New York 1931, S. 219f.

sondern weil er Mitglied einer bestimmten Familie war, Einwohner einer bestimmten Stadt, Schüler einer bestimmten Höheren Schule oder Universität und vor allem anderen Untertan eines Kaisers, einer »sichtbaren Gottheit«, die auf Geheiß der Sonnengöttin regiert. Als Mitglied einer Familie oder einer ganzen Familie von Familien fühlte er sich seinen Vorfahren gegenüber ebenso verantwortlich wie dem Haupt dieser Familiennation, kraft des Glaubens, der das Dasein auch des geringsten Japaners mit jener Gottheit verbindet, die Herrscherin über den Himmel ist. Wo aber dieser Glaube aufgehört hatte, spontan und echt zu sein, und nicht durch fremde Glaubensbekenntnisse und ethische Grundsätze von ebenso starker oder stärkerer Macht über ihn ersetzt wurde – wem fühlte er sich da verantwortlich? Das bleibt die Frage. Buddhistische Meditation mag ihn über die Dimension des Seins hinausgehoben haben. Aber sein ethisches Leben blieb im wesentlichen eine gesellschaftliche Welt, die von Traditionen, Konventionen, Vorschriften, Gewohnheiten und Tabus beherrscht war, die ihn dazu brachten, sich wie eine Zelle gegenüber dem übrigen Organismus zu verhalten. Hier war die Fabel des Menenius Agrippa keine bloße rhetorische Fiktion, und Freiheit bedeutete nicht Bedingung zur Selbstverwirklichung, sondern zur Selbstentäußerung, entweder durch Aufopferung für das Wohl der Familie, der Nachbarschaft oder der Nation oder durch Auslöschung der Individualität und Verzicht auf alles Weltliche durch Abbruch aller vorhandenen Bindungen, um so einzugehen in das Reich des Nirgends, Niemals und Nichts.

Eine Folge dieser Auffassungen ist, daß der typische Japaner selbst nach Einführung der westlichen Rechtsprechung nicht für seine Rechtsansprüche streitet. Der Gedanke »Kampf ums Recht« ist ihm fremd. Als dieser Begriff, den der große Jurist Rudolf von Ihering geprägt hat, in der frühen Meiji-Ära aufkam, wurde er sofort seiner wahren Bedeutung beraubt, indem man in der Art des damaligen Populardarwinismus Recht durch das sogenannte Recht des Stärkeren ersetzte. Der Japaner verfügt im allgemeinen in seinen persönlichen Beziehungen über ein bemerkenswert feines Rechts- und Unrechtsbewußtsein. Wenn jedoch die Ansprüche eines Menschen verletzt worden sind, gilt es als unangemessen, daß man für seine Belange nach dem kodifizierten Recht des Landes in den Gerichtssälen kämpft. Für den Japaner bedeutet – (oder sollte ich schreiben: bedeutete? Eine Frage, die sich gegenwärtig kaum eindeutig beantworten läßt) – ein Rechtsstreit in erster Linie eine Störung des öffentlichen Friedens, nicht eine Auseinandersetzung um verletzte persönliche Rechte. Die richtige Art und Weise, eine solche Kontroverse zu beenden, besteht darin, Frieden zu stiften, nicht darin, subjektive Interessensbereiche aufgrund formulierter Prinzipien zu wahren. Es kommt relativ selten vor, daß derartige Fälle vors Gericht gebracht werden. Man kann zwar als Sieger, zugleich aber auch als ein unwillkommenes Mitglied der Gesellschaft aus der Verhandlung hervorgehen; denn der Richter ist nur verpflichtet, die rechtlich relevanten Aspekte der Situation zu berücksichtigen, in der sich die Prozeßgegner befinden, und sein Urteil kann, selbst wenn es von rechtlichem Standpunkt aus unanfechtbar ist, leicht verletzte Gefühle und bleibende Verstimmung hinterlassen. Die beste Methode ist, einen Vermittler einzuschalten, der nicht über falsch und richtig zu befinden hat, sondern dem die Aufgabe zufällt, auf dem Kompromißweg eine neue Grundlage für ein dauerhaftes friedliches Verhältnis zu schaffen.

In dieser Einstellung steckt ein gutes Stück Weisheit. Wenn in Japan dem Streit Raum gegeben wird, nimmt er leicht beunruhigend grobe und gewalttätige Formen an. Das Unterhaus des japanischen Parlaments war oft Schauplatz heftiger Debatten, die in einem Handgemenge endeten. Die persönlichen Auseinandersetzungen nehmen durch die uralte Gewohnheit, endlos erbitterte Fehden auszutragen, an Intensität zu und belasten die Beziehungen oft über jedes vernünftige Maß hinaus. Wenn der politische Streiter nicht bereit ist, auch in seinem Widerpart einen Kämpfer für Gerechtigkeit und Vernunft zu erkennen, und nicht lernt, seine Verachtung nur für die aufzusparen, die sich unsauberer Mittel und illegitimer Gewalt bedienen, werden die freiheitlichen Institutionen kaum gedeihen können. Es gab durchaus angesehene japanische Politiker, die in ihrer langen Karriere diesen Ansprüchen stets genügten, doch vor dem Krieg war ihre Zahl zu klein, und in den dreißiger Jahren scheinen die meisten von ihnen die politische Arena verlassen zu haben, teils freiwillig, teils unter dem Druck anderer.

Es ist bemerkenswert und läßt für die Zukunft hoffen, daß selbst in den gefahrvollen Tagen des Augusts 1945, als der Kaiser sich dazu durchrang, die Feindseligkeiten einzustellen, die Unruhe, die das verwirrte Land durchzitterte, nur in geringem Maß zu Ausschreitungen führte. Laut der *New York Times* vom September

1945 stürmten fünfhundert Soldaten, die unter keinem festen Kommando standen und bald darauf wieder auseinanderliefen, den Palast des Tennō, um die für den Rundfunk aufgezeichnete kaiserliche Kapitulationserklärung in ihren Besitz zu bringen, verzichteten aber darauf, sich des Kaisers selbst zu bemächtigen, obwohl sie das gesamte Palastgelände in ihrer Hand hielten und sie mehrere – mißlungene – Versuche unternahmen, höhere Amtspersonen zu töten. Bei einer anderen Protestaktion gegen die Kapitulation versuchte eine rechtsstehende Organisation am 24. August, eine Kleinstadt in Mitteljapan in ihre Gewalt zu bringen, und eine nicht sehr große, jedoch straffer geführte Gruppe unter der Leitung eines »professionellen politischen Attentäters« setzte ein Rathaus in der Präfektur Shimane in Brand, wollte das Postamt in die Luft sprengen, tötete mindestens eine Person und versuchte den Rundfunksender zu zwingen, einen Aufruf zur Fortführung des Krieges auszustrahlen. Diesem Anschlag machten Soldaten ein Ende. Es läßt sich leicht vorstellen, welches Ausmaß die Gewalttätigkeiten angenommen hätten, wenn die Alliierten nicht klugerweise den Forderungen der Linken nach Entthronung des Kaisers entgegengetreten wären, der einige Monate darauf in seiner Neujahrsansprache 1946 in Anknüpfung an die Eides-Charta des Meiji-Kaisers eine neue Ära der liberalen Reformen und des Wiederaufbaus verkündete. Es war der einzig richtige Schritt, und er kam dem Geist einer Nation entgegen, die aus der Kontinuität lebt und erwartet, daß der Anstoß zur Neuorientierung von dem ausgeht, der ihre Einheit symbolisiert.

Affinitäten zum Faschismus

Dieselben Faktoren, die das Wachstum des japanischen Liberalismus behinderten, begünstigten das Aufkommen ähnlich autoritärer Formen politischen Lebens, wie sie in Europa unter dem Namen »Faschismus« entstanden. Seit den Anfängen der »Shōwa-Restaurationsbewegung« in den dreißiger Jahren ist jedoch die Frage, ob diese politische Richtung als »faschistisch« bezeichnet werden sollte, unter japanischen und westlichen Publizisten leidenschaftlich umstritten. Japanische Nationalisten, die sich weigerten, die fremde Herkunft vieler heimischer Institutionen und Ideen anzuerkennen, behaupteten, daß ihre Bewegung durch und durch japanisch, unabhängig von etwaigen ausländischen Parallelen und diesen im übrigen überlegen sei. International eingestellte Japaner gaben sich lange Zeit dem Glauben hin, jene Tendenzen der Shōwa-Restauration seien ohne besondere Bedeutung. Viele westliche Beobachter, die sich freilich als intellektuelle Vogel-Strauß-Politiker erwiesen, stimmten ihnen in guter Absicht, aber von den eigenen Vorurteilen geblendet, zu, bis die immer deutlicher werdende Ähnlichkeit der Innen- und Außenpolitik Japans, Italiens und Deutschlands sie zum Umdenken zwang.

Der wahre Charakter der Shōwa-Bewegung war von Anfang an klar erkennbar. Mit beispielhafter Plastizität und Luzidität hat einer der wenigen hellsichtigen japanischen Liberalen, Yoshino Sakuzō[1], Professor an der Juristischen Fakultät der Kaiserlichen Universität Tōkyō, kurz vor seinem frühzeitigen Tod 1932 die Zeichen der Zeit erkannt. Den Faschismus bestimmt er wie folgt:

»Er setzt die Herrschaft der disziplinierten, entschlossenen Minderheit über die undisziplinierte Mehrheit voraus. Er ist undemokratisch und insbesondere antiparlamentarisch; er ist national statt international und tendiert dahin, den Staat gegenüber dem Individuum oder gegenüber einzelnen Gruppen hervorzuheben, außer, natürlich, gegenüber jener entschlossenen Gruppe, die die Macht in den Händen hält ... Er muß die Unterstützung des Proletariats haben, das heißt all derer, die einen unkontrollierten Kapitalismus ablehnen; außerdem braucht er den Rückhalt des Militärs, denn seine Ziele erfordern das rasche, wirkungsvolle Eingreifen von Personen, die über Mittel und Fähigkeiten verfügen, sich durchzusetzen ... Ferner ist mindestens ein bestimmtes Maß an öffentlicher Zustimmung wünschenswert. Und schließlich muß, damit die faschistische Bewegung erfolgreich sein kann, eine gewisse nationale Krisenstimmung herrschen, die sofort dazu genutzt werden kann, die recht rücksichtslosen Methoden des Faschismus zu rechtfertigen und genügend nationale Emotionen zu wecken, die jene Methoden ertragbar machen.«

Yoshino fügte hinzu:

»Mindestens drei dieser Voraussetzungen sind in Italien gegeben. Im heutigen Japan finden wir alle vier.«

Diese Diagnose erwies sich als zutreffend. In Japan vollzog sich kein plötzlicher Umbruch der alten Formen politischen Lebens; kein spektakulärer Führer stand auf, der die absolute Herrschaft

1 Yoshino, Sakuzō, *Fascism in Japan*. In: *Contemporary Japan; a review of Far Eastern affairs*, Tōkyō 1932, S. 210f.

über eine aktivistische Partei und die schweigende Masse des Volkes für sich beanspruchte. Doch nach einer Serie von Attentaten, Verschwörungen und aufrührerischen Akten, militärischen *faits accomplis* und Schritten der Anpassung durch die Verwaltungsbehörden fand sich Japan in einer Lage vor, die sich nur im nationalen Stil und Kolorit von den Verhältnissen in Italien und Deutschland unterschied. Der Abschluß folgenschwerer politischer und militärischer Bündnisse und Übereinkünfte mit den sogenannten Achsenmächten wurde erleichtert durch einen Grad an innerer politischer Homogenität, wie man sie seit den Tagen der Heiligen Allianz nicht mehr kennt. Alle Mittel des Volkes waren auf die Bedürfnisse erst potentieller, dann wirklicher Kriegführung ausgerichtet. Kleine aktivistische Gruppen steuerten die öffentliche Meinung und zwangen die Regierung, ihren Anweisungen zu folgen. Terrorakte, Massenpropaganda und die Verwaltungsmaschinerie machten jeden Versuch des inneren Widerstands zunichte. Der einzelne verlor das bißchen Freiheit, das er sich vielleicht bewahrt hatte. Liberale und Kommunisten vertrieb, bedrohte und verfolgte man. Das Parlament wurde zur Machtlosigkeit verurteilt, die Presse mundtot gemacht, die Freiheit geschmäht und die Gewalt verherrlicht.

Man ginge völlig fehl, wenn man annähme, daß dies nichts anderes als einen der immer wiederkehrenden Fälle massenhafter Imitation fremder Vorbilder und Moden darstellte, die jedem Kenner der japanischen Geschichte vertraut sind. Der im Vergleich zu den europäischen Parallelbewegungen ausgesprochen leichte Übergang zeigte deutlich, daß der Faschismus in Japan einen heimischen Boden vorfand, der sich für seine Ziele besonders eignete, und eine psychische Verfassung, die für seine Slogans eigentümlich empfänglich war. Es ließe sich sogar mit größerem Recht sagen, daß der westliche Faschismus ein später, fremder Abkömmling politischer Ideen und Methoden war, wie sie sich in Japan in Einklang mit einheimischen Traditionen und hochgehaltenen Lebens- und Denkformen langsam und organisch herausgebildet hatten.

Wenn wir Mussolinis Ausführungen über das Wesen des Faschismus in seinem Beitrag zur *Encyclopedia Italiana* (1932)[1] mit

1 Mussolini, Benito, *Fascism*, aus der *Encyclopedia Italiana*; übers. v. Jane Soanes, *The political and social doctrin of Fascism, Day-to-day pamphlets Nr. 18*, London 1933. Der erste und keineswegs unwichtige Teil von Mussolinis Beitrag wurde darin ausgelassen.

den traditionellen Lehren der politischen Philosophen Japans vergleichen, stoßen wir auf übereinstimmende Denkmuster: Der Staatskörper wird als ein Gebilde von metaphysischer Bedeutung begriffen; Selbstaufopferung ist im Leben des einzelnen die höchste Bestimmung; es herrscht der Glaube an »eine organisierte, zentralisierte und autoritäre Demokratie«; Liberalismus und Individualismus sind zu bekämpfen; dem Staat wird der Schutz der nationalen Kultur anvertraut in Sprache, Moral, Glauben und in den Werken des schöpferischen Genies, und er bringt Ordnung und Dauer in die Aufeinanderfolge der Generationen; für die Regierung zählen angeblich nicht so sehr territoriale und militärische Ziele als vielmehr ethische und geistige Normen; es geht um eine »Welt, in der Völker direkt oder indirekt über andere Völker dominieren, ohne deshalb notwendigerweise auch nur einen Fußbreit fremden Landes erobern zu müssen«. Hier gilt es jedoch zu berücksichtigen, daß diese und andere von Mussolini verwendeten Formeln so weitgefaßt und dehnbar sind, daß das von ihnen bezeichnete majestätische und vage Feld nicht nur den Faschismus und Nipponismus umfaßt, sondern auch eine große Anzahl östlicher und westlicher, klassischer und mittelalterlicher politischer Philosophien hohen Ranges, und daß jeder, der diese mit den totalitären Leitgedanken des 20. Jahrhunderts gleichsetzen wollte, ein mangelhaftes Unterscheidungsvermögen beweisen würde.

Eine nähere Affinität zwischen faschistischem Denken und japanischer Tradition wird deutlich, wenn man einige konkrete Formen des politischen Lebens betrachtet. Bei den mannigfaltigen Unterschieden zwischen dem System des alten Japan und dem Europa des 20. Jahrhunderts wird man keine vollständigen Übereinstimmungen in den Institutionen und Methoden erwarten dürfen. Dennoch gibt es derartige Parallelen. Das *Heike Monogatari* beschreibt die Heranbildung der ersten *fascio* durch einen japanischen »Führer«, den Taira-Oberbefehlshaber und Laienpriester Kiyomori[1], im zwölften Jahrhundert:

»Wie weise ein Monarch oder Herrscher auch immer regieren oder ein Reichsverweser oder Höchster Minister auch sein politisches Amt ausüben mag, meist ist es so, daß gewisse nichtsnutzige Kerle sich zusammentun, um schlecht von ihm zu sprechen; aber gegen diesen Laienpriester in seiner

1 Sadler, A. L. (Übers.), *The ten foot square hut and Tales of the Heike*, Sydney 1928, S. 24 u. 25.

Machtvollkommenheit gab es nicht einmal die geringste Andeutung von übler Nachrede. Und warum war das so? Eben weil auf Anordnung dieses Mönch-Regenten ungefähr dreihundert Jünglinge von vierzehn bis sechzehn Jahren mit kurzgeschnittenen Haaren und in roten Gewändern überall auf den Straßen der Hauptstadt patroullierten. Und wenn irgend jemand schlecht von den Taira sprach und es kam einem von ihnen zu Ohren, rief dieser sogleich seine Gefährten zusammen, und sie drangen dann gewaltsam in das Haus jenes Mannes ein, rissen seine Wertsachen und Haushaltsgegenstände an sich und brachten ihn gefesselt nach Rokuhara. So sprach niemand auch nur ein Wort über das, was er gesehen hatte oder wußte. Wenn auch nur der Name der *kamuro* von Rokuhara von fern erscholl, machten die Leute auf der Straße einen weiten Bogen um sie und setzten ihren Weg auf der anderen Straßenseite fort. Selbst wenn jene das Verbotene Tor des Residenzpalastes passierten, brauchten sie sich nicht auszuweisen, denn die Stadtbeamten blickten weg, wo sie ihnen begegneten.«

Der Abschnitt liest sich wie eine Seite aus der frühen Geschichte der italienischen *fasci*, Mussolinis ergebenen Gefolgschaften, die eingesetzt wurden, um politische Gegner einzuschüchtern und jede Meinung zu unterdrücken, die mit dem Willen ihres illegalen Führers nicht übereinstimmte. Taira no Kiyomori, der diese Methode ersann, war der erste militärische Führer Japans, der die politische Macht unter dem Vorwand an sich riß, daß die zivile Bürokratie, die nach dem Beispiel der T'ang-Dynastie aufgebaut worden war, außerstande sei, den Verwaltungsorganen der japanischen Monarchie die nötige Stabilität, Kraft und Einheit zu geben. Sein System wurde von einem Mitglied eines gegnerischen Militärklans, Minamoto no Yoritomo, nach der Niederlage der Taira befestigt und vervollkommnet und schließlich von Tokugawa Ieyasu zu einem Bauwerk von einzigartiger Dauerhaftigkeit zementiert. Es ist interessant, daß auch das Vorgehen Yoritomos in einigen bezeichnenden Grundzügen dem frühen Verhalten Mussolinis ähnelte. Er ließ alle Ämter und Institutionen der alten Bürokratie äußerlich unangetastet und gab sich damit zufrieden, ihnen eigene Macht- und Kontrollorgane an die Seite zu stellen – eine vorausgenommene Strategie der *dupplicazione dei ufficii.*

In seiner endgültigen Form befestigte dieser autoritäre Staat die Herrschaft der Kriegerkaste, benutzte für seine Zwecke eine Schule konformistischer Ideologen, unterdrückte dagegen jedes nicht-orthodoxe politische und philosophische Denken, stützte sich auf eine Stadt- und Landbevölkerung, die durch Einschüchterung und Überredung in Unterwürfigkeit gehalten wurde, organisierte sich in örtlichen und korporativen Einheiten, übte durch ein enges Netzwerk der Spionage und Zensur interne Kontrolle aus, überließ dem Thron den mythischen Glanz der Tradition, gab kein Stückchen politischer oder administrativer Macht ab und versah den Shōgun, den obersten Herrn der *samurai*-Hüter des Kampfgeistes, mit dem vieldeutigen Rang eines feudalen Oberlehnsherrn, der Macht und Herrschaft ausübte, während er so tat, als nähme er nur Verwaltungsaufgaben wahr – ein Land, das nach dem pseudokonfuzianischen Muster totalitärer Regierungskunst organisiert war.

Als die sogenannte Shōwa-Restaurationsbewegung in den frühen 1930er Jahren an Schwungkraft gewann, erkannte Dr. Nitobe, daß ein neues Shōgunat oder die Herrschaft eines *bakufu* (ein Name, der die Feldlagerregierung der Minamoto bezeichnete) im Entstehen begriffen war. Die relative Leichtigkeit, mit der die militanten Kräfte der japanischen Nation unter der Führung kleiner Gruppen junger Offiziere und fanatischer »Patrioten« jeglicher Art Macht gewannen und schließlich den Kurs der nationalen Politik bestimmen konnten, war großenteils auf die Tatsache zurückzuführen, daß 700 Jahre rechtsgültiger *bakufu*-Herrschaft den Geist der Japaner für ein totalitäres Regime vorbereitet hatten, das jeden Versuch, die politische Freiheit des Individuums zu verteidigen, brandmarkte und verfolgte und rücksichtslos jede nicht-autoritäre Bewegung unterdrückte. So wurde das Verhalten aller Klassen einheitlichen Normen unterworfen, und die Stammestugenden der blinden Selbstaufopferung mußten der nationalen Sache dienen, so wie sie die militante Minderheit verstand. Japan war dadurch in einem tieferen Sinn als dem von Professor Yoshino bezeichneten dafür prädestiniert, sein politisches Leben mit der Strömung des europäischen Faschismus in Einklang zu bringen. Trotzdem waren die Methoden und Ziele der Shōwa-Restaurationsbewegung keine Fortführung der Politik des Yoritomo und Ieyasu. Durch die Ironie der Geschichte, die vielen Ereignissen unserer wirren Zeit ein vieldeutiges Gesicht verleiht, wurde der einstige japanische Totalitarismus in einem Geist wiederbelebt, der den besten Traditionen Japans widerspricht.

Den alten Titel des japanischen Kaisers, *sumera-mikoto*, leiten einige einheimische Gelehrte von *suberu* (beherrschen) ab, andere von *subu*, das bedeutet: in Ordnung bringen, regulieren und: zur Ruhe bringen. Eines der wichtigsten Anliegen der frühen Japaner wie anderer Völker Ostasiens war in der Tat, ein gestörtes Gleichgewicht zu beheben, vor allem durch das »Beruhigen« und Beschwichtigen von Seelen und Geistern, die die Störung verursachten. Bevor der Himmlische Enkel in das Reich hinabsteigen darf, das ihm seine Große Vorfahrin versprochen hat, werden kleinere Götter auf die Erde gesandt, um das Land von »schwirrenden, rastlosen Geistern« zu befreien und in ihm Ruhe zu stiften. *Kuni ga osamaru* – »Das Land gelangt zu friedlicher Übereinkunft« – ist der Kerngehalt göttlichen Handelns wie auch der kaiserlichen Herrschaft.[1] Herrschen bedeutet hier nicht: zu entscheiden, zu führen und den Willen höherer Wesen oder ein Gottesbild aufzuoktroyieren; auch nicht *archein*: Anfang, Initiative, und nicht *imperare*, ein Wort, das vielleicht auf Vorausplanung, Vorbereitung, Rüstung zurückgeht; auch nicht *Herrschaft*, das die Rolle des Gebieters betont. Die japanischen Begriffe weisen auf ein uranfängliches Reich der Magie zurück, das mit dem Bannen und Befrieden ungestümer Kräfte beschäftigt war. Sie enthalten nichts, was auf eine höhere Form des Lebens oder die Einsetzung einer Ordnung oder Idee hindeutet.

An diesen Besonderheiten läßt sich ablesen, daß Tat, Aktion und Führerschaft fremde Elemente in der geistigen und sozialen Struktur Japans sind. Daher müssen die faschistischen Bewegungen und Methoden der Shōwa-Ära als ein Schritt auf dem Weg zur Europäisierung begriffen werden. Für den Osten ist typisch, daß die Älteren herrschen, indem sie der Tradition und dem Willen der Vorfahren gehorchen und nach Gleichgewicht, der statischen Koexistenz gegensätzlicher Elemente, streben. Die Slogans des Faschismus sprechen die Sprache einer dynamischen Welt; sie preisen die Auseinandersetzung, Eroberung und Unterjochung. Sie glorifizieren sichtbare Triumphe und rücken Führer wie die Hauptfiguren eines Schauspiels in den Vordergrund. Sie appellieren an die Jugend. Im Osten muß der wahre Führer sich verborgen halten,

1 Satow, Sir Ernest u. Dr. Karl Florenz, *Ancient Japanese rituals*. In: *Transactions of the Asiatic Society of Japan*, Neudruck Bd. 2, Yokohama 1927.

und kein Siegesbecher darf bis zur Neige geleert werden. Junge Männer sollen schweigsam bleiben und sich ehrfürchtig verhalten, bis das Alter ihnen Autorität verleiht. Streit mag unvermeidbar sein, aber eine Atmosphäre der Melancholie begleitet ihn, und ein Sieg berechtigt nicht zum Jubel. Nicht Handeln, sondern Nichthandeln ist das wahre Geheimnis des Herrschenden, und die höchsten Ehren werden nicht dem Mann der schnellen Entscheidungen zuteil, sondern dem, der gelernt hat zu warten.

Daher vollziehen sich das japanische Leben und die Regierungstätigkeit gern im Stil des Zuhörens und langen Zögerns, fortwährenden Sondierens, geduldigen Beobachtens und Prüfens, um so in engem Kontakt zu bleiben mit den magnetischen Kraftfeldern und den allmählichen Trends des sich verändernden Gleichgewichts. Kein Plan bestimmt dieses Vorgehen, und dennoch ist das Resultat dank der regulierenden Funktion der Tradition und der Stärke der bewahrenden Instinkte eine in Bewegung befindliche Kontinuität, hinter der der Europäer allzu leicht wohlüberlegte List und unaufhörliches Ränkeschmieden vermutet. Diese Nation scheint, wie die Natur, über unermeßlich viel Zeit zu verfügen, sie kann sich erlauben, die härtesten Forderungen an die Leidensfähigkeit des einzelnen zu stellen, und sie glaubt sich berechtigt, das Opfer ungezählter Menschenleben und ungeborener Werke des Geistes hinzunehmen. Kein genialer Baumeister gab dem so entstandenen Bauwerk das Gepräge, es ähnelt eher dem stillen Wachstum der Felsen und der sie bedeckenden Moose.

Die Bewegungen, die den Kurs der japanischen Politik in den dreißiger Jahren bestimmten, gehorchten unverkennbar einem anderen Lebensrhythmus. Die innere Krise, die aus dem langwierigen, blutigen Kampf dieser Kräfte mit den Hütern der nationalen Tradition erwuchs, zeigt sich so als ein paradoxer Konflikt: zwischen einer tatendurstigen Generation, die im Stil der westlichen Jugend nach Entschlossenheit rief, jedoch angeblich gegen die westliche Vorherrschaft über den Geist und die Politik Asiens kämpfte, und auf der anderen Seite den Strebungen älterer Männer, die furchtlos eine Assimilation westlicher Elemente förderten, die Integration Japans in die Weltwirtschaft befürworteten und geduldig die Arbeit in Richtung auf sozialen Fortschritt unterstützten, jedoch an den alten, wohlbekannten fernöstlichen Verhaltensweisen des Beobachtens, der Nichteinmischung, des *laissez-faire*, der Passivität und des Abwartens festhielten.

Es war nicht das erste Mal, daß allem Anschein nach nicht-ostasiatische Kräfte, von Europa inspiriert, über die Japaner Macht gewannen. Von dem ersten großen Einiger des japanischen Kaiserreichs am Ende des 16. Jahrhunderts, Toyotomi Hideyoshi, hat ein Kenner[1] östlicher Kunst gesagt, daß seine ehrgeizigen Pläne den wagemutigen Unternehmungsgeist der in weiter Ferne lebenden Menschen des Westens widerspiegelten, die zu jener Zeit ins Blickfeld des japanischen Volkes rückten und in seine Sphäre des Handelns eindrangen, und daß die Kunst jener Epoche denselben Wunsch nach Größe, materieller Macht, dramatischer, heldenhafter Gebärde und grandioser Planung bezeugt. Japanische Kunstausstellungen der zurückliegenden Jahre ließen eine Wiederkehr des Stils der Momoyama-Ära erkennen, mit einigen seiner starken und vielen seiner schwachen Seiten ..., lange bevor die Auseinandersetzung mit der Vergangenheit auf politischem Gebiet deutlichen Ausdruck fand. Auch hätte jeder, der wissen wollte, »was in der Welt passiert«, gut daran getan, auf solche künstlerischen Tendenzen und Symptome zu achten, die manchmal vielleicht mehr über die geistige Situation einer Nation verraten als offizielle Pamphlete und private Meinungen.

Die Weisheit des Ieyasu

Ein Dichter der Tokugawa-Ära hat die geistige Physiognomie der drei großen Männer, die die japanische Neuzeit heraufführten, an einem bildhaften Beispiel verdeutlicht: Wie sie wohl mit einer sangesunwilligen Nachtigall umgegangen wären. Oda Nobunaga hätte sie töten lassen, Hideyoshi hätte sie zum Singen gezwungen, Ieyasu hätte geduldig gewartet. In Ieyasu, dem Augustus-ähnlichen »Befrieder« Japans, machte sich der heimische Genius des Ausharrens und der Kontinuität mit der größten Kraft und Klarheit geltend. Er begründete einen Frieden, der zweihundertundsechzig Jahre währte, ermahnte jedoch die Nachfolger in seinem Vermächtnis:

»Wenn im Reich Frieden herrscht, vergeßt nicht die Gefahr eines Krieges und beratet euch mit den *Fudai*-Vasallen, damit die Kampfeskünste nicht verkümmern ... Das Schwert ist die Seele des Kriegers.«

1 Binyon, Laurence, *Japanische Kunst*, Berlin 1910, S. 37.

Aber »Der rechte Gebrauch des Schwerts«, ein weiterer Abschnitt im Vermächtnis, hält fest,

»daß es die Barbaren bezwingen sollte, indem es schimmernd in der Scheide steckt. Sobald es gezogen wird, macht man nicht mehr richtig von ihm Gebrauch. Ebenso besteht die rechte Anwendung militärischer Macht darin, daß sie den Feind schon besiegt, solange der Befehl zu ihrem Einsatz noch in der Brust verschlossen bleibt. Wer mit einem Heer ins Feld rückt, dem mangelt es an wahrem Wissen. Diejenigen, die das Amt des Shōgun innehaben, sollten sich besonders über diesen Punkt im klaren sein.«[1]

Wenn die Natur dadurch, daß sie den Menschen mit Intellekt ausstattete, den Krieg auch zu einer allzeit gegenwärtigen Potentialität gemacht hat, gab sie dem Menschen doch auch die Freiheit, aus dieser Potentialität die Weisheit zur Schaffung eines fruchtbareren und dauerhafteren Friedens zu gewinnen. Dies war zumindest die Weisheit des Ieyasu, der einem mehr als hundertjährigen Bürgerkrieg entschlossen ein Ende setzte und der es nicht zuließ, daß der kriegerische Geist seiner *samurai* sich in einem Angriff auf fremde Völker entlud. Sogar Hideyoshi, nachdem er weitreichende Pläne zur Eroberung Asiens gefaßt und auf dem Kontinent entscheidende Schlachten gewonnen hatte, wies seine Nachfolger schließlich an, von diesen trügerischen Vorhaben abzulassen, die selbst im Falle ihres Erfolgs die moralischen und materiellen Ressourcen Japans überbeanspruchen und das gesamte Reich gefährden würden. Die Männer, die in den dreißiger Jahren das Leben Japans mit dem Geist des westlichen Aktivismus durchsetzten, dachten anders. Sie verkannten nicht nur die in den westlichen Demokratien weiterlebende Kraft und den dubiosen Charakter der faschistischen Demagogen, sondern verschlossen ihre Augen auch vor der Erkenntnis, daß ein Land, das sich den Werten der Stabilität und Kontinuität verschrieben hat, es sich nicht erlauben darf, die Kriegstrommel zu rühren und seine eigene Existenz aufs Spiel zu setzen.

1 Sadler, A. L., *The maker of modern Japan*, London 1937, S. 389 u. 304.

5. Arcana Imperii

Politische Theologie

Für einen Japaner ist das Geheimnis der Kraft und Kontinuität des japanischen Staatskörpers, des wahren *arcanum imperii* Japonici, bis in neuere Zeit einfach und wie selbstverständlich gewesen: Die Japaner sind ein Volk, das von den Göttern (*kami*) abstammt und daher an deren Wesen teilhat; sie werden in ununterbrochener Folge seit den »Anfängen von Himmel und Erde« von einer Dynastie lebendiger Götter regiert, Kindern der Sonnengöttin Amaterasu-ō-mikami. Sogar die japanischen Inseln sind Götter: Erstgeborene der Schöpfergötter Izanagi-no-mikoto und Izanami-no-mikoto, in denen man unschwer alte Gottheiten des Himmels und der Erde erkennen kann. Die Sonne selbst stammt von jenen Inseln, die Nippon oder Ursprung der Sonne heißen.

Dieser mythische Glaube, der für die Japaner fünfzehn Jahrhunderte lang maßgebend war, ist uns nicht so unvertraut, wie die meisten Japaner denken. In den Hochkulturen Ägyptens und Babyloniens, auf die wir die Anfänge unserer eigenen Kultur zurückführen, mindestens dreitausend Jahre vor dem legendären Regierungsantritt des japanischen Kaisers (*tennō*), gilt der Herrscher als göttlich, entweder als Nachkomme oder als Stellvertreter der höchsten Götter, und der ganze Stamm, Stadtstaat oder das gesamte Reich werden als identisch mit dem Herrscher und der Gottheit empfunden, die nicht nur die an sie Glaubenden beschützt, sondern sie auch im Krieg führt und ihre Verträge garantiert. So liegt der Unterschied nicht in der Art der politischen Theologie, sondern darin, daß diese in Japan bis in ein spätes Stadium hinein weiterlebte, in dem der Westen solche Auffassungen und Kulte längst nicht mehr kannte. Offensichtlich kann aus solchen Mythen eine Stärke der politischen Strukturen erwachsen, wie sie die säkulare Vernunft beim Aufbau eines Staates nie zu schaffen vermag. Es erhebt sich die Frage, wie sie sich so lange halten konnten und inwieweit sie bis in die heutige Zeit der alles erfassenden Kritik und des fast unterminierten Glaubens lebendig geblieben sind.

Das Wesen der *kami*

Von der Natur jener Wesen, zu denen vor japanischen Shintō-Schreinen gebetet wird und deren Mythen das *Kojiki* und *Nihongi* erzählen, hat Motoori Norinaga, der Größte unter Japans Philologen, in der zweiten Hälfte des 18. Jahrhunderts eine fast phänomenologisch genaue Beschreibung geliefert:

»Die *kami* sind irgend etwas nicht nur Erhabenes, Gutes oder Bedeutendes, sondern auch außerordentlich Böses oder Mysteriöses, oder, wie die Leute zu sagen pflegen, etwas Furchteinflößendes... Unsere *kami* sind verschiedenartig und vielförmig, einige sind vornehm, einige bescheiden, einige stark, einige schwach, einige wohlwollend, einige boshaft.«

Nicht nur Menschen dürfen den Namen *kami* tragen, sondern auch Vögel und Tiere, Pflanzen und Bäume, Berge und Seen, kurz »alles, was Macht von besonderer Art und Würde besitzt oder verdient, gefürchtet oder verehrt zu werden«. Unter den nichtmenschlichen *kami* sind laut Motoori am wichtigsten der Donner, die Drachen-Kobolde (*tengu*), die Füchse, Tiger und Wölfe. Er schreibt weiter:

»Felsen, Baumstümpfe, Pflanzenblätter und anderes sollen im ›Zeitalter der Götter‹ der Sprache mächtig gewesen sein. Sie sind auch *kami*.«[1]

Dasselbe Wort wird benutzt, um Herrscher, aber auch andere Männer und Frauen von hohem Ansehen zu benennen und auszuzeichnen. Arai Hakuseki, ein einflußreicher konfuzianischer Gelehrter der frühen Tokugawa-Ära, schrieb wenige Generationen vor Motoori:

»Das Wort *kami* ist in der japanischen Sprache ein Ehrentitel, und einige Ideogramme für ›Herr‹ und ›höherer Beamter‹ lassen sich auch als *kami* lesen. Das Haar auf dem Kopf heißt auf Japanisch ebenfalls *kami*. Alles, was oben ist, wird mit dem Wort *kami* bezeichnet.«[2]

Dies bestätigt auch B. H. Chamberlain mit dem Hinweis, daß die ursprüngliche Bedeutung »Höhe« oder »oben« ist. Im allgemeinen Sprachgebrauch wird die Regierung oft »o kami« genannt und die

1 Satow, Sir Ernest, *The revival of pure Shin-tau*, In: *Transactions of the Asiatic Society of Japan*, Neudruck Bd. 2, Yokohama 1927, S. 207 u. 208.

2 Anzu, Motohiko, *Fundamental elements of Shinto rituals*, *Cultural Nippon*, Bd. 9, Tōkyō 1941, S. 8

Herrin eines Hauses »o kami san«. Was »oben« ist, wird gefürchtet, und die Gefürchteten verfügen über die Macht, die andere zum Gehorsam zwingt.

Der Mangel an moralischer Unterscheidung beim Gebrauch des Worts *kami* macht weitgehend erklärlich, weshalb weder das *Kojiki* noch das *Nihongi* davor zurückscheuen, über einige der frühen Kaiser Geschichten von entsetzlicher Grausamkeit zu erzählen, jene aber trotzdem weiter als »lebende Götter« galten. Japanische Forscher haben behauptet, daß die abscheulichen Taten, die Buretsu Tennō (etwa 504–510) zugeschrieben werden, nie von diesem japanischen Monarchen begangen worden seien, sondern von einem gewissen koreanischen König von Paekche (Kudara), dessen Geschichte mit der von Buretsu vermengt worden sei.[1] Begebenheiten, die mit den Namen von Buretsu Tennōs Vorgängern verknüpft sind, wurden als Textstellen gedeutet, die chinesischen Geschichten und Sagen entstammen. Diese schilderten gern in lebhaften Farben die abgrundtiefe Bosheit bestimmter, von einer neuen Dynastie entthronter Kaiser, um nach chinesischer Sitte den Nachweis zu erbringen, daß der Vorgänger durch seine Übeltaten das himmlische Mandat, über das Reich (*t'ien hsia*, »was unter dem Himmel ist«) zu regieren, verwirkt habe. Es ist durchaus möglich, daß die japanischen Kompilatoren der Chroniken oder ihre kontinentalen Helfer es für nötig erachteten, solche Stellen einzufügen, um die japanischen Geschichtsdarstellungen an die Musterbeispiele chinesischer Literatur, Metaphysik und Ethik anzugleichen. Beachtenswert bleibt dennoch, daß dies geschehen konnte, ohne daß die Frage aufkam, ob solche Unholde als Götter gelten dürfen, die im Auftrag der Sonnengöttin handeln. Offenbar genügte jene Abstammung, um sie als *kami* auszuweisen.

Unter diesem Gesichtspunkt kann es nicht überraschen, daß eine aufgeklärte staatliche Sachverständigenkommission, die vor einigen Jahrzehnten beauftragt wurde, zu prüfen, ob Shintō eine Religion sei, zu einer negativen Antwort gelangte. Die *kami*-Vorstellung scheint einer Phase anzugehören, die vor der Entstehung monotheistischer, polytheistischer und mystischer Religion liegt. Vielleicht bildete sie deren Keimzelle oder Nährboden als ein Gefühl der Präsenz unbegreiflicher, mächtiger, »ganz anderer« Wesenheiten, die darum als »flüchtig und fürchterlich« (ein

1 Reischauer, Karl Robert, *Early Japanese history*, Teil A, London 1937, S. 131.

immer wiederkehrendes Beiwort) beschrieben wurden. Aus dieser uranfänglichen Sphäre stammt sehr wahrscheinlich auch das polynesische *mana* (und das chinesische *te*). Ob die Vorstellung einer solchen »Macht« ihren Ursprung hat in der dominierenden Gestalt eines Vaters, Vorfahren, Herrschers, Medizinmanns oder Schamanen oder in der unsichtbaren Welt übernatürlicher »Wesenheiten«, zu der jene Gestalt Verbindung herzustellen weiß, ist eine Frage, die nicht weiterführt; denn beide gehören von vornherein zusammen.

Zumindest in Japan wird dieses Vermögen als eine hervorstechende Eigenschaft des Herrschers empfunden. Als die ersten Europäer zur Audienz beim Shōgun oder Kaiser vorgelassen wurden, wunderten sich die Japaner am meisten darüber, daß jene imstande waren, in deren »Drachengesicht« zu blicken, ohne irgendwelche körperlichen Schäden davonzutragen. Für die Japaner galt es als ein ungeschriebenes Gesetz, in Anwesenheit des Kaisers ihren Blick zu senken. Eine Art magisch-spiritueller Aura schien ihn zu umgeben, und jeder, der ihm begegnet war oder gar ein kleines Geschenk, Reiswein oder Kuchen, von ihm empfangen hatte, galt noch in den dreißiger Jahren dieses Jahrhunderts als jemand, der an der *mana*-ähnlichen Ausstrahlung dieses Gottes in Menschengestalt teilhatte. In Tōkyō hieß es, daß die Mietpreise in den Straßen, in denen ein kaiserlicher Prinz wohnte, höher seien als anderswo. Morgan Young, einer der schärfsten Kritiker Japans, mußte zu seiner Verwunderung feststellen:

»Es fällt auf, daß die Jugendlichen in christlichen Höheren Lehranstalten sich andächtig und totenstill verhalten, wenn das *Erziehungsedikt* (ein nationaler Moralkodex, den der Meiji-Kaiser 1890 erließ) verlesen wird, während beim Gebet und bei der Bibellektüre ein ständiges Scharren mit den Füßen und Geflüster zu hören ist.«[1]

Die Bibel und das Gebetbuch mögen zu guten Werken und zu einer hohen Gesinnung erziehen, aber für diese jungen Japaner haben sie nicht an dem *mana* Teil und sind dadurch nicht durch dasselbe *tabu* geschützt.

Die amoralische Natur jener *kami* wird wiederum von Motoori deutlich ausgesprochen:

1 Young, Arthur Morgan, *Shinto, the rise of a pagan state. Japan's religious background*, New York 1939, S. 138.

»Da der Kaiser die Verkörperung des Willens der Amaterasu ist, muß man ihm gehorchen, ohne seine Taten in Frage zu stellen. Die Sonnengöttin sagte niemals: ›Gehorche ihm nicht mehr, wenn er Böses tut!‹, und daher denkt niemand daran, ihm seine Vollmacht zu nehmen, gleichviel ob sein Tun gut ist oder schlecht.«[1]

Der Mensch

Während die japanischen Götter entweder gut oder böse sind, ist der Mensch nach allgemeiner japanischer Auffassung von Natur gut, das heißt: dazu veranlagt, in Übereinstimmung mit den Geboten der Gruppenmoral zu handeln. Genaugenommen bedarf er gar nicht der moralischen Belehrung, solange er nur der Stimme seiner innersten Natur folgt. Wo immer er Böses tut, ist die Ursache des Unheils nicht in ihm selbst zu suchen, sondern in Verunreinigungen, die von außen kommen. Shintō kennt keine Sünde, die als Böses im menschlichen Herzen wohnt, sondern nur viele Situationen, in denen die Gefahr besteht, von außen her befleckt zu werden, und diesen kann der Mensch durch Reinigungsriten abhelfen, die wie ein Fluß alles Unreine hinwegspülen.

Das Händewaschen der Andächtigen vor dem Betreten eines Schreins, das Spülen des Mundes, das Schwenken eines heiligen Stabs durch Priesterhand und das Rezitieren von Ritualen gehört zu den allgemeinen Mitteln der Reinigung. Es gibt anspruchsvollere Vorschriften, die von höheren Stufen des religiösen Bewußtseins herrühren und die eine innere Reinigung und Disziplinierung voraussetzen, bevor die Gemeinschaft mit den strahlendsten und wohltätigsten Gottheiten gesucht werden darf. Aber auch hier wird das Gute nicht errungen, indem man das einem angeborene Böse bekämpft, sondern indem man sich Impulsen dessen überläßt, was man für die wahre Natur des Menschen und der Götter hält. Es ist leicht zu sehen, wieviel Heiterkeit und Selbstsicherheit aus einer solchen Einstellung erwächst, die aus den instinktiven Tiefenschichten eines Geistes kommt, der von Gewissenszweifeln und der Qual eines inneren Dualismus unberührt bleibt. Ebenso klar ist, daß Männer und Frauen, die auf dieser Ebene kindlichen Einklangs mit sich selbst leben, leicht jeder plötzlichen Regung, die in ihrer Seele unwiderstehlich wie eine

1 Satow, Sir Ernest, *The revival of pure Shin-tau*, a.a.O., S. 227

Macht der Natur aufbricht, nachgeben werden, oder aber den Forderungen, die durch Befehle der »Oberen« oder Zwänge der »Umstände« auf sie zukommen.

Diese Verhaltensweisen der Japaner zeigen sich nicht nur im Bereich des einheimischen religiösen Lebens, den man im allgemeinen mit Shintō, d. h. »Weg der Götter«, bezeichnet. (Gemeint ist der Weg der japanischen Götter, in Unterscheidung vom Weg des Buddha und anderer religiöser Lehrer.) Jene Tendenzen wirkten auch frühzeitig in die einflußreichste buddhistische Sekte hinein, als Hōnen und Shinran (12.–13. Jahrhundert) ihren Anhängern rieten, den natürlichen menschlichen Impulsen zu folgen, und dem einzelnen Erlösung versprachen, sofern er nur am Glauben an die unendliche Barmherzigkeit Amida Buddhas festhielt: Dessen Namen in der Todesstunde auszusprechen, rettet die Seele, einerlei was für ein Leben hinter ihr liegt. Für den Westländer verwirrend genug, geht diese Lehre von dem puren Gegenteil der Shintō-Auffassung aus: von der Überzeugung, daß der Mensch ein sündhaftes Wesen sei. Aber diese konträre Lehrmeinung ist insofern von geringer Bedeutung, als auch hier »Sünde« etwas ist, was von außen her aufgehoben werden kann, und die sündhafte Tat etwas, dem nicht durch strikte Verbote und bittere Gewissensskrupel Einhalt geboten werden muß. Es will so scheinen, als ob diese Lehren, die ursprünglich die Befriedigung sexueller Wünsche erlauben sollten, in neuerer Zeit politische Bedeutung erlangt haben. Die Religion Amida Buddhas erleichterte dem militanten Nationalismus das Erreichen seiner Ziele zumindest dadurch, daß sie den fanatischen Patriotismus anderer stillschweigend duldete.

Reduktion

Die Japaner heben hervor, und zwar zu Recht, daß fast alle fremden Kulturelemente, die in das Leben ihrer Nation eingingen, auf dem Boden ihres Landes gründlich umgeformt worden sind. Auf religiösem Gebiet zeigt sich diese Umwandlung vor allem in der Reduktion eines Glaubens und Gedankens auf ein System des Rituals und der Zeremonie. Über Nichiren, den Gründer der japanischsten aller japanischen buddhistischen Sekten, hat Professor Anesaki, ein berühmter Vergleichender Religionswissenschaftler, geschrieben:

»Er reduzierte das Ganze seiner Religion auf eine einfache Methode, die des Vortragens des ›Heiligen Titels‹ der Lotos-Schrift in der Formel Namu myōhō-renge-kyō, was ›Heil dem Lotos der Vollkommenen Wahrheit‹ bedeutet. Sie war für ihn keine bloße Worthülse, sondern eine wirkliche Verkörperung der in dem Buch geoffenbarten Wahrheit, denn der Titel stand stellvertretend für die gesamte Offenbarung, die die Verehrer Buddhas sich geistig und in ihrer Lebensführung zu eigen machen sollten. Das Wort ›Heiliger Titel‹ auszusprechen, bedeutete laut Nichiren, sich in die Erleuchtung der Buddhaschaft zu erheben und zugleich das Ich mit der kosmischen Seele in Einklang zu bringen.«[1]

Die Ausartung des religiösen Lebens in ein Herbeten von Formeln, die magische Kraft besitzen, ist weder eine Besonderheit dieser militanten buddhistischen Sekte noch des japanischen Volks insgesamt. Aber es gibt keine große Nation, die mehr als die Japaner – seien es Shintoisten, Buddhisten oder andere – auf solche zauberkräftigen Worte, wunderwirkende Riten und beschützende Talismane vertraut.

Das religiöse Leben Japans ist – auch wenn man von den buddhistischen und christlichen Elementen ganz absieht – eine sehr komplexe Größe. Die Glaubensgehalte und Kulte, die zu *shintō* gehören, umfassen eine breite Vielfalt religiöser Erfahrung. Es gibt zahllose Götter und Göttinnen verschiedenster Herkunft und Funktion, und die Überlieferung von diesen Gottheiten hat sich in vielen Schichten aufgebaut, die uralte Prozesse der Verschiebung, gegenseitigen Durchdringung, Anziehung und Abstoßung, Umwertung und Rationalisierung erkennen lassen – so daß das Endergebnis kaum weniger verwirrend ist als das, was wir in der griechischen oder christlichen Religion vorfinden. Wenn man das Augenmerk jedoch nicht auf das weite Feld mündlich und schriftlich überlieferten religiösen Sagenguts richtet, sondern darauf, welchen Anteil jene Glaubensvorstellungen und Riten am wirklichen Leben des modernen Japaners haben, tritt eine starke Vereinfachung zutage. Der Andächtige kennt die Mythen oft gar nicht oder hält sie für uninteressant. Der Ritus hat sich vom Mythos gelöst und stereotype Formen angenommen. Vormals muß es anders gewesen sein, doch die Vorliebe des japanischen Geschmacks für pragmatische Vereinfachungen und magische Etikette ist bereits im frühen Stadium erkennbar.

1 Anesaki, Masaharu, *History of Japanese religion*, London 1930, S. 192 u. 193.

Heute wird der Reisende erfahren, daß nicht einmal die Leute, die in der Nachbarschaft eines Shintō-Schreins wohnen, die Namen der Gottheiten kennen, zu denen sie beten – (wenngleich sich der wißbegierige Ausländer klarmachen sollte, daß in manchen Fällen die Befragten sich vielleicht unwissend stellen, um die magisch wirksamen Götternamen nicht einem Fremden preiszugeben). Die staatlichen Beauftragten, die nach der Meiji-Restauration Ordnung in den Wildwuchs der Shintō-Kulte bringen sollten, scheinen auf erhebliche Schwierigkeiten gestoßen zu sein, als sie feststellen wollten, welche Gottheiten in bestimmten Schreinen verehrt wurden, und es unterliefen ihnen einige schwerwiegende Fehler bei der Namenszuschreibung, etwa im Fall des wichtigen Nibukawa Jinja.[1] Wenige gebildete Leute haben jemals das *Kojiki* gelesen, das am höchsten verehrte Geisteswerk der japanischen Vorzeit. Universitätsstudenten und Schüler der Höheren Schulen haben im allgemeinen nur geringe Kenntnisse von der Mythologie ihrer Nation und zeigen häufig nicht einmal das leiseste Interesse an Riten und der volkstümlichen Überlieferung. Kein Richard Wagner hat versucht, den Mythos in ein Sinnbild von zeitloser Bedeutung umzuschaffen. Tradition bleibt nichts als Tradition.

Das *Kojiki* und *Nihongi*, die offiziellen Sammlungen mythischen Sagenguts aus dem 8. Jahrhundert, bieten einige einander widersprechende Varianten solcher Mythen dar, wie sie verschiedenen Quellen entnommen wurden, und zeigen damit offen ihre Indifferenz gegenüber den widersprüchlichen Aussagen. Andererseits stimmen die mythischen Erzählungen oft nicht mit dem Charakter des volkstümlichen Ritus an den Kultstätten überein. Susanowo-no-mikoto, im *Kojiki* und *Nihongi* der Raufbold und ungestüme Missetäter unter den Himmelsgöttern, wird auf Erden als ein gutherziger Helfer von jungen Leuten angerufen, die heiraten wollen, und Ōjin Tennō, ein Kaiser, von dem keine andere kriegsbezogene Tat berichtet wird als daß seine Mutter, die Kriegerkaiserin Jingo Kōgo, ihn während der Invasion Koreas übernatürlich lange in ihrem Leib trug, wurde vor allem von Rittern unter dem Namen einer (wahrscheinlich buddhistischen) Gottheit namens Hachiman verehrt, deren Name in den offiziellen Mythen-

1 Ponsonby-Fane, R. A. B., *Nibukawakami Jinja*, in: *Transactions of the Asiatic Society of Japan*, Neue Serie Bd. 10, Yokohama 1939.

sammlungen nicht auftaucht. Auch die Mythen der Götter von Kamo, des großen Heiligtums in der Gegend von Kyōto, das von der kaiserlichen Familie beschirmt wurde, sind in diesen Büchern nicht enthalten.

Zwei tiefverwurzelte Tendenzen des japanischen Geistes scheinen an der Entstehung jener merkwürdigen Indifferenz gegenüber Einzelheiten der mythischen Tradition mitgewirkt zu haben: erstens die wenig ausgebildete Neigung, den Ursprung und die Bedeutung von Göttern und Dingen zu erforschen und eine logische Verknüpfung zwischen verschiedenen Einzelteilen der Tradition und Erfahrung herzustellen; zweitens das starke Bestreben, an dem festzuhalten, was unter pragmatischem und politischem Gesichtspunkt lebenswichtig ist.

Sowohl das *Kojiki* als auch das *Nihongi* enthalten kosmologische Einleitungen, die einheimische, chinesische und polynesische Elemente zu einem komplexen Ganzen verweben. Es muß das Werk kontemplativer Priester gewesen sein. Die theologische Spekulation lebt auch heute noch in der Nähe einiger Heiligtümer. Die Nation scheint sich nie sonderlich um sie gekümmert zu haben. Metaphysische Aussagen über Dinge zu machen, die man nicht aus der wirklichen Erfahrung kennt, und an solcher Spekulation Freude zu finden, gilt üblicherweise als eine chinesische Eigenart, deren Fehlen im eigenen Land die Japaner eher als einen Vorzug empfinden. Der wahre Interpret japanischen Glaubens ist hier wieder Motoori, der nie müde wurde, gegen die intellektuellen Eitelkeiten der Chinesen zu eifern, denen er den kindlichen Glauben an die Wahrheit der japanischen Göttersagen gegenüberstellt. Diese, so behauptet jener japanische Tertullian, können nicht einfach deshalb falsch sein, weil sie der Vernunft widersprechen: Wären sie nicht wahr, hätten die Menschen derart phantastische Erzählungen nicht von einer Generation auf die andere weitergegeben ... – eine sehr japanische Version des *credo quia absurdum*. So ist Amaterasu-ō-mikami laut Motoori die Sonne selbst (nicht eine Gottheit, die in der Sonne wohnt oder über diese herrscht), in Japan geboren und in wundersamer Weise die Vorfahrin des japanischen Kaisers.

Wenn man mit Bergson Götter und Mythen als einen Versuch der Lebenskräfte deutet, den Menschen vor Gefahren zu bewahren, die aus dem unkontrollierten Gebrauch seines Intellekts erwachsen, scheinen die Japaner in der Tat eifersüchtig darauf bedacht zu sein, die Hervorbringungen des Gott-heraufbeschwörenden, mythenbildenden Quasi-Instinkts auf die begrenzten Dimensionen zu beschränken, die gerade noch die Ausübung jener Funktion erlauben. Dem Menschen Halt und der Gesellschaft Kohäsion durch den Glauben an unsichtbare »wirksame« Wesenheiten zu geben, wird als unerläßlich erachtet; dagegen gilt es als unnötig und gefährlich, im Glauben den Kräften des Fabulierens und der Spekulation Raum zu geben. Um jene urzeitlichen Glaubensvorstellungen am Leben zu erhalten, ist nicht viel mehr nötig als das Ausüben einer kleinen Zahl von stereotypen zeremoniellen Gesten. Wenn diese eingehalten werden, leben die Anschauungen ungehindert fort. Das ist das unbewußte Kalkül jener gottbildenden Kräfte der Natur.

Durch diese reduzierende Tendenz des japanischen Geistes konnten Relikte einiger Primitivstufen der Religion weiterbestehen und als Ligamente in der gesellschaftlichen Struktur eines hochintellektualisierten Zeitalters dienen. Solange einzelne Mythen herausgelöst und für sich betrachtet werden, scheint die Frage nach ihrem Wahrheitsgehalt die Japaner wenig zu beunruhigen. Entscheidend ist, daß die Funktion ihrer mythischen Welt im ganzen erhalten bleibt. Auf einzelne Göttersagen kann man ruhig verzichten, wenn sie unglaubwürdig oder fremder Herkunft sind. Der Mythos als solcher bleibt unangetastet, er lebt in einer Sphäre jenseits von Wahrheit und Unwahrheit und ist Ausdruck einer vitalen Kraft, an den absoluten Wert der Nation und ihre Sendung zu glauben. Der moderne Japaner mag sich um die Mythen vieler Götter nicht kümmern, aber seine eigene Nation wird er immer als ein mythisches Wesen empfinden, solange die Tradition nicht ihre rätselhafte Macht über ihn verliert. Wo dies in der Vergangenheit einem Mann von Einfluß widerfuhr, war die Wahrscheinlichkeit groß, daß er von Männern zum Schweigen gebracht, aus dem Amt gejagt oder ermordet wurde, für die dieser zentrale Mythos weiterhin eine Quelle lebendiger Kraft bedeutete.

Staats-Shintō

Vor dem Ende des Kriegs unterschieden die Kulturbehörden zwischen volkstümlichem, staatlichem oder Schrein-Shintō und Shintō-Sekten. Die erstgenannte Gruppe umfaßte eine große Vielfalt von Haus- und Feldkulten, wie es sie bei vielen Völkern in allen Kontinenten gibt, und eine Reihe von okkulten Praktiken, um Götter und Tote herbeizurufen – ein Brauchtum, das Gemeinsamkeiten mit den Stämmen Nordostasiens und mit dem alten China aufweist, sich heute aber schon im Aussterben befindet und an die Ränder entlegener Dörfer gewichen ist, die selber bereits von leistungsstarken Genossenschaften, elektrischen Anlagen und den Verlockungen des Kinos geprägt sind. Die Shintō-Sekten gedeihen in einer üppigen Vielfalt von Neugründungen. Sie gingen aus dem Bestreben hervor, die ursprüngliche Sphäre religiöser Tradition mit bestimmten Formen eines erotischen, therapeutischen oder geheimen politischen Mystizismus anzureichern, entweder unter dem unbewußten Einfluß der Theosophie und Christlichen Wissenschaft oder als eine eigenartige Parallelbewegung zu diesen Strömungen.

Der Staats-Shintō versicherte, überhaupt keine Religion zu sein, sondern ein System von Staatszeremonien. Er verlangte nur die gebührende Verrichtung angemessener Gesten des Respekts und der Verehrung an bestimmten Schreinen – in einem Geist des Patriotismus und der Loyalität gegenüber dem Kaiser. Als in den dreißiger Jahren christliche Studenten sich weigerten, derartige Forderungen zu erfüllen, schrieb das Erziehungsministerium an den Erzbischof von Tōkyō:

»Die Verneigung, die von den Studierenden der Höheren Schulen und Schülern der Mittel- und Grundschulen erwartet wird, hat keinen anderen Zweck als den, ihre Gefühle der Treue und Liebe zu ihrem Land sichtbar auszudrücken ... Die Schreine und Monumente, die für diese staatlichen Zeremonien reserviert worden sind, stehen unter der Verwaltung der Regierung und unterscheiden sich von denen, die rein religiösen Riten dienen.«[1]

Es verdient Beachtung, daß die römisch-katholische Kirche mit ihrem tiefverwurzelten Sinn für den Wert der Zeremonie und die quasi-magische Kraft der Riten durch Entscheidung der *Heiligen Kongregation zur Verbreitung des Glaubens* katholischen Studenten erlaubt hatte, diese Zeremonien als Ausdruck »kindlicher Ehrerbietung gegenüber der kaiserlichen Familie und den Helden des Landes« auszuüben.

1 Holtom, Daniel Clarence, *The national faith of Japan, a study in modern Shinto*, London 1938, S. 298.

In der Vorkriegszeit vermieden es die für die japanischen Schulen erstellten Lehrbücher sorgfältig, irgendwelche religiösen Aspekte des Staats-Shintō zu betonen. Das *Geschichtsbuch für Grundschulen* beginnt folgendermaßen:

»Die erste Vorfahrin des Kaisers heißt Amaterasu-ō-mikami. Diese Göttin war von außerordentlicher Tugend, und sie lehrte uns als erste den Anbau von Reis und Gerste auf unseren Feldern und die Seidenraupenzucht, wodurch sie zum Besten der Nation handelte.«

Das *Lehrbuch für die Hand des Lehrers* legt den Sonnencharakter der Amaterasu allegorisch aus:

»So sind der Glanz und die Universalität ihrer reichen Tugend genauso wie die Sonne, die den Himmel mit ihren Strahlen erfüllt und die ganze weite Welt erleuchtet, wodurch alle Dinge ihr Wachstum empfangen.«

In der *Neuen Vaterländischen Geschichte für Mittelschulen* werden die »Anfänge der Nation« wie folgt beschrieben:

»Die Überlieferung sagt, daß es in der sehr frühen Geschichte unseres Landes zwei *kami* gab, männlich und weiblich, die die Namen Izanagi-no-mikoto und Izanami-no-mikoto trugen. Diese beiden erzeugten das Große-Acht-Inseln-Land (Japan) und erzeugten Amaterasu-ō-mikami und Susanowo-no-mikoto. Wegen ihrer überaus großen Tugend wurde Amaterasu-ō-mikami zur Herrscherin über Takama-ga-hara (die Himmlische Ebene).«

Das *Handbuch für Mittelschulen*, das Professor Nakamura Kōyō von der Kaiserlichen Universität Tōkyō verfaßte, ging noch weiter darin, Überreste der Naturmythologie und kosmischen Theogonien zu beseitigen:

»In alten Zeiten gab es zwei *kami* namens Izanagi-no-mikoto und Izanami-no-mikoto. Sie öffneten (ein Ausdruck, der im Japanischen den Prozeß der Zivilisierung bezeichnet K. S.) das Große-Acht-Inseln-Land. Ihr Kind Amaterasu-ō-mikami herrschte über Takama-ga-hara und strahlte wie die Sonne Segen auf alle Dinge aus.«[1]

Izanami und Izanagi waren laut *Kojiki* und *Nihongi* alte Götter des Himmels und der Erde, die durch Zauberhandlungen die japani-

1 Ebenda., S. 81 u. 83.

schen Inseln schufen und außerdem – entweder durch Fortpflanzung oder durch einen Reinigungsakt Izanagis – die höchste Gottes-Triade, die ausersehen war, über die drei Hauptgebiete des Universums zu herrschen. In dem *Handbuch* sind sie zu bloßen Vorfahren geworden. Auf diese Weise ging man ein für allemal einem Konflikt mit den Lehren der »natürlichen Evolution« aus dem Weg; Zweifeln wurde Rechnung getragen, ehe sie sich überhaupt verbreiteten und die Gemüter beunruhigten – und dies sogar schon bevor der Kaiser auf seinen Gottesrang verzichtete.

Naturgötter und Ahnengötter

Die meisten westlichen Autoren waren von diesen euhemeristischen Auslegungen nicht zu überzeugen. Kritiker wiesen auf augenfällige Ähnlichkeiten hin zwischen vielen japanischen Göttern – einschließlich jener, die in den kaiserlichen Genealogien eine wichtige Rolle spielen – und Naturgöttern und Kulten in anderen Ländern und Epochen. Lange bevor die westliche Vergleichende Religionswissenschaft eingeführt worden war, hatte unter japanischen Gelehrten eine Diskussion darüber stattgefunden, ob die Shintō-Götter als zum Gott erhobene Naturphänomene (wie Sonne, Mond, Sturm, Bäume, Pflanzen und Berge) oder als Apotheose von Menschen (wie Vorfahren, Herrscher und Weise) betrachtet werden sollten. Die ersterwähnte Auffassung wurde auf höchst gelehrsame Art von Motoori Norinaga verteidigt, dem Vater jener geistigen Bewegung, die drei Generationen später zur Restauration der Kaiserherrschaft führte. Die zweite Ansicht kommt am klarsten in dem *Magano-hire* von Ichikawa Kakumei zum Ausdruck, einem Zeitgenossen und Gegner Motooris:

> »Das japanische Wort *kami* war schlicht ein Ehrentitel; da er jedoch verwendet wurde, um das chinesische Zeichen *shin* (*shen*) zu übersetzen, nahm er eine Bedeutung an, die er vorher nicht besessen hatte. Die Vorfahren der Kaiser waren keine Götter, sondern Menschen und verdienten es zweifellos, wegen ihrer Tugend verehrt zu werden, aber ihre Taten waren weder wunderbar noch übernatürlich. Wenn die Vorfahren lebender Menschen keine Menschen waren, sind es eher Vögel oder Tiere gewesen als Götter.«[1]

1 Satow, Sir Ernest, *The revival of pure Shin-tau*, a.a.O., S. 192.

Es hätte Flauberts Bouvard und Pécuchet amüsiert und fasziniert, daß diese heterodoxe Erklärung Ichikawas in entsprechend abgewandelter Form zum Grundstein des offiziellen Staats-Shintō gemacht worden ist, während die orthodoxe Lehre Motooris in den ursprünglich aus dem Westen kommenden Erkenntnissen über die Entstehung von Naturreligionen wiederkehrte, die die japanischen Protestanten dem Shintō-Kult kritisch entgegenhalten. Dieser Zustand der Verwirrung sollte genügen, um zu zeigen, daß schon die Ausgangsfrage falsch gestellt wurde.

Die Diskussion zwischen Naturalisten und Euhemeristen scheint in der Tat am entscheidenden Punkt vorbeizugehen. Abgesehen von späteren Hinzufügungen zum Kult und Mythos durch Vergöttlichung von Männern aus historischen Zeiten und durch Erweiterung und Rationalisierung älterer Mythen zwecks Erklärung von Naturphänomenen, entstanden die japanischen Mythen zu einer Zeit, als weder Menschen *als solche* noch Sonne und Donner *als solche* zu Göttern erhoben wurden. Diese urzeitliche Sphäre der Religion blieb unerkannt, solange die Menschen späterer Zeiten sich die Götter nur aus dem Staunen über bestimmte Naturphänomene (meist metereologischer Art) erklärten oder aber aus der Furcht, die Träume sowie Toten- und Geistererscheinungen ausgelöst hatten. In diesem Jahrhundert konnte ein vertieftes und präziseres Wissen von den frühesten Anfängen und Entwicklungsstufen der Religion gewonnen werden; doch die Diskussion über die japanische Religion scheint von diesen neuen Einsichten wenig profitiert zu haben. Dabei ist kein anderes nationales System der Glaubensüberzeugungen und Kulte in der Praxis so nah an jenen dunklen, fernliegenden Ursprüngen geblieben wie Shintō mit seinem nie nachlassenden Hang, die Götter und Riten auf einen Umgang mit unpersönlichen Manifestationen höherer, außerordentlicher, magischer »Kräfte« zu reduzieren, die als achtunggebietende Gestalten eines Vaters oder Ahnen, Herrschers oder Priesters, Tiers oder Baums, Schwertes oder Donnerschlags verstanden werden können, weder ganz identisch mit diesen, noch rein bildhaft, sondern in einem Zustand verharrend, der indifferent gegenüber derartigen logischen Unterscheidungen bleibt: »wirksame Wesenheiten«, die dem Gläubigen mehr im Handeln als in fester Gestalt sichtbar sind und die durch bestimmte Maßnahmen des »Bannens« unter Kontrolle gebracht werden können.

Es ist von sekundärer Bedeutung, ob diese Vorstellungen ihren Ursprung in der heiligen Scheu vor Menschen, Riten oder Dingen hatten, die eine weit über die Kräfte innerhalb des eigenen Stammeslebens hinausgehende Hilfe zu versprechen schienen; oder ob ihre ersten Manifestationen in den Fruchtbarkeitsriten des Heiligen Ortes oder in dem Ahnenkult für den Alten Mann des Stammes oder dessen Anführer zu suchen sind; und ob dieses Stammeshaupt deshalb Anführer wurde, weil es auf sich und seinen Klan die Macht des Heiligen Ortes übertrug; oder ob die in der Außenwelt erfahrene magische Kraft (*mana*) nur ein Überrest der Mächte ist, die in den Handlungen des Magiers oder des magisch wirkenden Führers gespürt wurden. Wichtiger ist, daß in diesem Stadium weder die Idee einer historischen Persönlichkeit noch eines materiellen Gegenstands aufgetreten ist und daß im japanischen Shintō die Vorstellungen sowohl von Menschen als auch von Naturgegenständen und Naturvorgängen viel von ihrem ursprünglich indifferenten Charakter beibehalten haben. Sie bleiben halb-handelnde, halb-persönliche Wesen, dämonische Quellen der Hilfe und Störung, sind daher weder gut noch böse, Wesenheiten von undeutlichen Konturen und wechselnden Schwerpunkten, gestaltlose Kinder jener weit zurückliegenden Nächte und Dämmerstunden, in denen die ersten Anfänge der Magie und Religion, die Vorstellung von *mana* und der Gottesgedanke langsam aufkeimten. Japanische Schreine beherbergen im Allerheiligsten *shintai* (Gott-Körper), die weder unmittelbare Verkörperungen noch Symbole, noch Wohnstätte der *kami* sind: ein Hain oder Wasserfall, ein Stein oder Schwert, ein Spiegel oder ein Fliegenwedel.* Ob man sie sieht oder nicht, sie *sind* der Gott und *sind es nicht*. Der Glaube an die Mythen mag abgenommen haben, die Kulte mögen auf rituelle Formen des Worts und der Gebärde reduziert worden sein, aber der Umgang des Menschen mit diesen nicht greifbaren Wesenheiten dauert fort.

»Obwohl ich überhaupt nicht weiß«, schrieb der Mönch Saigyo im 12. Jahrhundert vor dem Schrein von Ise, »ob irgend etwas Verehrungswürdiges geruht, hier gegenwärtig zu sein, treten mir doch voller größter Ehrfurcht Tränen in die Augen.«[1]

1 Waley, Arthur, *Japanese poetry, the »uta«*, Oxford 1919, S. 102.

* Der zu den Kultgegenständen des Shintō zählende Fliegenwedel (jap. *nusa*) ist dazu da, Geister abzuwehren, Unheil abzuwenden und den Menschen zu reinigen. Seine Kraft wird auf einen Gott zurückgeführt, der unmittelbar darin wirksam ist. (*Anm. d. Hg.*)

Das Leben der Gottheit ist nicht von dem ihrer Anbeter zu scheiden. Sie ist im Vollzug der Gebete und Reinigungsriten gegenwärtig wie auch im Zustand meditativer Versenkung und in den Gesten der Verehrung – und zwar in einem tieferen Sinne präsent, als alle materiellen Dinge oder bloßen menschlichen Funktionsträger es sein können. Die eigentümliche Überlebenskraft des Shintō in Zeiten buddhistischen und westlichen Einflusses ist auf seine Undurchlässigkeit gegenüber derartigen Strömungen zurückzuführen und auf seine Abneigung dagegen, sich weit vom Felsengrund seiner religiösen Ursprünge zu entfernen. Da er mehr ein Geschenk der Natur als des Geistes ist, richtet sich der Glaube in dieser uranfänglichen Sphäre auf das Wohl des Stammes, läßt sich von gesellschaftlichen Impulsen lenken und lehnt alles ab, was das Überleben der »kleinen Gruppe« gefährden könnte.

Politische Mythologie

Über die griechischen Götter schrieb Herodot, daß Homer und Hesiod sie geformt hätten.[1] Mit gleichem Recht läßt sich sagen, daß die Götter Japans von Führer-Priestern der Klans geprägt wurden. Von der Entstehung einzelner Mythen und Kulte sind nur noch blasse Spuren vorhanden, doch das kosmologische und genealogische Pantheon des *Kojiki* und *Nihongi* trägt unverkennbar die Züge von Männern, die es darauf abgesehen hatten, den Rang und die Würde eines jeden Klans zu begründen, aus den mythischen Beziehungen ihrer Vorfahren Ansprüche auf Herrschaft über Land und Leute abzuleiten und territorialen Streitigkeiten durch Systeme theogonischer Abstammung ein Ende zu bereiten. Für mutmaßliche frühere Stufen von Volks- und Totemkulten finden sich nur ungewisse und wenige Beweise. Zu historischen Zeiten wurde in bestimmten Klans das Priesteramt meist weitervererbt. Der Priester hieß *kan-nushi*, Gott-Besitzer, und nur er allein konnte zwischen dem Gott und dem Stamm kraft der göttlichen Substanz seines ererbten Bluts vermitteln. Kultus und Herrschaft sind eng verbunden, wenn nicht sogar identisch; das Wort *matsuri-goto* umfaßt beides. Der japanische Kaiser ist der Ranghöchste dieser priesterlichen Vermittler. Daher führen die

1 Herodot, *Historien*, Buch 2, Kap. 49.

Theogonien und Sagen des *Kojiki* bis zu den Genealogien der Kaiser und den Berichten von ihrer Regierungszeit. Das entscheidende Ereignis ist das Herabsenden auf die Erde des Enkels der Amaterasu, der über die japanischen Inseln als Stellvertreter und Verkörperung der Sonnengöttin herrschen soll. Alle wichtigen Mythen dienen dem Zweck, auf dieses Geschehen vorzubereiten oder sich von ihm herzuleiten. Alles übrige ist Beiwerk.

Die politische Physiognomie des japanischen Mythos ist oft fehlgedeutet worden. Man hat angenommen, daß das *Kojiki* und *Nihongi* zu einem relativ späten Zeitpunkt ad hoc konstruiert worden sind, um den Anspruch der kaiserlichen Familie auf Herrschaft über ganz Japan zu untermauern; und daß die japanischen Götter als Personifikationen von Naturkräften ins Leben traten und später zu aristokratischen Vorfahren umgeformt wurden; und schließlich, daß die Überlieferungen oder Fälschungen jener aristokratischen Klans gezielt überprüft, abgewandelt und wenn nötig unterdrückt worden sind, um im Kampf um die absolute Vorherrschaft die Stellung des Kaiserhauses gegenüber rivalisierenden Klans zu stärken. Der im 18. Jahrhundert weitverbreitete Verdacht, daß überall Pfaffenlist am Werk sei und darauf hinarbeite, unschuldige Völker unter das Joch autokratischer Regimes zu zwingen, will offenbar in den Köpfen aufgeklärter Geister nicht aussterben, auch wenn es an überzeugenden Beweisen für jene Hypothese mangelt, die mit nahezu Newtonscher Gewißheit vorgebracht wird.

Hier wie auf anderen Gebieten der alten Geschichte hat die neuere Forschung, indem sie die Instrumente der historischen Kritik nicht nur auf die Tradition, sondern auch auf die traditionelle Kritik der Tradition anwandte, es als wahrscheinlich nachgewiesen, daß eine erstaunliche Anzahl von Ereignissen, von denen das *Kojiki* und *Nihongi* berichten (einige gehen bis weit in das 3. Jahrhundert zurück), als historisch gelten dürfen.[1] Was den Gedanken der Abstammung des Kaiserhauses von der Sonne betrifft, haben die Arbeiten von Sir Grafton Elliot Smith und W. J. Perry[2] die organische Verbindung dieser Mythen mit ähnlichen Vorstellungen bei ägyptischen, indischen und südpazifischen Völkern aufgezeigt. Bei allen steht das Königtum der Sonnenkinder im

1 Wedemeyer, André, *Japanische Frühgeschichte*, Deutsche Gesellschaft für Natur- und Völkerkunde Ostasiens, Tokyo 1930.

2 Perry, W. J., *The primordial ocean*, London 1935.

Mittelpunkt, ob sie nun historisch miteinander verknüpft sind, wie jene Schule annimmt, oder aber spontan aus ähnlichen Situationen und Kräften entstanden sind.

Es gibt kaum ernsthafte Gründe zu bezweifeln, daß der kaiserliche Klan der Amaterasu-Nachfahren seinen Führungsanspruch auf den Besitz einer Reihe von talismanartigen Insignien[1] (Pfeil, Spiegel, Schwert, ›Edelstein‹) und auf ein himmlisches Mandat gründete, das ihm von der ersten himmlischen Vorfahrin anvertraut worden war. Innerhalb dieses Klans traten gelegentlich Rivalitäten zwischen verschiedenen Thronprätendenten auf, denn eine zeitlang scheint ein klares Erbfolgerecht gefehlt zu haben. Die Führung dieses Klans beanspruchte keine absolute Vormacht über alle anderen aristokratischen Klans, jedoch eine hegemoniale Autorität in Kult-, Kriegs- und Klan-Angelegenheiten. Als die offiziellen Dokumente in der Nara-Zeit (8. Jahrhundert) kompiliert wurden, konnte kein rivalisierender Klan es sich erlauben, sich der Herrschaft der Amaterasu-Nachfahren zu widersetzen, die seit dem 3. Jahrhundert (unter der Regierung von Sujin Tennō) ihr Gebiet vom zentralen Yamato auf das gesamte Festland von Kyūshū auszudehnen begannen. Als im 7. Jahrhundert Prinz Shōtoku und später der Nakatomi-Staatsmann Kamatari die hegemoniale Stellung des Amaterasu-Klans in eine absolutistische Monarchie nach chinesischem Vorbild umwandelte, waren die alten genealogischen und kosmologischen Überlieferungen schon zu einem zusammenhängenden Ganzen verdichtet worden, und zwar in Zusammenwirken mit verschiedenen Klans. Prinz Shōtoku soll, als er die ersten Aufzeichnungen über das Reich verfaßte, mit dem Oberhaupt der Soga-Familie zusammengearbeitet haben, dem einzigen ernstzunehmenden Rivalen in der kaiserlichen Erbfolge; und von den Soga heißt es, daß sie versuchten, diese Schriften zu verbrennen, als kaiserliche Truppen ihr Schloß erstürmten: ein Vorfall, der nahelegt, daß das Werk die Rechtsansprüche der kaiserlichen Familie bestätigt haben muß. In den mythischen Berichten, wie sie uns in der Fassung des frühen 8. Jahrhunderts[2] vorliegen, sind hier und da Spuren von Klan-Politik erkennbar, doch sie beziehen sich weniger auf die Schlüsselstellung der kaiserlichen

1 Holtom, Daniel Clarence, *The Japanese enthronement ceremonies, with an account of the imperial regalia*, Tōkyō 1928.

2 Nihongi. *Chronicles of Japan from the earliest times to A. D. 697*, übers. von W. G. Aston, London 1924.

Familie als auf die Bedeutung, die bestimmten nicht-kaiserlichen Klans zukam.

Daß die Nakatomi-Fujiwara-Familie*, die seit dem 7. Jahrhundert zu säkularer Macht aufgestiegen war, die Überlieferung umschrieb, um ihre eigenen Klan-Ziele durchzusetzen, wird von einer rivalisierenden Priesterfamilie, den Imibe, mit guten Gründen behauptet, die im 9. Jahrhundert das *Kogoshūi*** gemäß der Tradition ihres Hauses herausbrachten:

»Erst in der Taihō-Ära (679–707) kurz vor der Vollendung des *Kojiki* und *Nihongi* K. S.) besaßen die Japaner amtliche Verzeichnisse der Shintō-Götter. Selbst dann fehlte aber noch eine vollständige Aufzählung der Shintō-Götter und Schreine, und für die nationalen Shintō-Riten war noch keine rechtmäßige Grundlage geschaffen. Als die Regierung ein Buch über Shintō-Schreine zusammenzustellen begann, die in der Tempyō-Ära (727–749) offiziell registriert waren, griff die Nakatomi-Familie, die in religiösen Angelegenheiten am einflußreichsten war, eigenmächtig ein und überwachte streng die Kompilation, und infolgedessen wurden alle Schreine, auch die ganz unbedeutenden, verzeichnet, die zu den Nakatomi eine Verbindung aufwiesen, während andererseits sogar die berühmtesten Schreine, wenn sie zu jenem Haus nicht in Beziehung standen, darin keinerlei Erwähnung fanden.«[1]

Ein Punkt der Imibe-Kritik war, daß die Nakatomi-Fujiwara (die damals das Privileg an sich rissen, Mütter künftiger Kaiser sowie höchste zivile Beamte und Berater aus ihren Reihen zu stellen) es unterließen, den Schreinen der Sonnengöttin von Ise besondere Ehre zu erweisen, während sie versuchten, die Priesterschaft von Ise zu einem Monopol ihres eigenen Klans zu machen. Man gewinnt den Eindruck, daß die frühen mythischen und kultischen Traditionen nicht von der Kaiserfamilie erfunden worden sind, um ihre Herrschaft zu begründen, sondern von Klans verwendet wurden, die verschiedene erbliche Ämter am Hof innehatten, um diese

1 Kogushūi, *Gleanings from ancient stories*, übers. von Katō Genchi u. Hoshino Hikoshiro, Tōkyō [2]1925, S. 44.

* Der Führer des Nakatomi-Klans, Nakatomi no Kamatari (614–669), eine der bedeutendsten Gestalten der japanischen Geschichte, bekam 669 den Familiennamen Fujiwara verliehen. Die Fujiwara errangen durch geschickte Politik eine überaus starke Machtposition und übten einige Jahrhunderte lang maßgeblichen Einfluß aus. (*Anm. d. Hg.*)

** Das *Kogoshūi*, ein privates Geschichtswerk, stellt eine kritisch-polemische Nachlese zum *Kojiki* und *Nihongi* dar. (*Anm. d. Hg.*)

Macht- und Ehrenpositionen zu sanktionieren und auszubauen. Sowohl das Kernstück des Amaterasu-Sagenkreises als auch des Mythos vom himmlischen Enkelsohn liest sich, als wären einige wetteifernde Klans darauf bedacht gewesen, ihren Anspruch auf Rang und Amt am Hof dadurch zu festigen, daß sie ihre Klan-Vorfahren mit den heiligsten Traditionen des Volkes in mythische Verbindung brachten. Diese Annahme erhärtet sich durch die Art und Weise, wie der Nakatomi-Vorfahr in den Mythos vom »Rückzug der Sonnengöttin in die Höhle« einbezogen wird. Offenkundig ist sein Mitwirken dort überflüssig, und die Texte sind in einem späten Schreibstil gehalten, der an chinesisches Ritual erinnert. Wie hier von den Ahnenmythen des Kaiserhauses Gebrauch gemacht wird, deutet darauf hin, daß diese den älteren Schichten der japanischen Klantradition angehören, die in früher Zeit mit Sonnenkulten des 3. Jahrhunderts aus Korea und mit Himmelssohnvorstellungen chinesischer Herkunft (Chou- und Han-Dynastien) eng verschmolzen wurden, die genügend Zeit und Gelegenheit hatten, im ersten halben Jahrtausend christlicher Zeitrechnung, wenn nicht schon früher, auf den japanischen Inseln Fuß zu fassen.

Kontinuität

Es wäre daher ganz falsch, die Shintō-Mythologie für eine Erfindung aus neuerer Zeit zu halten, vergleichbar mit den Pseudomythen, die verschiedene Vertreter totalitären Denkens wie Rosenberg mit dem sogenannten »Mythos des 20. Jahrhunderts« verwendet haben. Einige Formulierungen des Nipponismus*, die unter westlichem Einfluß für politische Zwecke geprägt wurden, sind in Wirklichkeit schwülstige Mischungen aus Propaganda und Spekulation. Doch es besteht ein wichtiger Unterschied. In Deutschland sind die nordischen Götterkulte längst ausgestorben; in Italien drohte das mythische Rombild zu einem bloß rhetorischen Ornament zu verkümmern. In Japan hat der Gebrauch und Mißbrauch einheimischer Religion sich auf eine sehr alte Tradition

* Mit *Nipponismus* bezeichnet Singer hier die nationale Bewegung, die den Shintōismus und den Kaiser ins Zentrum des Staatsdenkens rückte und den alten japanischen Geist (*Yamato damashii*) wiederzuerwecken trachtete. Der Ultranationalismus und Militarismus wurden zum Nutznießer dieser staatsreligiösen Denkrichtung. (*Anm. d. Hg.*)

von ungebrochener Kontinuität und erstaunlicher Plastizität stützen können. Es trifft zu, daß diese Glaubensgehalte lange Zeit politisch inaktiv blieben, als sieben Jahrhunderte hindurch die wirkliche Macht des Kaisers bis zur Bedeutungslosigkeit herabgesunken war. Nicht weniger wahr ist jedoch, daß der Kaiser in jenen Epochen nicht nur der religiöse Mittelpunkt der Nation geblieben war, sondern auch die höchste weltliche Autorität.

Sowohl Yoritomo, der Begründer des Shogunats, als auch Ieyasu, der Yoritomos Vorstellungen weiter in die Tat umsetzte, haben nie den Glauben in Frage gestellt, daß Japan ein Land der *kami* sei und von einer Dynastie der Amaterasu-Nachfahren beherrscht werde. Sie beließen es dabei, dem politischen Leben Japans einen ziemlich hohen Grad an Stabilität zu sichern, indem sie eine starke Zentralgewalt schufen, die ursprünglich auf privaten Lehnspflichten aufbaute und mit der Zeit diese feudalistischen Formen immer mehr zur Schaffung eines autoritären Polizeistaats nutzte, in welchem der Kaiser die Rolle eines *pontifex maximus* übernahm oder er vielmehr eine Stellung beibehielt wie die Nachfahren der archaischen Könige in Griechenland.

Selbst als Yoritomo zum Staatsfeind erklärt und öffentlich zu strenger Verbannung verurteilt wurde, »kam seine tiefe Verehrung für das Kaiserhaus einer Religion gleich«.[1] In unruhigen Zeiten mochte der Kaiser zu äußerster Armut und Machtlosigkeit herabgesunken sein, aber die pure Tatsache, daß er seinen Lebensunterhalt durch den Verkauf von Papierstreifen aufrechterhalten konnte, die er mit seinem Namenszug oder einem Gedicht beschriftet hatte, bezeugt die geradezu religiöse Geltung, die ihm nach wie vor zukam. Ein neuerer japanischer Forscher, der der offiziellen Geschichtsschreibung seines Landes höchst kritisch gegenübersteht, beschließt seine pathetische Lebensbeschreibung der Kaiser des 16. Jahrhunderts mit den Worten:

»Obwohl Japan seine dunkelste und schwierigste Zeit zu bestehen hatte, behielt die geheiligte nationale Überlieferung, daß der Kaiser ein unmittelbarer Nachkomme der Sonnengöttin ist, im Volk ihre große Bedeutung, und ein Werk von des Kaisers Hand zu besitzen galt als eine Ehre; man sah darin sogar einen göttlichen Zauber wirken.«[2]

1 Asakawa, K., *The founding of the shogunate by Minamoto-no-Yoritomo*, I. Seminarium Kondakovianum, recueil d'études, Bd. 6, Praha 1933, S. 122.

2 Kuno, Yoshi S., *Japanese expansion on the Asiatic continent*, Bd. 1, Berkeley u. Los Angeles 1937, S. 116f.

Als sich die japanische Nation in der Mitte des 19. Jahrhunderts der Doppelgefahr eines Verfalls von innen und einer Unterwerfung von außen gegenübersah, griffen die Führer der revolutionären Erneuerungsbewegung spontan auf die ungeschmälerte Autorität des kaiserlichen Throns zurück, als den einen festen Dreh- und Angelpunkt in einer chaotischen Welt, scharten die Nation um den Kaiser und retteten den Staat. Diese Leistung gründete sich nicht auf politisches Kalkül, Propaganda oder Zwang. Sie rührte von unversehrt gebliebenen Gefühlen her, von den Funken eines Glaubens, der aus der Asche nie ganz vergessener Heiligtümer leicht wieder entfacht werden konnte, und von dem instinktartigen Wissen um die Binde- und Heilkraft des Mythos und Kultus. Einem Reich dadurch Einheit zu verleihen, daß man den Monarchen zum Objekt religiöser Verehrung macht, ist seit den Tagen Sargons und Ramses' die große asiatische Tradition. Die eigentümliche Art und Weise, wie der Shintoismus reorganisiert wurde und in der restaurierten Monarchie eine bestimmte Funktion zugewiesen bekam, erinnert – wie Professor Allen[1] klug bemerkt hat – an die Religionspolitik, Innovation und Restauration des Kaisers Augustus und seines Kreises. Eine vergleichbare Politik wurde im chinesischen Han-Reich und im Neuen Reich Ägyptens betrieben. Was die Meiji-Ära von diesen unterscheidet, ist der fließende Zustand, in dem alle Glaubensinhalte belassen wurden, während die Riten und inneren Einstellungen unverändert fortbestanden.

Der Zauberbann

Diese Besonderheit ruft Jane Harrisons Feststellung in Erinnerung:

»In ihrer größeren Weisheit sahen die Griechen, daß die Einförmigkeit des Rituals sowohl wünschenswert als auch möglich war; sie gewährten dem Menschen praktisch nur in der Sphäre Freiheit, in der Freiheit wirklich wichtig ist, auf dem Gebiet des Denkens.«[2]

1 Allen, G. C., *Japan: the hungry guest*, London 1938, S. 330. In *A history of Japan* (Bd. 1, S. 375) hatte James Murdoch bereits Yoritomo mit Augustus verglichen.
2 Harrison, Jane E., *Prolegomena to the study of Greek religion*, Cambridge [3]1922, S. 156.

In der Tat war vor dem Krieg innerhalb des japanischen Lebensalltags der Freiraum für private Gedankenflüge keineswegs eng bemessen. Die staatlichen Behörden schritten im allgemeinen nur gegen Personen ein, deren Aktivitäten aus profanen und politischen Gründen unerwünscht erschienen, wobei sie sie gewöhnlich des »Verstoßes gegen den öffentlichen Frieden« oder des »mangelnden Respekts vor dem Thron« bezichtigten. Die Trennlinie zwischen dem, was ungestraft gesagt und gedruckt werden durfte, und dem, was den Verlust des Amtes, der Freiheit oder des Lebens nach sich ziehen konnte, war schwer zu erkennen. Die Entscheidung darüber schien von Fall zu Fall und von Person zu Person neu getroffen zu werden, je nach der politischen Lage.

Was die religiösen Überzeugungen anbelangt, herrschte nicht weniger Freiheit als im alten Griechenland. Der Hauptunterschied lag darin, daß die Japaner so wenig Bereitschaft zeigten, von dieser Freiheit Gebrauch zu machen. Sie gaben sich ganz damit zufrieden, die alten Riten auszuüben, entweder in bäuerlicher Stummheit und Scheu oder aber mit jenem künstlerischen Formgefühl, das einen gebildeten Konfuzianer dahin bringt, peinlich genau das Zeremoniell zu befolgen, wenn er zu Göttern betet, an deren Existenz er durchaus zweifeln mag. Den heiligen Hain oder Schrein aufzusuchen, den Mund und die Hände zu spülen, den Kopf zu senken, in die Hände zu klatschen – all diese Gesten scheinen, sobald das Bewußtsein sich von den weltlichen Dingen gelöst hat, die Seele in Verbindung mit ihrer Herkunftssphäre zu bringen, einem flüchtigen Medium, in dem mit undeutlichen Konturen und wechselnden Zentren die Vorfahren der eigenen Familie, der Herrscher über die Nation, die Seele des Reichs und der lenkende Geist des Kosmos zu Hause sind.

Dann und wann – jedoch erstaunlich selten bei einem so wißbegierigen und rastlosen Volk – durchbricht eine Priesterschule oder ein einsamer Denker diesen hypnotischen Bann, getrieben von dem Drang nach einer tieferen Deutung und breiteren Sicht. Bis ins 14. Jahrhundert hinein hatte sich der Mythos, wie die Texte vieler Nō-Spiele zeigen, ein bestimmtes Maß an Plastizität bewahrt. Seitdem hat kein Dichter es gewagt, jenen archaischen Schatten neues Leben einzuhauchen, und welche mystische Inspiration auch immer in der Dichtung fortleben mag, sie spricht nicht die Sprache des Shintō. Das religiöse Leben ist in einen Zustand vegetativer Apathie zurückgefallen. Die Seelen der Verstorbenen zu

»befrieden« war einst sein oberstes Ziel. Das Abenteuer philosophischen Denkens und künstlerischen Schaffens scheint diesen Prozeß des Beruhigens, »Beschwichtigens« und Harmoniestiftens nur zu stören, der eine Hingabe an das Unbewußte und die Automatismen eines Schlafwandlers verlangt.

Blickt man aus einigem Abstand auf diese Lebensform, überkommen einen ähnliche Gefühle wie Lafcadio Hearn, als er zum ersten Mal einen japanischen Bon-Tanz beim alljährlichen Fest der Totenwiederkehr[1] erlebte:

»Unter dem gleitenden Mond, mitten in der Runde, fühle ich mich als einer, den der Zauberbann des Kreises umfängt. Und wahrlich, dies ist Bezauberung; ich bin berückt, berückt von dem geisterhaften Winken der Hände, von dem rhythmischen Gleiten der Füße, und vor allem von dem Flattern der wundersamen Ärmel – schemenhaft, lautlos, samtweich wie der Flügelschlag großer tropischer Fledermäuse. Nein, nichts, was ich je geträumt, kommt diesem gleich. Und bei dem Gedanken an die uralten Hakaba* hinter mir und die geheimnisvollen Willkommensgrüße ihrer Laternen und die Geistervorstellungen, die sich an diese Stunde und diesen Ort knüpfen, überkam mich ein namenloser, prickelnder Schauer, unter Gespenstern zu weilen. Doch nein! Diese anmutigen, schweigenden, winkend sich hin- und herbewegenden Gestalten gehören nicht zu den Bewohnern des Schattenreichs, für deren Kommen weiße Feuer entzündet wurden – der Klang eines süßen, klaren, bebenden Lieds strömt wie Vogelsang von den Lippen eines Mädchens und fünfzig weiche Stimmen fallen ein:
Sorōta soroimashita odoriko ga sorōta,
Sorotte, kita hare yukata!
(›Gleichförmig für das Auge wie Reisähren im Feld, alle gleich in sommerliche Festgewänder gekleidet, hat sich die Tänzerschar versammelt.‹)«

Die Gruppe

Hindu-Legenden berichten von Menschen, die durch das Eintauchen in einen Strom von Grund auf verwandelt wurden. Die Japaner, ein Volk, dessen Vorliebe für das Baden in heißen Quellen einer Leidenschaft gleichkommt, scheinen ähnliche Verwandlungen durchzumachen, wenn sie sich dem flüssigen Element ihres alten Rituals anheimgeben. Sie gehen daraus besänftigt, erfrischt und gestärkt hervor, belehrt durch ein geheimnisvolles Wissen um

* Begräbnisstätte (*Anm. d. Hg.*)

1 Hearn, Lafcadio, *Glimpses of unfamiliar Japan*, London 1894, Bd. 1, Kap. 6.

Mensch und Leben, das ihnen die rastlose Reflexion in der Welt des Bewußtseins nie zu vermitteln vermochte. Nichts könnte tröstender wirken, einen unruhigen Geist mehr zu Konformismus und Unterwerfung einladen und ihn leichter dazu veranlassen, den Forderungen der Obrigkeit nachzugeben, als ein Shintō-Priester, der folgenderweise spricht:

»Im wesentlichen ist der Schrein dazu da, um die Götter anzubeten und alles hinter sich zu lassen, auf daß eine Vereinigung mit ihnen stattfinde. Durch Teilhabe am göttlichen Leben, das die Begrenztheit des Einzellebens übersteigt, wird der Mensch selbst zum Gott. Die Verehrung Gottes findet im eigenen Inneren statt, und der Gott wird bewogen, sich darin niederzulassen. Auf diese Weise wird der kleine Einzelmensch zum Ausdruck und zur Manifestation der Götter, die als höchste Herrscher über unbegrenzte Macht verfügen. Aufgrund der Gottesanbetung gewinnt der Einzelmensch, der dem körperlichen Verfall und Untergang nicht entgehen kann, eine Existenz, die unsterblich und ewig ist und immer noch schöner erblüht. So gewinnt eines jeden Leben und Treiben an innerer Festigkeit, der einzelne findet zu innerlicher Ruhe, und das Leben bekommt einen Sinn. Was hier mit Sinnfindung gemeint ist, darf nie am Maßstab des persönlichen Erfolgs abgelesen werden, sie bedeutet vielmehr, als Untertan treu an der Stützung der kaiserlichen Herrschaft mitzuwirken. Sie bedeutet, gemeinsam mit unseren Ahnen zu einem Körper zu werden und den traditionellen Geist unserer Vorfahren zu unserem eigenen zu machen... Die Gottheiten in den Schreinen gehören in fundamentaler Weise zur Existenz der Nation, sie zu verehren und anzubeten heißt, sich mit dem Kaiserreich in Einklang zu bringen... Sie selbst sind das Reich.«[1]

Was für den westlichen Christen nichts anderes als ein bedauerlicher Antiklimax sein kann, ist in den Augen des Japaners die Erfüllung seiner Existenz. Die »Religion der kleinen Gruppe« schien manchmal nahe daran zu sein, den Kreis, den der Wille zu nationaler Selbsterhaltung gezogen hatte, zu durchbrechen, zumindest dazu bereit, Zugang zu der wahren Quelle spirituellen Lebens zu suchen. Doch sobald man diese Kräfte wachrief, wurden sie sofort wieder dem Nutzen der Gruppe dienstbar gemacht. Die Japaner rühmen sich oft der Toleranz, die ihre verschiedenen Regierungen fremden Religionen und Denkrichtungen, dem Konfuzianismus und Buddhismus, dem Christentum und westlichen Philosophien gewährt haben. Allzuoft schien die Weite dieser

1 Takemoto, Toyonosuke, *Shūkyō-teki ni miteiru jinja*, *Yomiuri Shinbun*, 15. und 16. Juni 1937. Eine Übersetzung findet sich in: *The national faith of Japan* von Daniel Clarence Holtom, London 1938, S. 292 u. 293.

Toleranz aber nur das Ausmaß an Irrelevanz anzuzeigen, das Ideen und Praktiken beigemessen wurde, die dem nationalen Staatskörper (einem quasi-mythischen Wesen, das alles, was in seinem Namen getan und erlitten wird, rechtfertigt) nicht entstammten und seinen Zwecken nicht dienten. Immer wenn auch nur die geringfügigste Möglichkeit eines Konflikts mit den Erfordernissen der nationalen Selbsterhaltung (wie die politischen Machthaber sie verstanden) sich abzeichnete, löste dies äußerst heftige Gegenmaßnahmen aus. Es wurden Heiligtümer niedergerissen und Bücher verboten, Männer ihres Amtes, ihrer Ehre, wenn nicht ihres Lebens beraubt. Dergleichen geschah freilich nicht nur in Japan, und unter den Opfern befand sich kein Sokrates.

Daß man das Land seiner Herkunft als »Gottes eigenes Land« empfindet und in dem eigenen Volk ein Vorbild an Humanität und den vornehmsten Streiter im Kampf zwischen dem Licht und den Mächten der Finsternis erblickt, ist ebenfalls nicht allein auf Japan beschränkt. Nur Weise und Märtyrer, die sich einer Autorität verpflichtet fühlten, die nicht von dieser Welt ist, haben gewagt, dem Recht auf Selbsterhaltung bestimmte Grenzen zu setzen. Die Einzigartigkeit des japanischen Staatswesens liegt in seiner instinktartigen Entschlossenheit, wenn es sein muß lieber Irrtümer auf sich zu nehmen, als die soziale Kohärenz oder die politische Kontinuität preiszugeben. Lykurg und Cato dem Älteren wäre es wohl leichter gefallen, diese Nation zu verstehen, als den westlichen Beobachtern von heute, die eher dazu neigen, die andere Alternative zu suchen. Jene täten jedoch gut daran, einmal die zwar schmerzliche und traurige, aber unerbittliche Botschaft aus dem 4. Kapitel des Buches Nehemia (Vers 11 und 12) zu bedenken:

»Die da bauten an der Mauer und die Last trugen von denen, die ihnen aufluden, mit einer Hand taten sie die Arbeit und mit der andern hielten sie die Waffe.
Und ein jeglicher, der da baute, hatte sein Schwert an seine Lenden gegürtet und baute also.«

III

Werte

Mein Umgang gleicht dem der Sonne darin, daß er allen Menschen gilt und Guten wie Bösen ein freundliches Gesicht zeigt. Mir scheint, keiner ist wirklich schlecht, und der Schlimmste ist wie der Beste, solange man ihn im Bezirk seiner guten Anlagen hält: keines Menschen Herz ist von so mißhelliger und disharmonischer Natur, daß ein wohlgestimmter Sinn daraus nicht eine Melodie hervorlocken könnte.

Sir Thomas Browne, *Religio Medici*

1. Schöpferische und rezeptive Kräfte in der japanischen Kultur

Das Muster der Muster

Ein Fremder, der auf den japanischen Inseln landet, wird bald bemerken, daß er sich in eine Welt begeben hat, die auf allen Gebieten des Denkens und Handelns ihrem eigenen Gesetz folgt: ein merkwürdiges, mächtiges Feld magnetischer Kräfte. In diesem geistig-gesellschaftlichen Raum gilt eine andere als die ihm bisher vertraute Geometrie, nicht selten den Gesetzen jenes »Landes hinter dem Spiegel« ähnlich, das Lewis Carrol seine kleine Alice betreten ließ: wo das Zugehen auf ein Haus nur weiter von ihm wegführt und wo das Zurückweichen ein näheres Herankommen bedeutet. Schwerpunkte und Linien geringsten Widerstands sind hier anders gelagert, und Flüsse laufen in Rhythmen, die der Berechnung zu spotten scheinen, unbekannten Meeren zu. Das Orientierungsvermögen und die Wertskalen scheinen beständig gestört. Selbst in den Kleinigkeiten des Alltagsverhaltens sind oft unsere Begriffe von Rechts und Links, Vorher und Nachher, Schenken und Empfangen, Sitzen und Aufstehen, Sprechen und Schweigen fast systematisch vertauscht. Die Gebärden der Männer und Frauen, die Formen der Gefäße, die Kadenz der Sätze, die Etikette eines Gastmahls, das Benehmen einer Schulklasse tragen nicht weniger als die Gedichte, Bauten, Bilder, Gärten, Blumenvasen solche Zeichen aufgeprägt, die diesem Land und nur ihm eigen sind und zwischen denen ein Sinnzusammenhang waltet, der sie zu strenger Bildungseinheit zusammenschließt.

Kein herrischer Wille, kein alldurchdringender Verstand hat die Vielfalt dieses Lebens in Alltag und Fest einem vorgegebenen Plan unterworfen. Die Norm dieses Lebens kann leicht gefühlt, aber schwer in Formeln ausgesprochen werden. Sie läßt einen weiten Spielraum zu, und ihre Elastizität ist ebenso erstaunlich wie ihre Beständigkeit. Je länger und inniger man in diese Formenwelt eindringt, desto klarer erscheint sie als eine Lebensordnung, die nicht einer widerstrebenden Materie ein für allemal von außen aufgezwungen ist, sondern als eine *Gestaltung*. Es ist ein auf Spontaneität wie auf Tradition gegründetes Sich-Zusammenordnen von Lebensvorgängen, aus dem sich ein echtes Gebilde aufbaut, das seiner Umwelt eingepaßt ist, doch im Aufnehmen und Bewirken, Wählen und Ausscheiden, Erneuern und Erhalten seinem eigenen Gesetz folgt: »Geprägte Form, die lebend sich entwickelt.« (Goethe)

Da jeder Lebensvorgang eine ihm eigentümliche Struktur besitzt, liegt hier ein Gefüge von Gefügen, eine Figur von Figuren vor, eher einer Melodie vergleichbar als einem Natur- oder Vernunftgesetz. Es ist eine solche Gestalt der Gestaltungen, die die Beziehungen von Mensch zu Mensch, öffentlichem Leben und privatem Dasein, Kunst und Philosophie, Politik und Mythologie, Erotik und Gesetz bestimmt und den Kulturelementen eine Art von Familienähnlichkeit verleiht, indem sie ihre Prozesse aufeinander abstimmt, ihnen in Kampf und Eintracht Raum gibt, aber auch Grenzen zieht und ihren Eigenwillen der Erhaltung und Entfaltung des Ganzen dienstbar macht. Innerhalb dieses zusammenwirkenden, selbsterhaltenden Gefüges steht es niemand frei, *to do as one likes* (Matthew Arnold), es sei denn jemand lebt als Einsiedler, Kurtisane oder Vagabund außerhalb des beschriebenen Kreises – und selbst in diesem unorthodoxen Randbezirk behält das Muster der Muster seine orthodoxe Wirkungskraft weiterhin bei. Das Ganze dieses Mikrokosmos lebt – durch ruhige und bewegte Zeiten hindurch – immerfort weiter, bestimmt von einem Ausmaß an harmonischem Zusammenspiel, gegenseitiger Anpassung und Logik des Wachstums, wie es sonst nur den Organismen pflanzlichen und tierischen Lebens zu eigen ist.

Dieses Charakteristikum einer Gesellschaft macht ihre Kultur aus. Es würde zu Schwierigkeiten führen, wenn man diesen Begriff entweder nur auf Staaten anwenden wollte, die ein gewisses Maß an Toleranz, Höflichkeit, Rationalität und Wohlwollen errungen haben – in der Tat Merkmale, die sehr verschiedenen Kulturen in bestimmten Stadien ihrer Entwicklung gemeinsam sind –, oder aber auf die Akkumulation geistiger und ästhetischer Errungenschaften und Genüsse beschränkte, im Gegensatz zu dem eintönigen Alltagsleben anderer Gesellschaften – eine Bestimmung, die ebenfalls auf manche späte Phasen verschiedener Kulturen zutrifft, in denen die Schaffung und Schätzung künstlerischer und wissenschaftlicher Werke dahin tendiert, sich von der Arbeit und den Strebungen der Allgemeinheit loszulösen. In beiden Fällen setzt man besondere Merkmale, die verschiedenen Kulturen zu bestimmten Zeiten gemeinsam sind, mit dem Wesen der Kultur gleich.

Wenn verschiedene Kulturtypen verglichen, ihre Besonderheiten gekennzeichnet und ihr Sinn interpretiert werden sollen, ist eine umfassendere Definition von Kultur erforderlich. Das Grundphänomen besteht nicht in der Minderung von Leiden und der Verhinderung von Gewaltanwendung, auch nicht in dem Entstehen von Gemälden und Metaphysik oder den Vorlesungen über diese, sondern in der Bildung dessen, was wir ein Muster der Muster genannt haben, das der Einheit einer Persönlichkeit entspricht, die zur Ganzheit gefunden hat. Es verlangt nach Einheit des Stils, wie in den Werken eines Autors oder in einer Kunstrichtung, und es hat an der Grundgegebenheit des Lebens teil: selbsterhaltende Gebilde zu schaffen, die die Fähigkeiten besitzen, anzudauern, zu wachsen und sich fortzupflanzen.

Das Dasein einer solchen Struktur, oder genauer: *Gestaltung*, wird der Ausländer je nach dem Grad seines Spürsinns und Scharfblicks in unterschiedlichster Stärke wahrnehmen, jedoch auch abhängig von dem Maß an Integrationskraft, die die fremde Kutur errungen hat. Ist der Beobachter ein strenger Nominalist, steht es ihm natürlich frei, kraft ontologischer Beweisführung das Dasein derartiger Strukturen abzustreiten. Er wird jedoch ihr störendes und anziehendes »Sosein« und ihre spezifische Wirkungskraft in jeder Phase des täglichen Lebens anerkennen müssen. Tut er das nicht, wird er sich bald verstrickt in ein Labyrinth unverbundener Erfahrungen vorfinden, meist solcher von unerfreulicher Art, und sich bei deren Ausdeutung nur auf vage Analogien und trügerische Quidproquos stützen können, Surrogate für echte Einheit und Verschiedenheit...

> Dann hat er die Teile in seiner Hand,
> Fehlt, leider, nur das geistige Band.
>
> *Goethe*

Sequenzen und Gesetze

Das ungeschriebene Grundgesetz einer Kultur gleicht eher einer Melodie als dem, was moderne Physiker und Juristen ein Gesetz nennen. Es ist etwas geschichtlich Gewachsenes, fällt aber nie ganz zusammen mit irgendeinem historischen Querschnitt und erschöpft sich auch nicht darin. Dies gilt selbst auf dem Höhepunkt jener Kultur. Eine Kultur ist ein Gebilde, das seine Herrschaft nicht nur über einen Raum, sondern auch in die Zeit ausdehnt, und ihre Gegenwart läßt sich ohne ständigen Verweis auf ihre Wurzeln in der Vergangenheit und ihre Antizipationen der Zukunft nicht verstehen. Gewisse Kulturschöpfungen, Gedichte und Rituale, Philosophien und Technologien, mögen eine Art universaler Geltung beanspruchen, relativ unabhängig von den Begrenzungen durch Raum und Zeit. Doch man wird sie nicht richtig verstehen, wenn man in ihnen nicht zunächst Gewächse eines spezifischen Bodens und Schöpfungen einer bestimmten geschichtlichen Stunde erkennt. Sie gewinnen für andere Kulturen nur dann Bedeutung, wenn sie in einer einmaligen historischen Situation ihrer Mutterkultur gedient haben, in der der Mensch-Schöpfer zum Gründer eines geistigen Volkes wurde, indem er auf das Rätsel der Sphinx oder eine Stimme aus dem brennenden Busch eine Antwort gab. Der entscheidende Unterschied besteht nicht zwischen Gesellschaften mit voneinander abweichenden Ideen und Zielen, sondern zwischen denen, die in ihrer geistigen Schicksalsstunde wach sind, fähig, in Erwiderung des Rufs ihr eigenes Wort zu finden und das Fortleben dieses Wortes zu fördern und zu schützen – und jenen, die dazu nicht imstande waren. Die noch unentwickelten Gesellschaften, die wir primitiv nennen, haben ein solches Wort noch nicht gefunden. Andere, die sich in stereotyper Form danach zurücksehnen, nachdem das Wort einmal seine innere Kraft erschöpft hat, darf man als »nachhallend« bezeichnen. Hierzu gehören zum Beispiel die ägyptische Kultur gegen Ende der Ramessiden, die chinesische Kultur nach der Han-Dynastie und die indische Kultur nach König Asoka.

Ein neues Wort zu finden und es in ewig sich verändernden Formen am Leben zu erhalten ist ein Werk des Geistes und daher unvorhersehbar. Eine Kultur ist jedoch der Prozeß, durch den der Geist die Materie dazu zwingt und bewegt, in Form von bleibenden Gestalten und Gestaltungen sein Gepräge anzunehmen, und da diese Materie – die die Grundstruktur des Menschen, seines Geistes und seiner geographischen Umgebung bildet – weitgehend homolog ist, sollte man annehmen, daß die Entstehung, Wandlung und Auflösung derartiger Gebilde Gesetzen unterliegt, die mit denen, die für andere organische Einheiten gelten, wenn nicht übereinstimmen, so doch vergleichbar sind. Die Bahn, auf der sich eine Kultur bewegt, ist schon zu frühen Zeiten mit den Veränderungen der Vegetation im Jahreskreislauf oder mit den Lebensphasen eines Menschen verglichen worden. Wirkungsreiche, wenn auch unausgereifte Versuche, einen synoptischen Überblick über die Universalgeschichte der Kulturen zu gewinnen, haben eine solche Sichtweise im allgemeinen unterstützt, zumindest als ein Mittel zur vorläufigen Orientierung und groben Einordnung der Fakten. Sie verdanken ihre Zählebigkeit gerade den Gegenständen, die sie untersuchen: Jede entwickelte Kultur besitzt ein Selbstverständnis, das dem einer Individualität entspricht. Sie besinnt sich auf ihre Kindheit zurück, verweilt in Gedanken bei der Zeit ihres Heranreifens und Mündigwerdens, setzt einen Höhepunkt, den »Großen Mittag«, ihres Lebens, lernt schweren Herzens erkennen, daß die volle Entfaltung ihrer Möglichkeiten mit dem Anfang des Abstiegs zusammenfällt, wenn zunehmende Klarheit und Macht mit nachlassender schöpferischer Kraft bezahlt werden müssen, wünscht sich nach einer Phase des gesteigerten Selbstzweifels und der Seelenqualen nichts sehnlicher als Stabilität, Ruhe, Ordnung und Zufriedenheit – und überläßt anderen die prometheische Aufgabe, das Chaos in neue Formen zu zwingen.

Innerhalb des Gefüges, das in solch entscheidenden Endzeiten geschaffen wurde – wofür das *Imperium Romanum* seit Augustus, das Han-Reich der Chinesen und das Neue Reich Ägyptens die großartigen Beispiele liefern –, mag eine nachhallende Kultur wertvolle Traditionen lebendig erhalten und sie in unterschiedlichem Umfang synkretistisch mit neuen Kulturelementen vermengen, sie mag weiterhin vereinzelte Genies und kostbare Kunstwerke hervorbringen, aber dies alles wird mehr oder weniger episodenhafter und unzusammenhängender Natur bleiben. Das wahre Leben einer klassischen Kultur bewegt sich zwischen einem sakralen archaischen Königtum und einem späten Reich der Skeptiker. Es ist eng verknüpft mit dem Schicksal eines Staatskörpers, der auf seinem eigenen Gebiet demselben Gesetz gehorcht wie die Religion, Kunst, Dichtung, Wissenschaft und andere Bereiche des menschlichen Lebens. Bevor und nachdem ein solcher Staatskörper die Kraft zur selbsterhaltenden Fortdauer errungen hat, mögen vielerlei Talente, Energien und Interessen vorhanden sein, aber sie können nicht die organische Einheit stiften, die das Wesen der Kultur ausmacht. Die Vorstellung von einer unpolitischen Kultur ist der Wunschtraum einer Gesellschaft, die die Orientierung verloren hat.

Dies bedeutet nicht, daß alle Kulturen genau dem erwähnten

Ablauf folgen müssen oder daß sich der Gang ihrer Geschichte vorhersagen läßt. Das beschriebene Beispiel stellt nur einen »Idealtypus« dar, der das Entwicklungsgesetz einer klassischen Gesellschaft veranschaulicht. Die japanische Kultur gehört zum Kreis jener reifen Gesellschaften.

Das Beispiel Japan

Unser Wissen von den Strukturgesetzen, die für diese quasi-organischen Einheiten maßgebend sind, steckt noch in den Kinderschuhen. Nur wenige bringen die Fähigkeit mit, das Ganze einer einzigen Kultur in panoramahaftem Überblick zu umfassen, noch wenigere sind dazu berufen, zwei oder gar mehr Kulturen miteinander zu vergleichen. Hier, wie überall im Leben des Geistes, muß das Unmögliche wieder und wieder versucht werden, um so das Mögliche zu erreichen. Aus der Beschäftigung mit der japanischen Kultur können solche Studien einzigartigen Gewinn ziehen. Formulierte Gesetze, die Regelmäßigkeiten zu bezeichnen vermögen, können nur dort das menschliche Leben erfassen, wo die Elemente der Freiheit und Schöpfung fehlen oder vergleichsweise schwach sind. Sie beziehen sich auf Bedingungen, Formen und Funktionen von Andauer, Wiederholung und Einsenkung von Geistigem ins Stoffliche. Über das durchaus Einzige haben sie keine Gewalt. Der göttliche Augenblick, den die Griechen unter dem Namen *kairos* verehrten, waltet jenseits von Ordnung und Gesetz. Das gleiche gilt vom Genius, den Goethe »diejenige Kraft des Menschen« nennt, »welche, durch Handeln und Tun, Gesetz und Regel gibt«.

Es ist eines der bezeichnendsten Merkmale des japanischen Lebens, daß es den Bereich des Genius auf ein bloßes Mindestmaß reduziert hat, und zwar mit einer Strenge, die wir in keiner anderen großen Kultur beobachten. Es hat wenige schöpferische Persönlichkeiten hervorgebracht und diesen wenigen eine geringere Schaffensbreite eingeräumt. Mit einzigartiger Entschlossenheit und Zähigkeit wird hier der Akzent auf die harmonische Andauer des Ganzen gelegt, auf ungebrochene Stetigkeit, auf eifersüchtige Bewahrung und Sicherung fortwährender Ablaufsformen, am liebsten solcher, die in halb-bewußte Automatismen übergegangen sind. Diese Eigenschaften und Tendenzen haben vielleicht die japanische Kultur daran gehindert, viele Männer und Werke von mehr als nationaler Bedeutung hervorzubringen; doch sie haben dem Ganzen der japanischen Kultur etwas Unvergleichliches verliehen, den Wert eines Musters, das Beispiel eines Lebensstils, der alles einem einzigen hohen Wert unterordnet: der Dauer.

Anwendungen

Die ersten Zeichen einer Kultur, die sich als eigenständig japanisch ausweist, werden im Verlauf des dritten Jahrhunderts n. Chr. sichtbar, unter der halb-historischen Regentschaft von Sujin Tennō und seinen Nachfolgern, deren Hegemonie über die Klans von Yamato ein Zeitalter prägte, das in vieler Hinsicht an dic Herrschaft der Merowinger oder der frühen Pippiniden erinnert. Die junge Kultur erlebt in der Asuka-, Nara- und frühen Heian-Ära, vom 6. bis zum Ende des 9. Jahrhunderts, ihren ersten Frühling und steigt in der späten Heian- (Fujiwara-) Ära (zwischen dem 10. und 12. Jahrhundert) und in der Kamakura-Zeit (13. bis 15. Jahrhundert) zu ihrem Zenit empor – Epochen, die durch das Auftreten sowohl individualistisch als auch national denkender religiöser Reformatoren geschieden sind. Nach Zeiten der Unruhe (um hier Toynbees Ausdruck zu verwenden), die der Entfaltung einer subtilen ästhetischen Bildung Raum geben und den Kanon des japanischen Geschmacks und Verhaltens festschreiben, erreicht die Kultur – politisch statisch organisiert, kulturell vollauf demokratisiert – unter den Tokugawa (17. bis Mitte des 19. Jahrhunderts) eine Verfassung, die nach 1868 durch die Rezeption westlicher Kulturelemente nur oberflächlich modifiziert wird.

Die Aufeinanderfolge der Kulturepochen scheint in vielen bedeutsamen Einzelheiten von einem ähnlichen Rhythmus bestimmt zu sein wie die Kultur West- und Mitteleuropas, deren Entwicklung zwar mit einem zeitlichen Rückstand von zwei bis drei Jahrhunderten verläuft, die aber in jedem Stadium eine »spätere« Phase der Kulturgeschichte repräsentiert als Japan, das sich aufgrund seines östlichen Charakters lieber auf Tradition, Sitte und Gemeinschaftsleben stützt, während der Westen es gewagt hat, seinen Pfeil auf ferne Ziele zu lenken: in Richtung auf Individualität, Ratio und Freiheit.

Es hieße aber einen Fehler von beträchtlicher Größe zu begehen, wollte man aus diesem Grund die japanische Kultur als primitiv oder rudimentär betrachten. Sie folgt ihrem eigenen Gesetz und hat ihr eigentümliches Wesen höchst folgerichtig und in hoher Verfeinerung und Fülle ausgeformt. Nichts ist häufiger und nichts irreführender als im Vergleich der Geschichte von Kultur- und Gesellschaftsstrukturen die echten »Gleichzeitigkeiten«[1] zu verfehlen, indem Einzelheiten nebeneinandergestellt werden, die im Gesamtgefüge der jeweiligen Kultur von verschiedenartiger Bedeutung sind. Analogien sind nicht notwendig Homologien. So ist zum Beispiel der Aufstieg der Städte ein späteres (und bedeutend schwächeres) Phänomen in Japan als im Westen. Das gleiche gilt von der wissenschaftlichen Forschung, von der Ausbreitung des Handels und kommerziellen Gewerbes oder von rationalisierter Technik. Doch man darf nie außer acht lassen, daß diese im japanischen Wertgefüge einen ganz anderen Platz einnehmen als etwa im englischen oder deutschen. Kein echter Japaner wäre je auf den Gedanken gekommen, Geschichte als »Fortschritt im Bewußtsein der Freiheit« zu verstehen oder den Menschen als ein Werkzeug herstellendes Tier zu definieren.

Wie die europäische, so beginnt auch die japanische Geschichte mit der Eroberung des Landes durch kriegerische Sippen unter Anführung von Königen, die kraft göttlicher Abstammung herrschen. Sie durchläuft Phasen fortschreitender Feudalisierung des Abhängigkeitsverhältnisses der früheren Mitstreiter, Dienstmannen und Helfer zum immer schwächeren Reichshaupt, wird von wachsenden geldwirtschaftlichen Beziehungen und Städtegründungen beeinflußt und führt nach Bezwingung der Territorialherren zu einer erneuten Zentralisierung des Staatslebens. Im Rahmen der rationalen neuen Staatsgebilde kommt es zum Aufstieg eines Bürgertums, das für den Erwerb zu sorgen hat und das als Steuerquelle und anti-feudales Element wichtig wird. Und endlich, nach zunehmender Einebnung der Stände, entsteht ein »Wohlfahrtsstaat«, der mit massenbürokratischen Mitteln die elementarsten Bedürfnisse der Menge in mehr oder weniger »totalitärem« Stil zu befriedigen verspricht – eine Phase, die in Japan schon unter den Tokugawa-Shōgunen erreicht war.

Während aber im individualistischen Westen die eigentlich

1 Lamprecht, Karl, *Zwei Reden zur Hochschulreform*, Berlin 1910. – Enthält eine akademische Ansprache vom 15. Mai 1909, in der die Theorie einer Parallelität und Zeitungleichheit zwischen der japanischen Kultur und westlichen Kulturen erstmals entwickelt wird.

schöpferischen Epochen in die Zeit der vielen klassischen *poleis* oder der zahlreichen Städte des Mittelalters und der Frührenaissance fallen, ist es in Japan die Heian-Ära, die allein klassisch heißen kann, mit ihrer Konzentration alles künstlerischen und geistigen Lebens in der einen Hauptstadt. Die Normen dieses Lebens entstehen nicht im Zusammen und Gegeneinander verschiedener Poleis, See- und Binnenstädte wie Athen und Genua, London oder Köln und gehen innerhalb dieser rivalisierenden Zentren nicht aus dem Kampf und Spiel wetteifernder Sippen und Zünfte hervor, sondern entstammen der einen Hofgesellschaft unter Führung des Fujiwara-Klans, dem Stammhaus aller kaiserlichen Mütter und Konkubinen. In diesem engen Bezirk verwirklicht sich das japanische Leben zum ersten Mal in autochthonen Formen, durch die das Leben selbst zur Kunst wird, Dichtung ein Kult, Ritual und Zeremoniell eine lebensgestaltende, sinngebende Kraft. Diese Formen bilden das ungeschriebene Gesetz allen späteren Lebens, so sehr sie auch abgeschwächt, reduziert oder entstellt sein mögen.

Spätere Zeiten haben noch differenziertere Dichtungen und Theologien hervorgebracht, auch kühnere, zarter getönte und tiefsinnigere. Doch in den Werken der Murasaki Shikibu und der Sei Shōnagon aus dem elften Jahrhundert, in den *emaki-mono*, die ihre Bücher illustrieren, in den wenigen erhaltenen Resten der Fujiwara-Baukunst finden wir eine Ganzheit, Gleichgewichtigkeit, einen Einklang von Kraft und Zurückhaltung, wie nur die klassischen Frühzeiten der Blüte einer Gesellschaft es kennen, wenn der Morgentau noch auf den zarten Blättern liegt und Schönheit noch nicht begonnen hat, an ihrer eigenen Vollendung zu sterben.

Es ist bezeichnend, daß die beiden bedeutendsten Prosawerke und einige der hervorragendsten Dichtungen der frühen Zeit von Frauen geschrieben wurden. Der japanische Geist mit seiner instinktiven Vorliebe für unverfälschtes Gefühl, unbewußtes Gleiten, subtile Beobachtung und plötzliche Wendungen mußte weibliche Formen des Selbstausdrucks in Literatur und Kunst begünstigen. Auch ist es sicher kein Zufall, daß seine oberste Gottheit weibliche Züge trägt. Erst in den späteren Stadien der japanischen Geschichte verschwinden die Frauen mehr und mehr ins Halbdunkel des privaten Heims oder ins Teehaus der »Gesellschaften der Weiden und Blumen«. Die sogenannte »Unterdrückung« der

Frauen beginnt erst mit der höchst zweckbewußten Einführung chinesischer Maximen in der Tokugawa-Zeit. Bis dahin war die gesellschaftliche und rechtliche Stellung der Frau durchaus nicht subaltern. Die Heian-Zeit wird seelisch von ihnen beherrscht. Das maskuline Element kommt erst in den großen Errungenschaften der Kamakura-Zeit (die zum 16. und 17. Jahrhundert des Westens im Verhältnis der »Gleichzeitigkeit« zu stehen scheint) voll zur Geltung: als nach Jahrhunderten der Rivalität und des inneren Krieges ein säkulares politisches System der vereinheitlichten Verwaltung und der militärischen Leistungsfähigkeit errichtet wurde, das sich schließlich zum Tokugawa-Shōgunat konsolidierte. Aber selbst in der Kamakura-Zeit ist unter den bewegendsten Figuren des *Heike Monogatari* die Amazone Tomoe.

Betrachten wir die Geschichte der Kultur als eine Parabel, so scheint die des Westens auf ihrem absteigenden Ast zunehmend weibliche Wesenszüge zu tragen, während die entsprechenden Phasen der japanischen Kultur ein Wiederaufleben männlicher Eigenschaften bezeugen. Die Grundlagen der Kultur werden aber in dem aufsteigenden Zweig geschaffen, in jener Epoche, die Ferdinand Tönnies als die Zeit der »Gemeinschaft« erkannte, im Gegensatz zur Gesellschaft absteigender Kultur. Der Dualismus zwischen den überwiegend weiblichen Trägern der japanischen Kultur und den harten Männern, die den Staat bauen und erhalten, äußerte sich mit größter Schärfe in der Meiji-Revolution, die um die Mitte des 19. Jahrhunderts von ultra-maskulinen Samurai-Soldaten und -Beamten niederen Rangs durchgeführt wurde, denen Kunst und Literatur für weniger als nichts galten. Das gegenläufige Verhältnis von Frauen und Männern im Gang der japanischen und westlichen Kultur ist vielleicht das bezeichnendste Beispiel jenes »Umgekehrt-Seins« (*topsy-turvydom*) alles Japanischen, das schon zu frühen Zeiten von Reisenden wahrgenommen worden ist und von dem B. H. Chamberlain in seinen *Things Japanese* eine so amüsante, aber keineswegs vollständige Aufzählung geliefert hat.

Dominanten-Spannungen

Nichts ist häufiger anzutreffen und nichts fruchtloser und irreführender als der Versuch, das Wesen einer Nation, Kultur oder Persönlichkeit durch eine einzige angeblich vorherrschende Eigenschaft zu kennzeichnen: Mut oder Anmut, Tiefe oder Stolz, Formgefühl oder Freiheitssinn, Gefühlsbetontheit oder Vernunftwille, Humor oder Sentimentalität. Bei näherem Zusehen wird man in fast allen Fällen entdecken, daß die an einer Gruppe vermißten Eigenschaften (und ihre negativen Entsprechungen) sehr wohl vorhanden sind, jedoch an Orten und in Formen, die von denen im eigenen, gewohnten Bereich abweichen, an Stellen, wo man sie nicht erwartet, dort aber oft in auffallender Stärke. Es ist, als ob die Seele innerhalb weitgezogener Grenzen ein elastisches System sei, das auf Druck an einer Stelle durch Aufschnellen der entgegengesetzten antwortet. So kann es geschehen, daß eine Nation, die für ihre Fügsamkeit gegenüber politischen Obrigkeiten berühmt ist, ausländische Beobachter durch ein ordnungswidriges Verhalten auf anderem Gebiet überrascht. Die peinliche Sauberkeit eines japanischen Hauses ist nicht weniger charakteristisch für das Wesen der Japaner als der entgegengesetzte Zustand, in dem sich der öffentliche Park am Abend eines Festtages befindet.

Kein Lebewesen läßt sich durch eine einzige, konstant gesetzte Eigenschaft definieren, und Völker wie Einzelmenschen sind noch viel weniger denn Pflanzen durch Angaben leicht auffallender Merkzeichen erfaßbar. Ihre Eigenart besteht in ihrer Gesamtstruktur, das heißt: in der für sie typischen Art, wie ihre Lebensprozesse, also Bewegungen, sich zusammenordnen, um ein bestand- und wachstumsfähiges Gebilde zu schaffen, das seine eigene Andauer innerhalb organisch bestimmter Grenzen verbürgt. Es handelt sich um ein Grundmuster der Bewegungen oder vielmehr um einen Rhythmus der Rhythmen. Mit einem einzigen Begriff lassen sich derartige Strukturen nicht bezeichnen. Die Beschaffenheit und Wirkungsweise eines Lebewesens sind aus dem Streben zu verstehen, ein dieser Wesensart eigentümliches Problem zu lösen, das heißt, eine besondere Art von Spannung auf sich zu nehmen. Alles Leben beruht auf der Spannung zwischen Polen, und wenn das Wagnis unternommen werden soll, das Wesen einer nationalen Bildungseinheit in einer schlichten Formel auszusprechen, so mag als eine erste Annäherung an die Sache nicht der Aufweis einer Haupteigenschaft, sondern allenfalls eines Paars anscheinend gegensätzlicher Tendenzen dienen, deren Spannung für jenes Wesen charakteristisch ist, die jedoch zu einem Ganzen verschmolzen sind. So scheint der deutsche Geist darauf gerichtet zu sein, den Willen zu weitester Universalität und den Sinn für das durchaus

Individuelle zu verbinden, der italienische feurigen Enthusiasmus und kühle Vernunft, der französische den »Geist der Geometrie« und das Gefühl für Feinheit, der englische den Drang nach persönlicher Unabhängigkeit und den Hang zu fragloser Unterwerfung unter die Gebote politischer Disziplin und gesellschaftlicher Konvention.

Sucht man das Wesen des Japaners und seiner eigensten Schöpfungen auf diese Weise zu bestimmen, so findet man die Pole, zwischen denen der Funke des nationalen Lebens aufspringt, in dem Gegen- und Ineinander von Eigenschaften, die schwer vereinbar scheinen und kaum jemals anderswo von einer Kultur vereint worden sind: Ursprünglichkeit und Vornehmheit. Die erste scheint für das alte Rußland kennzeichnend zu sein, die zweite für das klassische Frankreich. Es ist die gelungene Verbindung der beiden Elemente, die den japanischen Lebens- und Kunstformen jenen hohen Grad an unwillkürlicher Distinktion und Subtilität verleiht, die nicht als das Ergebnis zäher Arbeit und gewagter Sublimation erscheint, sondern wie ein spontanes Geschenk der Natur selbst beglückt.

Dieser Stil des Lebens kündigt sich unverkennbar schon in der archaischen Dichtung und bildenden Kunst der Nara-Epoche an, blüht in märchenhafter Fülle und Reinheit in der Heian-Zeit auf und gedeiht in der Ashikaga-Epoche zu herbstlicher Reife. Daß sein klassischer Ausdruck aber in den Werken der beiden großen Schriftstellerinnen der Heian-Zeit zu finden ist, dürfte kaum ein Zufall sein: Frauen scheinen von Natur her weit mehr als Männer über die Gabe zu verfügen, das Erlesene ohne Verlust an Unmittelbarkeit hervorzubringen und voller Geschmack und Feingefühl ihre Wahl zu treffen, ohne sich zu weit von jener Sphäre zu entfernen, in der das Leben selbst rein entspringt und sich immer wieder erneuert.

Das Verhältnis zu fremden Kulturen

Ein anderer entschieden weiblicher Zug der japanischen Kultur mag in der Bereitschaft gesehen werden, sich Wirkungen von außen hinzugeben, oft in so extremer Weise, daß während langer Zeiträume die heimische Kultur wie in unterirdische Kanäle abgedrängt scheint. Nietzsche[1] unterschied zwei Urtypen von Genies

1 Nietzsche, Friedrich, *Jenseits von Gut und Böse*, Aphorismus 248.

und Zivilisationen: der eine männlich, ein zeugender Schöpfer neuer Lebensformen und Wertordnungen, der andere weiblich, auf Befruchtung wartend und froh, die Bürden des Tragens, Nährens und Ausgestaltens auf sich zu nehmen. So tief diese Bemerkung auch führt, die Wirklichkeit ist nicht in jedem Fall auf diese schlichte Alternative zu bringen. Die Griechen – die Nietzsche zu den weiblichen Völkern rechnet – scheinen an beiden Typen in gleichem Maß harmonisch teilzuhaben. Wo aber die Japaner innerhalb dieses Schemas einzuordnen wären, ist überhaupt keine Frage. Sie haben wenig erfunden, empfangen mit Leidenschaft und exzellieren in der Kunst des Übernehmens, Anpassens und Abänderns. Im Wählen und Verwerfen sind sie von unbeirrbarer Geschicklichkeit. Was sie übernehmen, wird oft nach Umfang, Inhalt und Tiefe reduziert, innerhalb dieser Grenzen aber zu eigentümlicher Vollendung gebracht.

Die Art, wie die Japaner in der Assimilation fremder Kulturen verfahren – seien es Ideen, Stile, Institutionen oder Religionen – läßt manches Mal an die Mimikry von Tieren denken und erinnert oft an die Weise, wie sich Frauen einer neuen Mode überlassen. Die jeweils maßgebenden Modelle werden sorgfältig gewählt und – zumindest in neuerer Zeit – bis in alle Einzelheiten kopiert. Als der Annahme wert gilt immer das jeweils Neue, Moderne, Zeitgemäße, sei es John Stuart Mill, Zola, Eduard von Hartmann oder Heidegger. Wenn es sich um das Ausland handelt, scheint der Japaner nur in den seltensten Fällen gewillt, den Geist eines anderen Jahrhunderts zu beschwören – und sei es auch des größten. Selbst nach drei Generationen intensiver und extensiver Verwestlichung sind die mitte-gebenden Werke und Ideen der klassischen Mittelmeer-Kulturen, des west- und mitteleuropäischen Mittelalters und selbst der Renaissance, des Barock oder Klassizismus noch nicht zu lebendigen Kräften geworden. Was davon zur Kenntnis genommen wurde, berührt nur einen sehr kleinen Kreis gelehrter Spezialisten. Von einem bildenden Einfluß der Quellen europäischer Größe ist kaum etwas zu spüren. Dagegen wird im Bereich der zeitgenössischen Literatur jeder kleine Schriftsteller zweiten oder noch geringeren Rangs emsig gelesen und eifrig genutzt.

Zur Zeit der ersten Rezeption chinesischer Kultur, vor dreizehn Jahrhunderten, lagen die Dinge im wesentlichen nicht sehr viel anders, nur daß damals die (mehr behauptete als wirkliche) Kontinuität der chinesischen Philosophie und Literatur, Kunst und Staatslehre dazu beitrug, dies Phänomen zu verschleiern. Wenn der Japaner voller Eifer Einkehr in sich selbst hält, kennt er sehr wohl den Drang, durch Rückkehr zum Ursprung, dem »Wahren Quell«, wo die Dinge und Menschen noch rein und echt waren, Vergangenes wieder aufzurufen. Von fremden Kulturen aber werden solche regenerierenden Antriebe nicht erwartet. *Up to date* zu sein, nicht hinter irgend jemand an Modernität zurückzubleiben und genau die Losung der Stunde zu kennen, ist das einzige Verlangen. So werden fremde Elemente ohne ihre Wurzeln übernommen, ihrer Fruchtbarkeit beraubt und bald den Konventionen eingepaßt.

Leicht läßt sich aufzählen, was innerhalb der letzten fünfzehnhundert Jahre durch diese Assimilationsprozesse erworben wurde: aus (oder über) China das Zeremoniell und die Musik, die klassischen Werke des Konfuzianismus und die taoistische Weisheit, die buddhistische Spekulation und die tantrischen Mysterien, der Stil der Sung-Gemälde und die chinesische Poesie, der Kalender und die Weissagekunst; aus Europa die Technologie und Verwaltung, Medizin und Naturphilosophie, Kleidung und Nahrung, die politische öffentliche Auseinandersetzung und die geschäftlichen Sitten, das kritische Denken und die analysierende Literatur.[1] Ebenso wichtig ist, daß man sich klarmacht, welche Dinge nicht akzeptiert wurden: die monumentale chinesische Kunst der archaischen Bronzegefäße, das allerbeste des späten chinesischen Reichs: die monochrome Keramik der Ch'ing-Zeit, die Philosophie der »Legalistischen Schule«, die Rhapsodien der Han-Epoche, die ganze Welt Griechenlands und Roms, die Malerei und Dichtung der europäischen Renaissance, Rembrandt und Rubens, die Werke der tiefsten europäischen Denker und der Geist der großen europäischen Historiker. Die Liste ist noch bei weitem nicht vollständig.

Die Auswahl richtet sich zumeist nach utilitären und politischen Leitprinzipien. Durch ihre gesamte Geschichte hindurch bewiesen die Japaner eine Vorliebe für alles, was der Macht und dem Ansehen der Nation diente und was den Wissensdurst des einzelnen und den Hunger auf Neues zu stillen versprach. Dagegen haben sie alles gemieden, so großartig es auch sein mochte, was die Konti-

1 Shimmura, Izuru, *Western influences on Japanese history and culture in earlier periods (1540–1860)*. Kokusai Bunka Shinkokai, Tōkyō 1936.

nuität des japanischen Lebens und die Stabilität der politischen Strukturen zu gefährden schien und den einzelnen von seiner angestammten Gruppe zu entfremden drohte. In diesen Prozessen des Aufnehmens und Abstoßens steckt eine perfekte Logik des Organischen. Man mag sich wünschen, daß die Japaner anders wären, aber es läßt sich nicht behaupten, daß sie Imitatoren sind. Nur wenige Kulturen haben sich in ihrem Wesenskern als autochthoner erwiesen.

Die Gestaltungskraft der japanischen Kultur kommt nicht nur in dem Prinzip der Selektion zum Ausdruck. Jedes Element, das in diese Sphäre Eingang findet, wird kraft einer geheimen Alchemie in etwas verwandelt, was seine Urheber weder beabsichtigt haben noch gutheißen würden. Auch wenn die äußere Form von Staatsverwaltung, Hochschulbildung, Wehrdienst, Kirche und Journalismus vom Westen erborgt sein mag, so unterscheiden sich diese in ihrer Funktion doch gründlich von ihren westlichen Vorbildern. Ein Chinese der T'ang- oder Sung-Zeit hätte sich gewiß nicht weniger erstaunt gezeigt, wenn ihm das Los zugefallen wäre, das Zeremoniell, die Kunst und die Gelehrsamkeit seines Landes bald nach deren Einführung in Japan zu beobachten, wo sie sich zu exotischen Gebilden entwickelten, die bis auf das Äußere in allem andersgeartet waren und fremden Zwecken dienstbar gemacht wurden. Der schlagendste Beweis für die Existenz einer spezifisch japanischen Kultur liegt vielleicht darin, daß kein typischer Chinese oder Westländer in dieser Umwelt zu leben vermag, ohne sich ein wenig bedrückt zu fühlen – auch dann, wenn sie ihn ganz in ihren Bann gezogen hat – und ohne zu verspüren, daß er auf subtile Weise von ihr ausgeschlossen wird – auch wenn er vollauf berechtigt ist, an ihr teilzuhaben. Augenblicke des vollkommenen Einklangs bleiben nicht aus, doch sie sind selten und flüchtig.

Wenn behauptet wird, das Verhältnis zwischen dem aus dem Ausland Übernommenen und dem auf heimischem Boden Gewachsenen deute auf ein geringes Maß an japanischer Schöpferkraft hin, so sollte man sich gerechterweise vor Augen führen, wieviel die west- und mitteleuropäische Kultur Ägypten, Babylon, Palästina, Griechenland, Rom, Persien und Indien verdankt, oder daran denken, was alles im großen Zeitalter der Renaissance von Italien und Frankreich nach England und Deutschland strömte, oder welcher Austausch zwischen dem Land Shakespeares und dem Land Goethes stattgefunden hat. Für die japanische Kultur ist nicht so sehr bezeichnend, daß sie fremden Vorbildern verpflichtet ist, als vielmehr, daß sie – zumindest in der Vergangenheit – relativ wenig zur Bereicherung des kulturellen Lebens anderer Nationen beigetragen hat.

Mangelnde Ausstrahlungskraft

Den eigentümlichsten Schöpfungen Japans liegt kein fremdes Beispiel zugrunde: Weder der Roman der Murasaki Shikibu noch die Nō-Spiele, weder die *uta-* noch die *haiku*-Gedichte, weder die Malerei und Grafik der *Yamato-e-* noch der *Ukiyo-e*-Schule gehen auf irgendwelche chinesischen Vorbilder zurück, und die eine unvergleichliche Schriftstellerin der Meiji-Zeit, Higuchi Ichiyō[1], folgt eher der Murasaki-Tradition als westlichen Strömungen. Diese Tatsachen scheinen der westlichen Öffentlichkeit und ihren journalistischen Meinungsführern verborgen geblieben zu sein, da Übersetzungen literarischer Werke erst in neuerer Zeit erschienen sind oder nur in unzulänglichen Ausgaben vorlagen und es in der Tat schwierig war, sich in europäischen Museen und Sammlungen umfassende Kenntnisse über die japanische Kunst zu verschaffen. Doch die Frage bleibt, weshalb dieses begabte, aktive Volk so wenig hervorgebracht hat, was andere Nationen für übernehmenswert halten – in einer Zeit, die sich fremden Einflüssen – ob sumerischen oder afrikanischen – so gern öffnet.

Die Berührung mit den Schönen Künsten Japans hat den europäischen Sinn für Farben und kühne Entwürfe erneuert und unerschrockene Architekten in ihrer Neigung zur Heterodoxie bestärkt. Die erste Bekanntschaft mit der japanischen Poesie hat wohl so manchen Schriftsteller einen Hauch von Leichtigkeit und vogelhafter Zartheit spüren lassen. Unsere Keramik hat viel hinzulernen können, die Landschaftsgärtnerei vielleicht auch einiges, die Innenarchitektur unserer Häuser jedoch sehr viel mehr. Ist dies schon alles, was eine Nation zu bieten hat, die danach strebt, in Ostasien und darüber hinaus die Rolle einer Führungsmacht zu spielen? Japanische Wissenschaftler haben beachtliche Beiträge zu den allgemeinen Grundlagen der Mathematik und Medizin gelie-

1 Binckerton, W. M. (Übers.), *Two stories by Ichiyo, Transactions of the Asiatic Society of Japan*, 2. Serie, Bd. 7, Yokohama 1930.

fert. Es ist jedoch kein Philosoph aufgetreten, der in anderen Ländern große Aufmerksamkeit zu erwecken vermocht hätte. Wo ist das Wort von Weltgeltung, das Japan gefunden hat und das seinen Anspruch auf Größe rechtfertigen würde?

Bevor eine Antwort auf diese kritische Frage gesucht werden kann, seien zwei Bemerkungen vorangestellt. Es ist zweifelhaft, ob der Wert einer bestimmten Kultur daran gemessen werden darf, welche Dinge sich zur allgemeinen Verbreitung eignen oder anderen Nationen als Beispiel dienen können. Dante übte außerhalb seines Landes eine geringere Wirkung aus als Petrarca, der hinter ihm zurückbleibt. Heine hat ein viel größeres und dankbareres Lesepublikum erobert als Goethe in Wirklichkeit jemals erreichte. Von Aristoteles ging eine umfassendere Wirkungskraft aus als von Platon. Chopin fand breitere Aufnahme als Bach. Wie auf dem Gebiet der industriellen Produktion und des Warenabsatzes sind die Exportgüter nicht immer die begehrtesten Artikel des heimischen Markts. Selbst André Gide, George Bernard Shaw und Dostojewski standen lange Zeit bei ausländischen Lesern in unverhältnismäßig höherem Ansehen als bei ihren eigenen Landsleuten. Das Bedeutendste, was eine Nation hervorbringt, ist als Ausdruck ihrer innersten Bedürfnisse und Möglichkeiten meist so differenziert oder so tief, umfassend und dem allgemeinen Leser so schwer zugänglich, daß es eine fremde Öffentlichkeit nur in jenen seltenen Fällen erreicht, in denen ein Genius den anderen erkennt und außergewöhnlich begabte Übersetzer und Interpreten die Vermittlung übernehmen. Ein Dichter vom Rang und der Größe des Dänen Jens Peder Jacobsen oder des Niederländers Albert Vervey scheint in England oder Frankreich noch immer weitgehend unbekannt geblieben zu sein. So ist es durchaus möglich, daß dem Auserlesensten, das Japan zu bieten hatte, nicht deshalb der internationale Ruhm versagt blieb, weil es ihm an schöpferischer Kraft gebricht, sondern weil es nur zu deutlich den Stempel der Nation trägt, die es hervorgebracht hat.

Überdies ist der Austausch von Kulturelementen ein zweiseitiger Vorgang: Es muß nicht nur eine Seite dasein, die zu geben vermag, sondern auch eine andere, die zu empfangen bereit ist, und diese Bereitschaft ist oft nicht vom freien Willen und von der allgemeinen Rezeptionsfähigkeit abhängig, sondern wird entscheidend von der spezifischen Phase beeinflußt, in der sich eine Kultur gerade befindet. Nicht alles, was reizvoll ist und Wünsche weckt, wird von einer Kultur, die ihre Instinkte nicht völlig verloren hat, zu jeder beliebigen Stunde aufgenommen werden können. Shakespeare wurde erst zu Goethes Jugendzeit in Deutschland eine lebendige Kraft.

Der Holzschnitt und die Keramik Japans fanden zu einem günstigen Zeitpunkt in Europa Eingang, als die Künste sich vom traditionellen Kanon und naturalistischen Voreingenommenheiten zu lösen begannen und dadurch für eine neue Botschaft der fließenden Bewegung, freischwebenden Leichtigkeit, Feinheit der Farbe und Kühnheit der Linie empfänglich wurden. Doch aufgrund dieser Qualitäten beschränkte sich die Einwirkung japanischer Kunst auf das, was den Impressionisten und ornamentalen Richtungen in den empfangenden Ländern zu jenem Zeitpunkt gelegen kam. Auch der Geist der klassischen japanischen Malerei und Dichtung ist bislang nur in allerersten Ansätzen in das europäische Bewußtsein eingedrungen.

Grenze und Leistung

Die tiefstliegende Ursache dafür, daß es der japanische Kultur an Ausstrahlungskraft zu fehlen scheint, liegt vielleicht im Wesen ihrer eigentümlichsten Leistung: dem langsamen, organischen Wachstum, das Bildsamkeit und Schmiegsamkeit zu verbinden trachtet und ein Gebilde schafft, das durchaus aristokratischen Stils ist, aber zugleich fähig, alle Klassen einer vielschichtigen Gesellschaft zu durchdringen und zu einem unteilbaren Ganzen zu verschmelzen. Für all dies war ein hoher Preis zu zahlen: Verzicht, wenn auch nicht ganz und gar, auf das Hervortreten großer einsamer Gestalten, die ihrem Zeitalter und seiner Gesellschaft weit vorauseilen, und auf die freie Kristallisation jener eigengesetzlichen Strukturen von Denken, Recht und künstlerischer Schöpfung, in denen der Genius Europas gipfelt.

In Japan aber scheint der Geist zu zögern, die Sphäre des schlichten, alltäglichen Lebens zu verlassen. Er will nicht Schöpfung, sondern Andauer und schätzt sozialen Zusammenhalt und Homogenität höher als individuelle Stärke und Spannung. Es gibt kein japanisches Gegenstück zu *Orestie* und *Timaios*, *Divina Comedia* und *Sistina*, *Hamlet* und *Faust*, *Matthäus Passion* und *Fleurs du Mal*. Was aber die Japaner geschaffen haben, ist in das Leben des einzelnen mit einer Allgegenwart und Eindringlichkeit eingegangen, für die das moderne Abendland kein Beispiel bietet. So erscheint jenes Leben, als sei es von feinen Partikeln der Anmut und des Lichts durchsetzt. Die Gesellschaft ist zu einem Gebilde geformt, das wie ein Kunstwerk wirkt, die Eigenschaften eines naturhaften Wachstums aber beibehalten hat und so mit den mütterlichen Kräften der Erde in Einklang bleibt. In diesem Sinne kann man die japanische Form der Kultur im ganzen gesehen ein Vorbild nennen, auch wenn sie im einzelnen unnachahmbar ist. Sie umfaßt einen Kreis mit kleinerem Radius als die europäische, aber sie vermag den ihren zu schließen.

Vor einem Menschenalter sah der Philosoph Georg Simmel den Grundzug der »Tragödie der modernen Kultur« in der wachsenden Unvereinbarkeit zwischen der Schönheit und Erhabenheit ihrer Objektivationen in Werken der Kunst, Rechtssystemen und metaphysischen Gedankenbauten, die mehr und mehr ein Eigenleben führen, und der zunehmenden Gestaltlosigkeit und Sinnentleerung des Lebens der Subjekte.[1] Soweit der Japaner noch durch seine überlieferte Kultur geprägt ist, besteht diese Disparität für ihn nicht. Der Weg der Japaner kann nicht der unsere sein, doch zeigen sie uns – wie in einem verkleinernden Spiegel – das Gesicht einer Kultur, der die Integration gelungen ist.

1 Simmel, Georg, *Philosophische Kultur*, Leipzig 1911, S. 245.

2. Chinesisch-japanische Polaritäten

Polarisation

Kulturen wirken nicht nur als Geber und Empfänger von Bildungselementen aufeinander ein. Schwerer faßbare, doch nicht minder nachhaltige Beziehungen kommen durch Berührungen zustande, die einen Polarisationsprozeß einleiten: wo Kräfte der einen Gesellschaft in einer anderen Kräfte entgegengesetzter Richtung wachrufen. Oft mag in solchen Fällen bewußter Wille, innere Gegnerschaft oder Freude am Widerspruch im Spiel sein. Öfter noch sind hier fast unwillkürliche, halb- oder unbewußte Tendenzen am Werk, durch die sich die organische Dialektik des Lebens selber auszuwirken scheint. So haben Kunst und Literatur des klassischen Altertums den westeuropäischen Kulturen nicht nur als Vorbild und Maßstab gedient, sondern auch als Thesis, die eine Antithesis herausfordert, so daß sich die Akzente von der Ordnung zur Freiheit, vom Allgemeinen zum Individuellen, vom Leib zum Geist hinbewegten. Berührung mit der französischen Gesellschaft hat dem deutschen Schrifttum etwas von deren leichter Beweglichkeit und Eleganz vermittelt, aber auch die Schätzung dessen verstärkt, was jenem höfischen Geist am fremdesten ist: das Massive, Systematische, Wuchtige, Ungesellschaftliche und Ursprungsnahe. In ähnlicher Weise hat China seinem östlichen Nachbarn vielleicht die bedeutendsten Dienste erwiesen, indem es den japanischen Geist zum Bewußtsein seiner eigenen, entgegengesetzten Möglichkeiten erweckte. Dadurch daß Japan die Vorbilder und Anstöße, die es von China empfing, in Mittel der Selbstentdeckung verwandelte, hat es seinen Anspruch, eine Kultur eigenen Gesetzes schaffen zu können, gerechtfertigt. Die Wirksamkeit dieser Polarisierung kann in jeder Sphäre des Daseins und Schaffens wahrgenommen werden, von der schlichtesten Geste bis zum metaphysischen Gedankenbau.

Sinnbildliche Haltungen

Versucht man, sich mit geschlossenen Augen die Gestalt eines typischen Chinesen in Erinnerung zu rufen (am besten eines aus dem Norden, wo die Wiege der chinesischen Kultur stand) und sich dann die eines typischen Japaners in den bezeichnendsten Haltungen zu vergegenwärtigen, so tritt zunächst – in klaren Umrissen gegen einen unwandelbaren Himmel abgehoben – das Bild eines aufrecht dastehenden, massiven Mannes in Erscheinung, dessen steter Blick und unbeirrbare Ruhe ein Gleichgewicht beherrschter Kräfte anzeigen, und danach die flüchtige, gewandte Bewegung eines unscheinbaren, beinahe schwerelos wirkenden Wesens – vor dem Hintergrund vielfältiger, wechselnder Formen, schimmernder Schleier und kaum wahrnehmbarer Düfte. Die Gebärden eines wohlerzogenen Chinesen sind rund, würdig, gewichtig, ja fast schwerfällig. Unser Gedächtnis bewahrt von ihnen nicht die Bewegung als Akt, sondern es bleibt eine Folge eindrucksvoller Stellungen in Erinnerung. Auch der in klassischer Etikette und buddhistischer Meditation erzogene Japaner weiß auf anmutige und strenge Weise seine stete Regsamkeit zu zügeln. Doch bei ihm scheinen selbst Augenblicke des Sich-Entspannens und Sich-Sammelns eine werdende Bewegung vorzuzeichnen und einzuleiten.

Hinter solchen Kontrasten stehen nicht nur Unterschiede des ästhetischen Geschmacks und der politischen Haltung. Sie weisen auf tieferliegende Gegensätze hin. In den Bewegungen eines Chinesen spricht eine Substanz ihr Strukturgesetz aus. Die Bewegungen eines Japaners scheinen nicht seinem sehnigen Körper zu entspringen, sondern sich seiner nur zu bedienen, ihn mit dem Strom dämonischer Kraft aufzuladen oder ihm eine mysteriöse Anmut zu verleihen, mit der er sich biegt und beugt wie ein schwankender Baum in Wind und Wetter. Ein Chinese, der auf einen Gegenstand zeigt, tut dies mit sicherer, gebieterischer Geste, die im Raum ein festes Koordinatensystem schafft. Der Japaner weist mit leichter, rascher, andeutender Bewegung auf etwas hin, die gerade hinreicht, dem Auge einen Wink zu geben und latente Kräfte in andere Richtung zu lenken.

Kosmische Ordnung

Ein Reisender, der Nordchina besucht, nachdem er jahrelang auf den japanischen Inseln gelebt hat, und zum ersten Mal jene gedrungenen Gestalten und jenen unerschütterlichen Blick der Männer wahrnimmt, die entlang der Bahndämme stehen, wird sich bald fragen, ob er in Japan jemals so aufrecht dastehende Menschen gesehen hat, die sich so unbeteiligt dem Akt des Zuschauens hingaben. In jener chinesischen Haltung scheint ein Rest der Ergriffenheit weiterzuleben, die den ersten Menschen überkam, der es wagte, aufrecht zu stehen und der zum *Sehen* erwachte. Nicht länger gefesselt an jenen geschlossenen, instinktgebundenen Kreis der Begierden und Befriedigungen, Triebe und Signalreize, in dem sich nach unserer Vermutung das Tier bewegt, den Schutz und das furchterregende Chaos des Urwalds hinter sich lassend, wo in einem hoffnungslosen Wirrwarr alles sich mit allem zu vermengen scheint, hat er plötzlich die Freiheit gewonnen, echte *Gegenstände* wahrzunehmen und sie sich vorzustellen – gleichbleibende Wesenheiten, die über die Kraft verfügen, unabhängig von ihm selbst zu bestehen, und doch denselben dunkel erahnten Gesetzen und Rhythmen gehorchen, an die seine eigene Existenz gebunden bleibt.

Um ihn herum breitet sich eine endlos weite Ebene aus, die sich in Form eines Kreuzes aufgliedert, das aus den natürlichen Koordinaten Rechts und Links, Vorn und Hinten besteht. Diese Richtungen gehen strahlenförmig von dem Punkt aus, an dem er sich selbst befindet. Zu diesem Punkt steht das Himmelszentrum über ihm in unmittelbarer Beziehung, auf das die Achse seines eigenen Körpers weist – ein Orientierungssystem, das er mit sich nimmt, wohin auch immer er geht. Später lernt er, ihm eine neue Bestimmtheit und Allgemeinheit zu verleihen, nachdem er den regelmäßigen Lauf der Sonne und der anderen Sterne beobachtet hat. Sein Bewußtsein einer kosmischen Symmetrie und Ordnung wird sich vertiefen, ob nun immanent in dieser Welt oder ausgehend von einem transzendenten Willen oder – was wahrscheinlicher ist – unter Teilhabe an beidem. Rechts und Links, Oben und Unten, Helligkeit und Dunkelheit werden weiterführen zur Namensgebung für regelmäßig wiederkehrende Phasen und Stationen der Veränderung, für Tag und Nacht, Monate und Jahreszeiten, viel später auch kosmische Zyklen. Die großen Waagschalen des Universums tragen in dieser uranfänglichen kosmischen Sicht immer gleiche Gewichte. Diese können mit vielen Namen benannt und durch zahlreiche sinnbildliche Zuordnungen bezeichnet werden: männlich und weiblich, Himmel und Erde, Herrscher und Volk, Sieg und Niederlage.[1] Diese Welt ist durch und durch symmetrisch

1 Granet, Marcel, *La pensée chinoise*, Paris 1934.

aufgebaut, wie der Raum selbst, und ihr Weg (*tao*) und ihre Kraft (*te*) bestehen im wechselhaften Spiel der Elemente, Aspekte und Grundformen. Daß es von diesen fünf an der Zahl gibt, ist nur natürlich, denn sie beziehen sich auf das Urbild der fünf Himmelsrichtungen, wobei die fünfte das Zentrum des kosmischen Quadrats bildet, das sich in Gestalt des chinesischen Jade-Symbols der Erde oder einer Pyramidenspitze erhalten hat. Jedes dieser Elemente nimmt sowohl am Wechsel des Schicksals als auch an der rhythmischen Dauer teil, wobei jedes seinen Vorläufer in einer Folge, die durch den kosmischen Rhythmus vorgegeben ist, vernichtet, das überwundene Element verschlingt und danach seinerseits verschlungen wird, aber immer so, daß ein kleiner Überrest zurückbleibt, der heranwachsen und einen neuen Zyklus einleiten kann.

Dies sind weithin bekannte Grundvorstellungen der frühen chinesischen Kosmologie. Die schweigend vor sich hinstarrenden Männer an den Bahndämmen mögen nie etwas von den metaphysischen Vermächtnissen aus dem klassischen Zeitalter ihrer Nation erfahren haben, außer über den schwachen Widerhall, den diese in der volkstümlichen Überlieferung fanden, aber ihre Haltungen und Stimmungen scheinen aus demselben Stoff zu sein, aus dem die kosmologischen Spekulationen und Begriffsbildungen der Denker und Gelehrten des Alten China entstanden sind und aus dem jene Gedanken ihre Lebenskraft schöpften. Es gibt keine abstrakte Idee, die nicht schon im Habitus einzelner Männer und Frauen vorweggelebt hätte.

Die Tat

Das Auge des Japaners verliert sich nicht im Anblick himmlisch-tellurischer Harmonien. Schnell nimmt es in der Außenwelt genau die Anzeichen wahr, die für sein Leben und das seiner Familie bedeutungsvoll sind. Sobald das Signal empfangen wurde, zieht sich das Auge mit Vorliebe aus der Sphäre der Verwicklungen zurück, verharrt gern hinter geschlossenen Lidern in aufmerksamer Ruhestellung oder aber in einem unbewegten Blick, der keinen äußeren Gegenstand zu erkennen scheint. Das Hinschauen des Japaners gleicht eher einem angespannten Horchen – auf einen Laut, der zur Tat aufruft. Um ihn herum sind so viele Stimmen und

Geräusche (der Urwald mit seinen unsichtbaren Gefahren scheint ihn noch immer zu bedrohen), und er muß sie alle wahrnehmen, doch er läßt sich auf keinerlei Auseinandersetzung mit ihnen ein. Er weiß, daß sobald der Moment der Entscheidung da ist, sich dieser ganze Tumult auf einmal legen wird und aus dem gespannten Schweigen mit unerbittlicher Plötzlichkeit und Kraft die Tat hervorbrechen wird – wie ein hervorschnellendes Schwert, das in den japanischen Heldensagen den Arm des Kriegers eher verlängert als daß es von ihm geführt wird.

Der Japaner kann sich voller Bewunderung, Zärtlichkeit und Ekstase in die Betrachtung einer kurzlebigen Blüte, eines sturmzerzausten Baumstamms oder eines erhabenen, turmhoch aufragenden Berggipfels vertiefen; doch ihr Anblick schenkt ihm nicht die friedliche Stille des beschaulichen Nachsinnens über Ordnung und Schönheit. Auch sie sind Zeichen und tragen seiner Seele eine Botschaft zu. Sie rufen ihn zu sich selbst zurück, fordern von ihm, daß er über sich selbst hinauswachse, und mahnen ihn, die raumgebundene Wirklichkeit und persönliche Existenz zugunsten einer Daseinsform hinter sich zu lassen, die ihn jenseits der Grenzen von Leben und Tod bringt.

Das Selbst

Wenn es ein innerweltliches Gesetz gibt, das diese unkosmische Welt des Japaners beherrscht, sowohl in ihren höchsten Daseinsformen, wo er nach dem Absoluten strebt, als auch im Alltag, wo er sich nur um die Lebensnotwendigkeiten kümmert, so kann es allein das Gesetz des unabwendbaren Wandels und der allgegenwärtigen Vergänglichkeit sein. In keiner Literatur einer großen Nation ist so wenig Platz für das reine Strahlen der Sterne und die geometrische Ordnung ihrer Bahnen wie in der japanischen. Weder die pythagoreische Sphärenharmonie noch die platonische Idee der Ideen sprechen den Japaner an. Identität, Maß und Unwandelbarkeit sind den angeborenen Bedürfnissen seiner Seele nicht gemäß. Das Absolute selbst erscheint eher als ein Gang der Entwicklung und Vernichtung denn als das reine Nichts. Die Welt ist für ihn kein allumgreifendes Ganzes, sondern ein *Ort* des Sich-Zurückziehens in sein Selbst.

Denn alles führt den Japaner zu sich selbst zurück. Sehen ist für ihn wie das Beschreiben eines Kreises: je schneller der sich schließt, desto besser. Sein Dasein ist monadenartig. Er lebt ein Leben über einem inneren Abgrund wirbelnder Kräfte. Entweder wird sein Selbst von der Gruppe, von seiner Familie oder von der Familie der Familien – der japanischen Nation – bestimmt, die sich um den kaiserlichen Herrscher, den Tennō, gruppiert, der seinerseits nichts als ein Vermittler ist, der die Verbindung zwischen seinen Ahnengöttern droben im Himmel und seinen Untertanen gewährleistet, aber keine eigenständige Figur darstellt – oder aber man findet sein Selbst in der Buddhanatur der Dinge und Lebewesen, in der Aufhebung ihres Einzeldaseins, was mehr einem Prozeß des Transzendierens gleicht denn etwas Transzendentem an sich. In beiden Fällen bedeutet die Selbst- und Wegfindung eine bedingungslose und oft verzweifelte Selbstaufopferung und Hingabe, die »ins All zurück die kürzeste Bahn« sucht (Hölderlin).

Im Alltagsleben handelt, fühlt, denkt und entscheidet der Japaner, als ob Japan durch ihn hindurch handelte. Würde man ihn fragen, inwieweit sein Tun von ihm selbst ausgeht und bis zu welchem Grad von seiner Gruppe, wäre er nicht nur außerstande, eine vernünftige Antwort zu erteilen, sondern auch abgeneigt, überhaupt die Berechtigung einer solchen Frage anzuerkennen. Er steht zu seiner Gruppe in einem Verhältnis, wie sich nach unserer Vorstellung das Leben einer Zelle zum Leben eines Organismus verhält – oder zumindest kommt es dieser Beziehung so nahe wie in keiner anderen Kulturnation (denn die Solidarität der Chinesen geht – zumindest war dies bis vor kurzem so – nicht wirklich über die Grenzen der Blutsverwandtschaft und Gilde hinaus). Will der Japaner sich dieser angeborenen Fessel entledigen, so gibt es für ihn keine andere Wahl, als alle von Geburt an bestehenden Bindungen zu lösen und sich nicht nur von seiner Gruppe, sondern von der ganzen Welt der Unbeständigkeit abzukehren, indem er den buddhistischen Weg beschreitet, der ihm verheißt, ihn zu einer völligen Überwindung »dieser flüchtigen Welt« zu führen.

Vielen Beobachtern ist es ein Rätsel, weshalb das besonders nationalistische, militärisch gesinnte und bevorzugt mit sich selbst beschäftigte Japan die einzige große Nation ist, die am Buddhismus festgehalten hat, einer Religion, die in Indien, dem Land ihres Ursprungs, aufgegeben wurde und in China, von wo Japan sie empfing, nie mehr als eine beiläufige oder zweitrangige Rolle spielte. Jene zwei Aspekte der japanischen Kultur bezeichnen durchaus keinen Widerspruch, sondern drücken eine innere Polarität aus.

Nur jemand, der so sehr wie der Japaner an seine Gesellschaft und an die Natur gebunden ist, ein zellenartiges Leben führt und an das Rad von Geburt und Pflicht, Familie und Staatskult, weltlichen Dingen und emotionalen Abhängigkeiten gekettet bleibt, kann die starke Anziehungskraft empfinden, die von der buddhistischen Lebensform der Befreiung ausgeht:

»Die Seligkeit aller Seligkeiten, die Freude aller Freuden liegt darin, daß man die Lüge hinter sich läßt, die behauptet: ›Ich bin‹. Von nun an überquere ich das Meer des Lebens nicht länger wie ein Schwimmer, der in tödlichem Kampf mit den Wellen ringt, sondern wie eine Möwe im gewaltigen Schwung des Gesetzes von Ursache und Wirkung, furchtlos, widerstandslos und unerschrocken. Dies ist der ersehnte höchste Zustand absoluter Seelenruhe, die Erhebung über alle Sorgen und Freuden der Erde und des Himmels. Dies ist innerhalb dieses Lebens die vollkommene Schau des *Nibbhana*. Eine solche strebt weder nach dem Sein noch nach dem Nicht-Sein.«[1]

Nicht zufällig besitzt diese Nation der Heldenverehrer von ihren großen Männern so wenige Büsten und Statuen. Ihre besten Bildhauer haben sich der höchst anti-plastischen Kunst verschrieben, Bildnisse von Heiligen zu schaffen, die sich aus dieser Welt der Formen und Namen zurückgezogen haben oder im Begriff stehen, es zu tun. Auch ist es kein Zufall, daß die japanische Literatur zwar viele Balladen, epische Rittersagen (wenn auch kein Heldenepos) und viele geschichtliche Werke, Sammlungen scharfsichtiger Beobachtungen und gelehrter Aufzeichnungen hervorgebracht hat, daß aber nichts davon auch nur annähernd Herodots Berichten von den Gewohnheiten und Schicksalen der Nachbarvölker oder

1 Dahlke, Paul, *Buddhist essays*, London 1908, S. 96.

Plutarchs vergleichenden Biographien großer Männer zweier Länder gleichkommt. Japan ist reich an Männern von starker Persönlichkeit, wenn mit diesem viel mißbrauchten Wort nichts anderes als die Identität eines ausgeprägten Charakters gemeint ist. Doch das japanische Leben duldet keinen Einzelnen, der sich dazu entschließt, sein eigenes Dasein von seinem eigenen Zentrum her zu bestimmen, der frei Verantwortungen anerkennt, die sich aus den objektiven Normen des Guten, Schönen und Wahren ergeben, und der in der Tiefe von der Forderung Pindars bewegt ist: »Werde, der du bist.«

Sein, Substanz, Schöpfung, Bildung und Gestaltung sind nicht die Leitsterne, nach denen sich diese Abenteurer auf dem Meer des indischen Denkens richten:

»Für einen, der verschwunden ist, gibt es kein Maß … Nichts an ihm läßt sich beschreiben … Wie eine vom Wind ausgeblasene Flamme verschwindet er und kann durch kein Wort bezeichnet werden … Wie strömende Flüsse im Ozean verschwinden und ihren Namen und ihre Gestalt aufgeben, so tritt der Weise, wenn er sich seines Namens und seiner Gestalt begibt, in die höchste himmlische Person ein.«[1]

Das Größte in der japanischen Kunst und Poesie hat an diesem Geist teil, obwohl (und gerade weil) es von Dingen und Ereignissen in einer flüchtigen Welt handelt.

Ritus und Etikette

Die Kultur des Fernen Ostens kreist um Zeremonie und Etikette, ein System kanonischer Formen und Ordnungen für das gesamte Leben – sowohl im menschlichen als auch im außermenschlichen Bereich. Diese ritualistische Lebensauffassung im ganzen und viele ihrer besonderen Normen für Fest und Alltag haben die Japaner von China übernommen, aber nicht blindlings kopiert, sondern gesichtet, abgeändert und fortgebildet. Auch haben sie manches bewahrt, was in China im Lauf der Jahrhunderte vergessen und verdrängt worden ist, und manches aus eigenem hinzugefügt, was eher einem früheren Alter der Menschheit anzugehören scheint und mehr an den *Schamanen* als an den *Mandarin* erinnert. Be-

1 Mundaka Upanischad 3, 2 u. 8, zitiert in: Sir Charles Eliot, *Chinese und Japanese Buddhism*, London 1935, S. 44.

zeichnender noch ist die sich selbst unbewußte Logik, durch die die Japaner dem Ritual einen neuen Sinn und eine eigentümliche Beziehung zum Ganzen ihres Lebens gegeben haben, auch dort, wo sie weiterhin glaubten, auf den von den chinesischen Klassikern vorgeschriebenen Pfaden fortzuwandeln.

In China stellt das Zeremoniell eine kosmische Ordnung dar; es ist – nach Marcel Granets glücklicher Formulierung – ein »protokollarischer Ausdruck« von Gefühlen und Beziehungen. Das »Buch der Riten« (*Li-chi*) sagt darüber:

»Die Musik ist der Ausdruck der Harmonie von Himmel und Erde. Das Ritual der Ausdruck der hierarchischen Ordnung in Himmel und Erde.«

»Die Beziehung des Rituals zur Ordnung des Staats ist gleich der Beziehung von Waage und Gewicht, von Zimmermannsschnur zu Krummheit und Geradheit, von Zirkel und Winkeleisen zu Rundheit und Rechteckigkeit.«

Und an anderer Stelle lesen wir:

»Das Ritual ist die höchste Verwaltungspflicht, die Kraftquelle eines Landes, der Weg (*tao*) der Majestät in Aktion, das Leitprinzip der Ehre« (Hsün-tzu).[1]

»Die Riten sind die Grenzen, die dem Himmel eigentümlich sind (ein Begriff, der den griechischen *horai* verwandt zu sein scheint, *K. S.*) und die rechte Verteilung, die der Erde gemäß ist (ein Begriff, der an den ursprünglichen Sinn der griechischen *oikonomia* erinnert, *K. S.*) – das Verhalten, das dem Menschen ziemt. Himmel und Erde haben Abgrenzungen (die ihnen eigentümlich sind), und die Menschen nehmen sie als Vorbilder; sie modeln sie nach dem Glänzen (den Sternen) des Himmels; sie gründen sich auf die Züge (*hsing*) der Erde.« (Tso-chuan)

Chinesische Zeremonien sind somit sakramentale Abbilder und Nachschaffungen kosmischer Strukturen. Ursprünglich lag ihr Sinn wohl darin, die Mächte des Chaos zu besiegen – durch Einsetzung von Licht und Ordnung, Harmonie und gültiger Herrschaft. Spätere Denker haben in ihnen Methoden sehen gelernt, durch die der Mensch zur Bildung geführt, ihm Maß und Zucht auferlegt und Roheit in Zivilisation übergeführt wird. Im 3. Jahrhundert vor Christus schreibt Hsün-tzu, der Philosoph des Rituals par excellence:

1 Hughes, E. R., *Chinese philosophy in classical times*, London 1942, S. 277, 283 u. 249.

»In Fragen der äußeren Erscheinung und des Verhaltens, des Sichbegegnens und Abschiednehmens von Menschen, in der Art und Weise des Gehens: wenn diese im Einklang mit dem Ritual geschehen, so ist Schönheit und Verfeinerung an ihnen; wenn nicht, so offenbaren sie Anmaßung, Unfreundlichkeit, Vulgarität und barbarischen Sinn. Daher kommt es, daß der Mensch ohne Ritual nicht leben kann, er wird in seinen Geschäften ohne Erfolg sein, und seine Gemeinwesen und Familien werden nicht von Dauer sein.«[1]

Dies chinesische Zeremoniell entfaltet sich wirksam im Raum, in majestätischer Ordnung und Symmetrie. Eine bis in die kleinsten Einzelheiten durchgebildete, kunstvolle Konfiguration von Gesten und Schritten, Preisliedern und Opferhandlungen wird in Tempeln und an heiligen Stätten begangen, zur Darstellung kosmischer Gesetze und zur herrscherlichen Mitteilung zwischen dem Oben und Unten des Raums, der durch die vier Weltgegenden wie ein Zelt abgesteckt ist. Darin liegt eine große tektonische Schönheit und eine klar in Erscheinung tretende gebieterische Kraft. In Japan sind alle diese räumlichen Elemente auf ein Mindestmaß beschränkt. Noch die ausgefeiltesten Riten der Japaner sind von rustikaler Schlichtheit im Vergleich mit ihren chinesischen Entsprechungen, von denen De Groots *Universismus* eindrückliche Beschreibungen gegeben hat, die ihren Wert behalten, auch wenn die Gültigkeit seiner historischen Deutung bezweifelt wird. Der Vortrag eines *norito* (einer shintoistischen »Anrufung« oder »Botschaft«), das kathartische Schwenken eines Zweigs, Sichverneigen und Beten, die Darbietung schlichter Gaben von Meer und Feldern, ein keuscher Sakraltanz, streng geregelte Wettkämpfe im Bogenschießen und Ringen vor dem Hintergrund eines Schreins: das sind in Japan die typischen Bestandteile einer religiösen Feier. Andere Zeremonien von größter Einfachheit finden im Inneren der Shintō-Schreine statt, im Halbdunkel asketisch-schmuckloser Holzbauten. Oft werden bei Festen die Götter selber durch die Straßen der Städte getragen, nicht von Priestern, sondern von Burschen und jungen Männern der Ortsgemeinde. Sie führen sänften-ähnliche Laden auf ihren Schultern, in denen die Götter für die Dauer des Festes weilen, aber nicht als ruhende Mitten der Welt, sondern als Zentren unbeherrschbarer Kräfte, die die Träger in die Kreuz und Quere zwingen, wohin ihr unberechenbarer, weil göttlicher Wille sie dämonisch treibt, oft mit dem Ergebnis, daß die

1 Ebenda, S. 250.

Heilige Lade irgendwo krachend in die Front eines Holzhauses eindringt. Der Hauseigentümer wird darin ein glückbringendes Zeichen von hoher Bedeutung erkennen. Kaum eine andere Sitte ist wohl für den Götterglauben der Japaner bezeichnender.

In China ist *Fügsamkeit*, einsichtige Einfügung, der höchste Wert. Er fordert, daß der Mensch den klaren und unabänderlichen Gesetzen des symmetrisch gebauten Universums gehorcht, indem er die geordneten und immer passenden Wege des Makrokosmos nachahmt und so das ihm selber Gemäße in geregelter Weise vollzieht. In Japan liegt der Akzent auf der *Spontaneität* des Tuns. Es bedarf nur eines Mindestmaßes von äußerem Halt, spottet der Symmetrie und verlangt nichts anderes als die Bereitschaft, sich dem Einstrom einer göttlichen Gegenwart zu öffnen, die sich aus den Quellen der Anfänge, des Götter-Zeitalters erneuert. Mit den Göttern zu kommunizieren, bedeutet hier nicht Nachzeichnen eines Vorbilds, sondern Rückkehr zum Ursprung. Der chinesische Geist findet seine natürliche Heimat in der Ausdehnung des Raums, der japanische in der Abfolge der Zeit. Der eine findet in der Betrachtung eines Systems zur Ruhe, der andere in Impuls und Spannung einer Bewegung.

Man darf aber nie vergessen, daß derartige Vergleiche einer Parabel ähneln: auch sie haben einen Scheitelpunkt, an dem die Richtung der Tangente sich ändern muß. Sinn und Form des chinesischen Rituals darf nicht ohne Gefahr mit bloßem Formalismus gleichgesetzt werden. Eine solche Tendenz wohnt jeder Art von Zeremonie inne. In China scheint sie jahrhundertelang den Sinn des Ritus verfälscht zu haben. Ihr entgegenzuwirken war einst das innerste Anliegen des Konfuzius, eines jener seltenen Männer, die die Schranken ihrer Nation übersteigen, indem sie auf einer höheren Daseinsebene erfüllen und retten, was an Edelstem im eigenen Volk schlummert. Auch zu späteren Zeiten haben Denker aus seiner Schule versucht, das Gefühl wachzuhalten, daß nur die Guten die Opferbräuche vollziehen können, ohne den Ritus zu entweihen. Doch es ist ein weiter Weg von dieser Logik des Rituals zum Glauben der Japaner an die alleingültige Tugend der spontanen Tat, die aus dem Unbewußten aufspringt und sich um minuziöse Ordnung und ein für allemal vorgezeichnete Harmonien nicht kümmert.

Die Tee-Zeremonie

Es ist dieser Geist eines unmittelbar dem Gefühl entspringenden Handelns, einer Harmonie, die sich ganz ohne bewußte Bemühung einstellt, aus der die japanische Tee-Zeremonie (*cha-no-yu*) verstanden werden muß, die seit der Ashikaga-Epoche als die Quelle und Norm aller höheren japanischen Etikette und Formgebung gilt. Man kann von ihr nicht sprechen, ohne Okakura Kakuzōs *Buch vom Tee* zu zitieren, das vielleicht bezauberndste und aufschlußreichste Werk, das ein moderner Japaner über den Geist seines Landes geschrieben hat.

»Die Zeremonie war ein improvisiertes Drama, dessen Fabel sich um Tee, Blumen und Gemälde rankt. Keine Farbe, die die Stimmung des Raumes störe, kein Laut, der den Rhythmus der Dinge verderbe, keine Gebärde, die den Gleichklang unterbreche, kein Wort, das die Einheit der Umgebung bedrohe, alle Bewegungen schlicht und naturgemäß vollzogen – dies waren die Ziele der Tee-Zeremonie.«[1]

Der größte Tee-Meister, Sen Rikyū, beschließt seine Hundert Regeln für die Tee-Zeremonie mit dem Rat:

»Ob du an diesen Regeln festhältst, ob du sie zuweilen brichst oder ob du sie wenig ernst nimmst: vergiß sie nicht ganz.«[2]

Der Unterschied zwischen genauer Einhaltung wohldefinierter Verhaltensregeln und der spontanen Verwirklichung ihrer wahren Bedeutung kommt sehr anschaulich in der berühmten Anekdote zum Ausdruck, wie Sen Rikyū seinen Sohn den Sinn des teemeisterlichen Gebots peinlicher Reinlichkeit lehrte:

»Rikyū beobachtete seinen Sohn Shōan, wie er den Gartenpfad fegte und besprengte. ›Nicht sauber genug‹, sagte Rikyū, als Shōan seine Arbeit beendet hatte, und hieß ihn, es aufs neue zu versuchen. Nach einer mühevollen Stunde wandte sich der Sohn an Rikyū: ›Vater, da gibt es nichts mehr zu tun. Zum dritten Mal sind die Stufen gewaschen, die Steinlaternen und Bäume sind gut mit Wasser besprengt, Moos und Flechten glänzen in frischem Grün. Nicht einen Zweig, nicht ein Blatt habe ich auf dem Boden gelassen.‹ ›Du junger Narr‹, schalt ihn der Tee-Meister, ›so fegt man keinen Gartenpfad!‹ Mit diesen Worten schritt Rikyū in den Garten, schüttelte

1 Okakura, Kakuzō, *The book of tea, a Japanese harmony of art, culture and the simple life*, mit einem Anhang von A. L. Sadler, Sydney 1935, S. 21.
2 Im Anhang zur australischen Ausgabe.

einen Baum und streute goldene und karmesinrote Blätter über den Garten, Brocken von Herbst-Brokat.«[1]

Werden Linien, Ideen oder Tugenden in eine geometrisch-regelmäßige Ordnung gezwängt, so fühlt sich der Japaner wie von den Quellen des Lebens abgeschnitten. Ihn entzückt Asymmetrie, alles, was dem Anschein nach auf gut Glück getan wird. Er freut sich an Lauten, die durch die undurchdringliche Nacht aus unbekannter Richtung kommen, und zuhöchst an allem, was ihn an den Tau und die Kühle eines jungfräulichen Morgens erinnert.

Götter und Mythen

Von den Göttern des alten China hat Professor Marcel Granet gesagt:

»Sobald man sich von den Göttern eine bestimmte feste Vorstellung machte, wiesen sie die Tendenz auf, einfache Schöpfungen imaginativer oder spekulativer Art zu sein und keine andere Wirklichkeit zu besitzen als die, die ihnen durch eine gewisse Einbildungskraft verliehen worden war.«[2]

Im alten Japan tendieren die Götter mit gleicher Folgerichtigkeit dahin, zu Riten, Gebärden, Willenszeichen und Akten von quasimagischer Bedeutung zu werden. Die Japaner zeigen (auch in Epochen ihrer Selbstbesinnung auf nationale Traditionen) merkwürdig wenig Interesse an den mythischen Erzählungen ihrer heiligen Bücher und örtlichen Überlieferungen, mit Ausnahme derjenigen, die geeignet schienen, Ansprüche auf politische Macht und Herrschaft zu stützen. Die Mythen, die in den kaiserlichen Sammlungen des 8. Jahrhunderts kodifiziert sind, wurden wegen ihres hohen Alters und kaiserlicher Patronage mit ehrfürchtiger Achtung behandelt, aber aus denselben Gründen auch mit einem gewissen Grad von Skepsis. Schon das *Nihongi* (720 n. Chr.) breitet gelassen eine größere Anzahl von überlieferten Varianten verschiedenen Ursprungs in seinen Berichten aus, die oft erheblich voneinander abweichen.

Japanische Götter-Mythen scheinen etwa bis zur Ashikaga-Epoche, in der die Texte der Nō-Spiele entstanden, ein erhebliches Maß an Plastizität bewahrt zu haben. Seitdem hat eine Versteine-

1 Ebenda, S. 97 u. 44.
2 Granet, Marcel, *La religion des Chinois*, Paris 1922.

rung eingesetzt. Weder ein Aischylos noch ein Richard Wagner, noch ein William Morris haben hier das alte Sagengut in ihrem Geist umgestaltet und dadurch für die Gebildeten lebendig erhalten. Unter den Studenten der Universitäten und den Schülern der Gymnasien (*kōtōgakkō*) fand ich auch in den Jahren starker nationalistischer Aufwertung des Mythen-Schatzes kaum eine Spur von lebendigem Interesse an Göttersagen – vielleicht auch, weil die Erörterung des Wahrheitsgehalts mythisch-historischer Überlieferungen mit einem mehr oder minder streng gehandhabten Tabu belegt war. Aber auch die Landleute kannten kaum irgendeine Legende, die sich an das örtliche Heiligtum knüpfte. Selbst der Name des Gottes eines Shintō-Schreins schien unbekannt zu sein. Bezeichnenderweise sind unter den kodifizierten Mythen nur die anziehend und suggestiv, die einen fremden Ursprung verraten. Einige davon erinnern an griechisches Sagengut. Was auf heimischem Boden gewachsen ist oder deutliche Spuren der arteigenen Umbildung in Yamato erkennen läßt, ist von politischen Zwecken bestimmt. Nur wenige Göttergestalten sind in klaren Umrissen sichtbar und tragen ein unverwechselbares Gesicht.

Das eigentliche Leben des Shintō ist nicht in einem Bestand von Glaubensvorstellungen zu finden, sondern in einem Komplex von Gesten, Haltungen und Akten: ruhiges Sich-verneigen, ehrerbietiges Anrufen der Götter und stilles Gebet – nachdem der Besucher des Schreins zuvor Hände, Mund und Gedanken gereinigt hat. Theologen sprechen von einem Zustand der Kommunion zwischen der Seele des Anbeters und seinem Gott. Existieren die Götter aber in irgendeiner Form außer in solchen Akten der Verehrung? Der Dichter-Mönch Saigyō bekannte, daß er nicht wisse, ob hinter dem Vorhang des Heiligtums von Ise Götter seien oder nicht, doch bewegte ihn Ehrfurcht zu Tränen.* So ist japanische Frömmigkeit: ehrfürchtig, scheu, agnostisch und luzid.

Yoshida Kenkō, ein feinsinniger Prosaist des 14. Jahrhunderts, schreibt in seinem *Tsure-zure-gusa* (Herbst der Muße)[1]: auch wenn jemand ohne fromme Gedanken die Haltung des Betenden annehme, werde er durch die bloße Gebärde schon zur Frömmigkeit veranlaßt. Klingt dieses Aperçu durch seine freimütig-kühle

1 Kurata, Ryukichi, *The harvest of leisure*. London 1931. (Eine Auswahl aus Tsure-zure-gusa.)

* Vgl. S. 221 (*Anm. d. Hg.*)

Distanz auch seltsam modern, so hätte es einen Mönch der frühjapanischen buddhistischen Shingon-Sekte doch keineswegs überrascht; denn jene schrieb kultischen Gesten eine magische Wirkung zu. Es scheint, daß die Japaner hier, wie auch sonst in vielem, Reste einer Vorzeit bewahren, in der die Götter selber aus Riten entstanden und unter der Gewalt des Magier-Priesters blieben, der *kan-nushi* heißt: Gott-Herr, Gott-Eigner. Das Schwenken eines geweihten *nusa* (eines Stabs, an dessen Spitze Papierstreifen oder Hanfbänder hängen) zur rituellen Reinigung des Schrein-Besuchers, die Lesung des Kaiserlichen Erziehungsedikts in einer Schulzeremonie, die peinlich genauen Vorschriften für die in verschiedenen Phasen des Bogenschießens anzunehmende Haltung und die strenge Konvention der Kanō-Schule, die noch für die bildliche Darstellung eines Kleidsaums feststehende Regeln fand – dies alles gehört einer und derselben Seelenverfassung und Geistesart an, die sich nie ganz aus dem magischen Grund löst. Scheint die Lichterfülle der homerischen Welt fast alle Schatten der magisch-rituellen Vorwelt aufgesogen zu haben, so hat sich Japan für die Vorherrschaft des Rituals entschieden. Das wahre Wesen (*makoto*) zeigt sich dem Japaner nicht in der Schönheit der Vollendung, sondern im Durchbruch zur reinen Kraft des Ursprungs; denn dies ist der Sinn des oft mißverstandenen Worts *makoto*, dessen übliche Übersetzung »Aufrichtigkeit« ebenso irreführt wie die simple Gleichsetzung der griechischen *aretē* mit »Tugend«.

Auch dem Chinesen ist Aufrichtigkeit einer der höchsten ethischen Werte, und wie der Europäer scheint er darunter die Forderung zu verstehen, weder sich selbst noch andere zu täuschen, sondern zwischen seinem inneren Wesen und seinem Tun Gleichklang herzustellen (dies ist zumindest der Sinn des Ausdrucks im dritten Kapitel des konfuzianischen Klassikers *Die Große Lehre*). Dem Japaner aber bedeutet »Aufrichtigkeit« die Bereitschaft, alles hintanzusetzen, was ihn daran hindern könnte, sich vorbehaltlos den reinen und unvorhersehbaren Impulsen auszuliefern, wenn sie der geheimen Mitte seines Seins entspringen: wildwütig, wenn nötig, und oft ganz ohne Rücksicht auf Etikette, Zeremonie und Volksmoral – die für den Chinesen doch Gesetz, Ordnung und Wahrheit verkörpern, den Einklang mit dem Willen des Himmels verwirklichen und daher als stetige Vorbilder da sind.

Jene Impulse treten plötzlich auf wie Wintergewitter, Sturmfluten oder eine Wolke von Pflaumenblütenduft, den der Wind herüberträgt. Sie folgen niemals dem chinesischen Kosmos-Modell abwechselnd herrschender Gegensätze. Für den Japaner sind die Götter vor allem die »Mächtigen und Schnellen« (*chi hayaburu*). Vielleicht war diese Formel im Anfang eine Bezeichnung für vorgeschichtliche Dämonen, die nach späterer Deutung als böse Geister auf der »schmerzlich aufrührerischen« Erde schwärmten, bevor die Himmelsgötter Helden sandten, damit sie das Land für das Kommen ihrer Herrscher-Enkel bereiteten (*Kojiki*), oder für barbarische »Räuber«, mit denen sie manchmal gleichgesetzt werden. Seit dem japanischen Mittelalter bezeichnet dieser Ausdruck die Götter im allgemeinen, gute wie böse. Selbst der zurückhaltende Meiji-Kaiser dichtet[1]:

Die Aufopferung,
die mein Volk verzehrt,
wird angenehm sein
dem Herzen der Götter,
der Mächtig-Schnellen.

Spiegel und Schwert

In ihren kanonisierten Göttersagen unterscheiden die alten Japaner zwischen einem Mildgeist (*nigi-mi-tama*) und einem Wildgeist (*ara-mi-kami*) und nehmen damit den von westlichen Philosophen entwickelten Gedanken eines Dualismus zwischen dem hellen und dunklen Gesicht Gottes vorweg, dem *numen numinosum* und dem *numen tremendum*. Der Spiegel scheint das Sinnbild des erstgenannten, das Schwert das Symbol des letztgenannten zu sein. Beides sind Kultgegenstände (*shintai*, Gottkörper), die im Innersten der Schreine gehütet werden. Obwohl dem Spiegel in der Meinung der Theologen offenbar ein höherer Rang zukommt, übt doch die Verkörperung des wilden Geistes weiterhin ihre naturgemäße Faszinationskraft und Geltung aus. Die meisten Menschen neigen dazu, an das zu glauben und auf das zu vertrauen, was wie sie selber dunkel und chaotisch ist. Nur wenige erkennen sich im strahlenden Licht der Vollendung. Die Japaner bringen dem Einsatz hemmungsloser Macht, die im Dienst des Rechts steht und

1 Revon, Michel, *Anthologie de la littérature japonaise des origines au XXième sciècle*, Paris 1928, S. 451. Kurt Singer, *Über das japanische Gedicht*, in: *Die Neue Rundschau*, Nr. 16, Amsterdam 1949, S. 556f.

den entscheidenden Sieg herbeiführt, eine Art von kultischer Verehrung entgegen, die eines der tiefsten Bedürfnisse dieses Volkes befriedigt. Dieser Geist kommt bereits in einigen Kriegsliedern des *Kojiki* grob und finster zum Ausdruck, die unter dem Namen des ersten Priester-Herrschers, Jimmu Tennō, überliefert sind:

»Die Kinder der erhaben machtvollen Heerschar werden den einen übelriechenden Stengel des Schnittlauchs im Hirsefeld erschlagen und ihn vernichten, den Stengel seiner Wurzel, sowohl Wurzel als auch Schößlinge.«

»Der Ingwer, den die Kinder der machtvoll erhabenen Heerschar nahe der Hecke gepflanzt haben, hallt im Mund als Echo wider. Ich werde ihn nicht vergessen. Ich werde ihn schlagen und ihm ein Ende machen.«

»Wie die Muscheln, die den großen Fels in der See von Ise umkriechen, (über die) der göttliche Wind (weht), (so) werden wir umherkriechen und sie erschlagen und vernichten.«[1]

In keiner anderen Religion, ausgenommen vielleicht die der Skythen und Alanen, scheint die religiöse Verehrung des Schwerts und des Speers – mächtiger, schneller, blitzähnlicher Waffen – eine ähnliche Rolle zu spielen. Die *gohei*, zickzackförmige Papier- und Tuchstreifen, die von einem in Shintō-Schreinen aufgestellten Stab herabhängen, mögen ihren Ursprung in Opfergaben, Gottbildern oder Göttersymbolen haben, Bäumen etwa oder Pyramiden und Phallen. All das aber ist lang vergessen. Für die Japaner sind die *gohei* Konduktoren der Gottesmacht. Die Götter steigen durch sie hinab und wirken in ihnen. Es ist kaum ein Zufall, daß ihre seltsame Zickzack-Form, was auch immer ihr Ursprung gewesen sein mag, an nichts so stark erinnert wie an einen Blitz.

Der Himmel

Der Himmel ist für den Chinesen eine halb-abstrakte, halb-konkrete Verkörperung des Prinzips der Ordnung, Hierarchie, Autorität, Güte und wohlwollenden Gesinnung – gleicherweise wirksam im König, Lehnsherrn, Vater oder Hausherrn. Motoori Norinaga, der vornehmste Repräsentant altjapanischen Gelehrtentums und geistige Vater des modernen japanischen Nationalismus, fin-

1 Chamberlain, Basil Hall, *Translation of »Ko-ji-ki« or »Records of ancient matters«*, Kōbe ²1932, S. 172.

det diese Vorstellung lächerlich. Für einen Japaner kann der Himmel nichts anderes sein als der Ort, wo die hohen Götter wohnen, unter denen die obersten die Vorfahren der japanischen Dynastie sind und – dank einer seltsamen emotionalen Ausweitung – die der gesamten Nation. Das *Kojiki* und *Nihongi* enthalten zwar einige kosmologische Mythen, die Überreste früherer Stufen oder späte Anleihen priesterlicher Theologen sind, doch niemand zeigt sich an ihnen interessiert. Die Art selber, wie die amtlichen Sammlungen sie darbieten, ohne jeden Versuch, die Widersprüche zwischen verschiedenen Varianten zu verbergen oder sie zu glätten, zeigt an, daß schon im achten Jahrhundert diese Überlieferungen mit der höflichen Skepsis und formellen Ehrerbietung behandelt wurden, wie sie aristokratischen Gesellschaften eigen ist, die Schriftgelehrten und Theologen und ihren buchhörigen Disputen wenig Beachtung schenken.

Metaphysik ist niemals ein Gegenstand geistiger Leidenschaft für die Japaner gewesen, die zum Pragmatismus neigen und den Weg vom Denken zum Tun, wo immer es geht, abzukürzen trachten. Der Spekulation, die man philosophisch als »aufgeschobene Handlung« bezeichnet hat, wird kein Raum gegeben, sich in Begriffsbauten von ehrgeiziger Erhabenheit zu manifestieren oder in Konstruktionen, die – von den Bedingtheiten des tätigen Lebens ganz befreit – ein geistiges Eigenleben gewinnen könnten. Das Denken der Japaner ist von der Sorge beherrscht, bei solchen Abenteuern des losgelösten Geistes könne die Nabelschnur zerreißen, die sie mit dem mütterlichen Grund verknüpft hält.

Dynastische Kontinuität

Der einzige japanische Natur-Mythos von Bedeutung, das Sich-Verbergen der Sonnengöttin, handelt bezeichnenderweise nicht von der regelmäßigen Ordnung, sondern von der Störung kosmischer Abläufe, der Verfinsterung der Sonne durch die Gewalttätigkeiten ihres Bruders, des Sturmgotts. Was den Japaner ehrfürchtig staunen macht, ist nicht die erhabene Regelmäßigkeit der Sternenbahnen und der irdischen Jahreszeiten, sondern die eindimensionale Folge von himmlischen und irdischen Herrschern, die von der Erschaffung der Welt bis zu ihrem Ende in ununterbrochener

Stetigkeit führen soll. Zyklische Periodizitäten und Wiederkehr des Gleichen, die Hauptthemen chinesischer Geschichtsauffassung, haben hier keinen Platz. Die Folge der Geschlechter gleicht einem einzigen Strom, der hier mit stärkerer, dort mit geringerer Intensität dahinfließt, bald rascher, bald langsamer, immer in Gefahr, sich selber zu verlieren, aber immer wieder imstande, sich wiederzufinden, indem er seine Kraft aus der heiligen Quelle erneuert, der er entsprungen ist. Revolution und Regeneration (*isshin*) sind hier Synonyme. In China wird ein Herrscherhaus, das seine kosmische Lebenskraft erschöpft hat, gemäß den »Beschlüssen des Himmels« durch eine neue Dynastie abgelöst, die würdig ist, mit der Herrschaft über das Reich (chinesisch: *t'ien hsia*, japanisch: *tenka*, »Das, was unter dem Himmel ist«) betraut zu werden, im Sinne einer Verweserschaft des Himmels selber. In Japan bedeutet *isshin* die Rückübertragung der Herrschaft von unwürdigen Verwesern an den Kaiser als den ursprünglichen Inhaber der Autorität.

An dieser Stelle soll nicht von dem historiographischen und mythologischen Problem die Rede sein, ob die von den japanischen Patrioten behauptete bruchlose Stetigkeit der einen dynastischen Herrschaftstradition ein Faktum der Geschichte ist. Auch soll nicht die Frage behandelt werden, wie sich der Glaube an die Kontinuität der Sonnen-Blutslinie unvermindert erhalten konnte, obwohl die Mütter der weitaus meisten Kaiser nicht aus dem Kaiserhaus stammten, sondern aus der Fujiwara-Sippe und einigen anderen Klans. Hier soll nur auf die in beiden Kulturen grundsätzlich verschiedene, ja gegensätzliche Rolle hingewiesen werden, die die Kategorien Raum und Zeit in ihrem Verständnis von Herrschaft und Autorität spielen: dort zyklische Regularität, hier pfeilgleiche Linearität.

Es scheint, daß diese Geistesunterschiede eng mit einer Polarität zusammenhängen, für die es im Vorderen Orient ein ausgeprägtes Beispiel von monumentaler Klarheit gibt. In Ägypten, wie in Japan, gilt der König als leibhafter Abkömmling der Sonnen-Gottheit. Er selber ist göttlich, Lebensspender und einzige Quelle der Autorität. In Babylon[1], wie in China, gilt der König nur als Stellvertreter des Gottes. Er ist mit der Aufgabe der irdischen Herrschaft betraut, und als Verweser kann und muß er abgesetzt

1 Buber, Martin, *Königtum Gottes*, Berlin 1932.

werden, wenn er sich als unwürdig erweist, die Stelle des Gottes einzunehmen. Er ist nicht die Verkörperung göttlicher Substanz, sondern muß sein Tun an einer Norm messen lassen, die er nicht selber gesetzt hat. Der ägyptische Pharao, gleich dem japanischen Tennō, hat keine Norm außer sich: Er selber ist die alleinige Substanz all dessen, was gut ist – aufgrund der historischen Gegebenheit seiner leiblichen Abstammung. In China, wie in Babylon, hat der Herrscher über sich den Himmel, eine halbgeistige, halbräumliche Potenz, die ihn in sein Amt einsetzt, sein Verwesertum richtet und ihn, wenn er versagt, des Amtes enthebt. So ist in tiefgreifender Weise das in Verkörperung und Inkarnation sich ausdrückende Herrschertum mit einer Zeitvorstellung verknüpft – das einem Auftrag folgende, stellvertretende Herrschertum dagegen mit einer Raumvorstellung. Das eine ist auf eine geschichtliche Reihe von Ereignissen gegründet (tatsächlicher oder eingebildeter), das andere auf die Idee gleichzeitiger »Entsprechungen« (wirklicher oder ersonnener); denn Recht und Unrecht des Regenten wird daran erkannt, ob er den Gleichlauf des Universums bewahrt oder stört.

Chinesische Ursprungs-Mythen

Der gleiche Dualismus spricht aus den kanonischen Berichten, die vom Ursprung und von den Taten der ersten Herrscher Chinas und Japans handeln. Es fällt nicht sonderlich ins Gewicht, ob diese Mythen von so hohem Alter sind, wie die heimischen Überlieferungen behaupten. Die Stellung, die ihnen im *Shu-ching* und im *Kojiki* eingeräumt wird, erlaubt uns, sie als typische Ausdrücke grundlegender Unterschiede zu deuten.

Das *Shu-ching* oder *Buch der Dokumente*, das aus der Chou- bis Han-Zeit stammen mag, aber vielleicht einige Reste aus Shang-Archiven mitenthält, beginnt mit einem Kapitel, das *Die Norm des Yao* überschrieben ist und von einem mythischen Kaiser handelt, der angeblich im 3. Jahrtausend v. Chr. lebte.

»Prüfen wir das Leben des alten Kaisers Yao, so finden wir, daß er den Titel ›Von großem Verdienst‹ mit Recht trägt. Er war immer darauf bedacht, seine Pflicht zu erfüllen, sehr umsichtig, von vollkommener Tugend, seltener Klugheit, und all das von Natur und ohne jede Anstrengung. Sein

Einfluß und sein Ruhm reichten bis zu den äußersten Grenzen des Reichs, bis zu den Grenzen von Himmel und Erde selber.«[1]

Hier ist alles unter dem dualen Aspekt von Norm und Erfüllung gesehen. Für die Tugend des Herrschers steht keine mythische Bürgschaft ein. Das Buch erzählt, wie Yao zuerst seine eigene Tugend kultivierte, dadurch befähigt wurde, seine Sippe zu einem Leben in Eintracht anzuleiten, darauf alle Familien seiner Heimat, und schließlich die Bevölkerung sämtlicher Gebiete zu vollkommener Harmonie zusammenführte. Sein hervorragendster Herrschaftsakt besteht in dem Auftrag, den er den Astronomen Hsi und Ho erteilt, den Lauf der Sterne zu ermitteln und die geeigneten Zeiten für jede Art des Tuns zu bestimmen, in Übereinstimmung mit den »Gesetzen des weiten Himmels«. Seinen eigenen Sohn zum Nachfolger zu wählen, lehnt er ab:

»Ach! Er ist ein Lügner und zu Streit geneigt: kann er geeignet sein?«

Auch zwei weitere Kandidaten läßt er nicht gelten. Zuletzt wählt er Shun, einen Mann, der zwar von einem bösen Vater und einer lügnerischen Mutter abstammt, dem es jedoch gelungen ist, seine Eltern und seinen hochmütigen Bruder zu einträchtigem Zusammenleben zu überreden und sie von »größeren Untaten« abzuhalten.

Alle geschichtlichen Herrscher Chinas waren entweder Nachkommen früherer Regenten oder Gründer neuer Dynastien. Die Erzählung von Shuns Wahl durch Yao (vielleicht eine ethische Umdeutung und Rationalisierung archaischer Nachfolge-Rituale, in denen der künftige König seine überlegene magische »Tugend« in einer Reihe von Wettkämpfen und Proben unter Beweis stellen mußte) gewinnt daher eine Bedeutung, die ihr in einer Zeit des Wahlkönigtums nie zugekommen wäre. Mit dem größten Nachdruck werden hier die Ansprüche des Bluts und ererbter Substanz geleugnet. Tugend besteht in der Kenntnis und Befolgung der kosmischen Gesetze. Der Staat gründet sich auf Individuen, die ihren Charakter vervollkommnet haben und dadurch fähig geworden sind, den Rest der Menschheit durch ihr Wirken zu prägen, indem sie in konzentrischen Kreisen das Ganze in einen Zustand kosmischer Ordnung führen. Weder ist das Land, über das Yao herrscht, in seiner Eigenart bestimmt, noch werden seine Lebens-

1 Couvreur, F. S., *Le Cheu king*, Ho-kien-fou 1896, Neuauflage Sien Hien 1926, Bd. 3.

daten angegeben: Seine Herrschaft ist durch die räumliche Erstreckung gekennzeichnet.

Japanische Ursprungs-Mythen

Über die Gründung des Yamato-Reiches durch Jimmu Tennō gibt das im zweiten Jahrzehnt des 8. Jahrhunderts zusammengestellte *Nihongi* folgenden Bericht[1]:

»Als er das Alter von fünfundvierzig Jahren erreicht hatte, wandte er sich an seine älteren Brüder und Kinder mit den Worten: ›Unsere Himmlischen Gottheiten Taka-mi-musubi no Mikoto und Oho-hiru-me-no Mikoto (ein anderer Name für Amaterasu-ō-mikami, *K. S.*) wiesen auf dieses Land der schönen Reisähren und gaben es unserem Himmlischen Ahnherrn Hiko-ho no ninigi no Mikoto. Darauf öffnete Hiko-ho no ninigi no Mikoto die Schranke des Himmels, lichtete einen Wolkenpfad und drängte in seinem übermenschlichen Lauf vor, bis er zur Ruhe kam. Es war ein Zeitalter der Dunkelheit und Unordnung. Daher befestigte er in dieser Düsternis Gerechtigkeit und regierte diese südliche Grenzmark (die japanische Süd-Insel, heute Kyūshū genannt, *K. S.*). Unsere Kaiserlichen Ahnen und Kaiserlichen Verwandten, Göttern und Weisen gleich, häuften Glückseligkeit auf und speicherten Ruhm. Es vergingen viele Jahre. Von dem Zeitpunkt an, da unser Himmlischer Ahne herabstieg, bis jetzt sind mehr als 1 792 470 Jahre verflossen. Aber die fernen Regionen erfreuen sich noch nicht der Segnungen der Kaiserlichen Herrschaft... Nun habe ich von den Alten des Meeres gehört, daß ein schönes Land im Osten liegt, auf allen Seiten von blauen Bergen umgeben. Überdies war da einer, der in einem Himmlischen Felsboot (dorthin) niederflog. Ich denke, ihr Land wird unzweifelhaft für die Ausdehnung der Himmlischen Sendung geeignet sein, so daß ihr Ruhm das Universum füllen sollte. Es ist ohne Zweifel die Mitte der Welt. Die Person, die niederflog, war, dünkt mich, Nigi-haya-hi. Warum sollten wir nicht dahin aufbrechen und es zur Hauptstadt machen?‹ Alle die Kaiserlichen Prinzen antworteten und sprachen: ›Die Wahrheit von alldem ist offenbar. Dieser Gedanke beschäftigt auch uns immerzu. Laßt uns schnell dorthin gehen.‹ Dies war im (51.) Jahr Konoye Tora des Großen Jahres.«

Ich habe die Version aus dem *Nihongi* zitiert, dem zweiten klassischen Buch der Überlieferungen, das unter dem Einfluß chinesischer Vorbilder entstand, und nicht die aus dem *Kojiki*, das sich enger an die Überlieferungen der heimischen Klan-Mythologien hält und die beredte Ansprache auf wenige kühne Worte mannhaf-

1 *Nihongi* (übersetzt von W. G. Aston), Bd. 1, S. 110f.

ter Entschlossenheit und Befehlsgewalt reduziert. Doch trotz einer Vielzahl von offenkundigen Imitationen der chinesischen Phraseologie und Detaildarstellung liegt zwischen der Version des *Nihongi* und dem Kapitel aus dem *Shu-ching* eine Welt geistiger Unterschiede. Die japanische Erzählung legt den Akzent auf Tradition, Geschlechterfolge, Geschichte und Sendung. Ort und Datum, Zeit und Situation sind genau angegeben. Der ganze Bericht ist in Begriffen des Hier und Dort, Jetzt und Früher abgefaßt, er spricht von Bewegungen, Handlungen, Erinnerungen, Hinweisen, Zustimmung und Beschluß.

Es ist, als ob die Erzählung von einem exzentrischen Punkt aus ihren Anfang nähme. Sie zielt in eine Richtung und ist nicht vom Mittelpunkt her bestimmt, der durch ein mythisches und genealogisches Präzedens im voraus bezeichnet worden ist, und sie gründet sich auf den Auftrag, ein Reich zu errichten, das die Ahnengötter den Nachfahren verheißen haben. Die Mitte des Universums ist hier ein Ziel, kein Ausgangspunkt, und dieses Universum ist nicht durch Ordnung und Regelmäßigkeit gekennzeichnet: Es ist eine Fabelwelt, in der unvorhersehbare Kräfte walten. Einige von ihnen mußten vernichtet oder unterworfen werden, bevor Jimmu Tennōs Vorfahren das Land betreten durften, über das sie herrschen sollten. Er selbst wird bei seinen Eroberungen von fremden göttlichen Boten geleitet und unterstützt, die auf Schildkröten reiten und mit den Flügeln schlagen, von goldenen Vögeln, die auf einer Speerspitze hocken, und von magischen Schwertern, die vom Himmel fielen. Es ist noch eine Welt voller böser Geister, Bären, Spinnen und Luftgebilde. Um sich ihrer zu erwehren und sie zu vertreiben, sind schnelle, plötzliche Bewegungen notwendig, und jede geschickte Täuschung und schlaue List ist erlaubt. Alles kommt auf die Wahl der schärfsten Waffe und unablässige Wachsamkeit an.

Kalligraphie

Japans Dankesschuld gegenüber China läßt sich am klarsten an dem Gebrauch der chinesischen Schriftzeichen ablesen, jener Ideogramme von seltsamem Reiz, die (bereits im 2. Jahrtausend v. Chr., wie die beschrifteten Orakelknochen der Shang-Zeit zeigen) teils bildhaft, teils phonetisch verwendet wurden und die so viel zum ästhetischen Zauber der fernöstlichen Kultur beigetragen haben, während sie ihrer intellektuellen Entwicklung einen gewaltigen Hemmschuh anlegten. Als die Japaner, spätestens im 5. Jahrhundert n. Chr., mit den *Kanji* (chinesischen Schriftzeichen) vertraut wurden, besaßen sie keine eigene, selbsterfundene Schrift, außer vielleicht runenähnlichen Zeichen, deren Herkunft und Alter zweifelhaft ist. Sie hüteten diese kostbare Gabe der Pandora mit der Inbrunst eines Akoluthen und empfanden es als ungehörig, auch nur ein einziges Blatt Papier zu vernichten, das mit Zeichen beschriftet war. Bis auf den heutigen Tag wird eine Unmenge Zeit darauf verwendet, mehrere Tausend dieser Zeichen zu erlernen. Dies hindert das Kind daran, seinen Geist an weniger mechanischen Aufgaben zu schulen, stärkt jedoch durch peinlich genaue Nachahmung einen gewissen Hang, sich sorgfältig um Details zu kümmern, und befähigt schließlich zu einer verführerischen Eleganz, die mit raschen, eigenwilligen Pinselstrichen die Härte starrer Linien überwindet und dem Leser etwas hinterläßt, was bewundernswert ist, ihm aber noch öfter Rätsel aufgibt.

Moderne Japaner – unter ihnen so leidenschaftliche Nationalisten wie Professor Kanokogi* – haben über die Bürde geklagt, die den Japanern aus ihrer Treue zur chinesischen Schrift erwuchs. Es fragt sich jedoch, ob es nur die drückende Last der Tradition war, die die Japaner an einer Schriftart festhalten ließ, die dem kleinen Inselreich geringeren Nutzen bot als dem riesigen Gebietsagglomerat des chinesischen Kaiserreichs mit Völkern, deren Aussprache sich so weitgehend unterschied, daß eine Alphabets- oder Silbenschrift den schriftlichen Verkehr in heimischer Zunge zwischen den verschiedenen Provinzen des Reichs der Mitte unmöglich gemacht hätte.

Neben ihrem fraglos ästhetischen Reiz müssen die *kanji* in Japan noch anderen Neigungen und Zwecken entgegengekommen sein: der Vorliebe für das Unscharfe, Verhüllte, Vieldeutige und der Praxis einer patriarchalischen Regierung, die sehr in Verlegenheit geraten wäre, wenn ein jeder alles so leicht hätte lesen können, wie das westliche Alphabet es erlaubt. Das oft gehörte Argument, daß die japanische Sprache mit ihrer Vielzahl von Homonymen unverständlich würde, wenn die phonetische Schrift die Oberhand ge-

* Kanokogi Kazunobu (1884–1949) lehrte von 1927 bis 1929 als Gastprofessor an der Berliner Universität. Er veröffentlichte seine Vorlesungen in dem Buch *Der Geist Japans* (Leipzig 1930). (*Anm. d. Hg.*).

wänne, scheint weniger ins Gewicht zu fallen. Durch Einführung neuartiger diakritischer Zeichen und passender Komposita, bei gleichzeitiger Vermeidung doppelsinniger Wörter von zu feiner Schattierung, ließen sich diese Schwierigkeiten überwinden, ohne daß die Sprache an Eleganz verlieren müßte. Auch würde das japanische Leben nichts von seinem Charme verlieren, wenn die Japaner im Gespräch miteinander nicht länger gezwungen wären, den Sinn ihrer mündlichen Mitteilung durch Ideogramme zu verdeutlichen, die sie mit dem Zeigefinger einer Hand auf die Innenfläche der anderen Hand zeichnen...

Tatsächlich haben die Japaner seit dem 9. Jahrhundert in ihr Schriftsystem schon ein wichtiges Element eingeführt, das nicht chinesischer Herkunft ist und sich gut dem besonderen Charakter der japanischen Sprache anpaßt: die beiden Silbenschriften *katakana* und *hira-gana*. Die Vertreter der Auffassung, daß die japanische Kultur unter chinesischer Hegemonie stehe, scheinen zu verkennen, daß die Schaffung dieser wohlgeformten, handlichen Zeichen (die dem großen buddhistischen Lehrer Kōbō Daishi zugeschrieben wird, der sich die Sanskrit-Schrift zum Vorbild genommen haben mag) und ihre Zusammenfügung mit den chinesischen Begriffszeichen keine unbedeutende Leistung darstellte. Sie ermöglichte eine eindeutige Schreibung aller Wörter ohne chinesisches Äquivalent und eine freie Entwicklung der japanischen Syntax und Formenlehre, die ganz anderen Regeln folgt als die der chinesischen Sprache. Merkmal des Chinesischen ist der »allgemeine Mangel an Flexionsaffixen« und der »eingeschränkte Gebrauch von Hilfsverben«.[1] Das Japanische, eine agglutinierende Sprache, schwelgt in Hilfsverben, die in modaler Funktion auftreten, und besitzt einen viel größeren Reichtum an Präpositionen und Konjunktionen. All diese charakteristischen Sprachbestandteile werden zumeist in *kana* geschrieben. Sie verleihen dem Japanischen einen Grad an Geschmeidigkeit, der dem Chinesischen versagt bleibt, weil es nur um den Preis einer völlig starren Wortfolge Verständlichkeit erreicht. Die schöpferische Kraft einer Nation zeigt sich nirgendwo so deutlich wie in ihrer Sprache. Das Japanische – mit all seinen Vorzügen und Grenzen – ist trotz einiger Ähnlichkeiten mit dem Ugro-Finnischen und anderen Sprachen von keinem fremden Grundmuster abhängig. Gleiches

1 Karlgren, Bernhard, *Sound and symbol in Chinese*, London 1923, S. 76.

gilt auch von der eigentümlichen Verknüpfung der chinesischen mit einer selbstentwickelten Schrift.

Sogar in der Art der bildlichen Darbietung chinesischer Schriftzeichen haben die Japaner ihren eigenen Stil entwickelt, den chinesische Kunstkritiker leicht zu unterscheiden vermögen und dem sie ihre Anerkennung nicht versagen. Sie messen den japanischen Pergamentrollen, die in typisch chinesischer Manier Schriftzeichen tragen, nicht sonderlich viel Wert zu, entdecken jedoch in den *kakemono*-Hängerollen, die in heterodoxem japanischem Stil beschriftet sind, eine Schönheit von eigenem Reiz.

Kalligraphie, die Kunst, Bücher, Gedichte, Briefe und Manuskripte in Schriftzeichen zu pinseln und dabei nicht nur die Regeln einer gewandten, gefälligen Übermittlung von Fakten und Absichten einzuhalten, sondern darin auch Herz, Seele und Geist des Schreibenden sprechen zu lassen, darf als Inbegriff der fernöstlichen Kunst überhaupt gelten – sowohl der chinesischen als auch der japanischen. Vielleicht spiegelt die dekorative Verwendung der Schriftrollen ursprünglich etwas von der islamischen Kultur wider, die China in der T'ang-Zeit erreichte, den Moslems die Abbildung lebender Wesen untersagte und so dahin führte, daß die motorischen Seelenkräfte sich ein kongeniales Ausdrucksmittel in abstrakten Formen suchten, die von geistigen Assoziationen lebten. Diese Kunst mag in China an die frühzeitlichen Stimmungen wiederangeknüpft haben, aus denen die unplastischen, unwirklichen Formen der frühesten Bronzefiguren hervorgegangen sind – jene bildhaften Darstellungen uranfänglichen chinesischen Seelenlebens.[1]

Die Japaner übernahmen nicht nur die Formen der chinesischen Schriftzeichen, sondern auch die Regeln der chinesischen Schreibkunst. Sie ahmten die Schrift der berühmten Meister in einer Weise nach, wie nur die Japaner es können – unter sorgfältiger Beobachtung des winzigsten Details und unter jahrhundertelanger Aufrechterhaltung dieser Vorbilder, eifrig wie bußfertige Mönche oder Athleten, die sich zum Wettkampf rüsten. Wer jedoch Gelegenheit findet, einige gute Beispiele chinesischer und japanischer Kalligraphie an den Wänden desselben Raums hängen zu sehen, wird – wenn er über einen ästhetischen Sinn für abstrakte Formen und Rhythmen verfügt – einen so großen Unterschied wahrneh-

1 Grousset, René, *The civilizations of the East: China*. New York 1934, S. 25 u. 26.

men, daß er sich verwundert fragt, ob die chinesischen und japanischen Werke derselben Welt angehören. Sie lassen sich fast genausowenig vergleichen wie ein Sonett von Petrarca mit einem Takt Musik von Debussy. Gemeinsam ist ihnen nur die allgemeine Eigenschaft, daß sie der westlichen Ästhetik des Schreibens mit ihrer Forderung eindeutiger Formen und klarer Verständlichkeit fremd sind. Sowohl die Chinesen als auch die Japaner streben nicht danach, standardisierte Zeichen, die innerhalb ihres Kontexts unverändert bleiben, in noch reizvollerer oder prächtigerer Weise nachzubilden, sondern diese in sich fertigen Einheiten in einen spontanen Bewegungsfluß einzuschmelzen. Bewegung scheint allerdings in der chinesischen und der japanischen Kunst nicht das gleiche zu bedeuten.

Chinesische Kalligraphie

Ein Werk chinesischer Schriftkunst, auch wenn es noch so sehr geometrische Symmetrie zu vermeiden versucht, vermittelt dem Auge (und über das Auge dem ganzen Körper) ein Gefühl vollkommenen Gleichgewichts. Die einzelnen Zeichen mögen in kühner Asymmetrie gestaltet sein, sie halten sich dennoch in der Balance. Sie zeugen von einer Welt, die weder dem Tag noch der Nacht, weder dem Handeln noch dem Leiden, weder dem Großen noch dem Kleinen, weder dem Männlichen noch dem Weiblichen, weder dem Himmel noch der Erde den Vorzug gibt, nicht etwa aus stiller Gleichgültigkeit (die den Chinesen nur in ihren periodisch wiederkehrenden Zeiten der Verwirrung und Mattigkeit zu eigen zu sein scheint), sondern aufgrund ihres Glaubens an ein kosmisches Gesetz, das die Gegensätze versöhnt, die in einer rhythmischen Folge wechselnder Zustände, Aspekte und Gesetzmäßigkeiten des allumfassenden Lebens auftreten. Jenes kosmische Gesetz ist nicht etwa nur in der rationalen Spekulation oder der mystischen Introversion wirksam, sondern es spricht sich auch in Körperbewegungen, Haltungen und Gesten aus. Nirgendwo ist es so unwiderstehlich zu spüren wie in einem vollendet dargebotenen Lied oder Tanz – die in den Anfängen beide untrennbar zusammenhingen. Lin Yutang[1] hatte recht, als er den *ts'ao-shu* (wörtlich:

1 Lin, Yutang, *The Aesthetics of chinese calligraphy*, in: *T'ien Hsia Monthly*, Bd. 1, 1935, Nr. 5.

Grasschrift-)-Stil der chinesischen Kalligraphie nicht als »fließend«, sondern als »tanzend« bezeichnete. Der Pinsel bewegt sich nach seinem eigenen Gesetz, ohne jede aufdringliche Absicht, fremde Vorbilder zu imitieren, aber vermittelt den Eindruck von Tänzern, die sich in der Balance halten, hin- und herschweben, auseinandergehen, sich einander zuwenden, einander entgegentreten und sich in einem Finale wieder vereinigen, das Widerstreit in Einklang auflöst und Spannung in Harmonie verwandelt.

Die Chinesen bestehen auf dem Grundsatz – und tun dies zu Recht –, daß Bewegung, Fluß und Rhythmus das Lebenselement der Kalligraphie bilden. In ihrer Kunst kommt dieser sich selbst erzeugende Rhythmus aber dort zum Erliegen, wo er eine Welt vor Augen führt. Die Bilder der Dinge und die Erinnerung an sie, die im Geist des Künstlers weiterleben, können zwar wie verwandelt, umgestaltet und verzaubert sein, sie können auch wie untergegangen in Kaskaden oder Wasserstrudeln erscheinen, aber sie bestehen trotzdem fort, und die Feinheiten ihrer Formen und Farben lassen sich durch die Wasseroberfläche hindurch erkennen wie Kieselsteine, Fische oder Wasserpflanzen, die mit übernatürlichem Glanz vom Grund eines klaren, tiefen Stroms schimmern. Ein Autor der T'ang-Dynastie hat mit einzigartiger Präzision und Anmut solche Eindrücke wiedergegeben:

»Hier sammelt sich ein Tropfen kristallklaren Taus auf einer Nadelspitze. Dort läßt ein grollender Donner einen Steinhagel niederprasseln. Ich sah Scharen von Schwanenköniginnen in wundervollem Flug dahinschweben. Oder eine verzweifelte, wilde Flucht, die in rasendem Tempo vorüberjagt. Dann und wann vollführt in den Schriftzügen ein flammender Phönix seinen stolzen Tanz oder eine sich windende, gefleckte Schlange kriecht ängstlich davon. Und ich sah brechende Gipfel, die vornüber in jähe Abgründe stürzten. Oder eine Menschengestalt, die sich an einen trockenen Weinstock klammert, während sich unter ihr ein weites, stummes Tal auftut. Einige Striche scheinen so schwer wie sinkende Wolkenbänke zu sein, andere so leicht wie Zikadenflügel. Nur ein wenig Führung des Pinsels, und schon sprudelt eine Quelle hervor, nur ein kurzes Innehalten, und schon türmt sich ein Berg auf, der voller Frieden daliegt. Sanft leuchtet der neue Mond am Horizont, und sobald der Stil feierlich wird, senkt sich ein Sternenfluß strahlend und groß in die einsame Weite der Nacht.«[1]

1 Sung, Kuo-t'ing, *Lost tract of the marvels of calligraphy*, (übersetzt von Sun Ta-yu), in: *T'ien Hsia Monthly*, Bd. 1, 1935, S. 19f.

Die Chinesen bleiben nicht nur in ihrer Metaphorik der Welt der Gegenstände nah, sondern auch in ihren Fachausdrücken. Sie sprechen von »Muskeln«, »Knochen« und »Sehnen« des Strichs. Andere Begriffe entstammen dem Bereich der Statik: die Schriftzeichen heißen »Strukturen«, die teils »kippen«, teils »ein Gegengewicht bilden«, teils »geringen Halt« bieten; einige haben »innen«, einige »außen« ihren Platz. Wenn in dieser Kunst Gegenstände und Lebewesen in Bewegungen verwandelt werden, so ist es eine Bewegung, in der ihr Strukturgesetz, die Grundform räumlicher Existenz, transparent wird.

Japanische Schrift

Die Schriftkunst Japans – sobald die fremde Technik gemeistert worden ist und der Schreibende sich frei fühlt, der eigenen Natur zu folgen – will die Strukturgesetze der Gegenstände nicht enthüllen. Sie stellt etwas dar, was (in Ermangelung eines besseren Begriffs) als absolute Bewegung bezeichnet werden muß. Es ist die Bewegtheit einer Seele, die von einer magischen Macht besessen ist, welche sie dazu bringt, voranzustreben, vorwärtszustürmen und zu stocken, sich zu entspannen, sich zu verlieren und sich wiederzufinden, Stoßkraft zu gewinnen und sanft dahinzuschwinden. Es erinnert uns an die Tänze der nordostsibirischen Schamanen, die in der Tanzkunst des japanischen Nō-Theaters in höchst vergeistigter Form fortzuleben scheinen. Wo die japanische Kalligraphie einmal nahe daran ist, auf Phänomene der Außenwelt hinzudeuten, beschwört sie das Bild eines Blitzes, Wirbelsturms oder tröpfelnden Herbstregens herauf. Ein Stück chinesischer Schriftkunst läßt sich oft als ein Schauspiel zweier widerstreitender Kräfte interpretieren. Es dürfte nicht unmöglich sein, chinesische Schriftzüge zu finden, deren dramatische Rhythmen und Spannungen dem rhythmischen Ablauf von *King Lear, Coriolanus* und *Measure for Measure* gleichen. Die japanischen Schriftzeichen aber sind nicht dramatisch, sondern monodisch, und ihre Schönheit ist linear, nicht zwei- oder dreidimensional. Wo diese Formen abstrakter Bewegung eine menschliche Botschaft aussprechen, künden sie von der Entschlossenheit und Verzweiflung, Flucht und Resignation einer einsamen Seele oder schlicht vom beständigen Wechsel des Lebens, der Begeisterung in Verzweiflung übergehen läßt, mürrische Erstarrung gebieterisch in Freude umwandelt und den Jubelschrei mit melancholischer Stimmung verquickt. Der japanische Stil ist im wesentlichen eine Kunst der Übergänge, des Gleitens, feiner Verknüpfungen und verblüffender Anfänge. Mir ist nicht bekannt, ob jemals ein Japaner ein Buch über die kalligraphische Ästhetik geschrieben hat, das diese bezeichnenden Charakterzüge hervorhebt. Wahrscheinlich haben die Japaner in diesem Bereich, wie auf so vielen anderen Gebieten, nicht aufgehört, fremde Formeln zu wiederholen, voller echter Ehrerbietung und in dem festen Glauben, daß sie ihnen gemäß handeln, ohne sich bewußt zu machen, daß sie schon vor langer Zeit begonnen hatten, sich in eine ganz andere Richtung zu bewegen.

Der Gegensatz zwischen den beiden Schriftstilen scheint sich sogar in den elementaren technischen Einzelheiten geltend zu machen. Der chinesische Kalligraph führt den Pinsel im allgemeinen senkrecht zu seiner Schreibfläche. Die Japaner verwenden ihn offenbar viel häufiger in schrägem Winkel. (Diese Technik war zum Beispiel typisch für die Malerei Kōrins.[1]) Was sonst hätte diese eifrigen Schüler dazu veranlassen können, von fast religiös verehrten Vorbildern abzuweichen, als das instinktive Wissen, daß nur durch das Verlassen der Vertikalebene der Bewegungsimpuls vom starren Schema der Symmetrie und des Gleichmaßes befreit werden kann?

Gesänge und Tänze

Was für die Japaner an der Bewegung das Entscheidende ist, wird man am deutlichsten erkennen, wenn man versucht, eine alte japanische Weise zu singen oder die Schritte eines typischen Tanzes auszuführen. Keins von beiden folgt einem metrischen Schema. Sie wissen nichts von jener Spannung zwischen dem freien Fluß des Rhythmus und der Arithmetik eines Versmaßes, aus denen Gesang und Tanz in Europa ihre Lebenskraft und ihren Reiz ziehen, und sie werden nie von der autonomen Macht eines rhythmischen Metrums fortgerissen. In Japan scheinen Gesang und Tanz in jedem Moment neuer Impulse, Anreize und »Innervationen« zu bedürfen und einer ständigen Bereitschaft zum plötzlichen Rich-

1 Minamoto, Hōshū, *An illustrated history of Japanese art*, Kyoto 1935, S. 209.

tungs- und Tempowechsel. Die Impulse, die die Bewegung leiten, scheinen auf die natürlichen Neigungen und Abneigungen des Körpers wenig Rücksicht zu nehmen; denn sie sind Ausdruck einer physischen Beschaffenheit, die nur unvollkommen dazu geeignet ist, dem *élan vital* in seiner ursprünglichen Reinheit zu gehorchen.

Ein japanischer Tanz oder Gesang erlaubt es einem selten, sich jenem rhythmischen Gleichmaß anzuvertrauen, der im Bau des menschlichen Körpers vorgegeben ist. Es gibt keine Wiederholungen, keine Rückwendungen zum Anfang, keine Variationen eines Grundmusters. In jedem Augenblick kann die am wenigsten erwartete, schwerste und anti-organischste Bewegung ausgeführt werden, aber immer – wenn sie in der rechten Weise geschieht – mit scheinbarer Leichtigkeit und einem Zauber, wie er für schwierige Dinge typisch ist, die so ablaufen, als wären sie die mühelosen Improvisationen einer glücklichen, frohen Natur oder das Geschenk einer seltenen Stunde, in der das Unwahrscheinliche sich ereignen darf.

Dieses Wunder wird dadurch vollbracht, daß man streng jeder Versuchung widersteht, sich zu entspannen, und dem Körper nicht erlaubt, daß er in jene wiegenden, biegenden, balancierenden Bewegungen zurückfällt, die durch die glückliche Struktur unserer Anatomie und Physiologie, die Gesetze der Gravitation und das System des dreidimensionalen Raums vorgebildet zu sein scheinen. Man kann diese Gesänge und Tänze im wesentlichen als »magisch« bezeichnen, wenn wir das Magische mit einem späten klassischen Schriftsteller (war es Macrobius?) als »die Kunst« definieren, »die der Natur zuwiderläuft«. Die meisten archaischen Gesänge und Tänze Japans entstanden aus Zauberformeln, Beschwörungen, Geisteraustreibungen und Orakeln. Sie dienten dazu, Götter anzurufen, Dämonen zu vertreiben, zu retten und zu heilen. Haben die japanischen Mystiker und Dichter späterer Zeiten die Kräfte, die in jenen magischen Formeln leben, nur in eine andere Sphäre übertragen? Etwa Nichiren, der große buddhistische Lehrer der Kamakura-Zeit, der mit Nachdruck forderte, das Ganze des Buddhismus im Lotos-Sutra zu erkennen, und zwar allein schon in den fünf magischen Silben seines Titels, die für ihn die ganze errettende Macht des Erleuchteten verkörperten; oder jener Maler der Tokugawa-Ära, der bei der Darstellung eines Bambusrohres all seine seelische Kraft in einen langgezogenen

Pinselstrich zu legen wußte; oder der Haiku-Dichter Bashō, der in einer einzigen Bewegung oder in einem einzigen Laut den Sinn des Lebens erahnte (»Ein alter Tempelteich/Ein hüpfender Frosch/Das Geräusch des Wassers.«); oder der Zen-Mönch, der die Erlangung der Wahrheit nur durch den Akt des Schlagens, Springens und Schreiens bezeugt – dies alles sind klare Ausdrücke derselben magischen und akosmischen Einstellung.

Mythos und Magie

Auch die chinesische Kunst und Gedankenwelt ist aus einem magischen Nährboden erwachsen, der voller gefährlicher Kräfte ist, von Schrecken und Zerstörung zeugt und den Geist des Menschen herausforderte, das Unkontrollierbare mit Hilfe von Formeln, Riten und Tänzen zu bändigen: Einige davon, die in ihrem Ursprungsland längst untergegangen sind, werden am kaiserlichen Hof Japans neben Zeremonien einheimischer Herkunft vollzogen. Doch nie wurde der Versuch unternommen, in Japan jene äußerst eigenartigen Formen der archaischen chinesischen Religion und Kunst wiederaufleben zu lassen, unter denen das *T'ao-t'ieh* das bedeutungsvollste Beispiel darstellt: ein Bild der bildlich kaum vorstellbaren Macht, die im Innersten dieser magischen Welt regiert, ein System vormenschlicher, vorkosmischer »Kraftlinien«, das diffuse Geheimnis der grausamen Wahrheit hinter aller kosmischen Ordnung und Schönheit. Die Japaner stellen sich die bösen Kräfte dieser Welt nicht als ein räumliches Bild vor, das aus einem Gewirr von Linien besteht, in dem eine furchterregende Maske zum Vorschein kommen wird. Sie sind damit zufrieden, daß dank der göttlichen Eigenschaften ihrer Vorfahren diese Kräfte bezwungen sind. Die furchtbare Zeit, in der die »Felsen und Baumstümpfe redeten«, liegt weit zurück. Des Menschen Herz ist rein, es weiß nichts von jenen schreckenerregenden Zügen, die die Chinesen in der *T'ao-t'ieh*-Maske erkannten. Beschwörungen und Riten sind dazu da, die verunreinigenden, unheilvollen Einflüsse zu verbannen, die hier und dort noch fortwirken, sie bis auf den Meeresgrund hinwegzuspülen und die Götter einzuladen, daß sie sich bei den Menschen niederlassen, mit ihnen ihre Freuden teilen und ihre eigene unverfälschte Kraft und Reinheit erneuern.

Chinesische Gedichte

Das klassische chinesische Gedicht weist eine völlig symmetrische Struktur auf. Es gibt keinen Rhythmus, der von natürlicherer Ausgewogenheit wäre als die *Shi-ching*-Lieder, die die strophischen und gegenstrophischen Bewegungen zweier Reihen von Tänzern nachvollziehen, und keine bezauberndere Symmetrie als die der Verspaare und Vierzeiler der T'ang-Poesie, die an das Doppelbild einer Landschaft und ihrer Spiegelung auf der Oberfläche eines Sees erinnern und einen zu der Frage führen, welches der beiden Bilder wohl das wirkliche ist, das obere mit seinen klareren Umrissen oder das untere mit seinen frischen Farben.

Vor mehr als einem Jahrtausend wurden in Chinas heiligen Büchern strenge Gesetze des kosmischen Gleichgewichts aufgestellt, sie fanden im Zeremoniell des Staatskults eine Entsprechung oder wurden in die imperative Form bronzener Gefäße gegossen, die im religiösen Ritual Verwendung fanden. Die Quintessenz jener Regeln scheint von den T'ang-Dichtern herausdestilliert worden zu sein. In ihren Werken hat das archaische Vorbild eine luftige Leichtigkeit, unirdische Feinheit und träumerische Flüchtigkeit erreicht, die der klassischen chinesischen Kultur fremd ist. Doch der neu erworbene buddhistische Sinn für die Unbeständigkeit der Dinge hat nicht ganz den einheimischen Glauben an das mächtige Recht des Hier und Jetzt, an die Schönheit der Materie und den sinnlichen Zauber vernichtet.

Im Geist der T'ang-Gedichte halten beide Welten sich in einem feinen Gleichgewicht, und der Strophenbau aus zwei Vierzeilern spiegelt diese Balance in den Regeln wider, die die Abfolge »weicher« und »harter« Silben bestimmen. Der archaische Wechsel von Strophe und Gegenstrophe ist durch ein Permutationssystem ersetzt worden, das ein anfängliches Muster schließlich zu seinem Ausgangspunkt zurückführt. Das Muster der ersten Zeile kehrt in den letzten Zeilen der beiden Gedichtteile wieder.[1]

Jede Verszeile der beiden Vierzeiler enthält sieben einsilbige Wörter (Idiogramme), die als hart oder weich gelten. Die erste Zeile hat drei harte Silben, die von je zwei weichen flankiert werden. In der zweiten Zeile wird jede »weiche« durch eine »harte« ersetzt, mit der Ausnahme der fünften und siebten Silbe,

1 Lin, Yutang, *My country and my people*, New York 1939, S. 228–243.

und so ergibt sich eine leichte Spannung. Die dritte Zeile gleicht diese Anomalie aus, so daß sie das völlige Gegenteil vom ersten Zeilentyp darstellt, der in der vierten Zeile wiederkehrt. Die erste Zeile des zweiten Vierzeilers wiederholt diese Anfangsstruktur, mit Ausnahme der fünften und siebten Silbe, die diesmal durch ihr Gegenteil ersetzt werden (»hart« durch »weich« und umgekehrt). In der sechsten Zeile findet Silbe für Silbe eine vollständige »Umkehrung« statt, wodurch sich ein Muster bildet, das mit Zeile zwei übereinstimmt. Die siebente Zeile wiederholt diese, mit Ausnahme der fünften und siebten Silbe, wodurch das Muster der dritten Zeile neu entsteht, und so führt eine völlige Umkehrung in Zeile sieben zum Ausgangsmuster zurück.

Beherrscht von den Gesetzen des beweglichen Gleichgewichts und der symmetrischen Balance, kommt dieses System mit einem Minimum spannungserzeugender Faktoren aus. Kein anderes achtzeiliges Gedicht könnte eine noch größere Schönheit und Vollendung erreichen. Diese Struktur läßt wiederum an das Bild einer Landschaft denken, die sich in einem von sanftem Wind gekräuselten See spiegelt.

Japanische Poesie

Die Japaner haben zu frühem Zeitpunkt gelernt, solche chinesischen Gedichte zu verfassen, so wie europäische Schriftsteller jahrhundertelang Freude und Ehre darin suchten, lateinische und griechische Verse in den klassischen Sprachen zu schreiben oder aber die Versmaße und Formen des klassischen Altertums auf ihre Muttersprache zu übertragen. Dabei haben die Japaner bis auf den heutigen Tag ein seltsames, selbstauferlegtes Gesetz beachtet: daß sie nicht nur den strengen japanischen Regeln der Reime und Wortfolge genau gehorchen, sondern als Reime nur jene Wörter gelten lassen, die sich vor vielen Jahrhunderten in China reimten. In der Zwischenzeit haben die Schriftzeichen sowohl in China als auch in Japan ganz verschiedene Lautwerte angenommen. Wörter, die im Chinesischen Reime bildeten, als die Regeln der Poesie entstanden, reimen sich nicht, wenn Japaner die Schriftzeichen lesen. Die Einhaltung solcher Regeln ist daher ästhetisch ohne Bedeutung. Schon in der T'ang-Ära, als die Japaner diese Gedichte kennenlernten, reimten sich viele dieser Wörter nicht mehr, auch nicht für chinesische Ohren. Für einen Japaner muß die Diskrepanz zwischen den Schwierigkeiten, die durch das strenge Festhalten an dem Kanon entstanden, und dem erzielten ästhetischen Ertrag unvergleichlich größer gewesen sein; doch sie hielten jenem Kodex weiterhin die Treue. Dieses Phänomen erinnert an die Scheu des Menschen der Frühzeit, das geringste Detail einer Zeremonie zu ändern, aus Furcht, daß eine derartige Modifikation ihre magische Wirkung beeinträchtigen könnte. Das wahre Motiv scheint jedoch gewesen zu sein, daß sie jeden Vorwurf vermeiden wollten, sie hielten die Regeln nicht streng genug ein, und daß sie fürchteten, als zweitklassig, ungeschickt oder schlecht informiert zu gelten und sich lächerlich zu machen. Es heißt, daß sogar moderne Japaner, bevor sie sich in eine Tanzhalle wagen, peinlich genau ein Lehrbuch studieren und die konventionellen Tanzschritte einüben, bis sie sicher sind, keinerlei Fehler zu machen.

Alles in allem scheint die Praxis der chinesischen Dichtkunst in Japan im Verlauf von zwölf Jahrhunderten ebensowenig Poesie ersten Ranges hervorgebracht haben wie die lateinische Verskunst in Westeuropa. Der Hauptstrom der japanischen Dichtung stammt aus einer anderen Quelle und folgt ureigenen Gesetzen. Die Japaner haben den größten Teil ihrer altertümlichen Poesie den Regeln alternierender Verszeilen von fünf und sieben Silben unterworfen, einem Schema, das bestimmten chinesischen Gedichten entlehnt wurde. Aber schon frühzeitig fügten sie noch eine Zeile von sieben Silben hinzu, führten Asymmetrie herbei und verstärkten den asymmetrischen Charakter eines solchen *tanka* dadurch, daß sie seit dem *Kokinshū* die fünf-sieben, fünf-sieben, sieben-Anordnung durch einen fünf-sieben-fünf, sieben-sieben-Rhythmus[1] ersetzten. Ein Gedicht solcher Art ist nicht für den Tanz geschaffen. Man kann es sich auch nicht als symmetrisches Bild vorstellen. Seine rhythmische Bewegung verläuft eindimensional und lebt von einer wachsenden Spannung, die in der letzten Zeile freigesetzt wird wie ein Pfeil, der sich von der Sehne eines Bogens löst.

In der Tat lassen sich die fünf Zeilen eines solchen Gedichts mit den fünf Handlungen der japanischen Zeremonie des Bogenschießens vergleichen: erst das ruhige Aufstellen, dann das feierliche Heben des Bogens, das langsame Spannen der Sehne in Augen-

1 Gundert, Wilhelm, *Die japanische Literatur*, Potsdam 1929, S. 21 u. 37.

höhe, die leichte Spannungssteigerung durch Vorwärtsbewegen der Bogenhand und schließlich das Loslassen des Pfeils. Dies ist mehr als nur ein bildlicher Vergleich. Die Japaner bringen dem Pfeil eine kultische Verehrung entgegen – ein Erbe sehr früher Stufen der Menschheit. In einigen der mächtigsten Heiligtümer wird ein Pfeil als Gott-Körper (*shintai*) verwahrt. Zeremonielles Bogenschießen findet an vielen Festtagen im Schutz eines Schreins statt, und Zeugung durch einen Pfeil gilt in mehr als einer japanischen Genealogie als das sichere Zeichen göttlicher Herkunft.

Anblick und Bewegung

Wir haben ziemlich lange bei den Unterschieden des Rhythmus verweilt, denn er ist die Seele der Poesie. Die gleichen Gegensätze auf inhaltlichem Gebiet zu finden – im materiellen Substrat von Ideen und Bildern, die in die Textur des Gedichts eingehen – fällt nicht schwer. Zweifellos hinterlassen die bedeutendsten chinesischen Gedichte einen visuellen Eindruck oder eine Sequenz derartiger Bilder. Sie sind Bilder in Worten und bewahren, wie ein kluger chinesischer Kritiker gezeigt hat, den eigentümlichen Stil bildlicher Darstellung, die sich mit Vorliebe auf die Wiedergabe dessen beschränkt, was dreidimensional in der Natur vorhanden ist. Das japanische Gedicht beschwört weniger eine Welt der Form und Farbe herauf, als daß es eine Bewegung verkörpert. Es erinnert an das Zittern eines Zweiges, von dem sich soeben ein Vogel in die Luft erhoben hat, oder an den Flug von Wildgänsen, die jeden Augenblick in den Wolken verschwinden werden, oder an den unerbittlichen Stoß einer Klinge, der sich auf einen Körper richtet. Der chinesische Dichter erlaubt es sich, vor einer bezaubernden Landschaft zu verweilen, bis sie sich öffnet – wie der Zauberberg in einem bekannten chinesischen Märchen – und ihn in sich aufnimmt, so daß er selbst nicht mehr sichtbar ist. Für den Japaner ist ein jeder Augenblick nichts anderes als ein Sprungbrett. Wo der Chinese zur Ruhe findet, ist dem Japaner keine Pause vergönnt. Wo der chinesische Dichter zur Selbstverwirklichung gelangt, wartet der japanische auf das Signal, das ihn zum Aufbruch ruft.

Die Werke der schönen Künste, die aufgrund ihrer technischen Gesetzmäßigkeiten und ihrer Stoffwahl mehr der Welt der Materie verhaftet sind als die Dichtkunst, lassen noch deutlicher fremde Vorbilder und Entlehnungen erkennen. Griechenlands Bildhauerkunst, Roms Architektur, Italiens und Frankreichs Malerei haben bei zeitgenössischen und späteren ausländischen Schülern stärkere Spuren hinterlassen als die Dichtkunst und Musik jener Länder; doch diese Einflüsse waren bei weitem nicht die einzigen. Hätte es Japan an schöpferischem Geist gefehlt, wie eine weitverbreitete Meinung behauptet, so wären seine Maler und Bildhauer nicht nur den chinesischen Beispielen und Richtungen gefolgt, sondern hätten sich auch als unfähig erwiesen, diesen Formen ihren eigenen Stempel aufzudrücken. Dem aber war nicht so.

Daß es in großem Maße eine Schülerschaft gab, unterliegt überhaupt keinem Zweifel. China lehrte Japan seine ersten Schritte in der Malerei und Bildhauerei, trug in der gesamten Geschichte der japanischen schönen Künste Welle um Welle eines kontinentalen Einflusses heran und wurde von japanischen Künstlern als das halb-mythische Land der Schönheit und Weisheit angesehen, das »jenseits der Meere« liegt. Seine Sung-Bilder waren die meistbegehrtesten Schätze der Ashikaga-Herrscher und ihres Kreises, an denen sich die ästhetischen Maßstäbe der japanischen Kultur herausbildeten. Eine japanische »Schule chinesischer Malerei« (*kanga*) diente den Tokugawa-Shōgunaten als offizielle Kunst. Nicht allein die Technik der chinesischen Malerei wurde übernommen, sondern man gab auch chinesischen Themen und Motiven den Vorzug, und man glaubte, daß chinesische Landschaften es eher verdienten, abgebildet zu werden, als die der japanischen Inseln mit all ihrem zarten Zauber. Die Verehrung Griechenlands und Italiens und ihrer Künste durch spätere Generationen von West- und Mitteleuropäern bietet hierzu eine auffallende Parallele. In Japan wird das Phänomen jedoch durch die östliche Tendenz verstärkt, seine Meister und alles, was alt ist, zu preisen und den eigenen Stolz hinter einem Schleier von Ehrerbietung und Selbstherabsetzung zu verbergen.

Dieser eigentümliche Wesenszug hat unbedachte fremde Beobachter oft zu Fehlurteilen verleitet. Hinzu kam, daß sie im allgemeinen bei der Betrachtung eines Kunstwerks versäumten, zwischen dem materiellen Aspekt (der Technik und der Themenstoffe), den auch Personen mit geringer ästhetischer Sensibilität erfassen können, und den Eigenschaften zu unterscheiden, die den Scharfblick des Künstlers erfordern. Shakespeare bezog den Entwurf zu vielen Stücken von italienischen Romanciers oder von Plutarch; viele der melodischen Themen Beethovens erfand dieser nicht selber; die deutsche gotische Baukunst stützte sich großenteils auf französische Vorbilder. Vervollkommnung zählt auf dem Gebiet der Kunst und Dichtung mehr als Erfindung, und einer Tradition, die durch ein hohes Alter geheiligt ist und von mächtigen Vorgängern geprägt wurde, seinen eigenen geistigen Stempel aufzudrücken, stellt keine unbedeutende Leistung dar. Und in der Tat wird der allgemeine Trugschluß, den Japanern fehle es an Stärke und Originalität, von keinem kompetenten westlichen Historiker der östlichen Kunst geteilt, wie etwa die Namen Laurence Binyon[1] und Professor René Grousset[2] hinlänglich beweisen. Wir können einige eigene Beobachtungen beisteuern, die zeigen, daß die japanische und chinesische Landschaftsmalerei unter denselben Polaritäten steht, die wir auf dem Feld der Dichtung und Kalligraphie erkannten.

Landschaftsmalerei und Zen

Da im Fernen Osten die Grundlagen der Kalligraphie und der Malerei gleich sind (»Es gibt keinen Unterschied zwischen dem Studium der Malerei und dem der Kalligraphie«, schrieb Kuo Hsi in seiner berühmten Abhandlung *Über das Malen von Landschaften*), sind solche polaren Unterschiede des Stils zu erwarten. Daß man sie so selten wahrgenommen hat, dürfte an einer gewissen Trägheit gelegen haben, über den Punkt hinauszugehen, wo sich »Stoffe« und Themen leicht identifizieren lassen. Hier wie dort treffen wir auf Landschaften in schwarz und weiß, auf verträumte Seen mit heimkehrenden oder ruhenden Fischerbooten, erhabene Berggipfel, die hinter Wolkenschleiern verschwinden, romantische Bergschluchten, in die herabstürzende Flüsse oder Wasserfälle Leben bringen, die Behausungen meditierender Einsiedler oder umherwandernder Dichter, in Schnee versunkene

1 Binyon, Laurence, *Painting in the Far East*, New York ³1923.
2 Grousset, René, *The civilizations of the East: Japan*, London 1931.

Weiler – dies alles in einem visionären Stil gemalt, mit den kühnen und feinen Strichen eines Pinsels, der nicht den augenfälligen Konturen der Dinge in realistischer Manier folgen will. Die Frage, welcher Sinngehalt in diesen Bildern steckt und welche Motive die Wahl der Landschaften und dieser Tuschtechnik bestimmen, ist leicht beantwortet: Die bedeutendsten Arbeiten dieser Schule, die in Japan aus der Ashikaga-Zeit und in China aus der Sung-Ära stammen, sind vom Buddhismus der Zen-Sekte durchdrungen, mit ihrem Kult der Kühnheit und Einfachheit, ihrer Lehre von der Irrelevanz der dualistischen Vorstellungen – einschließlich Gut und Böse, Ich und Außenwelt, Leben und Tod –, mit ihrem entschiedenen Willen, sich über Traditionen und Autoritäten, Kult und Dogma hinwegzusetzen, und ihrer leidenschaftlichen, unbeirrbaren Entschlossenheit, das, was jenseits aller menschlichen Erkenntnis liegt, zu erreichen, sei es das Nichts oder das Absolute.

Die Landschaftsmalerei im *suiboku*-Stil wurde mit Sicherheit durch Zen-Mönche nach China und Japan gebracht. Einige der größten japanischen Meister dieser Schule, vor allem Shūbun und Sesshū, waren Adepten der Sekte.* Nicht so sicher ist, daß die berühmtesten chinesischen *suiboku*-Meister sich von diesem Mystizismus inspirieren ließen, der mehr der *Vedanta*-Lehre ähnelt als dem eigentlichen Buddhismus. Es gab in der T'ang- und späteren Sung-Zeit Zen-Meister wie Mu-ch'i und Liang K'ai, und diese fanden in Japan zahlreiche Anhänger. Nicht weniger stark war jedoch der Einfluß von Ma Yüan und Hsia Kuei, die keineswegs zu den Fackelträgern der Zen-Mystik gezählt werden dürfen. Noch weniger können der typischste Vertreter der chinesischen Landschaftsmalerei der Sung-Zeit, Kuo Hsi, und seine Schüler als Zen-Künstler gelten.

Wenn nach dem Wort von Théophile Gautier der Künstler ein Mensch ist, für den »die Erscheinungswelt wirklich existiert«, waren Kuo Hsi und die meisten der großen Maler der Nördlichen Sung-Ära in der Tat Künstler. Landschaft war für sie kein bloßes Sinnbild, das auf das Absolute hindeutet, welches jenseits von Form, Farbe und Sein ist, kein Ruf, sich zurückzuziehen, ausge-

* *Suiboku-ga* sind die schon im voraufgegangenen Abschnitt erwähnten (lavierenden, monochromen) Tuschmalereien im Stil der Süd-Sung-Zeit und im Geist des Zen-Buddhismus. Shūbun, dessen Lebensdaten nicht bekannt sind, war Abt des Shōkuji-Tempels in Kyōto und Lehrer von Sesshū (1420–1506), der allgemein als größter Meister des *suiboku*-Stils gilt. (*Anm. d. Hg.*).

drückt durch Berge, die ihre Stofflichkeit verloren haben, durch Vögel im Flug und durch Boote, die ins Leere gleiten. »Unter den Landschaften«, schreibt Kuo Hsi in seiner großartigen Abhandlung, die die Auffassungen der klassischen chinesischen Landschaftsmalerei festgehalten hat, »gibt es solche, die es wert sind, sie zu durchwandern, solche, die verdienen, betrachtet zu werden, und solche, in denen es sich zu leben lohnt.« Die Natur soll nicht aufgehoben, sondern in ihren Stimmungen und Regungen gezeigt werden.

»Berge sind gewaltige Gebilde. Ihre Gestalt kann hoch und erhaben, stolz und hochmütig, würdevoll und aufrichtig wirken. Sie können aussehen, als säßen sie mit ausgebreiteten Schößen oder mit gekreuzten Beinen da ... Sie können wuchtig und massig, kühn und tapfer sein. Sie können von einem lebendigen Geist zeugen, majestätisch und stark sein. Sie können wirken, als hielten sie Ausschau und als verbeugten sie sich zum Gruß. Oben kann eine Krone sein und unten ein Sitz, vorn eine Stütze und hinten eine Lehne für den Rücken. Sie können in die Tiefe blicken, als beobachteten sie etwas, oder umherstreifen und wie Fahnen flattern ... Die Flußbetten sind ihre Pulsadern, Gras und Bäume sind ihr Haar, Nebelschleier und Wolken verhüllen ihr Gesicht. So bedürfen die Berge des Wassers, um zu leben, des Grases und der Bäume, um schön zu sein, der Nebelschleier und Wolken, um vornehm und verlockend zu sein.«[1]

Für diese Kunst ist die Natur ein lebendiger Makroorganismus, der sich aus Mikroorganismen zusammensetzt, die allesamt an demselben unermeßlich kraftvollen Leben teilhaben. Berge bewegen sich wie Schlangen, Bäume strecken die Hände aus, Wellen tanzen, denn »Wasser ist ein lebendiges Wesen«. Dies ist, wenn man eine philosophische Formel verwenden darf, Pantheismus, der von einer anthropomorphen »Einfühlung« lebt, nicht der Geist des Nichts, der kühn die Bedeutung von allem leugnet, was sinnlich wahrnehmbar und begrifflich faßbar ist. Professor Grousset bewies Klugheit, als er in seiner Interpretation der frühen Sung-Kunst nicht die berühmten Zen-Sutren zitierte, sondern die Gedichte der T'ang-Zeit[2]. »Wenn in diesem Leben die Dinge nicht mit seinen Wünschen in Einklang stehen, kann der Mensch sich nur in ein Boot stürzen und sich mit windzerzaustem Haar willenlos von den Launen der Wellen treiben lassen«, dichtet Li T'ai-po. »In einem menschenleeren Land eine Terrasse zu bauen und auf ihr die

1 Sirén, Osvald, *A history of early Chinese painting*, Bd. 2, London 1933, S. 93.
2 Grousset, René, *The civilizations of the East: China*, London 1931, S. 82.

Reinheit der Abende zu genießen, den Regen zu betrachten, wie er den schweren Gang der Wolken einhüllt, während die leichten Körper der Schwalben vom Wind davongetragen werden«, ist das Ideal eines anderen Dichters. »Ich bin«, bekennt Tu Fu, »wie eine zerbrechliche Barke, die am Ufer vor Anker liegt.« Er sehnt sich danach, des Herbstes einsames Gesicht zu sehen und »sich als Fremder zu fühlen, wo immer man auch hingehen mag«. All dies ist von außerordentlich hohem geistigem Rang, aber es ist nicht Zen.

Der Zen-Mönch fühlt sich nicht als Fremder; er ist heimgekehrt. Er schwebt nicht in eine Welt der Wolken empor, denn das Absolute ist in ihm. Er verläßt seine Hütte nicht, und er ist nicht versucht, sich – Wind und Wellen preisgegeben – dahintreiben zu lassen. Nachdem er den Bereich des Seins und des Nichtseins, der Tugend und des Lasters, des Gesetzes und der Gesetzlosigkeit, hinter sich gelassen hat, ist er von einer neuen Entschiedenheit, felsenfest und unerschütterlich. Aus dieser inneren Quelle der Entschlossenheit und Furchtlosigkeit schöpfen die Bilder von Shūbun und Sesshū ihren seelischen Gehalt. Es genügt nicht, darauf hinzuweisen, daß die japanische Landschaftsmalerei eine stärkere Ausgeprägtheit der Form, der Individualität und des Charakters aufweist: Ihr Geist unterscheidet sich von dem ihrer chinesischen Vorbilder und Meister durch die Intensität eben jenes Gefühls, das mit Sicherheit aus der typischen Zen-Übungspraxis erwachsen ist. Diese japanischen Bilder sind nicht quietistisch oder kontemplativ. Sie rufen nicht dazu auf, sich zurückzuziehen. Sie zeigen nur die Natur und den Menschen, wie er in das Reich des Nichts zurückgleitet, um dann mit neuer Entscheidungskraft und Unnachgiebigkeit vorwärtszudrängen. Berge und Gewässer, Bäume und Häuser sind nicht nahe daran zu verschwinden, sondern befinden sich gleichsam *in statu nascendi*. Die Natur ist hier ein fast unräumliches oder vorräumliches Feld von Kräften, die mit gewaltiger Spannung und voller unbezähmbarer Energien in das Dasein einbrechen.

Selbst die Werke von Mu-ch'i und Liang K'ai, gewiß bedeutenden Vertretern der chinesischen Zen-Schule der Malerei, geben das alte Vermächtnis der chinesischen Gedankenwelt und Kunst niemals auf: den Sinn für Gleichgewicht, die alles durchdringende Räumlichkeit, die Vision eines Ganzen, das man sich als ein Gefäß voller halb materieller, halb geistiger Kräfte vorstellt, die sich gegenseitig die Waage halten. Jedes Bild, so wolkenhaft, verschwimmend und ätherisch es auch erscheinen mag und so sehr es auch einer Andeutung geheimnisvoller Sphären und Wesen nahekommen mag, bleibt doch Bestandteil einer räumlichen Welt. Die Formen liebkosen und trösten einander, sie halten sich in brüderlicher Zärtlichkeit bei den Händen. In einigen der bedeutendsten japanischen *suiboku*-Werken scheint die Welt soeben aus einem vorkosmischen Zustand aufzutauchen, wo es weder Dinge noch Dimensionen, noch greifbare Substanzen gibt, sondern nur Felder magnetischer Ströme, die eine ganze Folge von unvorhersagbaren Bewegungen, Spannungen und Ausbrüchen von Licht und Form erzeugen.

Es war kein Zufall, daß China seine besten Zen-Künstler verstieß. Ihre Arbeiten wurden zu einem frühen Zeitpunkt nach Japan gebracht, und wer sie studieren will, muß die Klöster von Kyōto und andere japanische Sammlungen aufsuchen. Mu-ch'i, schreibt Professor Sirén[1], ist in seinem eigenen Land fast vergessen. Chinesische Kritiker beanstanden, daß »er in grober und abstoßender Manier malte, sich nicht an die alten Regeln hielt und den verfeinerten Genuß nicht förderte«. Ähnlich hat man über Liang K'ai geurteilt. Selbst Ma Yüan und Hsia Kuei fanden in Japan mehr Anerkennung als in China.

Der Zen-Buddhismus blühte in China in Zeiten der Niederlage und Zurückgezogenheit auf, während der Südlichen Sung-Ära, in einigen Klöstern der Seenlandschaft im Süden Zentralchinas. Er wird dazu beigetragen haben, daß eine Anzahl einzelner inmitten von Sorgen und Nöten, Zerstörung und Armut gelassen blieben und inneren Abstand wahrten; auf das Schicksal des chinesischen Reichs scheint er jedoch keine bleibende Wirkung ausgeübt zu haben. Nach ihrer Flucht aus China wurden dieselben Mönche durch ihre Lehre und Haltung zu geistigen Führern des späten Kamakura-Shōgunats (genauer: der Hōjō-Regentschaft). Der moralischen Kraft, die von der neuen Disziplin ausging, schreiben japanische Historiker die ruhige Entschlossenheit zu, mit der die Hōjō der mongolischen Gefahr begegneten und sie abwendeten. In der Geschichte des menschlichen Geistes gibt es wenige Ereignisse, über die es sich mehr lohnt nachzudenken, als über die Tatsache, daß eine aus Indien kommende meditative Schule, die

1 Sirén, Osvald, *A history of early Chinese painting*, Bd. 2, London 1933, S. 77.

trotz langer Annäherung an die chinesische Kultur nur episodische Spuren hinterlassen hat, schließlich, als sie von China nach Japan gelangte, sofort zur Quelle einer moralischen und ästhetischen Kultur geworden ist, die japanischste aller japanischen Eigenschaften offenbart.

In Sesshū, dem führenden Künstler der Ashikaga-Zeit und einem der wenigen genialen Männer Japans, fand die Nation in Übersteigung ihrer eigenen Grenzen einen höchsten Ausdruck. In ihm hat der wahre Geist der Zen-Schule durch Verbindung von Kühnheit und Einfachheit seine allerhöchsten künstlerischen Ziele erreicht, frei von sklavischer Nachahmung äußerer Gegenstände und von der eskapistischen Zufriedenheit mit vagen Anspielungen, impressionistischen Andeutungen und ruhigstimmenden Unwirklichkeiten. Sesshū scheint mehr von Ma Yüan und Hsia Kuei der Nördlichen Sung-Schule gelernt zu haben – mit ihrer Vorliebe für feste, kräftige Striche, Eckigkeiten und Kontraste – als von dem abgeschwächten Stil Mu-ch'is und anderer chinesischer Zen-Meister. Er hat nach der Art der früheren japanischen Meister der *Yamato-e*-Schule »weiche« und »feste« Elemente innerhalb eines Bildes vereint, um ein Höchstmaß an Spannung, Leben und tätiger Energie zu erzeugen. Bei ihm scheinen sogar unbewegliche Gegenstände durchseelt zu sein, aber nicht von einem anthropomorphen Gefühl, wie bei Kuo Hsi, sondern als seien sie mit einer kosmischen Energie geladen, die mit den gewöhnlichen Leidenschaften und Sehnsüchten nichts gemein hat. Manchmal, wie beim Landschaftsrollbild in der Sammlung von Prinz Mōri Toyoaki, scheinen neue Ebenen in die Bildfläche einzubrechen, als tue sich eine neue Dimension auf.

Diese Landschaften haben nichts Romantisches an sich. Die dargestellten Szenerien sind wohlbekannt und alltäglich. Sogar die bedrohliche Großartigkeit von Shūbuns steil aufragenden Felsen, lebendigen Symbolen transzendenter Erhabenheit, fehlt ganz oder bleibt sanft verhüllt im Hintergrund. Die Bilder besitzen in höchstem Grad jene Qualität, die im Japanischen mit dem Begriff *meikai* (Offenheit, Klarheit) bezeichnet wird. Ihr Geheimnis beruht nicht auf der Rätselhaftigkeit des Seltenen und Verborgenen, sondern dessen, was tagtäglich vorkommt, was hier und jetzt gegeben ist. Es ist die *haecceitas* (das »Sosein«) der Dinge, wie die scholastischen Philosophen Europas in barbarischem Latein die Eigenschaft benannten, durch die ein Ding genau das ist, was es ist.

Chinesische Landschaften haben einen allgemeingültigen Aspekt, der nicht an eine bestimmte Zeit und an einen bestimmten Ort gebunden ist. Dasselbe gilt für die Portraits von Heiligen und Mönchen, in denen kosmische Kräfte oder Menschentypen dargestellt werden, nicht Einzelpersönlichkeiten. Sobald diese Art der Malerei in Japan heimisch wird, ändert sich der Charakter: Örtlichkeiten und Personen werden stark individualisiert. Es gibt nicht mehr Berge und Flüsse im »allgemeinen«, sondern die Forderungen des Hier und Jetzt werden streng erfüllt. Die Tat, die die Seele dieses freischwebendsten aller Malstile bildet, verlangt eine konkrete Bestimmtheit von Raum und Zeit.

Wenn man chinesische und japanische Bilder nebeneinanderhält, die die gleichen »Themen« zu behandeln scheinen oder sogar in einem Verhältnis von Vorbild und Abwandlung zueinander stehen, überrascht es, wie statisch, ruhig, wohltuend die chinesischen Darstellungen im Vergleich zu ihren japanischen Gegenstücken wirken. Chinesische Vögel scheinen in der Luft schwebend zu verharren. Blüten entwickeln sich zu einem geometrischen Muster. Der Raum ist homogen strukturiert und von Substanz erfüllt. In japanischen Landschaften sowie Vogel- und Blütendarstellungen nehmen Bäume und Äste oft die Form von Blitzen an, und in Orchideen ist ein Schwung, unter dem ein harter Stein wie unter einem Schwerthieb zerbricht. Es gibt kaum ein chinesisches Landschaftsbild, das den Betrachter nicht dazu einlädt, an dieser Stelle zu verweilen, selbst wenn Regen und Sturm die Szene beherrschen. Unter den japanischen Landschaften lassen nur sehr wenige diesen Wunsch aufkommen, doch sie überwältigen und bannen das Auge mit der Zauberkraft auflodernder Flammen, durchfurchter Seen, widerspenstigen Haars, rasch ablaufender chemischer Prozesse in einem Labor und des Sich-in-Bewegung-Setzens von Soldaten, die ein Lager abbrechen und weitermarschieren müssen – mit unbekanntem Ziel.

Herkunft

Der Mensch ist der Macht des Mysteriums und der Ekstase über kurze Zeiträume hinaus nicht gewachsen. Die erschreckende Zurückhaltung Shūbuns und die vulkanische Energie Sesshūs, die sich an das hält, was alltäglich ist, werden von Freunden und

Schülern allmählich abgemildert, gedämpft und schließlich dem Temperament minder bedeutender Männer angeglichen. Die Elemente der Festigkeit und des Traums, der Spannung und der Selbstaufgabe fallen auseinander. Offenbarung wird zum subjektiven Ausdruck, Symbole arten in Genres aus. Der Wein der Intuition wird in die Gefäße der Tradition gegossen und gröberen Händen und geringeren Geistern überlassen, doch in reineren Seelen, die wie Flammen das Dunkel des niedergehenden Lebens durchbrechen, lodert sein Feuer neu auf. Es war eine große Leistung der Malerei der Tokugawa-Zeit, daß sie so viel vom Ashikaga-Vermächtnis lebendig hielt, in Formen, die immer mehr vereinheitlicht wurden, zu denen minder kraftvolle Künstler und eine nicht sehr anspruchsvolle Öffentlichkeit aber Zugang fanden. Sogar die Chinesische Schule bewahrte sich in Japan eine größere Intensität als die chinesische Malerei in den Ming- und Mandshu-Dynastien, die selten dem Formalismus der akademischen Kunst entging. Auch in Japan wurde während des trügerischen Friedens der neuen militärischen Administratoren, die sich von neo-konfuzianischen Gelehrten beraten ließen, der Pulsschlag kosmischen Gefühls und nationalen Handelns schwächer. Derselbe Prozeß zeigt sich auf dem Gebiet der Kunst darin, daß der Strich seine dämonische Lebenskraft verliert. Raum und Materie gewinnen in dem Maß an Bedeutung, wie Umwandlung und Energie an Intensität einbüßen. An die Stelle schöpferischer Kraft tritt das Schema. Doch bis zu einem sehr späten Zeitpunkt wird der Sinn für Bewegung geistig lebendig gehalten, und die letzten großen Werke der Kanō-Schule bewahren eine belebende Kraft und wilde Entschlossenheit, die von einem Feuer zeugen, das längst erloschen schien.

Yamato-e

Die denkwürdige Tatsache, daß während der Tokugawa-Ära die japanische Kunst – anders als die Dichtung und Literatur – nicht in Formalismus erstarrte und sich nicht in der Verfolgung unkünstlerischer Absichten verlor, war großenteils dem Umstand zu verdanken, daß in den offiziellen Schulen eine einheimische Tradition der Malerei, *Yamato-e*, weiterlebte, die seit ihren Anfängen (spätestens gegen Ende der Fujiwara-Ära) als einzige von kontinentalen Anregungen und Vorbildern unberührt geblieben war. Das *Ya-*

mato-e verband einen äußerst feinen Sinn für kühne, dekorative Gestaltung und Farbgebung mit einer gründlichen Beherrschung der schnellen Bewegung und des individuellen Ausdrucks. So brachte es einen ununterbrochenen Strom einzigartiger Schöpfungen hervor, die wie die besten *tanka* und *haiku*-Gedichte und in einer Geistesverwandtschaft mit den Werken von Murasaki Shikibu und Sei Shōnagon, die innersten Begabungen und seelischen Strebungen des japanischen Volkes offenbaren: sich mit der gleichen Leichtigkeit der Berührung, natürlichen Eleganz und kindlichen Freude sowohl im Reich der Legende als auch dem des täglichen Lebens zu bewegen. Ebenso bleibt sich das *Yamato-e* darin selber treu, wenn es in »beweglichen« Rollbildern einmal das Leben von Heiligen, ein andermal den Tagesablauf von Hofdamen schildert. Die Nachwirkungen des *Yamato-e*, die Farbdrucke der späten Tokugawa-Zeit, öffneten dem Westen erstmals die Augen für die japanische Kunst. Es handelte sich um eine Schule, die die Japaner selbst – nicht nur aus ästhetischen Gründen – solange geringschätzten, bis sie in neuerer Zeit vom Westen lernten, ihre Bedenken zurückzustellen. Die klassischen Arbeiten des *Yamato-e*, die im 12. und 13. Jahrhundert entstanden, sind bisher nur wenigen westlichen Gelehrten bekannt geworden. Mit ihren wagemutigen, schrägen Strichen, ihrer Unabhängigkeit von Konvention und Realismus, ihrer belebenden Kraft und Offenheit geben sie viel von dem zu erkennen, was die Japaner unter Leben verstehen – in den großen Momenten, die diese »fließende Welt« schenkt.

Häuser

Die Vorliebe der Japaner für das Asymmetrische hängt mit ihrer Liebe für das Nicht-ganz-Vollendete, Nicht-völlig-Perfektionierte zusammen, eine Neigung, die bisweilen bis zu den Extremen der Bizarrerie und künstlichen Primitivität führt. Sie ist jedoch mehr als nur eine Sache des Geschmacks und sogar noch mehr als eine konventionelle Anwendung taoistischer Weisheit. Sie scheint den primären Lebensinstinkten zu entspringen, die aus nichts als reiner Bewegung bestehen und daher jeder Art von Vollkommenheit widerstreben, die nichts zu wünschen übrigläßt. Faust stirbt, als er sich gedrängt fühlt, den Augenblick zu bitten: »Verweile doch, du bist so schön!«

In nichts spricht sich die Seele einer Nation deutlicher und unfehlbarer aus als im Stil ihrer Häuser. Soviel auch auf die klimatischen Unterschiede in China und Japan zurückgeführt werden muß, die im einen Land feste Bauten aus Stein, Ziegel oder Lehm entstehen ließen und im anderen die leichteste Art von Holzkonstruktionen, die die Prinzipien des steinzeitlichen Pfahlbaus zu bewahren scheint – das Streben nach vollkommener Symmetrie dort, strenger Asymmetrie hier kann man nicht allein aus solchen äußeren Faktoren erklären. Anfangs haben die Japaner die chinesische Architektur nachgebaut. Doch bereits im 7. Jahrhundert, in einer Zeit starken chinesischen Einflusses, brach der Hōryuji-Tempel in der Nähe von Nara durch die Anordnung seiner beiden Hauptgebäude bewußt mit dem Gesetz der Symmetrie. Der Schrein des Großen Gottes von Izumo zeigt zwar in einigen Details deutliche Spuren sino-buddhistischer Vorbilder, basiert aber auf dem kühnen asymmetrischen Grundplan des japanischen Bauernhauses. Die Wohnhäuser des Adels, die sich im »Mittelalter« an chinesische Entwürfe hielten, haben seit der Ashikaga-Ära ein beiderseitiges Gleichgewicht vermieden und mit derselben Konsequenz auch jede gewölbte Linie – mit Ausnahme eines Rundfensters, das asymmetrisch nahe an der Ecke eines Gästezimmers oder neben einer Treppe eingefügt wurde. Nur das Teezimmer von viereinhalb Matten Größe, wie Rikyū es entwarf, ist fast symmetrisch strukturiert, wobei die Matten um den Herd eine Art chinesischen Hakenkreuzes bilden. Auch hier bleibt jedoch die Bildnische (*tokonoma*), die die Hängerolle in sich birgt, in ihrer asymmetrischen Stellung. Die Bühne des Nō-Theaters ist asymmetrisch gebaut. Die vier Wände eines typischen Gästezimmers in einem modernen Wohnhaus unterscheiden sich oft vollständig in ihrem Aussehen und in ihrer Funktion: eine beherbergt die *tokonoma*, gegenüber füllt eine Schiebetür die ganze Breite der »Wand« aus, eine weitere »Wand« besteht aus papierbespannten Fenstern, die sich zum Garten hin öffnen, und eine vierte aus Fenstern, hinter denen sich ein Korridor auftut, oder aus einer festen Wand mit Regalen, die durch verschiebbare Zwischenwände verdeckt sind. Diese Anordnung ruft den Eindruck großer Leichtigkeit und Lebendigkeit hervor, und das lähmende Gefühl, in einem Kasten oder in einer Höhle eingeschlossen zu sein, das manchmal den Bewohner westlicher Häuser überkommt, kann gar nicht erst entstehen.

China, das Reich des Raums

Es ist naheliegend, den Grund für diese chinesisch-japanischen Polaritäten in den gewaltigen geographischen Gegensätzen zwischen den Regionen zu erblicken, die die beiden großen Nationen Ostasiens hervorgebracht oder aber angelockt, großgezogen oder zumindest geprägt haben. Die chinesische Kultur scheint eins zu sein mit ihren weiten Ebenen. Ihre Fundamente liegen im Norden, wo die Jahreszeiten mit der Regelmäßigkeit eines himmlischen Uhrwerks den Gesetzen des landwirtschaftlichen Kalenders gehorchen. Hier besitzt die symmetrische Struktur der offenen Räume, die sich an den vier Hauptrichtungen des Kompasses orientiert, eine bildhafte Kraft; und die Wechselfolge von Kälte und Hitze, Zeiten des Webens und Zeiten der landwirtschaftlichen Tätigkeit, weiblicher und männlicher Arbeit, hat – bei strengem Gehorsam des menschlichen Brauchtums gegenüber den kosmischen Gesetzen – etwas vom Wesen einer Verfassung an sich. Der Fluß der Zeit scheint seine zerstörerische und seine schöpferische Macht verloren zu haben. Was hier zählt, sind nur die räumlichen Eigenschaften.

Wenn wir uns Professor Erkes anschließen dürfen, war vor der Chou-Zeit die oberste Gottheit im Norden eine Erdgöttin, die dann im ersten Jahrtausend vor Christus mit dem Bild eines Himmelsgottes verschmolz, und diese im Mittelpunkt der Verehrung stehende Erdgottheit scheint in einer matriarchalischen Gesellschaftsform eine Entsprechung gefunden zu haben. Hegel, der China als das Reich des »Geistes als Substanz« beschrieb, das in die Natur eingebettet ist und gleichsam nur *in potentia* existiert, bewies eine Einsicht, die dem sinologischen Wissen seiner Zeit weit voraus war.

Chinesische Behausungen sind in die Erde eingelassen, aus ihr geformt oder mit ihr so verbunden, daß sie wie Teile der Erdkruste wirken. Wenn man bei Nacht durch die Straßen eines Vororts von Peking fährt, überkommt einen das Gefühl, man bewege sich zwischen winzigen Erdfalten, die man wie unter einem Mikroskop wahrnimmt. Doch ebenso wichtig wie der Erdcharakter Chinas ist seine Offenheit für ein erbarmungsloses Licht. Da erscheint jede Form unverhüllt in all ihrer Größe oder ihrem Elend. Es gibt kein Geheimnis – außer in der stummen Nacktheit selbst, in der jede Pore dem Himmel enthüllt wird. Selbst chinesische Geistergeschichten wirken klar, taghell, des Schreckens und der Unheimlichkeit entkleidet, wenn man sie mit westlichen Erzählungen dieser Art vergleicht. Das bloße Äußere der Dinge spricht in diesem grausam gleichgültigen Licht so laut, daß es verständlich wird, weshalb man in China dem »Gesicht« eine solche Bedeutung beimißt. Das gesellschaftliche Ansehen eines Menschen hängt vom oberflächlichen Schein bestimmter Situationen ab, wie sie der Allgemeinheit in einfachen Gesten sichtbar werden.

Dieses Land ist weder für die Enthüllung noch für die Verhüllung geschaffen. Die wahre klassische Form Chinas ist bloß und nackt, ohne Reserven und ohne jeden Hinweis auf irgendein Jenseits oder ein Dahinter. Körper und Geist sind eins, Materie und Geist durften sich nicht scheiden. Seine wahre Größe verkörpert sich in seinen alten Bronzegefäßen, besonders jenen aus der späten Shang- und Chou-Zeit, die ich nicht unterschiedslos als »archaisch« bezeichnen würde; denn die Chou-Ära scheint in unserem eigenen Kulturzyklus den reifsten Epochen des Mittelalters und der Renaissance zu entsprechen. Auf diese Gefäße gaben in antithetischer Weise die monochromen Porzellangefäße eine Antwort, die zweitausend Jahre später auf dem Boden Chinas entstanden. Das Wesen der reinen Form – Konturen, die umschließen, ansteigen, tragen und sich öffnen – kann man nirgendwo besser erlernen als an den Bronzefiguren der Chou-Zeit; die in der Farbe liegenden Möglichkeiten – ein reines Grün, Blau, Rot, Weiß – sollte man am Porzellan der Sung-, Ming- und Ch'ing-Zeit studieren.

In dieser Welt regiert nicht der Mensch, sondern der Raum selbst, der allumfassende Nährboden der Dinge und Lebewesen, der sich zuerst in absoluter Formgebung kundtut und schließlich zu reiner Farbe erblüht. Auf halbem Wege zwischen diesen beginnenden und jenen abschließenden Äußerungen der chinesischen Seele begegnen wir den durchgeistigten Visionen der T'ang-Dichter und Sung-Maler, in denen die äußere Welt im Begriff zu sein scheint, sich in eine Folge von feinen Echos und schattenhaften Erinnerungen an wolkenähnliche Bilder aufzulösen. Diese wuchsen jedoch auf demselben Boden, der die rückhaltlosesten Liebhaber von Speise, Trank und Umarmungen hervorbrachte, und tragen das Zeichen eines Geistes an sich, der sich nie von der Materie löst, ein Wesen, das niemals von seiner Erscheinung zu trennen ist, einer zeitlosen Gegenwart.

Japan, das Reich der Zeit

Der Boden Japans – im wesentlichen eine Welt von tausenden von großen, kleinen und winzigen Inseln, Buchten und Tälern – ist so in einzelne Teile aufgesplittert und unregelmäßig, wie die unermeßlichen Ebenen Chinas gleichförmig und offen sind. Das Kreuz der vier Himmelsrichtungen ist überall von einer anmutigen Wildnis von Hügeln, vulkanischen Gebirgsketten, Feldern und Wäldern überwachsen. Symmetrische Formen sind selten, ebenso Momente vollkommener Ruhe und sicherer Festigkeit. Schonungslos wird dieser Archipel von Erdbebenstößen erschüttert, von Stürmen überfallen, von niederprasselndem Regen überschüttet, von Wolken und Nebeln umschlossen. Japanische Häuser haften nur locker auf dem Boden. Sie überleben Erdbeben und Taifune dadurch, daß sie sich nicht zu sehr auf ihre schwachen Fundamente verlassen. Ihre Stärke liegt in ihrer schwingenden Elastizität. Von entsprechender Art sind die Männer und Frauen, die diese Häuser bewohnen. Sie sind weder kräftig gebaut noch unerschütterlich, noch standhaft, sondern bereit, nach jedem Unglück eine neue Phase des Lebens zu beginnen, ohne zurückzuschauen – und dennoch tragen sie die ganze Vergangenheit dieser Nation in die Zukunft hinein, mit einer Erinnerungskraft, die kein Vergessen kennt. Nicht der Raum bestimmt diese Daseinsform, sondern die Zeit, die Andauer, die spontane Veränderung und die Kontinuität der Bewegung.

Im japanischen Jahr gibt es nur wenige Tage, an denen Land und Meer sich vollständig und in klaren Umrissen unter einem gleichbleibenden Himmel zeigen. Die Landschaft gewinnt dann ihre höchste Schönheit, wenn sie halb in Regen oder Nebel verborgen bleibt, mit Bergen, die halb von Wolken umhüllt sind. Sie erwartet, daß man sie im rechten Moment anschaut, als wollte sie von einer schnellen, leichten Hand eingefangen werden. So hat sie offenbar die Kunst und Bedeutung des Verschleierns von Gefühlen, des Zudeckens von Wahrheiten, des Einwickelns von Gaben und des Versteckens von Absichten gelehrt. Wenn Laotses Lobpreis der Tugend der »Verborgenheit« und des »gedämpften Glanzes« durch die Ästhetik des Zen-Buddhismus zum Leitprinzip dessen geworden ist, was an der japanischen Kunst am japanischsten ist, so trugen die auffallenden Merkmale des japanischen Klimas und der Topographie gewiß entscheidend dazu bei, daß es in diesem

Land heimisch wurde. Auf dem so anderen Boden scheint jener Gedanke eine neue Bedeutung angenommen oder eine sehr alte wiedergewonnen zu haben; denn liegt nicht im tiefsten Kern der taoistischen Weisheit eine intuitive Einsicht in die Geheimnisse des Lebens selbst (»durch deren Verlust die Menschen sterben; durch deren Erwerb die Menschen leben«), eine geistige Substanz, die nur dann wachsen und sich erneuern kann, wenn sie durch schattige Gehege abgeschirmt und von einer Atmosphäre umgeben ist, die es nicht jedem Lichtstrahl erlaubt, ihre schützende Hülle zu durchdringen? Um den Keim selbsterzeugenden Wachstums zu bewahren und seine langsame, instinktive Entwicklung zu sichern, ist kein anderes Land von der Natur günstiger ausgestattet als die japanischen Inseln; um einen Organismus zur räumlichen Ausdehnung, Entfaltung und Selbstdarstellung zu bringen, ist kein anderes besser geeignet als die Weiten Chinas.

Die entscheidende Frage

Hat der Raum selbst den Geist der beiden Nationen nach dem Gebot der natürlichen Umwelt geformt? Die Natur verfährt nicht nach Schablonen. Es gibt Länder mit ähnlichen geographischen Gegebenheiten. Viele Völker sind umhergezogen und haben Kriege geführt, bis sie den endgültigen Raum für ihr Leben gefunden haben. Im Verlauf der Geschichte ist auf jedem Boden mehr als ein Stamm der Menschheit herangewachsen. Doch nur in jenen seltenen Momenten, wenn ein schöpferisches Volk, das durch einen gemeinsamen Glauben geeint ist, auf Beschluß des Schicksals oder durch einen Akt der Gnade auf eine Erde trifft, die jenen Göttern und Menschen wesensverwandt ist, geschieht es, daß ein neuer Archetypus der Kultur entsteht.

3. Der Samurai – Legende und Wirklichkeit

Aristokratische Leitbilder

In jeder vollentwickelten Kultur scheint es ein normatives Bild vom vornehmen, gebildeten Mann zu geben, das *beau idéal* nicht einer einzelnen Klasse oder Kaste, auch nicht eines einzelnen Berufsstandes oder Glaubens, sondern der Nation im ganzen mit ihren besonderen Wesenszügen und bevorzugten Begabungen. Dieses Bild lebt in noch unentwickelter Form in jenen Phasen einer Kultur, die man als ihren Frühling und Frühsommer bezeichnen kann. Es gewinnt in den herbstlichen Stadien an Bewußtsein und Kontur und erstarrt am Ende in Konventionen. Zu diesem Typus gehören der englische *gentleman*, der italienische *cortegiano*, der französische *gentil-homme*, der griechische *kalokagathos*, der römische *vir honestus* und der chinesische *chün-tzu* (der gebildete Edelmann). In Japan entspricht ihnen der *samurai*.

Jede dieser Leitvorstellungen tritt mit fast erschreckender Regelmäßigkeit, ungefähr eintausend Jahre nachdem eine Kultur die Stufe des Stammeslebens hinter sich gelassen hat, in Erscheinung. Ihr Entstehen bezeichnet den Punkt, den Kulturen erreicht haben, die die Phasen des archaischen Königreichs, der Hierokratie und des individualisierenden städtischen Lebens durchlaufen haben und sich an der Schwelle zur Bildung weltlicher Territorialstaaten befinden. In diesem Prozeß haben sich die Figuren des Herrschers, Kriegers, Priesters, Bauern und Handwerkers vom Wurzelstock der Stammesgemeinschaft mit ihren spärlichen und einfachen Gliederungen gelöst. Zu jedem Typus gehört innerhalb der breiteren Sphäre der Gesellschaftsmoral und der institutionellen Religion, die allen gemeinsam ist, eine Reihe von Funktionen und Privilegien, Traditionen und Verhaltensregeln. Die derart sich herausbildenden Klassen werden als Glieder eines Organismus mit spezifischen Rechten und Pflichten verstanden. Sie fühlen sich in ihrem Bestehen dadurch gerechtfertigt, daß sie je nach ihrer verschiedenen Art dem Ganzen dienen, vereint in einem allumspannenden Glauben, dessen priesterliche Repräsentanten zwar mit den weltlichen Autoritäten in Konflikt geraten können, der jedoch dieses Jahrtausend hindurch in den meisten Fällen die einzige geistige Orientierung und Inspiration des Staatskörpers bleibt.

Der neue Idealtypus tritt zu dem Zeitpunkt auf, als dieses monumentale Gebilde sich aufzulösen beginnt, so daß Religion und Politik, Kunst und Literatur, Wissenschaft und Ökonomie einen autonomen Status gewinnen, der ihnen im Zeitalter des Glaubens versagt geblieben war. Widerstreitenden Kräften ausgeliefert, droht die Einheit des menschlichen Lebens sich als zu schwach zu erweisen, um den Ansprüchen bestimmter Impulse und Ambitionen zu widerstehen. Den Ritter, den Priester, den Handwerker kennzeichnete seine eine Funktion innerhalb des gesellschaftlichen Organismus, und dieser eine Dienst erforderte den ganzen Menschen und formte all sein Tun und Denken. In der neuen Situation hat jene Funktion ihre Integrationskraft und zugleich ihren festen Platz in der gesellschaftlichen Ordnung verloren. Ihr eigentlicher Charakter läßt sich am besten am Beispiel Deutschlands ablesen, wo es eine Nation im strengen Wortsinn nicht gibt, so daß das Volk de facto von einer Aggregation hochspezialisierter Individuen repräsentiert wird, die in der Verrichtung ihrer spezifischen Arbeit Erfüllung finden und keine zentrale normative Vorstellung besitzen, keinen wesentlichen Gestus und keine Lebensweise, die in sich selbst Genüge findet. Die Gestalten des preußischen Offiziers und des preußischen Beamten mögen auf den ersten Blick als ein Ersatz für einen derartigen Zentraltypus erscheinen, aber können kein Äquivalent dazu darstellen. Sie sind durch ihre Funktionen bestimmt, an eine Klasse gebunden und durch ihr Unvermögen gekennzeichnet, auch nur dem eigenen Volk als ein allgemeingültiges Vorbild zu dienen.

Anders verhält es sich mit dem Typus des *gentleman*, des *vir honestus* und anderen Verkörperungen des *beau idéal* in gereiften Kulturen. Alle diese Idealtypen gehen auf die Gedankenwelt und Geisteshaltung von Adligen zurück, ihr normativer Wert ist aber nicht durch die Tatsache der hohen Geburt ihrer Repräsentanten bedingt oder durch die Dienste, zu denen sie verpflichtet sind, sondern rührt von bestimmten Vorzügen des individuellen Charakters und der Erziehung her. Die ritterliche Herkunft dieser Normen ist unschwer zu erkennen, selbst im Falle Chinas, doch sie verdanken ihren Rang als nationale *beaux idéals* einer besonderen Verbindung zwischen alten Kriegertugenden und dem neuen Geist der »Höflichkeit«, der unbestimmbaren, jedoch allesdurchdringenden Gegenwart von Sanftheit, *sweetness and light**, *sophrosyne, humanitas* und *jen* (Gesinnung der Reziprozität), in denen die ethischen und religiösen Lehren früherer Zeiten in einem weltlichen und intimeren Normenkatalog ihren Niederschlag gefunden zu haben scheinen. Auf die Männer (und Frauen), die nach jenen Normen lebten, läßt sich Schillers Wort mit mehr Recht anwenden als auf irgendeinen anderen Typus oder eine andere Klasse: »Gemeine Naturen zahlen mit dem, was sie *tun*, edle mit dem, was sie *sind*.«[1]

Weder die Erfüllung von Aufgaben noch die Befolgung moralischer Gebote macht ihre Tugend aus, sondern ihr Sein, so wie sie sind. Andere, die die Erinnerung an Halbgötter oder Titanen wieder wachrufen, mögen Ganzheit in einem umfassenderen Sinn erlangen, indem sie auf höherer Ebene die ursprüngliche Einheit des Lebens wiederherstellen – Dichter und Propheten, Philosophen, Heilige und große Herrscher, die in sich selbst das Gesetz eines neuen Lebens entdecken, eine neue Wertskala schaffen und in den Seelen ihrer ersten Anhänger als auch – in sich in erweiternden Kreisen – im Geist ihres Volkes ein neues Verständnis von Gott und Mensch wecken. Man darf jene als den Schußfaden, den Typus, von dem wir hier sprechen, hingegen als den Kettfaden dieses geistigen Gewebes betrachten. Der *gentleman*, der *chün-tzu*, der *vir honestus* und der *cortegiano* sind weder Schöpfer noch Neuerer, weder Bahnbrecher noch Revolutionäre. Durch sie drückt die Nation aus, was sie innerhalb des Rahmens einer bestehenden Gesellschaft als Norm des höheren Seins für geeignet hält. Ihre Rolle innerhalb dieses Ganzen, ihre Beziehung zum schöpferischen Genie und ihre Stellung im metaphysischen System, das das Tun einer Gruppe in eine sinnvolle Totalität einbindet, – dies alles kann in den einzelnen Gesellschaften, aus denen sie hervorgegangen sind, ganz unterschiedlich sein. Es liegt eine Welt zwischen der vielseitigen Virtuosität des *cortegiano* und der Mittelmäßigkeit des *gentleman*, dessen Tugenden und Neigungen zumeist im einschränkenden, vermeidenden Sinn defi-

1 Schiller, Friedrich, *Tabulae votivae*, Nr. 5 (Unterschied der Stände)

* Der Ausdruck stammt von Jonathan Swift (aus *The Battle of the Books*), wo *sweetness and light* als »the two noblest things« bezeichnet werden, und kehrt bei Matthew Arnold in *Culture & Anarchy* 1 wieder, wo es heißt: »Culture has one great passion – the passion for sweetness and light.« (*Anm. d. Hg.*)

niert werden.[1] Alle diese einzelnen Merkmale lassen sich aber am besten erkennen, wenn man sie vor dem Hintergrund dessen betrachtet, was sie verbindet.

Dies in bezug auf den *samurai*, den japanischen Ritter, und seinem Kodex (der gewöhnlich als *bushidō* bezeichnet wird) zu tun, wird, so hoffe ich, dazu beitragen, viele der polemischen Schleier wegzureißen, die das Thema zu lange verhüllt haben. Es ist vielleicht nützlich, zunächst auf die seltsamen Wege einzugehen, über die der Westen von der Existenz des *samurai* und seines Kodex erfuhr.

Die Entdeckung des Bushidō

Noch nahezu ein halbes Jahrhundert, nachdem sich Japan dem Verkehr mit dem Ausland wieder geöffnet hatte, blieb es für den Westen ein verschlossenes, unverständliches Gebilde, das halb von Legenden umsponnen und schwer zugänglich war, und nur eine kleine Anzahl von Liebhabern exotischer Kunst und archaischen Brauchtums sowie Vertretern von Handelsinteressen anzog. Erst nach seinem entscheidenden Sieg über das zaristische Rußland 1904–1905 wurde es allmählich als eine politische Größe erster Ordnung anerkannt, die imstande war, das Schicksal der westlichen Nationen zu beeinflussen, und daher geistige Anstrengungen erforderte, seinen wahren Charakter zu ergründen. So bestätigte es die Lehre jener Philosophen, die den Sinn für Realität und objektives Sein aus Erfahrungen des Widerstands und aus durchlittenen Schwierigkeiten herleiten.

Einer der einflußreichsten Kriegsberichterstatter jener Zeit, Alfred Stead[2], schrieb:

»Wir erkennen fast widerwillig und mit Groll auf uns selbst das Vorhandensein einer moralischen Kraft an, die fähig zu sein scheint, das gesamte Verhalten eines Volkes zu bestimmen und zu lenken und die nicht nur eine Kaste, sondern eine Nation, vom Höchsten bis zum Niedrigsten, zu Taten inspiriert, die unter den berühmtesten in Geschichte und Legende einen Platz verdienen. Wir wüßten gern, was diese Kraft ist, woher sie kommt und was sie bedeutet; die Tatsache ihres Daseins stimmt uns eifersüchtig, unbehaglich und fast ärgerlich.«

1 Newman, John Henry, Cardinal, *On the scope and nature of university education*, Everyman's library edition, New York 1933, S. 203.
2 Stead, Alfred, *Great Japan*, London 1906, S. 38.

Auf diese Frage hatte ein japanischer Gelehrter von hoher schriftstellerischer Begabung und mit gründlichen Kenntnissen sowohl östlicher als auch westlicher Kulturen, Dr. Nitobe Inazō[1], ein *samurai* von Geburt, der sich zum Quäkertum bekehrte und später ein führender Vertreter im Völkerbund war, eine Antwort gegeben. In einer Reihe von Büchern und Abhandlungen, deren erste 1899 erschien, richtete er die Aufmerksamkeit ausländischer Leser darauf, daß es einen moralischen Kodex des japanischen Kriegers gab, Bushidō. Er sah darin nicht nur die »beherrschende Kraft dieses Landes«, sondern die »Gesamtheit der Instinkte des japanischen Volkes..., in ihren Elementen ebenso alt wie unser Blut und deshalb auch wie unsere Religion des Shintōismus«. Diese übersteigerte Äußerung erwies sich als so eingängig und Dr. Nitobes Überzeugungskraft war so wirkungsvoll, daß Dr. Stead und viele Schriftsteller nach ihm sich berechtigt fühlten, Bushidō als den Generalnenner von allem zu betrachten, was sie am japanischen Leben oder an der Politik bewunderten (oder verachteten).

In den Jahrzehnten der anglo-japanischen Allianz schienen die bewunderungswürdigen Seiten des Bushidō in der Beurteilung durch westliche Geister zu überwiegen. Nach dem Ersten Weltkrieg, als es keinen gemeinsamen Feind mehr gab und Japans Hegemonieansprüche sich klar abzuzeichnen begannen, wurde die Zustimmung kühler, und man zitierte den Begriff Bushidō schließlich nur noch zaghaft und nicht selten mit einem spöttischen Lächeln. Dr. Nitobes Interpretation der japanischen Samurai-Tugenden wurde als romantisch abgetan, doch seine Theorie, daß Bushidō alle nationalen Begabungen und Sehnsüchte Japans ausdrücke, wurde beibehalten, und fortan versah man alles, was Japan tat und sagte, mit dem Etikett Bushidō: den Kaiserkult und die expansionistische Außenpolitik, Shintō und den »Geist Japans« (*Yamato damashii*), einschließlich vieler Dinge, gegen die Dr. Nitobe eine heftige Abneigung empfand und die er mutig bekämpfte, ein glühender Pazifist und unerschrockener Liberaler, dessen Zusammenstöße mit nationalistischen Offiziersgruppen des Heeres weithin bekannt sind. Bestimmte nationalistische Schriftsteller und Vereinigungen haben allerdings von der *bushidō*-Theorie Ge-

1 Nitobe, Inazo, *Bushido: the soul of Japan, an exposition of Japanese thought*. 1899; 10. erw. Aufl. New York u. London 1905. Vgl. auch Nitobes Beitrag zu Alfred Stead, *Japan by the Japanese, a survey by its hightest authorities*, London 1904, S. 266 u. 279.

brauch gemacht, eine Tatsache, die an das Schicksal der Gewalttheorie erinnert, die Georges Sorel als Waffe im Kampf des Proletariats für die Emanzipation entwickelt hatte, die jedoch schließlich in Italien und Deutschland den Interessen der erklärten Feinde des Bolschewismus diente. Dr. Nitobe ist nicht für die schwülstigen Worte der Ultranationalisten verantwortlich zu machen. Sein einziger Fehler lag darin, daß er leidenschaftlich und mit ungezügelter Begeisterung ein Thema behandelte, das begriffliche Exaktheit und historischen Sinn verlangte.

Ursprünge der Kriegerkaste

Es trifft nicht zu – außer in einem engen lexikographischen Sinn –, daß der Begriff *bushidō* vor Anfang des 20. Jahrhunderts nicht verwendet wurde. Die maßgebenden Schriften über den Weg des Kriegers erschienen zwei Jahrhunderte zuvor, in der Genroku-Ära, einige Generationen nach der Gründung des Tokugawa-Shōgunats. Yamaga Sokō* war das Haupt einer außerordentlich einflußreichen militärstrategischen Schule, deren Lehren den Geist entfachten, mit dem die siebenundvierzig *rōnin*** ihr Leben hinopferten, um ihren Herrn zu rächen, und dessen geistiger Nachkomme Yoshida Shōin*** war, durch den die führenden Männer

* Yamaga Sokō (1622–1685), einer der bedeutendsten Geister der Tokugawa-Zeit, wirkte als konfuzianischer Gelehrter, Begründer einer berühmten strategischen Schule und vaterländischer Historiker. Er gilt als Hauptvertreter der »Schule der Alten Lehre« (*Kogakuha*), die eine Rückkehr zu den Werken des Konfuzius und Menzius forderte. Da er die Gefahren erkannte, die den Kriegern drohten, wenn sie sich zu sehr dem buddhistischen Denken überließen, suchte er sie auf ihre Pflichten und Aufgaben in der unmittelbaren Gegenwart hinzulenken. Durch ihn erfuhr die ritterliche Erziehung ihre eigentliche Ausformung. (*Anm. d. Hg.*)

** Das Wort *rōnin* bezeichnet den herrenlosen Samurai. Die bekannte Erzählung von den siebenundvierzig Männern, die Blutrache nahmen, obwohl sie wußten, daß dies sie das Leben kosten würde, ist die berühmteste in der Geschichte der Samurai, und sie wurde zu einem der beliebtesten literarischen und dramatischen Stoffe. (*Anm. d. Hg.*)

*** Yoshida Shōin (1830–1859) stand unter dem starken Einfluß Yamaga Sokōs und war dem Bushidō eng verbunden. Als politischer Agitator warnte er vor den Gefahren, die Japan von außen durch die westlichen Mächte drohten. Er empfahl Schritte zur Sicherung des Landes, insbesondere die Stärkung des Kriegerstands. Im Mittelpunkt seines Denkens steht die Verehrung des Tennō und der Shintō-Gottheiten und das Fernhalten der »Barbaren« von dem »Götterland« Japan. Als Teilnehmer einer Verschwörung, die den Tennō dazu veranlassen sollte, gegen die Passivität des Shōgunats etwas zu unternehmen, wurde er verurteilt und hingerichtet. (*Anm. d. Hg.*)

der Meiji-Revolution sich inspiriert fühlten. Er hat eine Aufzeichnung seiner Vorlesungen hinterlassen, ein Buch, das den Titel *Shidō* trägt. *Shi* bedeutet der feudale Gefolgsmann oder *gentleman*, *dō* der Weg, die Norm, die Verpflichtung, das Gesetz. Das Wort ist mit dem chinesischen *tao* verwandt und erinnert an die Ursprünge des griechischen *dikē*. Eine kleinere Abhandlung desselben Verfassers trägt den Titel *Bukyō-shōgaku*, Kleinere (*shō*) Schule (*gaku*) der Lehren (*kyō*) des Samurai (*bu*). Offenbar blieb die Idee des Bushidō dieselbe, ob sie nun mit *shidō*, *bukyō* oder *budō* bezeichnet wurde, wie bei Daidōji Yūzan* einem Schüler von Yamaga Sokō, dem wir einen besonders verläßlichen, nüchternen Bericht mit dem Titel *Budō Shoshinshū* (Elementarbuch über den Weg des Kriegers) verdanken. Nach Professor Sadler, in der Einleitung zu seiner Übersetzung von Yūzans Buch, die ich vor deren Veröffentlichung benutzen durfte, kommt das Wort *bushidō* »erstmals im 16. Jahrhundert im Japanischen vor, zum Beispiel im Vermächtnis des Torimoto Tada 1539 und anderswo«.

Es ist dahin gekommen, daß Bushidō nach den Worten eines besonders kompetenten Sachkenners, Sir George Sansom, heutzutage als »ein schwieriges Thema« gilt, »das zu fruchtlosen Kontroversen führt.«[1] Ich wage zu behaupten, daß es nicht schwieriger ist als irgendein anderes größeres Kapitel in der Geschichte sittlichen und politischen Denkens, daß die meisten Verwirrungen durch unbedachten Gebrauch von Begriffen und durch emotionale Untertöne der Argumentation entstanden sind und daß es weder nutzlos noch unmöglich ist, hier zwischen Tatsachen und Worten, historischen Fakten und propagandistischen Fiktionen zu unterscheiden.

Eine Erfindung?

Leider scheint Professor Basil Hall Chamberlain, der Begründer der Japanologie, durch eine unüberlegte Äußerung, wie sie sehr

1 Sansom, Sir George, *Japan, A Short Cultural History*, New York 1943, S. 495.

* Daidōji Yūzan (1639–1730), der auch unter dem Namen Daidōji Shigesuke als Lehrer der Strategie bekannt geworden ist, prägte das Ethos des klassischen Bushidō entscheidend mit. Seine zu Lebzeiten unveröffentlichten Vorlesungen, die relativ wenig konfuzianische Einflüsse aufweisen, wurden gegen Ende der Tokugawa-Zeit viel gelesen. (*Anm. d. Hg.*)

selten in seinen gründlichen Schriften vorkommt, spätere Kommentatoren irregeführt zu haben. In einem Aufsatz unter dem Titel »Die Erfindung einer neuen Religion« (*The Invention of a New Religion*), der zuerst von der *Rationalist Press Association* 1912 in London veröffentlicht wurde und seit 1927 als Anhang I seines Buches *Things Japanese* erscheint (dessen endgültige Ausgabe er nicht mehr selber vorbereitete), behauptet er:

»Bushidō hat als eine Institution oder als ein Kodex von Regeln niemals existiert. Die Berichte darüber sind erlogen, hauptsächlich für fremden Bedarf. Dieses Wort erscheint vor 1900 in keinem Wörterbuch, in keinem einheimischen und keinem ausländischen, ... weder Kaempfer, Siebold, Satow noch Rein – alles Männer, die ihr Japan in- und auswendig kennen – sprechen in ihren umfangreichen Schriften jemals davon. Der Grund für ihr Schweigen ist nicht schwer zu finden: Bis vor einem oder zwei Jahrzehnten war Bushidō unbekannt.«[1]

Diese Aussage beweist jedoch gleichzeitig zuwenig und zuviel. Wenn Bushidō (der Weg des Kriegers) ein Begriff und eine Angelegenheit ist, die vor 1900 (zur Zeit der Abfassung von Dr. Nitobes Buch) unbekannt war, folgt daraus, daß es kein Mythos gewesen sein kann, der erfunden oder verwendet wurde, um die Meiji-Monarchie zu stützen, die zu diesem späten Zeitpunkt auch keiner derartigen künstlichen Konstruktion bedurfte. Was Dr. Nitobe anbetrifft, sind seine liberalen Überzeugungen und Bindungen so wohlbekannt, daß das Auftauchen des Begriffs und der Theorie des Bushidō unter seinem Namen unter gar keinen Umständen als eine Machenschaft der Regierung oder radikaler patriotischer Kreise ausgelegt werden kann. Außerdem läßt sich nachweisen, daß die vaterländische Literatur der Meiji-Ära und weit darüber hinaus es aus guten Gründen vorzog, sich lieber auf andere ethische Lehren zu berufen als auf den Weg des Kriegers, das moralische Erbe des widerspenstigen Samurai. Erst später treten Hinweise auf die Tugenden des Samurai in den Programmen der nationalistischen Vereinigungen häufiger auf, wenn auch nicht auffällig oft (ausgenommen in der für das Ausland bestimmten Propaganda), eine paradoxe, jedoch nicht ungewöhnliche Widerspiegelung fremder Denkformen, wie man sie im Ideengut der japanischen Nationalisten nicht selten findet.

Japanische Gelehrte, die über den Verdacht propagandistischer

1 Chamberlain, Basil Hall, *Things Japanese*, London 1927, S. 564

Tendenzen erhaben sind, wie Professor Anesaki Masaharu, haben die Anfänge solcher Lehren bis in die Kamakura-Ära und die späteren »Zeiten der Unruhe« unter den Hōjō-Regenten und Ashikaga-Shōgunen zurückverfolgt. In den Bürgerkriegen jener Epoche stieg eine neue Klasse von Kriegern zu höchster realer Macht auf und sorgte dafür, daß das militärische Leben in einem langen, mühseligen Prozeß zum administrativen und ökonomischen Fundament einer einheitlichen feudalen Regierung wurde, die ihren Sitz zuerst in Kamakura, dann in Muromachi (Kyōto) hatte. Diese neue Klasse war in typisch japanischer Weise zugleich archaisch und revolutionär, loyal und anarchistisch. Sie stand unter der Führerschaft großer Familien, die von kaiserlicher Abstammung zu sein behaupteten, es jedoch vorgezogen hatten, fernab von der Hauptstadt in halb-autonomen Landbezirken eine beeindruckende Hausmacht aufzubauen, die auf einer Art von Rittergut-Wirtschaft basierte, und die in der Lage waren, in zunehmendem Maße bewaffnete Männer aus ihrem provinziellen Machtbereich um sich zu scharen.

Diese Klasse der »privaten Krieger« entstand, als das Zwangsaushebungssystem der nach chinesischem Vorbild geschaffenen monarchischen Bürokratie verfiel und als die wachsende Bedeutung der *shō-en* (private Ländereien mit eigenen Privilegien) zu einem Bedarf an mutigen, entschlossenen Männern führte, die gewillt waren, diese Besitztümer in Zeiten weitverbreiteter Unruhe und unbeständiger Untertanentreue zu verteidigen. Die privaten Krieger rekrutierten sich aus dem Bauernstand, aus den Familien früherer provinzieller Standespersonen und aus den Unzufriedenen und Abenteuerlustigen, die man in den Nischen jeder Gesellschaft findet.

Diese heterogenen Elemente unter der Führung örtlicher Linien der großen hauptstädtischen Adelshäuser zusammenzuschmieden, war keine geringe Leistung. Es ist ein großes Verdienst der Kamakura-Herrscher, daß sie eine geistige Grundlage zur Lösung des Problems in der neuen Schule der Zen-Meditation suchten, die damals gerade von China her in den japanischen Buddhismus eindrang, mit ihren Idealen der Gelassenheit und Einfachheit, der stillen Resignation und des beherzten Idealismus, der felsenfesten Entschlossenheit, die den Tod nicht fürchtet, und der mystischen Erfahrung der Einheit aller Lebewesen.

Die ersten schriftlichen Zeugnisse des neuen Geistes waren die *yuikai* (»hinterlassene Lehren« oder geistige Vermächtnisse) und *kakun* (Familiengesetze), moralische Anweisungen, die sich an die Nachkommen der Klan-Führer richteten und denen gegenüber ihre Familien und deren Gefolgsleute ehrfürchtige Achtung bewiesen. Ihr Geist war buddhistisch und durchdrungen von dem Glauben an ein Ineinandergreifen allen kosmischen Lebens und an eine gegenseitige Abhängigkeit von Denken und Tun. Doch sie fuhren fort, Schutz und Hilfe von Shintō-Gottheiten und Ahnengeistern zu erflehen. Laut Professor Anesaki »wurde nachdrücklich an den Brauch der Loyalität gegen den Herrscher und der Treue gegenüber den Familientraditionen erinnert, und ebenso wurden die Tugenden der Nächstenliebe, Gerechtigkeit, Ehrlichkeit, Bescheidenheit und Tapferkeit mit eingeschlossen«.[1] Anesaki schreibt weiter:

»Ratschläge empfingen die Erben militärischer Führer im Hinblick auf die Verwaltung feudaler Territorien, die Behandlung von Soldaten, die Sorge für Proviant und die Ehrenkodizes in Frieden und Krieg. Kurz, religiöse Glaubensüberzeugungen und weltliche Weisheit, geistige Schulung, militärische Disziplin, ethische Ideale und praktische Ratschläge verschmolzen zu einem Prinzip der Kriegerehre. Das Prinzip und der Brauch des *bushidō*, des Wegs des Kriegers, fanden hier einen bestimmten Ausdruck, und diese Lehren waren dazu ausersehen, die herrschenden Klassen die kommenden Jahrhunderte hindurch zu lenken. Einige dieser Dokumente übten einen Einfluß über die Grenzen der Klans und Familien hinaus aus und wurden in gewisser Hinsicht zum nationalen Vermächtnis.«[2]

Die Hausgesetze der militärischen Klans – einschließlich der Herrscher-Familie des Tokugawa-Klans – sind die geradlinigen Nachkommen dieser frühen geistigen Vermächtnisse. Ihnen den Namen Kodex oder Institution abzusprechen, ist nur möglich, wenn man den Gebrauch jener Begriffe unnötig auf strenge Systeme beschränkt, die dem *Deuteronomium*, den *Institutionen* des Justinian oder dem *Code Napoléon* ähneln. Der Inhalt der Samurai-Gesetze bewahrte eine gewisse Flüssigkeit und Plastizität; dies hielt sie lebendig und befähigte sie, in Zeiten gewaltiger Veränderung und revolutionären Aufruhrs zu überdauern. Zu leugnen, daß sie entscheidenden Einfluß auf die Bildung des japanischen Charakters, Denkens und Gesellschaftsgefüges hatten, bedeutet, sich durch die eigene Skepsis den Blick zu trüben. Weder Chamberlain noch

1 Anesaki, Masaharu, *History of Japanese religion*, London 1930, S. 222.
2 Ebenda, S. 222.

Samson – obwohl beide übertriebene Lobpreisungen nicht ohne Vorbehalte akzeptieren – haben ihren kritischen Zweifel an der Überlegenheit irgendeiner angeborenen sittlichen Natur der Japaner so weit getrieben, daß sie die Ethik der Samurai als bloße Legende abtaten, die in der Meiji-Zeit für politische Zwecke künstlich konstruiert wurde. Sie war ein System aus Ideen und Idealen, das anfangs von der Autorität des Klan-Führers oder Herrschers lebte, später von der des militärstrategischen Gelehrten und patriotischen Führers. Statt sie als Fiktion zu verurteilen, sollte man lieber den Abgrund beschreiben, der die echte Sittlichkeit des Samurai von neueren Ideologien trennt, die den Pseudomythen zeitgenössischer europäischer Totalitarismen nachgeschaffen wurden.

Religiöse Hintergründe

Weit davon entfernt, ein Glaube zu sein, der die Expansion des japanischen Kaiserreichs, die Herrschaft des Schwerts und die Unterjochung fremder Völker durch die Nachkommen und Gefolgsleute der Kinder der Sonne verlangt, gehörte die Ethik der Samurai im wesentlichen zu einer statischen Welt, die durch buddhistisches Gefühl und konfuzianisches Denken geprägt war. Der christliche Ritter suchte »Abenteuer«, um seine Tapferkeit zu beweisen, im Kampf gegen fremde Bösewichte, Riesen und teuflische Monster, in der Verteidigung der Frauen und Armen, im Dienst der Kirche und um dem Christentum zum Sieg zu verhelfen. Von den Paladinen Karls des Großen und den Rittern an König Artus' Tafelrunde führt eine gerade Linie zu den Kreuzfahrern und den Konquistadoren. Sie fühlten sich von unerobertenRäumen angelockt und zu Heldentaten im Dienst der Missionierung aufgerufen. Der *bushi* empfindet einen solchen Drang nicht, der ihn immer weiter in das ungeheure Dunkel des Unbekannten treibt, wie den Ritter, der durch bedrohliche Wälder reitet, in denen Tod und Teufel lauern, der *miles Christianus*, den Dürers Kupferstich zeigt.

Die Zen-Meditation hat den japanischen Ritter den Weg nach Innen gelehrt. Sein Wunsch richtet sich darauf, in die Sphäre einzugehen, in der es weder Furcht vor dem Sterben noch Hoffnung auf ein Leben danach gibt, weil die Grenzlinie zwischen

Leben und Tod sich ihm als illusorisch erwiesen hat, und in der keine verdienstvollen Taten zählen, weil Gut und Böse ihre kindhafte Einfachheit verloren haben. Von leidenschaftlicher Begeisterung und von Kampfeseifer erregt zu werden, gleichsam fortgetragen zu werden auf dem Kamm einer großen Welle, die am Fels des Schicksals zerschmettert, ist sein Ehrgeiz nicht, sondern standhaft zu werden wie ein Fels, auf den sich die Wellen des Lebens vergebens stürzen. Kirchen, Heilige Bücher, Heiligenbilder und theologische Dogmen hat er, der zur Erleuchtung gelangte, weit hinter sich gelassen: Er hat jenen ehemaligen Zustand wieder erreicht, in dem die einsame Seele eins mit dem Absoluten wird, und wo eine neue Kraft der Entschlossenheit aus unergründlichen Tiefen emporsteigt.

Die buddhistische Ethik scheint, zumindest für westliche Augen, eher negativ und vorläufig zu sein als normativ und schöpferisch. Von Hinderungen des Seelenheils befreit zu werden, nicht länger dem »Hunger« in all seinen verschiedenen Formen ausgesetzt zu sein, Unterschiede zwischen Ich und Du, Gut und Böse, dem Menschen und dem Ganzen, Leben und Tod verschwinden zu lassen, ist hier das Hauptbestreben – nicht, dieses unser Leben nach irgendeinem göttlichen Bild zu formen. Das Ethos des Samurai konzentriert sich auf die Lehre, wie man sterben soll, wie man unerschrocken, standhaft, unerschütterlich und frei von allzu menschlichen Verwicklungen und Interessen zu sein hat. Von dieser Höhe eines amoralischen (aber nicht zwangsläufig unmoralischen) Mystizismus führt ein steiler, kurzer Pfad in die Bezirke des Nihilismus und Quietismus. Es wäre jedoch nicht ganz gerecht, die Zen-Meditation für das verantwortlich zu machen, wozu sie sich in stumpfsinnigen oder hemmungslosen Seelen entwikkelte. Ähnliche Gefahren bedrohen jede Religion und ziehen die Aufmerksamkeit der Kritiker auf sich, die diesem Glauben fremd gegenüberstehen.

Dies soll nicht heißen, daß jeder durchschnittliche Samurai an der höchsten Erleuchtung teilhatte. Doch sein Denken bewegte sich in einem geistigen Magnetfeld, dessen Pol nicht Aktivität in der Außenwelt war, sondern Vernichtung von Äußerlichkeiten, Bereitwilligkeit zum Opfer und zu vollständiger Entsagung. Die Schriften über Bushidō aus der ersten Hälfte der Tokugawa-Ära enthalten allerdings viele Ermahnungen, nicht die Ausbildung an den Waffen zu vernachlässigen und den Krieg nicht als eine fernliegende Möglichkeit zu betrachten – und dies aus gutem Grund; denn es war eine historische Phase, in der der *bushi*, der in den Bürgerkriegen und den koreanischen Kriegen eine Art von Beamter geworden war, sich den Verlockungen eines üppig wachsenden städtischen Vergnügungslebens ausgesetzt sah, in einer Zeit systematischer Abgeschlossenheit, durchgreifender Befriedung und politischer Stagnation.

Aber auch hier blieb der wichtigste Faktor das Festhalten an einer geistigen Selbstbeherrschung, die imstande ist, das Streben nach persönlichem Genuß und Gewinn und den Hang zur Faulheit und Zügellosigkeit zu bändigen und die Bereitschaft zum Dienst wachzuhalten. Der Stil jeder Handlung, die der Samurai ausführte, der Vollzug der Teezeremonie, der Gesang von *utai*, die Ausübung des Bogenschießens wie auch des Selbstmord-Zeremoniells, all dieses trägt das Gepräge einer solchen Disziplin. Die mönchischen Farben der Gewänder spiegeln ihren Geist wider. Seine natürlichen Neigungen vollkommen zu meistern, heitere Gelassenheit in äußerer Not zu erlangen, weder im Triumph zu frohlocken noch dem Kummer zu erliegen, sind die Hauptziele dieses Verhaltenskodexes. In den Nō-Spielen hat sich dieser strenge, einfache Lebensstil noch treuer bewahrt als in Abhandlungen oder Anekdoten. An ihnen wird sichtbar, daß wir es hier nicht mit doktrinären Forderungen und eitlen Leidenschaften zu tun haben, sondern mit einer Lebensform, die gewiß in unterschiedlichem Maß Reinheit und Kraft besaß, die aber zweifellos eine Wirklichkeit war – von großer Würde und strenger Schönheit.

Ideal und Wirklichkeit

Auch hier gab es »viele Thyrsosträger und wenige Bacchanten«. Eine Form erstarrt überall leicht zum bloßen Formalismus, Mut wird zu Rauferei, Loyalität zu Unterwürfigkeit, Gemütsruhe zu Unempfindlichkeit. Spätere Autoren haben in ihrem Loblied auf den Geist des Samurai oft die Tugenden der kriegerischen Tapferkeit und der rückhaltlosen Loyalität hervorgehoben, als wären sie das tragende Fundament der Samurai-Gesinnung gewesen. Der landläufige Mut kann aber nicht die geistige Triebfeder des Bushidō gewesen sein. Die privaten Krieger, die sich seit dem Ende der Heian-Zeit um die Banner der neuen feudalen Führer Japans scharten, bedurften keiner Ermahnungen zu physischer Tapferkeit. Sie freuten sich des Kampfes und fürchteten sich nicht sehr, ihr armseliges Leben zu verlieren. Was die Klan-Anführer auf dem Totenbett und die Oberhäupter der feudalen Regierungen in ihren Kodizes und Verfügungen den robusten und einfachen Gemütern ihrer Gefolgsleute einzuschärfen trachteten, war eine geistige Auffassung ihrer Pflichten, eine Disziplin, die das ganze Leben des Kriegers formt, ein Bild des Wahren Lebens, das – wenn es in lauterem Geist geführt wird – den Anspruch des Kriegers auf Herrschaft über die anderen Klassen rechtfertigen konnte. Der Samurai sollte nicht ein Mensch mit mehr Rechten, sondern mit mehr Pflichten sein.

Diese Pflichten waren nicht so einseitig, wie viele moderne Schriftsteller, die sich auf Brinkley und Kikuchi[1] stützen, anzunehmen scheinen. In einem typischen Treuegelöbnis, das Herr und Gefolgsmann im späten 15. Jahrhundert im südlichen Kyūshū ablegten, versichert der Gefolgsmann unter Eid, daß er dem Gebieter »mit aufrichtiger Ergebenheit und ohne jede Einschränkung« dienen werde. Der Gebieter nimmt das Versprechen der Loyalität entgegen und antwortet:

> »Ich will deine wichtigen Angelegenheiten als meine eigenen betrachten, und wir werden uns gegenseitig aufeinander verlassen; wenn trotz dieses Einvernehmens eine Verleumdung oder ein übles Gerücht aufkommen sollte, werden wir uns gegenseitig mit vollkommener Aufrichtigkeit aussprechen.«[2]

Das Gelöbnis des Gebieters wird von den am meisten gefürchteten Gottheiten des mittelalterlichen Japan sanktioniert, einschließlich der Sonnengöttin von Ise, des Kriegsgotts Hachiman und der Gottheiten von Kumano und Suwa. Eine Verpflichtung, die unter dem Schutz dieser Gottheiten zustande kam, kann zu jener Zeit keine bloße Formalität gewesen sein.

Wie in jeder Beziehung zwischen Menschen, die ungleich an Macht, Reichtum und Rang sind, muß man auch hier damit rechnen, daß in der Wirklichkeit das strenge Gleichgewicht zwischen den Rechten des Gebieters und denen des Gefolgsmanns nicht

1 Brinkley, F. u. Baron Kikuchi, *A history of the Japanese people*, New York u. London 1915, S. 286.
2 Asakawa, K., *The Documents of Iriki*, New Haven (Yale) 1929, S. 295 f.

immer eingehalten wurde. Im Osten, wo patriarchalische Strukturen das gesamte gesellschaftliche und politische Denken beherrschen, war es fast unvermeidlich, daß sich die Pflichten des Gefolgsmanns denen des kindlichen Gehorsams anglichen. So geschieht es deutlich im klassischen chinesischen Denken, und die Bushidō-Lehren der japanischen Vertreter der *Kogakuha*-Schule, Yamaga Sokō und Yūzan, führen diesen Gedanken fort. Je mehr der Gebieter die Autorität eines Vaters annahm, desto absoluter konnte sie werden; denn nach östlichem Verständnis besitzt der Sohn kein Recht gegenüber seinem Vater. Aber in Japan, wie in China und im europäischen Mittelalter, hat der Gefolgsmann nicht nur das Recht, sondern sogar die Pflicht zum Protest, und zwar immer, wenn er das Tun des Gebieters für ungerecht oder ungehörig hält. Ein Samurai, der gegen die Stimme seines eigenen Gewissens blindlings den Willen seines Gebieters erfüllt, wird als *heishin* (Kriecher) oder *chōshin* (»ein Günstling, der die Zuneigung seines Meisters durch sklavische Unterwürfigkeit erschleicht« – *Nitobe*) bezeichnet. Wenn alle Überzeugungsbemühungen fehlschlugen, mußte der Protest des Gefolgsmanns die Form von Selbstmord (*seppuku*) annehmen.

Japanische Chroniken berichten oftmals von Fällen der Untreue und von Samurai, die in den Jahrhunderten der inneren Unruhen und Bürgerkriege die Seiten wechselten; doch nur jemand mit Vorurteilen konnte abzuschätzen wagen, in welchem Verhältnis diese Fälle zum normalen loyalen Verhalten standen. Fragen der Ehre sind für eine statistische Behandlung besonders schlecht geeignet. Wir verfügen über keine Mittel, um zu erfahren, ob die Mehrheit der Samurai – oder, was dies anbelangt, irgendeine Klasse in irgendeinem Land – unter dem Standard blieb, den Kodizes und Schriften gesetzt hatten, oder auch nicht. Allein die Tatsache, daß Ermahnungen ausgesprochen wurden, zeigt, daß man nicht erwartete, daß die Tugenden, die der Samurai pflegen sollte, in allen *bushi* unmittelbar aus den angeborenen Anlagen erwachsen würden. Die höchste Autorität des Tokugawa-Bushidō, Yūzan, spricht deutlich aus, daß viele Samurai nur geringe Qualitäten besaßen. Bushidō als eine natürliche , dem japanischen Volk angeborene Anlage zu betrachten ist ein Irrtum, der späteren Schriftstellern vorbehalten blieb, die sich von simplen Biologismen verleiten ließen. Bis gegen Ende des 19. Jahrhunderts versuchte niemand zu leugnen, daß Bushidō schwer zu verwirklichen ist, auch für Japaner. Aber man zweifelte ebenfalls nicht an der Möglichkeit des Gelingens. Es ist tatsächlich eine haltlose Anmaßung, zu behaupten, die höheren Bushidō-Lehren hätten größtenteils nur auf dem Papier existiert, ohne je zu einer treibenden Kraft im Leben wirklicher Männer zu werden, sowohl starker als auch schwacher.

Zu allen Zeiten und in allen Gruppen sind die Forderungen höherer ethischer Systeme nur von einer moralischen Elite erfüllt worden, die in der Lage war, ihre Maßstäbe einer Bevölkerung vorzuschreiben, die sie zwar nicht einhalten konnte, aber deren Berechtigung sie auch nicht zu leugnen vermochte. Es besteht jedoch eine größere Wahrscheinlichkeit, daß der *bushi* die Normen des *bushidō* erfüllt, als daß der Christ nach den Lehren der Bergpredigt lebt, mit ihren paradoxen, wenn nicht hyperbolischen Forderungen. Edelmütig, pflichtgetreu und umsichtig zu sein, dem Vater und der Obrigkeit zu gehorchen, genügsam, vernünftig und fleißig zu sein und angesichts des Todes oder Elends gelassen zu bleiben – dies alles ist nicht jedermanns Sache; doch es verlangt der seelischen Struktur des natürlichen Menschen weniger ab als die Forderung, seine Feinde zu lieben und die rechte Wange hinzuhalten, wenn die linke geschlagen worden ist.

Der Samurai-Kodex befaßt sich in vielen Einzelheiten mit der ordnungsgemäßen Verrichtung alltäglicher Aufgaben, in Regeln, nach denen sich leichter leben ließ als selbst nach den einfacheren Geboten der christlichen Tugendlehre. Hier haben die Japaner, wie in so vielen anderen Fällen, ihre Virtuosität bewiesen, viel mit geringen Mitteln zu erreichen: der menschlichen Natur lieber die Richtung zu weisen, als sie durch Zwang zur Änderung ihrer Bahn zu bewegen, und auf dem Instrument menschlicher Leidenschaften und Strebungen so geschickt zu spielen, daß schon wenige Handgriffe genügen, um den Ton des Ganzen zu verwandeln. Es ist tatsächlich so, daß der Alltag des gewöhnlichen Japaners auch heute noch mehr Spuren der Bildungsmacht des Bushidō aufweist, als das Leben des durchschnittlichen Westländers den Einfluß der großen christlichen Heiligen oder Märtyrer erkennen läßt.

Die geschichtliche Mission der Tokugawa-Ära lag darin, daß sie den Geist des *bushi* in immer weiteren Kreisen in die japanische Gesellschaft trug, zwar mit verminderter Kraft und Reinheit, doch nicht unbedingt verfälscht. Es war eine Entwicklung, die zu einer der vollkommensten Demokratisierungen eines aristokratischen Bildungsideals geführt hat, von der die Geschichte uns Spuren hinterlassen hat. Selbst die Haltung der Hausfrau und des Studenten, des Ladenlehrlings und der Kurtisane spiegelte – in entsprechender Abschwächung – die Einstellung des feudalen Gefolgsmanns zu seinem Gebieter wider.

Ob in den späten Tagen der Tokugawa-Zeit der Ausdruck *bushidō* (oder *budō* oder *shidō*) sich sowohl auf die sittliche Haltung des Nicht-Samurai als auch auf die des Samurai bezog, ist eine philologische Angelegenheit, die der Verfasser nicht zu beurteilen vermag und die er für wenig bedeutsam hält. Es war eine Zeit, in der die trennenden Standesunterschiede, die den Staat in vier Klassen aufteilten und deren Verhaltensformen und Rechte bestimmten, viel von ihrer Schärfe zu verlieren begannen, als viele Samurai Kaufleute wurden und zahlreiche Nichtadelige zu Rang und Einfluß kamen. Die ungeheure Welle der Begeisterung, die die heroische Blutrache der siebenundvierzig *rōnin* in den Vierteln der einfachen Stadtbewohner auslöste, zeigt, daß der Geist des *bushi* zu Beginn des 18. Jahrhunderts aufgehört hatte, eine Klassenmoral zu sein. Der Kaufmann und der städtische Handwerker erkannten die Werte, für die der Samurai lebte und starb, als Mitte des nationalen Ethos an. Diese volkstümliche Woge emotionaler Teilnahme dürfte nicht weniger wirkungsvoll gewesen sein als das Wiederaufleben der altertümlichen Lehren und des urzeitlichen Shintō, das fünf Generationen später mit dazu verhalf, alle Klassen zu einer modernen Nation zu verschmelzen. Während der Westen in den historischen Schauspielen Shakespeares und dem *Don Quichote* von Cervantes den Geist des feudalen Zeitalters verabschiedete, breitete sich dieser Geist, gebührend abgeschwächt, unter den Reishändlern und Lastträgern der größten Metropole jener Zeit aus, in Edo, dem späteren Tōkyō, und der typische Edokko, der Mann auf der Straße und in den Läden, war stolz, sein Leben in einer Art und Weise zu führen, die eher Don Quichote als Sancho Pansa erfreut hätte.

Bei derartigen Popularisierungen anspruchsvoller ethischer Gedanken tritt unweigerlich eine damit verbundene Gefahr auf. Der Bewohner großer Städte, seine Frau und seine Geliebten aus dem Kreis der Kurtisanen fühlten sich zu *bushidō* vor allem gefühlsmäßig aufgrund einer Sehnsucht nach dem Ungewohnten, Aufregenden und Farbenprächtigen hingezogen. Diesem Begehren kam das Drama der Tokugawa-Ära entgegen, das *kabuki*, eine unerschöpfliche Quelle starker Emotion, außergewöhnlicher Handlung, intensiver Farbe und eines Ausdrucks, der bis an die Grenzen des Grotesken geht. All dies war dem wahren Geist des Samurai fremd, dessen Kanon sich am Stil des Nō-Spiels ablesen läßt: streng, ruhig, gebändigt und keusch. So wurde das Leben des *bushi* dem Bürger von der extremen Seite her dargestellt, an der Grenze zu Verbrechen und Wahnsinn, und die Sensibilität und das menschliche Mitgefühl der Theaterbesucher wurden so stark beansprucht, daß das Parterre in Tränen zerfloß und die Galerie in heisere Schreie ekstatischen Beifalls ausbrach – und so ist es bis zum heutigen Tag geblieben.

Der Ausländer, dem aus inneren und äußeren Gründen der Zugang zum *Nō* schwerfiel, gab sich leicht der Faszination des *kabuki-za* und der Erzählungen hin, die den westlichen Leser frühzeitig in grob illustrierten Druckwerken erreichten. Seine Eindrücke müssen sich durch die überaus dramatischen Schauspieler-Holzschnitte volkstümlicher Künstler der *ukiyoe*-Schule verstärkt haben. So wurde er dazu verleitet, diese nicht ganz *bushi*-gemäßen Variationen des Samurai-Themas für das Eigentliche des Bushidō zu halten. Daher die anscheinend unausrottbare westliche Tendenz, sich den Samurai als einen grotesk gestikulierenden Halbwilden vorzustellen, der seine eigenen Kinder zum Nutzen seines Gebieters tötet, seine Ehefrau in ein Bordell schickt, um sich ein gutes Streitroß zu kaufen, und schließlich unter kunstvoll in die Länge gezogenen Qualen Selbstmord begeht. Dies sind berühmte Themen der japanischen Literatur, doch es wäre genauso falsch, sie als typisch für den Weg des Kriegers zu betrachten, wie sich das Essen aus dem Napf eines Aussätzigen oder das Leben auf einer Säule als allgemein übliche Verhaltensformen des christlichen Daseins vorzustellen. All jenes sollte man der Kategorie der »krassen Fälle« zurechnen, nicht um es dadurch aus der Welt zu schaffen, wohl aber um es in den Grenzbereich zu verweisen, zu dem es gehört.

Die großen Abhandlungen der Tokugawa-Zeit über Bushidō von Yamaga Sokō und Yūzan erwähnen solche Extreme gar nicht. Ihr Ton ist gemäßigt, ihre Lehre vernünftig. Bei den Forderungen einzelner Tugenden stellen sie niemals überhöhte Ansprüche, und ihre Wertskala weist keine Spuren einer Soldatenkaste auf, die es auf eitle Selbstverherrlichung abgesehen hat. Ihre Gedankenwelt ist von nüchternem, unparteilichem Geist erfüllt, und ihre Lehre ist universal. Sie wurde vom späten konfuzianischen Denken angeregt, teils von der Sung-Philosophie des Chu Hsi (die zuerst durch Zen-Mönche nach Japan kam und einige Jahrhunderte später von den Tokugawa zur orthodoxen Staatsphilosophie erhoben wurde), teils von furchtloseren Denkern, die sich von den Sung-Kommentatoren und ihrer statischen Moral der Konformität zu lösen trachteten (die den autoritären Herrschern so gut ins Konzept paßte) und tastend einen Weg zu den reinen Quellen des Konfuzianismus suchten. Verglichen mit den Zen-Kriegern früherer Zeiten ist sicher ein Verlust an geistiger Spannkraft eingetreten, doch bis zum Ende bleibt die Erlangung geistiger Freiheit die zentrale Tugend.

Yamaga Sokōs Vorlesungen[1] unter dem Titel *Shidō* sind der Darstellung folgender Prinzipien und Tugenden gewidmet: Treue gegenüber der Berufung, Schulung des Geistes, Gelassenheit, Großmut, Reinheit des Gefühls, Höflichkeit, Bildung; Vervollkommnung der Fähigkeiten; Introspektion und Selbstbeherrschung; Selbstachtung und Ernsthaftigkeit; Wachsamkeit. Eine vereinfachte Fassung, die zu dem Zweck entstand, das chinesische Lehrbuch der Moral *Hsiao-chiao* (kleinere Belehrung) zu ersetzen, gibt dem Anfänger ausführliche Anweisungen, wie man sprechen und zuhören, sich bewegen und ausruhen, geben und nehmen soll. Die ökonomischen Aspekte im Dasein des Gefolgsmanns werden offen und mit fast zynischer Schonungslosigkeit angesprochen. Der Gebieter erhält den Rat, sparsam zu sein und sich bei der Gewährung von Zuschüssen an seine Gefolgsleute nicht zu freigebig zu zeigen, so daß er in der Lage bleibt, eine genügende Anzahl von ihnen an sich zu binden. Keine rührselige Aureole umgibt den Samurai. »Mit dem Köder, den er schluckt, wird der Fisch gefangen.« In vergleichbarer Weise ist nach einem alten Sprichwort »der Samurai wegen der Besoldung, die er empfängt, seinem Herrn

1 Koyama, Matsukichi, *Yamaga Sokō and his Bukyō-shogaku*, Bd. 7, Cultural Nippon (1940), S. 295f.

ergeben«. Es klingt auf vielen Seiten, die Selbstbeherrschung und Sparsamkeit lehren, ein utilitaristischer Beiton an, der an Benjamin Franklin und Samuel Smiles (der später einen gewaltigen Einfluß auf das frühe Meiji-Japan ausgeübt hat) erinnert. Der transzendentale Mystizismus der Zen-Schule ist dem neo-konfuzianischen Rationalismus gewichen, der mit großer Klugheit den praktischen Bedürfnissen der Tokugawa-Zeit angepaßt wurde, in einem Geist trockener Vernünftigkeit, stoischer Ergebung und eines wohlkalkulierten Konformismus.

In Yūzans einflußreichem Buch steckt mehr Kolorit und unabhängiges Denken. In dem stets gegenwärtigen Gedanken an das Sterblichsein des Menschen ist hier, wie in Martin Heideggers Philosophie, die »vorlaufende Entschlossenheit« zum zentralen Thema der praktischen Ethik geworden:

»Für das Heute zu leben und keinen Gedanken an das Morgen zu verschwenden, so daß, wenn er vor seinem Gebieter steht, um dessen Befehle entgegenzunehmen, er dies empfindet, als sei es zum letzten Mal, und wenn er in die Gesichter der Seinen blickt, er fühlt, daß er sie niemals wiedersehen wird, dann ist seine Ehrerbietung und Achtung vor beiden vollkommen aufrichtig, und seine Seele befindet sich in Übereinstimmung mit dem Pfad der Treue und des Kindesgehorsams.« (Nach der Übertragung von Professor Sadler).

Um diesen zentralen Gedanken – ein letzter Widerhall der buddhistischen Ethik der Impermanenz aller Dinge – werden ohne Pedanterie, aber mit unermüdlicher Freude an eintönigen Details eine Anzahl von klugen und nützlichen Geboten gruppiert, die wieder das japanische Talent zeigen, abstrakte Ideen »lebensfähig« zu erhalten und sie den Bedürfnissen und Begabungen gewöhnlicher Menschen anzupassen, nichts von theoretischem Interesse hinzuzufügen, die Gedanken aber so konkret, flexibel und pragmatisch zu machen, daß es keine Entschuldigung dafür gibt, wenn man von ihnen im wirklichen Leben abweichen sollte.

Bestimmen zu wollen, in welchem Umfang die Lehren des Bushidō das Verhalten des modernen Japaners noch beeinflussen, ist ein ebenso schwieriges Unterfangen wie zu fragen, in welchem Ausmaß die Ethik des Christentums noch das Handeln und Verhalten der heutigen Europäer prägt. Die Meiji-Restauration war hauptsächlich das Werk von Samurai niederen Rangs, die sich in ökonomischen Mißständen befanden und sich von glühenden patriotischen Leidenschaften leiten ließen, doch sie führte zur radikalen Abschaffung des Samurai-Stands durch den neuen Staat. Der Verlust machtverleihender Privilegien, die Fortdauer und oft Verschlimmerung ihrer finanziellen Schwierigkeiten (vor allem für jene Samurai, die keinen geeigneten Platz als Offizier, Beamter, Unternehmer, Polizist oder Bauer im neuen Gesellschaftssystem fanden) und die unerfüllten Hoffnungen auf ruhmreiche militärische Unternehmungen, die jedoch durch die vernünftige und besonnene Politik des Meiji-Kaisers und seiner wichtigsten Ratgeber aufgegeben wurden – dies alles rief viel Unzufriedenheit unter den ehemaligen Samurai hervor, die in rebellischen Aktionen, unaufhörlicher Unruhe und durch gelegentliche Meuchelmorde dem Übelstand abzuhelfen versuchten. Für jemand, der mit diesen wohlbekannten Tatsachen vertraut ist, muß es ganz unwahrscheinlich erscheinen, daß es von Seiten der Obrigkeit irgendeinen Versuch gegeben haben könnte, Bushidō, den Geist der schwierigsten Klasse, zur Grundlage der neuen Staatsmoral zu erheben.

Und in der Tat vermeidet die *Kaiserliche Verordnung für Soldaten des Heeres und der Marine*, die 1882 vom Meiji-Kaiser erlassen wurde und bis vor kurzem der unbestrittene sittliche Kodex der japanischen Kampftruppen war, sorgfältig, ihre Vorschriften auf das Beispiel oder die Lehren des Samurai zu gründen – und dies aus gutem Grund; denn ihre Verkündigung wurde durch den Wiederausbruch des Samurai-Geistes im Bürgerkrieg von Satsuma 1879 veranlaßt, in dem die kaiserliche Armee die hitzigsten Vertreter jenes Geistes niederwerfen mußte. Wenn bestimmte kaiserliche Anordnungen einen gründlich bewanderten Leser an die *Kogakuha*-Schriften über Bushidō erinnern sollten, so nur deshalb, weil in beiden Fällen auf Gedanken und Formulierungen aus einem gemeinsamen Fundus chinesischer Ethik zurückgegriffen wird, wenn sie Loyalität, Anstand, Tapferkeit,

Pflichttreue, Rechtschaffenheit und Einfachheit fordern. Die Philosophie des Meiji-Kaisers war von Baron Motoda inspiriert worden, einem strengen Konfuzianer, der sogar im Umgang mit Shintō-Traditionen diesen Ursprung und Mittelpunkt seiner Lehren nicht verleugnete.

Was wirklich in der Meiji-Zeit geschah, war nicht, daß Bushidō zur Grundlage der Staatsmoral gemacht wurde, sondern daß man Loyalität neu definierte und ihr einen neuen Gehalt und eine neue Ausrichtung gab. Die Verfügungen von 1883 heben hervor, daß nur durch zutiefst bedauerliche »Störungen« die politische Macht des Kaiserreichs in die Hände militärischer Führer gefallen sei, und zwar in Widerspruch zum »fundamentalen Charakter des Kaiserreichs und dem Gesetz unserer kaiserlichen Vorfahren«. Mindestens fünf Jahrhunderte lang war in der politischen Praxis Bushidō als ganzes vom Dienstbereich des Kaiserhauses ferngehalten worden. Die Loyalität des Samurai bezog sich vor allem auf seinen Feudalherren, den *daimyō*, und die Samurai vollbrachten einige ihrer berühmtesten Taten, als sie ihrem *daimyō* gegen kaiserliche Armeen beistanden. Die »loyalen Männer«, die in den Schlachten von Ueno und Wakamatsu fielen, waren in den Augen des Kaisers Rebellen gegen die kaiserliche Herrschaft. Daß die wahre Loyalität dem Kaiser gebührt, nicht dem örtlichen Magnaten, war ein Gedanke, den im 18. Jahrhundert die Mito-Schule unter dem Einfluß geflüchteter chinesischer Denker verbreitete. Dem voraufgegangen waren die Lehren des großen Kitabatake Chikafusa, der als Soldat im verzweifelten Kampf des legitimen Kaisers im Bürgerkrieg des 14. Jahrhunderts schrieb und starb. Doch erst in der Meiji-Ära wurde dieser Gedanke zum offiziellen Leitprinzip des politischen Verhaltens. Kein Bushidō-Mythos wurde erfunden, sondern es wurden Gefühle und Haltungen, die auf einer mythischen Tradition beruhten und sieben Jahrhunderte lang von der faktischen Herrschaft der Samurai-Klasse überschattet gewesen waren, wiederhergestellt, um die Fehler und die verworrenen Loyalitäten des Feudalzeitalters zu beseitigen – ein Vorgang, der an die Wiedereinsetzung römischer Mythen und Kulte in das politische Gefüge des kaiserlichen Roms durch Augustus erinnert.

Wenn die einstige Lage und die zukünftigen Möglichkeiten Japans richtig eingeschätzt werden sollen, ist es von größter Bedeutung, diese Vorgänge nicht mit den politischen und propagandistischen Fiktionen gleichzusetzen, die unter dem Namen sogenannter »Mythen« zu Beginn des 20. Jahrhunderts aufkamen. Der Kaiser-Mythos und die Samurai-Tradition sind echt, doch in den zurückliegenden Jahrzehnten wurden sie besonders unter dem Einfluß zweckbezogener Papier-Mythen (»Die Bürde des weißen Mannes«, »Der Generalstreik«, »Die nordische Rasse«) zum Werkzeug nationalistischer und imperialistischer Propaganda gemacht und dadurch in Mißkredit gebracht. Es wäre jedoch nicht nur gegen die historische Wahrheit, sondern auch einem gesunden politischen Urteil abträglich, wenn man sie fälschlich für Erscheinungen von gleicher Fadenscheinigkeit hielte.

Eine lebendige Tradition

Das Weiterleben der Samurai-Tradition ist alles andere als ein literarisches Phänomen. Eine Gruppe von Männern, die nach Herkunft und Rang Samurai waren, errichtete das Gebäude des Meiji-Staats. Sie wirkten als Staatsmänner, Beamte, Offiziere und Industriekapitäne. In ihren Familien wurde die Bushidō-Tradition vom Vater auf den Sohn weitervererbt und hoch in Ehren gehalten, so daß sie deren Verhalten im öffentlichen und privaten Leben stark prägte. Als die Samurai-Klasse als solche abgeschafft wurde, blieben diese Ideale unangefochten in Kraft. Sogar heute ist es oft möglich, Japaner von Samurai-Abstammung an der Art ihres Auftretens und Handelns von gewöhnlichen Bürgern (*heimin*) zu unterscheiden. Erst nach dem China-Zwischenfall und in dem daraus sich entwickelnden Krieg ist die Aufteilung in *samurai* und *heimin* in den Ausweispapieren von Einzelpersonen gelöscht worden. Der größte Teil nicht nur der Bunraku- und Kabuki-Spiele, sondern auch der Filme behandelt Samurai-Geschichten, aber es bedurfte dazu keiner offiziellen oder halb-offiziellen Lenkung. Auch die Lehrpläne der Staatsschulen waren, zumindest bis kurz vor dem Zweiten Weltkrieg, für eine künstliche Belebung dieser Interessen nicht verantwortlich. Das Schulsystem der Meiji-Ära war aufgeklärt in seiner Weltanschauung, und die Beispiele, die zur Illustration moralischer Lehren herangezogen werden, sind einem weiten Sachbereich entnommen, in dem die Samurai-Tradition nicht mehr Raum einnimmt, als irgendein anderes Land den verdienstvollen Taten aus seiner eigenen Geschichte zumessen würde. Erst in jüngster Vergangenheit kam es zu Veränderungen, um das

Land auf das vorzubereiten, was den Nationalisten als eine unvermeidliche Krisis und Prüfung erschien. Es wäre jedoch ein ernsthafter Irrtum zu glauben, daß es Regierungspropaganda war, die den modernen Japaner dazu veranlaßt hat, sein Leben wegzuwerfen, das scheinbar Unerträgliche zu ertragen und seinen Führern in grimmiger Resignation, wenn nicht in hartnäckiger Hoffnung zu folgen.

Die dritte Quelle des Ethos

Nicht alles an dieser Geringschätzung des Lebens und des Glücks, die einem leidenschaftlichen Verlangen nahekommt, sich für das Wohl des nationalen Ganzen aufzuopfern, kann der Samurai-Tradition zugeschrieben werden. Im Japaner lebt sowohl der Stammesgeist, der den einzelnen zwingt, sich den Erfordernissen des menschlichen Bienenstocks unterzuordnen, als auch die Seele eines Mystikers, der höchste Erfüllung darin findet, sein Selbst preiszugeben, von dem er glaubt, daß es mit der Seele des Universums oder Buddhas eins sei. Zwischen diesen beiden Polen, Grenzfällen sittlichen Verhaltens des Menschen, hat der Weg des Samurai, wie jedes Ethos ritterlichen Typs, eine Zwischenstellung inne. Ihm fließen aus beiden Quellen Kräfte zu, und diesen Gaben der Natur und der Gnade, des Stammeslebens und der gestaltlosen Gottheit wird durch ihn ein nach menschlicher Wertung geschaffenes göttliches Bild und Maß an Vornehmheit hinzugefügt, ein Gesetz, das irdische Loyalität und geistige Freiheit, fröhliche Geselligkeit und strenge Selbstbeherrschung vereint.

Für die Japaner zeigt sich die wahre Natur des Samurai in den Kirschblüten, für sie die bezauberndsten aller Blumen, die sich unerwartet in duftiger Reinheit unter der Morgensonne öffnen und bald darauf jäh zu Boden sinken, zerstreut von den Frühlingswinden. Wenn der fremde Leser eine gewisse Schwierigkeit empfindet, dieses Bild mit dem in Einklang zu bringen, was er von der Gleichgültigkeit, Abgestumpftheit und ungehemmten Gewalttätigkeit japanischer Krieger gesehen und gehört hat, kann er, wenn er den Lauf der Geschichte stromaufwärts wandert, in der Erzählung von Taira Atsumori[1] einen Hinweis darauf finden, wie groß

1 Péri, Noël, *Cinq No; drames lyriques japonais*, Paris 1921, S. 216–219.

die Bedeutung des Symbols war, bevor es konventionelle Formen annahm. Als nach der verhängnisvollen Niederlage bei Ichi-notani durch Yoritomo der Taira-Klan auf Schiffen die Hauptinsel verließ, blieb Atsumori, der Neffe des großen Kiyomori, als letzter an der Küste zurück. Herausgefordert von einem der stärksten alten feindlichen Krieger, wendete er sein Pferd, stellte sich in aussichtsloser Lage dem überlegenen Gegner – und fiel im Kampf. Als jener unter den Helm des Erschlagenen blickte, sah er das Gesicht eines Jungen von fünfzehn Jahren, auf dem ein Lächeln lag, und in den Falten seiner Rüstung fand er ein Stück kostbaren Brokats, in das eine berühmte Flöte aus chinesischem Bambus eingewickelt war. Am Vorabend des Kampfes hatte der Taira-Führer ein Fest feiern lassen, unter den wachsenden Schatten drohenden Unheils, mit Gesängen und Tänzen, die ihnen lieb und teuer waren und ihre letzten Stunden füllten, bevor Niederlage und Tod sie ereilten.

Die Welt ist nicht reich genug an Träumen von Rittertum, um an solchen Bildern heroischer Gelassenheit und geläuterter Glut, männlicher Unerschrockenheit und innerer Freiheit achtlos vorbeizugehen. Die kämpferischen Instinkte und der ästhetische Sinn des japanischen Volks sind hier mit dem mystischen Denken Indiens und dem kosmischen Zeremoniell Chinas eine Einheit eingegangen. In diesem Geist, der jede Einzelheit des Lebens in Frieden und Krieg, Poesie und Bogenschießen, Ritual und Muße durchdringt, finden wir das wahre Maß des japanischen Geistes, nicht in einem abstrakten Gedanken, einem System oder Kunstwerk oder einer Institution. Das Bild und der Geist erreichen nicht die Schönheit des griechischen Wunders oder die übernatürliche Gnade, die der christlichen Passion von oben entgegenkommt. Doch da sie wissen, wie man auf den Flügeln des schnell dahineilenden Augenblicks verweilt, wie man sein Schicksal lächelnd und mit Seelenstärke annimmt, und sie sich in einer Vision des Absoluten mit Leben und Tod, Freund und Feind eins fühlen, geben die Japaner ein Beispiel von Kühnheit verbunden mit Feingefühl, Festigkeit verbunden mit Leichtigkeit und von Leidenschaft verbunden mit gutem Stil. Hier ist etwas Außerordentliches gelungen. Die Erinnerung daran sollte nicht durch den allzu häufigen Mißbrauch getrübt werden, dem die Gestalt des Samurai in einer Epoche allgemeiner Unordnung und zunehmender Verwirrung ausgesetzt gewesen ist.

Wenn eine Nation sich weit von den Quellen ihrer wahren Größe entfernt hat, besteht die Aufgabe nicht darin, sie ihre Vergangenheit vergessen zu lassen, sondern sie an die wahre Bedeutung ihrer tiefsten Eingebungen und ihrer höchsten Träume zu erinnern, und so, nach einer allgemeinen, rückhaltlosen Buße, die arg mitgenommene Erde auf einen neuen Anfang vorzubereiten, den eine asiatische Nation als Rückkehr auf den Großen Weg verstehen kann, von dem Laotse[1] gesprochen hat.

Durch ihn ist alle Schärfe gewichen
Jeder Knoten gelöst
Aller Glanz gedämpft
Aller Staub geglättet.

1 Nach Arthur Waley (*The Way and its Power*, London 1934, S. 146) ist Staub das taoistische Symbol für den Lärm und die Unruhe des Alltagslebens. In Japan waren es vor allem die Buddhisten der Tendai-Sekte und die Verfasser der Nō-Spiele, die diese Worte in leicht abgewandelter Form (»gedämpfter Glanz, von Staub bedeckt«) besonders gern verwendeten.

Zeittafel

Die folgenden Angaben beziehen sich im wesentlichen auf Namen, Personen, Epochen und Ereignisse, die in diesem Buch erwähnt werden. Sie erheben keinerlei Anspruch auf Vollständigkeit.

ca. 7000–250 v. Chr. *Prähistorische Zeit (Jōmon-Zeit)*

660 v. Chr. Mythisches Datum der Thronbesteigung und Reichsgründung durch Jimmu Tennō

ca. 250 v. Chr.–552 n. Chr. *Urgeschichtliche Zeit (Yayoi-Zeit)*

Von Sujin Tennō bis zur Einführung der ersten Buddha-Skulptur und buddhistischer Schriften vom Kontinent
270–310 Ōjin Tennō (Regentschaft)
Ab 300 n. Chr. Entstehung des Yamato-Reichs. Das Gesellschaftsgefüge beruht auf Großfamilien (*uji*)
499–506 Buretsu Tennō (Regentschaft)

552–646 *Asuka-Zeit*

593–622 Prinz Shōtoku (Regierungszeit)
Verbindung einheimischer, chinesischer und buddhistischer Kulturelemente
594 Buddhismus zur Staatsreligion erhoben. Das Geschlecht der Soga gelangt zur Macht
604 Shōtokus Erlaß proklamiert neue Regierungsgrundsätze. Übernahme des chinesischen Kalenders
607 Erste Gesandtschaft nach China
614–669 Nakatomi no Kamatari: Stammvater der Fujiwara-Familie
645 Taika-Reform. Entmachtung der Soga. Übernahme chinesischer Verwaltungsmethoden

646–710 *Hakuhō-Zeit*

Rezeption der T'ang-Kultur.
663 Niederlage einer japanischen Armee in Korea
702 Verkündigung der Taihō-Gesetze

710–784/794 *Nara-Zeit*

710 Erste ständige Hauptstadt in Nara durch Kaiserin Gemmyō gegründet. Buddhistische Kunst nach T'ang-Vorbildern
712 *Kojiki*
720 *Nihongi*
729–749 Tempyō-Kunstepoche
752 Weihung des »Großen Buddha« (*Daibutsu*) im Tōdaiji-Tempel in Nara
ca. 760 Gedichtsammlung *Manyōshū*
784 Aufgabe der Hauptstadt Nara

794–1185/1192 *Heian- (oder Fujiwara-) Zeit*

794 Ständige Hauptstadt Heian-kyō (Kyōto)
805 Gründung der buddhistischen Tendai-Sekte durch Dengyō Daishi
806 Gründung der buddhistischen Shingon-Sekte durch Kūkai (Kōbō Daishi)
838 Letzte Gesandtschaft nach China
897–1185 Fujiwara-Zeit, Blüte der Höfischen Kultur der Heian-Zeit
905 Kompilation der Gedichtesammlung *Kokinshū*
ca. 1002 *Makura no Sōshi* (Kopfkissenbuch) der Hofdame Sei Shōnagon
ca. 1010 *Genji Monogatari* (Geschichte des Prinzen Genji) der Hofdame Murasaki Shikibu
1118–1190 Saigyō Hōshi: Dichter und Wandermönch
1159/1160 Heiji-Krieg: Taira-no-Kiyomori gewinnt die militärische Obergewalt und steigt zum ersten unumschränkten Herrscher auf
1175 Hōnen Shōnin gründet die buddhistische Jōdo-Sekte (Sekte des Reinen Landes)
1185 Sieg des Minamoto-Klans unter Führung von Minamoto Yoritomo über das Geschlecht der Taira im Gempei-Krieg (1180–1185)

1185–1333 *Kamakura-Zeit*

Ritterkultur und neuer chinesischer Einfluß: Sung
1192 Minamoto Yoritomo wird der Titel Shōgun verliehen. Sitz der Militärregierung (*Bakufu*) in Kamakura
1199 Tod Yoritomos. Shogunat in Abhängigkeit vom Hōjō-Geschlecht
1205 Angehörige der Hōjō herrschen als Reichsverweser
1232 Jōei-Kodex von den Hōjō herausgegeben
ca. 1250 *Heike Monogatari* (Geschichte des Taira-Hauses)
1253 Gründung der buddhistischen Nichiren-Sekte

1262 Tod des Shinran (geb. 1173), des Gründers der buddhistischen »Wahren Sekte des Reinen Landes« (Amida)
1274 und 1281 Mongoleninvasion
1325 Erste offizielle Gesandtschaft nach China seit der T'ang-Zeit
1333 Ende der Hōjō-Regentschaft

1338–1573 *Ashikaga- (oder Muromachi-) Zeit*

Blüte der Zen-Kunst. »Zeit der Unruhe«
1283–1350 Yoshida Kenkō: Gelehrter und Dichter, Verfasser von *Tsurezure-gusa* (Herbst der Muße)
1293–1354 Kitabatake Chikafusa: Kaisertreuer Staatsmann und Historiker
1363–1443 Seami Motokiyo: Schauspieler und buddhistischer Mönch, Verfasser zahlreicher Nō-Dramen
1420–1506 Sesshū: Zen-Priester und Maler
1467–1477 Ōnin-Kriege
1535–1598 Toyotomi Hideyoshi: diktatorischer Einiger Japans
1543 Portugiesen in Tanegashima, Einführung westlicher Feuerwaffen
1549 Ankunft des Jesuiten Franz Xaver (Francisco de Xavier) (1506–1552)
1571 Hafen von Nagasaki dem fremden Handel geöffnet

1573–1600 *Momoyama-Zeit*

Einigung des Landes
1582 Oda Nobunaga (geb. 1534), Heerführer und Staatsmann, begeht – bedroht von Akechi Mitsuhide – in Kyōto Selbstmord
1583 Toyotomi Hideyoshi erbaut das Schloß von Ōsaka
1590 Hideyoshi absoluter Herrscher in Japan
1592 Erste Invasion Koreas
1598 Zweiter Korea-Feldzug, Tod Hideyoshis, Rückzug der Truppen

1600–1868 *Tokugawa- (oder Edo-) Zeit*

Abschließung des Landes
1600 Sieg von Tokugawa Ieyasu in der Schlacht von Sekigahara
1603 Ieyasu nimmt in Edo den Shōgun-Titel an
ca. 1603 Anfänge des Kabuki
1616 Ieyasus Tod
1622/1623 Höhepunkt der Christenverfolgung

1636 Verbot von Auslandsreisen
1639 Verordnung zur Landesabschließung
1641 Holländische Faktorei von Hirado nach Deshima (vor der Küste von Nagasaki) verlegt

1688–1704 Genroku-Kunstepoche
1622–1685 Yamaga Sokō: Stratege und Sittenlehrer
1644–1694 Matsuo Bashō: größter Haiku-Dichter
1658–1716 Ogata Kōrin: Maler und Schriftkünstler
1653–1724 Chikamatsu Monzaemon: Dramatiker
1657–1725 Arai Hakuseki: konfuzianischer Gelehrter
1730–1801 Motoori Norinaga: patriotischer Gelehrter, Verfasser eines 48bändigen Kojiki-Kommentars, bedeutendster einheimischer Japanologe

Kunstrichtung des Ukiyo-e
1725–1770 Harunobu
1752–1815 Torii Kiyonaga
1753–1806 Utamaro
1760–1849 Hokusai
1797–1858 Hiroshige

1825–1842 Politik der Abschließung verstärkt
1830–1859 Yoshida Shōin: Agitator (hingerichtet)
1853 Ankunft des Commodore Perry vor Uraga
1854 Zweiter Aufenthalt Commodore Perrys mit sechs Schiffen, Vertrag von Kanagawa mit den USA
1856 Ankunft des Generalkonsuls Townsend Harris in Shimoda
1867 Thronbesteigung des Meiji-Kaisers

1868–1912 *Meiji-Zeit*

Öffnung des Landes
1868 Erlaß der »Eides-Charta« des Meiji-Kaisers
1877 Satsuma-Aufstand
1882 Kaiserliche Verordnung für die Soldaten des Heeres und der Marine
1889 Verkündigung der Verfassung
1890 Kaiserliches Erziehungsedikt
1894–1895 Chinesisch-japanischer Krieg
1902 Bündnisvertrag Japans mit England
1904–1905 Russisch-japanischer Krieg
1912 Tod des Meiji-Kaisers

1867–1916 Natsume Sōseki: Schriftsteller
1872–1896 Higuchi Ichiyō: Schriftstellerin

1912–1926 *Taishō-Zeit*

1914 Japan erklärt Deutschland den Krieg
1918 Beginn der »Parteienregierung«
1925 Allgemeines Männerwahlrecht
1926 Tod des Taishō-Tennō

Ab 1926 *Shōwa-Zeit*

1931 Mandschurischer Zwischenfall
1933 Japan verläßt den Völkerbund
1935 Minobe-Affäre
1936 »Februarzwischenfall«: Truppenrebellion in Tōkyō zur Durchsetzung der Shōwa-Restauration
1937 Grenzzwischenfall führt zum Krieg mit China
1941 Überfall auf Pearl Harbour
1945 Kapitulation Japans
1946 Der Kaiser gibt seine »Göttlichkeit« auf; Verkündigung einer neuen Verfassung